• 第九届中国经济理论创新奖（2019年）成果 •

# 社会主义市场经济运行机制研究

卫兴华　洪银兴　魏　杰　著

Socialist Market Economy and
its Operation Mechanism: An Overview

中国财经出版传媒集团
经济科学出版社
Economic Science Press

**图书在版编目（CIP）数据**

社会主义市场经济运行机制研究/卫兴华，洪银兴，
魏杰著 . —北京：经济科学出版社，2020.1
ISBN 978 - 7 - 5218 - 1300 - 5

Ⅰ . ①社…　Ⅱ . ①卫…②洪…③魏…　Ⅲ . ①中国
经济 - 社会主义市场经济 - 经济运行机制 - 研究
Ⅳ . ①F123.9

中国版本图书馆 CIP 数据核字（2020）第 023341 号

责任编辑：刘战兵
责任校对：杨　海
责任印制：李　鹏

**社会主义市场经济运行机制研究**
卫兴华　洪银兴　魏　杰　著
经济科学出版社出版、发行　新华书店经销
社址：北京市海淀区阜成路甲 28 号　邮编：100142
总编部电话：010 - 88191217　发行部电话：010 - 88191522
网址：www. esp. com. cn
电子邮件：esp@ esp. com. cn
天猫网店：经济科学出版社旗舰店
网址：http://jjkxcbs. tmall. com
北京季蜂印刷有限公司印装
710×1000　16 开　28.25 印张　460000 字
2020 年 1 月第 1 版　2020 年 1 月第 1 次印刷
ISBN 978 - 7 - 5218 - 1300 - 5　定价：98.00 元
（图书出现印装问题，本社负责调换。电话：010 - 88191510）
（版权所有　侵权必究　打击盗版　举报热线：010 - 88191661
QQ：2242791300　营销中心电话：010 - 88191537
电子邮箱：dbts@ esp. com. cn）

# 出 版 说 明

卫兴华教授在新中国成立 70 周年之际荣获人民教育家国家荣誉称号。不久前 2019 年第九届中国经济理论创新奖揭晓，卫兴华、洪银兴、魏杰的"社会主义经济运行机制研究"项目获此殊荣。本书是该项获奖成果的汇集。

20 世纪 80 年代，我国正处于向市场经济转型的初期，随着当时社会主义商品经济的确认，一批经济理论研究者对经济改革的方向进行了开创性的探索和研究，其中包括提出"国家调节市场、市场引导企业"的经济运行机制。这项研究成果对我国经济体制改革和社会主义市场经济的最终确立做出了重大贡献，卫兴华研究团队在国内较早进入社会主义经济运行研究领域，对经济运行机制的概念做出了界定，并系统研究了我国经济改革所要建立的经济运行机制。

卫兴华研究组从 1985 年起就提出并连续多年系统研究了"国家调节市场、市场引导企业"的经济运行机制，在这方面出了一大批成果。1987 年党的十三大报告采用了这个提法。1992 年确立社会主义市场经济，并且将社会主义市场经济定义为市场在国家的宏观调控下对资源配置起基础性作用，其内涵同"国家调节市场、市场引导企业"是一脉相承的。卫兴华研究组围绕社会主义经济运行机制进行的原创性研究成果对后来确立社会主义市场经济的内涵做出了重大理论贡献。

卫兴华研究组对社会主义经济运行机制的基本思想是：企业是市场主体，价值规律通过市场机制调节企业，实现资源的有效配置。在社会主义商品经济中（当时还没有社会主义市场经济的提法），国家不应直接调节企业，但要调节市场，既要防止市场作用可能导致宏观总量的不平衡，又要市场按国家计划要求调整和优化产业结构。国家对市场的调节一般不是行政性的，而是要运用经济杠杆。根据这种理论，卫兴华研究组在卫兴华教授的指导下发表了一系列研究成果。其中包括：（1）卫兴华、洪银兴和魏杰在

《学术月刊》1986年第1期发表《论企业活力和企业行为约束》一文，该文提出，要增强企业作为商品生产者和经营者的活力，必须将其纳入社会主义经济的运行轨道。该文获1986年度孙冶方经济学奖。（2）1986年卫兴华、洪银兴和魏杰合著《社会主义经济运行机制》（人民出版社1986年版），以马克思主义政治经济学基本原理为指导，从我国的实际情况出发，在国内第一次对"经济运行机制"的概念做出界定，并明确提出"计划调节市场、市场调节企业"的思想。这一思想后来被经济学界广泛采用。（3）在1987年第1期《经济研究》上发表的《计划调节导向和约束的市场调节》一文中提出了"计划调节市场、市场调节企业"的运行机制模式。该文认为，计划与市场是主导与基础的关系，即"以计划调节为主导，以市场调节为基础"。（4）1989年出版的《经济运行机制概论》（人民出版社1989年版），系统阐述了社会主义商品经济的经济运行机制，获全国优秀图书一等奖。（5）1989年出版的《从无序经济到有序经济——论社会主义商品经济新秩序》（中国财政经济出版社1989年版）系统阐述了"国家调节市场、市场引导企业"的秩序。

洪银兴和魏杰除了与卫兴华合作发表以上成果外，还分别就此经济运行机制发表了一系列研究成果。洪银兴在1985年《经济研究》第5期上发表《论社会主义商品生产的调节机制——兼论经济杠杆的类型及其功能》，该文明确提出：社会主义商品生产的调节机制，是国家运用经济杠杆调节市场机制、市场机制调节企业活动的有机结合。该文获当年中国中青年经济改革优秀论文奖。在1998年《管理世界》第3期发表《论市场机制运行的秩序——兼论国家调节市场的内容和途径》。文中指出：所谓国家调节市场，一是国家为市场机制的运行提供宏观约束条件，二是国家通过调节市场信号来规定市场机制运行的轨道。1988年在上海三联书店出版的《经济运行的均衡与非均衡分析》就是系统阐述"国家调节市场、市场引导企业"的著作。该书是上海三联书店"现代经济学文库"的第一本。发表于《学术月刊》1988年第12期的《新经济运行机制的重塑和转换》一文进一步提出应扩大"市场引导企业"的范围和提高"国家调节市场"的效能的思想。该文获中央纪念党的十一届三中全会十周年理论研讨会优秀论文奖。魏杰对此经济运行机制的研究主要体现在"国家调节市场"的层面。他在《经济研究参考资料》1988年第151期上发表了《如何设置国家调节市场　市场引导企业的新运行机制》、在 1988 年 8 月 26 日《人民日报》上发表了《国家调节市场是复合性总体调节》、在《经济管理》1989 年第 3 期上发表了《对"国家调节市场、市场引导企业"的新机制的深层思考》等论文，并在1990 年出版专著《宏观经济政策学通论》（中国金融出版社 1990 年版），该书着重阐述了在"市场引导企业"背景下国家调控市场的各种政策。

1989 年春夏之交的政治风波后，理论界"左"的观点冒了出来，有人把"经济运行机制""市场调节企业"等也作为资产阶级自由化来批判。卫兴华始终认为，这个研究成果没有错。卫兴华在多部论著中强调应重视这一经济运行机制的理论和实践价值。他在《重提"国家调节市场，市场引导企业"及其他》一文中，为坚持这一模式进行了回顾与论证。当年 9 月，卫兴华等在《从无序走向有序的经济——论社会主义商品经济新秩序》一书中，专设一篇分析"国家调节市场、市场引导企业"问题。该书论述了"国家调节市场、市场引导企业"的双向作用和市场引导企业的实现过程，指出："第一，经济体制改革要求把国有企业推向市场，让市场在资源配置中起基础性作用，国家对企业的管理要由原来的直接管理为主转向间接管理为主。而间接管理主要是通过经济手段辅之以其他手段将宏观计划目标传递给市场，规范和调节市场机制，然后再由市场机制直接调节企业的经营活动。国家是通过市场中介去间接管理企业的"；"第二，要发挥市场调节的作用，就不能不让市场去引导企业，市场调节的对象主要是企业"。卫兴华在《中国社会科学》1990 年第 5 期上发表的《计划经济与市场调节相结合的根据和形式》一文中进一步说明："'国家调节市场，市场引导企业'的模式是基本适用的。国家调节市场，是必要的，否则市场会是完全自发和盲目的。另外，讲市场调节，如果不允许市场引导企业，市场调节便失去了对象，市场调节的作用也就不存在了。"2016 年，卫兴华在《马克思主义学科研究》第 4 期发表《准确把握邓小平市场经济思想发展的曲折历程》，其中专门批驳了 1989 年春夏之交的政治风波后把扩大市场调节范围也看作是资产阶级自由化的"左"的观点，认为应该恢复"国家调节市场、市场引导企业"提法的理论创新地位。

总的来说，卫兴华研究组最早对经济运行机制概念做出了科学界定，最早提出并充分论证了"国家调节市场、市场引导企业"的经济运行机制，这个理论不仅得到了当时经济学界的广泛认同，也被党的十三大采用。卫兴华研究组在阐述这种运行机制时提出的一系列原创性理论观点对我国转向社会主义市场经济做出了理论贡献。这一系列理论观点在实践中应用的成果是建立起了在社会主义商品经济条件下转向社会主义市场经济的重要机制。1992 年邓小平南方谈话以后，我国全面实行社会主义市场经济，虽然不再直接提这个机制，但对社会主义市场经济的表述——市场在国家的宏观调控下对资源配置起基础性作用——其本质内容实际上同"国家调节市场、市场引导企业"的表述是一致的，表明卫兴华研究组提出的这种机制对转向社会主义市场经济发挥了先期促进作用。即使是在现在所明确的"市场对资源配置起决定性作用"和"政府更好发挥作用"的社会主义市场经济中，仍然需要对政府和市场做出制度安排，其中含有"国家调节市场、市场引导企业"的机制。卫兴华研究组在 20 世纪 80 年代在有计划商品经济背景下提出的经济运行机制理论即使到今天仍然具有现实意义，正因为如此，这种运行机制仍然可以看作是社会主义市场经济的运行机制。这也是我们将本书书名确定为《社会主义市场经济运行机制》的原因。

在本书出版之际，感谢中国经济理论创新奖评奖委员会的全体同志和评审专家。

# 目　录

# 社会主义经济运行机制[*]
## （著作）

### 卫兴华　洪银兴　魏　杰

[*]　本部分于 1986 年 10 月由人民出版社出版，书名为《社会主义经济运行机制》，编入本书时有少量删改。

# 导　　论

## 一、社会主义经济运行机制理论研究的兴起

### （一）社会主义政治经济学必须研究的新课题

社会主义政治经济学的内容，以往偏重于单纯地研究社会主义经济关系的本质及其规律，而撇开了社会主义经济运行机制和规律这个方面的问题。这在社会主义经济最初形成后的一个时期内是不可避免的，侧重研究社会主义经济关系的本质及其规律也是完全必要的。它对于人们认识和了解社会主义经济制度的质的规定性和优越性，有着重要的意义。但是，随着社会主义经济建设事业的发展，社会主义政治经济学的研究仅仅限于这个方面就很不够了。理论和实践要求我们由过去那种单纯着眼于社会主义经济关系本质及其规律的研究方式，转向重视研究社会主义经济的运行机制问题，在研究经济运行机制及其规律中同时研究社会主义经济关系的本质及其规律。

社会主义政治经济学之所以必须研究社会主义经济运行问题，首先是由其历史使命决定的。社会主义政治经济学作为一门建设新制度的经济学，它必须以经济增长和不断提高人们的物质和文化生活水平为目标。这样，社会主义政治经济学研究社会主义经济关系，就不应仅限于揭示其本质和它同资本主义的区别，而应研究社会主义生产关系的运动，研究适合生产力发展要求的社会主义生产关系的组织和调整过程。与此相应，社会主义政治经济学对社会主义经济规律的研究，也不应仅限于单纯地给社会主义经济规律下定义、做表述，而应注意揭示社会主义经济规律发生作用的机制和人们自觉运用经济规律，使其顺利实现的机制。

对社会主义经济运行机制问题认识不清，解决不好，社会主义生产关系的优越性就不能很好地发挥。社会主义的优越性是通过社会主义经济机制的运行而反映出来的。例如，社会主义要实现自己满足全体劳动者不断增长的物质文化需要的生产目的，就要利用和通过一系列的经济运行机制，这涉及许多方面：首先，满足人们不断增长的物质文化生活需要的生产，怎样才能较快地增长？这不是单纯的技术问题，它涉及实现生产增长的经济机制问题；其次，生产增长了，是否一定能满足劳动者的不断增长的物质文化生活需要？如果增产的产品不适合劳动者的需要，便谈不上社会主义生产目的的实现。如果经济增长速度过高，那就不但不能提高，反而还会降低人民的消费水平。因为，过高的经济增长速度，超过了国民经济的承受能力，必然会造成经济生活紧张和紊乱，引起严重的通货膨胀，使国民经济比例失调。我们在这方面有着深刻的教训。因此，为了实现社会主义生产目的，既需要在生产和需要之间建立起协调生产和需要的平衡机制，又需要有调节和控制经济增长速度的机制。可见，没有最佳的经济运行机制，经济关系再先进，其优越性也很难发挥出来。这是社会主义在实践中付出了很高的代价后而得出来的经验教训。

## （二）对传统理论的反思

社会主义政治经济学长期不重视研究社会主义经济运行机制的原因虽然很多，但在很大程度上是由于在理论上把经济本质和经济运行这两个不同层次的问题混为一谈了。过去，人们一直把以指令性计划为轴心的社会主义经济运行机制奉为圭臬，把它当成了不可逾越的社会主义经济制度的本质规定。随着社会主义经济实践的发展，传统体制下的经济运行暴露出了一系列的弊病，促使人们对传统理论进行重新认识和研究。人们在研究中逐渐发现，社会主义经济本质和社会主义经济运行尽管有联系，但毕竟是两个层次的问题。后者有相对的独立性，因而有将它独立出来专门研究的必要。在改革实践中，人们进一步发现，公有制、计划经济等，虽是各个社会主义国家都必须坚持的一般原则，但在这一原则下运行的社会主义经济机制却不是一个固定模式。在不同的国家、不同的经济发展时期，可以有不同的经济运行机制。同一经济机制在不同的经济条件下的运行，也会有不同的效果。

过去人们对于生产关系能否适应和促进生产力的发展，总是局限于从生产关系的发展水平上找原因，围绕着生产关系的发展快慢打转转，不是埋怨生产关系跑得过快，便是唯恐生产关系走得过慢。特别是在"左"的思想指导下，追求生产关系的不断升级，结果事与愿违，遗患无穷。现在将社会主义经济运行问题独立于社会主义经济的本质规定而专门提出来加以研究，便可发现：在社会主义生产关系相对稳定的条件下，完善和改造社会主义经济机制，是促使社会主义生产关系适合和促进生产力发展的重要因素。

### （三）经济体制改革的先声

社会主义经济运行机制问题研究的兴起，是同经济体制改革的发展联系在一起的。

首先，社会主义经济运行机制问题的研究，是社会主义经济体制改革的先声。苏联和东欧的兰格、利列尔曼、布鲁斯、锡克、科尔奈等，先后意识到了社会主义原有体制下经济运行机制的弊病，分别根据各自的理论，提出了改革经济体制、选择新的经济运行机制的理论和主张。这些理论分别在一定程度上被苏联和东欧的许多国家在经济改革过程中所吸收。我国在党的十一届三中全会以后，围绕着计划机制和市场机制的关系问题，展开了热烈而富有成效的讨论，从而推动了我国理论界对社会主义经济机制问题的研究。其阶段性研究成果体现于《中共中央关于经济体制改革的决定》之中，已成为我国经济体制改革的理论指针。

其次，社会主义经济运行机制理论是社会主义经济体制改革深入发展并取得胜利的保证。东欧各国在经济体制改革的过程中，都曾出现过程度不同的宏观失控问题。我国在1984年下半年以来也面临这一问题。它反映了经济运行机制在转换过程中的紊乱。这主要是由改革的不配套和新的经济运行机制不完善而造成的。这些问题，从根本上说，涉及两个需要深入研究的经济运行机制理论：第一，经济运行机制目标模式的确定；第二，新旧体制转换过程中过渡性的经济运行机制的系统设计。

可见，对经济运行机制理论的研究，具有重大的现实意义。它一方面为经济体制的设置和改革提供了理论基础，另一方面为宏观控制过程中的财政、货币、收入分配政策和各种经济杠杆的综合运用提供了理论依据。

### （四）经济机制理论大厦的构造

社会主义经济机制理论，是在社会主义生产关系相对稳定的条件下，研究社会主义经济运行机体的运动过程及其规律性。

社会主义经济运行机制理论把整个社会主义经济运行机体看作一台机器，研究这台机器要正常运转需要哪些组成部分，这些组成部分相互之间是什么样的关系，从而研究社会主义经济这台机器按什么方式服从于一定的目标而协调地运转。因此，社会主义经济运行机制理论是以社会主义经济最佳运行为研究任务。它在剖析社会主义经济运行各个器官的机理的基础上，研究社会主义经济的生命运动。所以，社会主义经济机制理论包含极为丰富的内容，具体来说，大致包括经济运行目标理论、经济决策理论、经济动力理论、经济调节理论等。

1. 经济运行目标理论

任何经济运行，不论是自觉的还是不自觉的，最终都要达到一定的目标。调节和控制经济过程，实际上就是校正被控系统的输出与运行目标的偏差。因此，经济运行目标理论研究三个层次的问题。第一个层次是由经济关系本质规定的经济运行目标。例如，在有计划的商品经济关系制约下的经济运行，客观上要达到三大目标，即：社会劳动时间的最优分配和节约；全体劳动者的需要最大限度地得到满足；宏观经济的综合平衡。第二个层次是一定阶段的国民经济发展速度和发展方向的目标。这是第一个层次的目标在各个经济发展阶段的具体化。我国"七五"期间的经济发展总体目标就属于这个层次的目标，它指出了我国在"七五"时期国民经济的奋斗目标是：争取基本上奠定具有中国特色的新型社会主义经济体制的基础，大力促进科学技术进步和智力开发，不断提高经济效益，使1990年的工农业总产值和国民生产总值比1980年翻一番或者更多一些，使城乡居民的人均实际消费水平每年递增4%到5%，使人民的生活质量、生活环境和居住条件都有进一步的改善。第三个层次是计划执行单位和计划调节机构的目标。它是由第二个层次的目标分解而成的。在直接控制方式中，作为计划执行单位的企业是按指令性计划分摊经济运行目标，其目标是完成国家下达的指令性计划。在间接控制方式中，计划经济的运行目标是不可能直接下达给企业的，需要借助经济杠杆的调节来实现，这些经济杠杆又是由财政、金融等计划调节部门来掌握和运用的，因此，经济运行目标的分解就必须同国家的财政政策、货币政策和收入分配政策挂钩，形成计划调节机构的目标，即财政政策目标、货币政策目标和收入分配政策目标。

2. 经济决策理论

社会主义经济活动具有不同的决策层次和决策内容。按不同的决策内容和决策层次划分决策权限，会形成不同的调节控制手段，从而形成不同的经济运行机制。在过去的集权体制中，调节手段是直接的，经济机制也就以指令性计划为轴心运行。现在，社会主义经济理论通过对国家与企业关系的分析，明确了国家与企业的分权决策范围。经济决策理论是要解决国家与企业的分权界线。如孙冶方提出按资金价值量的再生产规模划分国家与企业的决策权限，布鲁斯则提出按宏观经济决策和企业日常决策来划分。不论是按什么界线划分决策权限，总的原则应该是放得开管得住，保证整个经济运行生机勃勃而又有条不紊。

3. 经济动力理论

任何机器的运转都需要动力，经济运行也不例外。经济运行的动力是什么？总的来说是各个经济主体由自身的经济利益要求所产生的对经济目标的追求。现阶段的经济活动的主体有国家、企业和个人，相应地产生了国家、企业和个人对由自身的经济利益要求所决定的经济目标的追求。国家、企业和个人在对各自的经济目标的追求过程中，虽然也会产生矛盾，但其统一性是主要的，并且正是在这种统一中才各自达到了自己追求的目标。因此，经济动力理论考察的经济动力包括两个方面。一方面是各个经济主体由自身的经济利益要求所产生的对经济目标的追求。这种追求来源于经济主体本身，在经济运行机制中的地位，好比是宇宙中各个行星的"自转"。这是经济动力理论的基础。另一方面是由各个经济活动主体在整个经济机制运行中发挥作用所形成的对总体目标的追求。例如，企业在追求自身利益时首先应考虑国家利益和服从国家利益。这种关系好比是太阳系中各个行星的"公转"。各个主体由"自转"进入"公转"的轨道取决于它在经济机制中的地位及所处的经济联系。"公转"的动力来源于各个经济主体利益实现过程中的机制。经济动力理论的关键是按经济运行目标的要求，寻找使各个经济主体按计划目标要求运行的动力。

### 4. 经济调节理论

经济调节的基本要求是调节各经济主体的运行，以实现经济运行目标。这种调节机制的基本功能是将各个主体的经济动力与经济运行目标挂上钩。经济调节理论从两方面考察调节机制。一方面是静态考察，研究调节机制的系统设计。经济过程有自动的调节机制，它是该经济过程的生理机制。在商品经济条件下，这种机制就是市场机制。社会主义经济过程是自觉的经济过程，因此不仅要预定经济运行目标，而且还要有自觉的调节机制以调节经济过程。这种自觉的调节机制就是计划机制。计划机制和市场机制的关系是经济调节理论的核心内容。另一方面是动态考察，研究宏观控制过程。这需要了解各个经济变量之间的关系、各个经济杠杆的功能，以及它们相互之间的结合功能，从而研究宏观控制过程中的财政政策、货币政策和收入分配政策的效应，据此确定宏观控制的政策和手段。

## 二、不同经济体制模式中的经济运行机制

### （一）不同经济机制模式的划分

经济体制不同，其运行机制也就不相同。对经济机制的模式，可以从不同的角度（或标准）去划分。划分标准可由经济机制的结构来确定。经济运行机制大致包含三大结构：决策结构、信息结构和动力结构。决策结构可分为是一元的集中决策，还是多元的分散决策，或者是两者的结合。信息结构可分为是纵向的国家与企业的信息传递，还是横向的企业与市场间的信息传递，或者是两者兼有。动力结构可分为是依靠自上而下的行政压力，还是主要依靠经济利益的动力。就经济利益的动力来说，还可分为经济利益动力是来自计划指标，还是市场。对上述三大结构的不同选择，会形成不同的经济运行机制。

按决策结构来划分，经济机制大致可分为集权模式和分权模式。这方面的划分标准大致有两种：一种是布鲁斯的标准，一种是孙冶方的标准。

波兰经济学家布鲁斯将经济决策分为三个层次：一是根本性的宏观经济决策；二是企业的日常经济决策；三是居民个人的消费结构决策及职业选择决策。按这三个层次的决策权限，可以划分出不同的经济机制模式。如果三

个层次的决策都是分散的，分别由不同的经济主体来完成，那就是市场经济模式；如果第一个层次和第二个层次的决策权限都集中于国家，那就是集权模式；如果第一个层次的决策权限属于国家，第二个层次的决策权限属于企业，那就是分权模式。在这种分权模式中运行的机制，不能排斥市场机制。因此，布鲁斯主张将市场机制引入计划经济，让计划控制的市场机制调节企业决策。

中国经济学家孙冶方早在 20 世纪 60 年代初，就针对全民所有制管理体制权力过分集中、企业缺乏活力的问题，提出了国家与企业分权决策的观点。在他看来，资金量的简单再生产范围的事务究竟由国家决策，还是由企业决策，是划分集权模式和分权模式的界限。他主张，全民所有制改革的方向应是，资金量扩大再生产范围由国家集中决策，简单再生产范围由企业自行决策。现在看来，孙冶方提出的模式给企业的权限小了一点，但他在 60 年代初就提出这一问题则具有开创性意义。

按调节结构来划分，经济机制可划分为计划和市场相结合的程度不同的各种模式，这方面兰格、锡克和科尔奈等做出了不同的划分。

波兰经济学家兰格在 20 世纪 30 年代根据消费品、劳动力、生产资料分配的调节方式不同，划分了三种模式。在第一种模式中，消费品的分配、劳动者的职业安排、生产资源的分配，均不经过市场，而是由中央计划当局按计划直接调节。在第二种模式中，消费品通过市场价格机制进行分配，居民有了消费选择自由，但生产决策和资源分配不受市场价格影响，仍由计划直接调节。在第三种模式中，消费品价格由市场决定，居民消费选择自由，工资由劳动市场决定，劳动者有选择职业的自由，生产资料分配虽不直接由市场机制调节，但它由中央计划当局模拟的市场机制来调节。兰格本人倾向于第三种模式。

捷克斯洛伐克经济学家锡克将调节对象划分为微观结构（生产结构与需求结构的平衡）和宏观结构（两大部类的平衡），按这两类结构的调节主体不同，划分为不同的模式。在第一种模式中，两者均由计划调节，这是排斥市场机制的模式。在第二种模式中，微观结构由市场机制调节，宏观结构则由计划调节，这是计划和市场相结合的模式。在第三种模式中，不论是微观结构还是宏观结构，均由市场调节，这是市场社会主义模式。在他看来，目标模式应是第二种模式。

匈牙利经济学家科尔奈将经济控制的协调方式分为两类：行政协调（Ⅰ）；市场协调（Ⅱ）。在他看来，行政协调又可分为两种形态：直接的行政协调（Ⅰa）和间接的行政协调（Ⅰb）。市场协调也可分为两种形态：自由的不受控制的市场协调（Ⅱa）和有控制的市场协调（Ⅱb）。这样，经济机制可划分为Ⅰa、Ⅰb、Ⅱa，Ⅱb四种模式。科尔奈倾向Ⅱb模式。

上面所谈的从不同角度或标准划分的经济机制模式，是对现实经济机制模式的抽象。下面，根据这些抽象的规定，对现实的具体的经济体制中的经济机制加以具体考察。在这里，我们不仅要研究经典模式和传统模式，为分析不同经济体制下的经济运行问题打下基础，而且还要考察市场经济制度中的经济机制。至于目标模式，那是全书要阐述的内容，我们在这里仅一笔带过，在后面将要专章论述。

### （二）市场经济中的经济机制

所谓市场经济，就是完全受价值规律自发调节的经济。国民经济整体上的市场经济，就是资本主义经济。在这种典型的市场经济中，各层次的决策都是分散的，其经济运行基本上依靠自发经济过程的机制——自发的市场机制来调节，斯密称它为"看不见的手"。具体地说，就是依靠价格机制自动调节经济运行。美国货币学派的代表人物费里德曼对这种机制做了形象的描述：价格机制就是这样的机制，它无须中央指导，无须人们相互对话或相互讨好，就能完成调节任务。你每天买铅笔或买面包时，并不知道铅笔是谁做的，麦子是谁种的，是白人还是黑人，是中国人还是印度人。价格机制使人们能够在他们生活的某个方面和平地合作，而每个人在所有其他方面则各行其是。20世纪30年代的大危机表明，这台机器的运转并不那么理想。因此，西方学者开出了一系列药方，试图对这台机器的功能加以调整，其基本主张是国家干预。但是，由于这台机器毕竟是在资本主义私有制基础上形成的，所以，私有制不改变，市场经济制度就不能被抛弃。因此，国家干预只能在保证市场机制自发地充分地运行的基础上进行。在这里，国家干预大都只是对市场机制运行的毛病做些修补，如防止通货膨胀和高失业率等，而不可能使市场机制按国家的主观意愿运行。日本著名的"国民收入倍增计划"，就证明了这一点。该计划的开头明确指出："我国的经济计划是在以自由企业和自由市场为基础的体制下实行的。它不一定揭载所有经济领域内的详细计划目标，因而也并不强制执行。"

### （三）经典的计划经济模式中的经济体制

马克思主义经典作家在批判资本主义制度和揭露其内在矛盾的过程中，合乎逻辑地推测了取代资本主义社会的未来社会的计划经济体制的大致轮廓。在他们看来，未来社会的基本前提有两个。一个是全社会实现生产资料的公有制，不仅不存在不同的公有制形式，而且在统一的社会所有制内部也不存在经济利益相对独立的经济主体。另一个是商品生产消亡。这样一来，经济运行会出现这样的情况：劳动者用公共的生产资料进行劳动，并且自觉地把他们的许多个人劳动力当作一个社会劳动力来使用。每一个个人的劳动，无论其特殊用途是如何的不同，但从一开始就成为直接的社会劳动，产品中的社会劳动可以直接地被确定，不需要采用迂回的途径。据此，马克思主义经典作家设计了把整个社会作为一座工厂的经济运行机制，其主要内容是：社会直接确定社会生产的实物量比例；生产和需要之间建立直接的联系；社会事先地直接地调节社会分工；生产者直接同社会发生关系，直接向社会提供劳动，并按自己向社会提供的劳动量从社会那里领取个人消费品。列宁在十月革命胜利后不久的战时共产主义时期，曾实践过这一模式，试图消灭商品货币，用直接的产品分配代替货币交换，但没有成功。

### （四）传统经济体制模式中的经济机制

所谓传统经济体制模式，就是指苏联在斯大林时期所实行的计划经济管理体制模式。我国过去长期实行的经济体制，基本上属于这一模式。

传统的经济体制模式力图实践经典作家所设想的经济体制的要求。虽然它在实践中顾及了现阶段社会主义的两个特点，即公有制没有达到经典作家所设想的程度；且商品关系现实地存在着，但它仍然具有以高度集中而排斥市场机制的特点。其基本内容是：一切经济决策（除了消费范围内的个人决策）均集中于国家机构；国家决策以指令形式下达给企业，企业经营所需要的生产资料和资金、劳动力，均由国家以供给制形式配给，产品由国家通过物资和商业部门统购包销，企业在全民所有制范围内统负盈亏。在这样的条件下，商品关系只能在国家对企业进行的经济核算关系中得到反映。就是说，国家在给企业分配资金和生产资料以及收购企业的产品时，要以商品货币形式来建立它们的外部联系，使企业遵循以收抵支、争取盈利的原则。因此，企业的产品要计价，企业与企业之间要实行商品交换。但是，这里的商品关系不是完全意义上的，在实际的计划管理中，仍将市场机制拒之于门外。表现在：产品的价格是由国家统一规定的固定价格；产品进入流通时，基本上不存在企业的自由选择；特别是价格不能成为调节企业生产活动的信号。

在商品关系现实地存在的情况下，尽管计划管理排斥自觉利用市场机制，但市场机制会强制地发生作用，对计划经济的运行做出惩罚性反应。这表现在：第一，计划经济运行缺乏效率，缺乏质量，缺乏灵活性，因而微观经济效益很差；第二，实行这一体制的国家出现经常性的产品短缺；第三，计划分配之外出现"黑市"，紧俏商品在"黑市"上以高价出售。改变这些状况的出路在于大力发展商品经济，特别是将市场机制引入计划经济机制。

# 第一章 经济运行机制的一般原理

要研究社会主义商品经济运行机制，就必须首先对经济运行机制的基本知识有所了解。因此，在开始分析社会主义经济运行机制之前，我们先在本章对经济机制的一般概念和原理进行介绍。

## 一、经济机制的含义及其功能

### （一）什么叫经济机制？

机制一词来源于希腊文 mèchanè，意指机器的构造和动作原理。机器都是由一定的零部件构成的，各个零部件根据机械和电器原理形成因果关系，相互联结，并按一定的方式运转。因此，机制的本意是指机器运转过程中的各个零部件之间的相互联系、互为因果的联结关系及运转方式。后来，生物学界和医学界通过类比方式使用了生物机制、病理机制等概念，用以表示有机体内发生生理或病理变化时，有机体内的各个器官之间的相互联系、作用和调节方式。

那么，究竟什么是经济机制呢？为了解释经济机制这个概念，我们先分析几种社会经济现象：

在存在竞争的商品市场上，我们经常看到：某种产品价格上涨，该产品的供给会逐步增加，需求会逐步减少；价格下跌又会出现相反的情况。在价格的涨落中，供给和需求会逐渐趋向一致。可见在商品市场上，竞争—价格—供给—需求—竞争之间有一种内在联系，彼此间相互作用。

在企业管理体制中，企业的再生产活动包括生产计划的确定、资金的供给、物资的供应、产品的销售等过程。当国家对企业的上述活动进行集中管理时，会是这样一种情况：国家给企业下达指令性计划，资金、物资由国家统配，产品由国家通过商业物资部门统购包销，企业财务则由国家统收统支，与此相适应，企业无活力。于是，指令性计划—物资统配—统购包销—统收统支—企业无活力之间有一种内在联系，彼此间相互配套和作用。在实行经济体制改革、企业成为相对独立的经营者后，又会出现另一种情况：国家给企业下达指导性计划，企业的物资主要来自市场，企业产品在市场上寻找销路，企业收入分配方面以税代利、自负盈亏，与此相适应，企业活力大大增强。于是，指导性计划—市场购销—以税代利—自负盈亏—企业有活力之间也有一种内在联系，彼此间相互配套和作用。

以上分别分析了市场和经济管理的机体中各构成要素之间的内在联系。至此我们可以给经济机制下一个定义：经济机制是指一定经济机体内各构成要素之间相互联系和作用的制约关系及其功能。它存在于社会再生产的生产、交换、分配和消费的全过程。由于经济机制是在经济机体的运行中发挥功能的，因而它又被称为经济运行机制。

在研究机器的运转时，人们需要了解机器是由哪些零部件构成的，这些零部件各有什么样的功能，相互按什么样的机理联系和组合，按什么方式运转。研究特定社会经济机体的运行机制也是这样。它涉及两大问题：一是研究经济机制的构成部分（要素），如宏观控制机制有哪几部分构成、市场机制有哪些构成要素等。二是研究经济机制在经济机体运行中的调节功能，如宏观经济运行中宏观控制机制的调节功能、微观经济运行中市场机制的调节功能等。

社会经济机体的整体运行中包含着它的各构成要素的局部运行。各构成要素都自成系统，各自都有特定的运行机制。如：市场机体内存在着市场机制，计划系统内存在着计划机制，企业机体内存在着自我调节机制，宏观经济系统内存在着宏观调节机制等。如进一步分析，还有价格变动机制、利率变动机制、工资变动机制等。整个社会经济机体的经济机制便是各构成要素的相应机制之间的耦合。如社会主义经济机体的经济机制是计划机制和市场机制的耦合。其中包括财政、信用、价格、工资等各种局部机制间的相互耦合。因此，研究社会经济机制时，既要注意其构成要素的运行机制，又要注意各构成要素在经济运行整体中的联系和功能。

上述分析表明，经济机制概念包含下列含义：第一，经济机制是协调经济过程的经济机构的总称。第二，经济机制功能的发挥，依赖于其中相互联系的构成要素间的相互作用。第三，整个经济机制是有规律地按一定的方式运行并发挥总体功能的。因此，我们不能简单地把任何经济机制都理解为一个孤立的要素，而应将它们看作是特定经济过程中的联系和运动。例如我们谈到计划机制时，不能只简单地理解为计划，而应当考虑到它必须包括计划的制定、计划的调节、计划的校正、计划的实现等过程。我们讲价格机制，也不是单指价格本身，而是指价格与供给、需求之间的联系和运动。

### （二）经济机制的调节功能

鸟和哺乳动物能在温度变化的环境中控制自己体内的温度，使之保持在某个水平，其原因在于它们体内有一定的生理机制在进行着自动调节。人也有类似的调节机制，能使体内温度维持在37℃的水平上。

社会经济机体的运行也需要调节。例如，市场上经常会出现供求不平衡，有的商品供不应求，却无人去扩大生产，有的商品供过于求，却在大量生产。这意味着社会生产资源在各生产部门之间的分配不合比例。为实现平衡，按传统的办法，便是由国家计划部门调整指令性计划，即扩大供不应求产品的生产，缩减供过于求产品的生产。这就遇到信息的收集、传递和处理的困难。从发现供求失衡到调整生产计划的时滞很长。这样即使计划部门整天疲于奔命，也难以平衡各种商品的供求。现实指出了这样的问题：除了这种行政的办法，还有没有别的方法调节供求平衡吗？有！客观经济过程中具有类似动物体内和人体内自动的调节机制（生理机制），在商品经济条件下，这种机制就是市场机制。在供求不平衡时，价格的涨落会自动进行调节。供不应求时，价格上涨，供给增加，需求减少；供过于求时，价格下跌，供给减少，需求增加。供给为什么会随价格涨落而变化呢？这里也有经济机制在自动调节，只要企业有相对独立的商品生产者利益，企业便会以利润最大化为经营目标，只要利润的高低取决于市场实现成果，企业便会随时根据价格信号改变生产规模。由此可见经济机制也是社会经济机体的生理机制，它对经济运行具有自动的调节功能。

为什么经济机制具有自动调节的功能呢，原因在于它是存在于客观经济过程中的这样一种经济联系：首先，它是反映经济过程中内在必然性的联系，因而是一定经济规律的作用机制，如市场机制是供求规律、竞争规律、价值规律的作用机制，计划机制是有计划按比例发展规律和社会主义基本经济规律的作用机制。其次，它是体现经济活动参加者利益关系的经济联系，因而具有自动性的功能。由此可见，经济机制能否具有较强的自动调节功能，取决于它是否很好地反映经济过程中的内在联系和经济活动参加者的利益关系。用行政命令手段管理经济，就缺乏经济机制的自动调节功能。例如，我们过去实行的指令性计划调节虽然也形成一定的经济机制，但由于没有很好地反映经济活动过程的内在联系和经济活动参加者的利益关系，结果自动调节的功能很弱。我们现在的经济改革，就是要改革这种状况，使经济机制很好地发挥自动调节功能。

经济机体不同，调节经济运行的机制也就不同。马克思在《资本论》第二版《跋》中引用了这样一段话：“各种社会机体象动植物机体一样，彼此根本不同……由于各种机体的整个结构不同，它们的各个器官有差别，以及器官借以发生作用的条件不一样等等，同一个现象却受完全不同的规律支配。”① 例如，在无计划的商品经济和有计划的商品经济中，虽然从现象上看都存在市场机制对经济运行的制约或调节作用，但它们发生作用的条件却不一样。在有计划的商品经济中，市场机制不仅要受商品经济规律的支配，而且还要受社会主义有计划按比例发展规律的支配。它同无计划的商品经济条件下的市场机制的作用有质的区别。

经济机制调节经济运行，根据不同情况有自发性和自觉性以及自发性被自觉利用之分。经济机体的运行作为客观经济过程，必然存在经济机制的不同程度的自发因素。在商品经济条件下，经济机制的自发调节就是斯密所说的“看不见的手”的调节，也就是自发的市场机制调节。但是，需要明确：在社会主义的有计划商品经济中，既不能排除也不能单靠经济机制的自发调节，也就是说，单纯的自发调节是不可取的。在经济运行失衡和紊乱时，单靠经济机制的自发调节需要付出高昂的代价。不但调节需要较长的过程，而且调节手段又只能是波动、震荡乃至危机。如马克思所讲的，平衡“只不过是对这种平衡经常遭到破坏的一种反作用”。② 资产阶级经济学家曾经把资本主义市场经济当作一个自动调节的系统，企图用一只“看不见的手”

---

① 《马克思恩格斯全集》第23卷，人民出版社1972年版，第23页。
② 《马克思恩格斯全集》第23卷，人民出版社1972年版，第394页。

以和谐的方式控制和协调经济过程，使之处于平衡状态。他们认为政府干涉经济过程会破坏经济的自动调节机制，妨碍经济过程的自动平衡。20世纪30年代资本主义世界的经济大危机宣告了这一理论的破产，表明单靠市场经济机制的自发调节，无法克服经常性的通货膨胀、失业、资源浪费等弊端。于是，资产阶级经济学家以凯恩斯为代表，开始放弃资本主义市场经济的自动调节理论，提出了国家干预市场经济的主张。在这里应该指出的是，资本主义的这种国家干预是在市场经济机制的自动调节失灵时，从机体外部所采取的措施，这好比对病人用药物、输液、针刺治疗一样，其目的是克服机制的紊乱，恢复其自动调节功能。因此，单就这一点，还不能说资本主义经济发生了经济调节机制的转换，至多只能是说有所改进。资本主义的经济运行过程，最终还是以市场经济机制的自发调节为基础的。

社会主义经济是作为资本主义经济的对立物而出现的，但它不但不排斥而是有必要充分利用经济机制自动调节经济平衡的功能——当然，社会主义条件下的经济机制具有了新的内容或方向。当经济机制的调节失灵，从而出现经济过程失衡和紊乱时，社会主义国家也会采取国家干预的措施。如宏观失控时，通过财政、银行等手段加强宏观控制，促使经济过程恢复平衡。而且，社会主义国家在一开始利用经济机制的自发调节功能时，就注意防止和克服它的盲目波动。但是，所有这些都只属于防止和纠正客观经济运行失衡和紊乱的范围。单纯解决平衡问题不能反映社会主义经济机制的本质特征。

**（三）社会主义经济机制的特殊调节功能**

在社会主义公有制条件下，劳动者成了自然和社会的主人。过去一直统治着人们的客观的异己力量，开始处于人们自己的控制之下，人们自己的社会行动的规律开始被人们自觉地运用起来，因而它将服从于人们的统治。这表明社会主义经济包含了自觉的经济过程。

经济过程的自觉性就是经济运行的计划目的性。社会主义经济利用经济机制的调节功能，不仅是要利用它调节经济运行的平衡，更重要的是要实现自觉制定的计划目标，例如，调节社会生产比例要服从预期的社会需要满足程度的目标，调节积累和消费的比例要服从预期的国民经济发展目标。这些预期的经济目标都包含在一定时期的国民经济计划中。因此，经济机制服从于国民经济计划目标，围绕国民经济计划目标运转，可说是社会主义经济机制的特殊调节功能。

社会主义经济中为实现预定的计划目标，必须要有相应的自觉性过程和计划机制。但这种自觉性过程和计划机制不是独立于客观经济过程之外，而是渗入客观经济过程的。其传导过程是给运行着的经济机制导入自觉性和计划性。例如，在粮食生产比较利益降低的情况下，农民没有种粮食的积极性，这时国家自觉调节粮食生产的主要途径便是有计划地提高粮食收购价，降低农用生产资料的销售价，适当减免乡镇工业的税收，将减免部分用于补贴粮食。于是市场价格和税收机制的运转，会调节农业生产者扩大粮食生产规模，实现预定的计划目标。这时的市场价格机制渗入了计划性因素，从而作为计划机制发挥作用。

经济规律作为客观经济过程的内在必然性，本身是看不见摸不着的，它是通过一定的经济机制表现自己的作用的。就如价值规律，它是通过市场价格的波动、供求的变动和竞争过程表现自己的。因此，一定的经济机制是一定的经济规律的作用机制。这样，经济机制的构成要素之间的联系是有规律的，其运行方式也是有规律的。例如价格提高总会引起供给增加而需求减少，货币供给量超过流通必要量总会引起价格水平上涨，积累率过高总会引起总需求膨胀。因此，人们不能随心所欲地将自己的意愿渗入经济机制。这里有两方面的要求：

一是自觉性渗入经济机制的范围和程度要量力而行。就是说要以人们对客观经济规律的认识和掌握程度为依据。根据目前人们的自觉性程度，必然会有一部分经济过程不能被自觉经济过程所包括，这一范围内经济机制的运行存在盲目性。例如现在有一部分产品的生产和流通还要依靠市场机制的自发调节。

二是自觉性渗入经济机制必须要顺应经济机制的运行方向。经济机制是经济机体的生理机制，经济机体依靠经济机制的自动调节来维持自身平衡。自觉性渗入经济机制不但不能限制和取代这一过程，而且还必须在这一基础上进行。如果给经济机制确定的目的函数与之相悖，经济机制就会自发地、强制地为实现自己的要求而自我开辟道路，具体表现为经济过程的波动和震荡。

总而言之，社会主义经济运行的自觉性在于人们自觉运用经济机制和经济规律，把"全部国家的经济机制变成一架大机器"。自觉性对经济机制的关系好比机器操作者对机器的关系：第一，发动并监督机器的运转，通过调节参数来控制机器运转目标；第二，排除机器运转过程中可能出现的故障，为机器的正常运转创造条件。

我们过去一直试图用行政方法（直接以行政命令形式给企业规定其数量指标）来解决经济按计划目标运行的问题，它与利用经济机制相比，虽有比较直接的优越性，但有两个难以克服的弊病。一个是行政长官的主观意志在这里起决定作用，很难保证经济合乎规律地运行。另一个是它不借助客观的经济联系，特别是不借助物质利益关系来调节经济运行，因而计划目标要求难以成为企业的自觉行动，不可能保证实现计划目标的质量和效率。经济机制被自觉利用后，这两个弊病就能有效地得到克服。

## 二、经济机制与经济体制

### （一）经济体制的设计

社会主义国家的经济管理体制是组织和管理经济的一整套形式和制度。它包括经营方式、组织形式和管理方法等。整个经济体制可分解为计划体制、财政体制、金融体制、价格体制、企业管理体制、商品流通体制等。

经济体制与经济机制有着内在的联系。一定的经济机制总是包含在一定的经济体制之中。设计经济体制，包括确定经济体制的各构成部分，确定其各部分之间的联系方式。经济体制的构成部分不同，各部分之间的联系方式不同，经济机制也就不相同。显然，经济体制的设计，实际上是对经济机制的选择问题。

对经济机制的选择涉及以下四个方面：第一，对决策结构的选择，是指选择一元的决策主体还是多元的决策主体，如果是多元的决策主体，又应如何划分决策权限。第二，对信息传递结构的选择，是指选择纵向传递信息的信息传递结构，还是选择横向传递信息的信息传递结构，或者是选择纵横交错的信息传递结构。当然也包括是选择传递实物信息的信息传递结构，还是选择传递价值信息的信息传递结构，或者是两者兼有的信息传递结构。第三，对动力结构的选择，这包括是否承认企业对局部利益的追求，如果承认，那么企业利益的实现应同什么挂钩，是同计划指标挂钩，还是同市场实现成果挂钩。第四，对调节方式结构的选择，是指选择直接调节方式还是间接调节方式，如果是间接调节方式，那么应以什么为调节中介。对上述四个方面的选择不同，便会有不同的经济体制，从而就会有不同的经济机制发挥功能。

经济机制是一个系统。正如前面所述，经济机制的构成要素是有规律的联系，经济机制的运行是有规律的运行。因此，经济体制的设计不能随心所欲，必须考虑经济机制的这一特点。经济体制的不配套会造成经济机制构成部分间的矛盾，相互抵销功能，造成功能性紊乱。我们过去的体制体现以"统"为特征的经济机制的运行：国家集中决策，统一生产和流通计划，统配生产资料，统购包销，统收统支，统负盈亏，统一价格，统一招工，统一工资标准，等等。这一机制的运行具有僵化而缺乏效率的弊病。但这种机制的各个部分毕竟还是相互配套的。

现在进行的经济体制改革实际上是探求新的能保证整个经济充满活力的经济运行机制。为此，改革中选择的机制必须是在现阶段反映规律性的经济联系，是反映经济利益关系的经济联系。这种联系在有计划的商品经济条件下，只能是计划联系和市场联系的有机结合。与此相适应，我们所要选择的经济机制便是计划机制和市场机制的有机结合体。经济体制就必须按此要求在各个方面进行配套改革。例如在微观方面就必须赋予企业以商品生产者的权力，并使其真正自负盈亏，将企业推入市场。在市场方面就必须完善市场体系，改革价格体系，把扭曲的市场信号搞准确。在宏观方面必须健全和完善调节市场的计划手段，完善各种经济调节手段和杠杆，从而保证计划和市场相结合的经济机制有条不紊地运行。

对经济体制的设计和对经济机制的选择，虽然从表面上看带有主观意志的因素，但是，这种选择受客观经济条件制约，同时，经济体制一旦形成，其含有的经济机制便会客观地发挥功能。

## （二）对经济体制模式的选择不能随心所欲

既然经济体制的设计实际上是对一定的经济机制的选择，而经济机制又是客观的经济联系，因此，人们对经济体制模式的选择不能随心所欲。

我们一般讲，同是在社会主义制度下，国情不同，经济条件不同，对经济机制的选择也会有所不同，如苏联模式、匈牙利模式、南斯拉夫模式等。

但这绝不意味着人们可以随意地凭主观意志选择自己的经济机制模式。在一定的经济条件下，经济过程的内部联系是客观的，这时只可能有一种经济机制能保证经济的最佳运行。

前一时期，国内在讨论我国经济机制的目标模式，有些人试图在苏联模式、匈牙利模式、南斯拉夫模式，乃至西方的市场经济的模式中选择一种。我们绝不排斥在确定自己的经济机制模式时借鉴外国包括资本主义国家的有效经验和形式，但是我们也反对不顾中国的实际情况照抄照搬外国的模式。苏联的经济机制基本上仍然是排斥市场机制的。这样一种经济机制在我国搞了几十年，其弊病人所共知，因此单纯的计划机制在目前的中国不可取。南斯拉夫的调节机制基本上是缺乏计划控制的市场机制，在这方面类似西方的市场经济体制。在我国这样一个十亿人口的大国，地区和部门发展很不平衡，抛弃整个国民经济的计划经济，其后果是不堪设想的。后来匈牙利的计划和市场相结合的经济机制模式很吸引人。但是我们不能不看到，我国现阶段的商品经济不发达，它带来了市场体系不完善、企业对市场依赖性薄弱的后果，再加上长期的固定价格制度造成了市场价格信号的严重扭曲等问题，使我国目前的市场机制的功能还不健全。这些状况在短期内不会消除。这就决定了中国选择的计划和市场相结合的经济机制模式，在计划和市场相结合的形式和结合的程度上，与匈牙利不会完全相同。

就是在同一个国家，不同的经济发展时期也会有不同的经济机制选择，这同不同时期的经济发展战略的选择相联系。例如，20 世纪 50 年代，我国是在资源紧张的条件下加速实行国家社会主义工业化发展战略的，具体表现为优先发展重工业，追求经济发展的高速度。与此相适应，我们选择的经济机制是以高度集中、行政控制为特点的。这种经济机制为这种经济发展战略的推行起到了一定的历史作用。现在，我国的经济发展战略正在发生根本的转变，其基本特点为：不是追求优先发展某一部门，而是追求各部门的平衡协调发展；不是片面追求速度，而是以提高经济效益为中心；不是以粗放型发展为主，而是以集约型发展为主。与此相适应，经济机制必须发生转变：决策结构不能是高度集中式的，控制方式必须由直接控制为主转为间接控制为主，管理方法必须由行政方法为主转为经济方法为主。这种机制的转换，必须通过经济体制的改革来实现。

### （三）经济机制的转换

经济体制的各构成部分，如财政、金融、价格、计划、流通等体制彼此之间按一定的方式相互联系并相互作用，形成一定的经济机制的功能。因此，每一项改革都要注意其内在的机制联系。例如，现在的改革要改变过去那种过分集中的体制，将企业活动放开，这就必然会牵一发而动全身，因而需要在价格、工资、财政、金融、计划、流通等方面进行配套改革，以形成新的经济刺激手段、新的信息传递方式和新的经济调节方式。显然，经济体制的改革不是局部的、零打碎敲的单项改革，而是整个经济机制的转换。不顾经济过程的内在联系，只注重局部环节的改革，忽视改革的整体配套，必然会破坏经济机制运行的有序性，引起整个经济机制的紊乱和失调，造成经济波动。我国的经济体制改革之所以长期囿于"一放就乱、一管就死"的状况，难以顺利进展，其根本原因就是缺乏从经济机制出发而对经济体制改革进行整体设计和零部件的配套。企业活动放开了，但相应的企业行为约束机制却没有跟上，出现了"上有政策下有对策"的状况；银行发放贷款的自主权扩大了，但改革不配套，银行不承担任何风险，加之中央银行的调节机制没有跟上，所以信贷失控在所难免。

社会主义经济机制各构成部分本身都自成系统，都各有自己的运行机制。如财政机制、信贷机制、价格机制、市场机制等，它们分别是特定经济过程的内部联系和作用方式。但是各经济机制均是整个经济机制的局部环节，它们不可能离开整体经济机制而孤立地发生作用，更何况每个局部机制在其运行过程中一般都有积极和消极两方面的功能，其消极的功能需要别的机制的作用来限制和抵销，从而使社会主义经济机制的总体功能达到最佳。因此，在经济体制改革中，过分重视某一机制的作用，不及其他，是不可能达到预期的改革目标的。例如，在企业工资改革中，将工资增长与利润挂钩，使企业工资随着企业利润的增长而增长。如果孤立地看这是一个正确的措施，但这项改革实行的结果却并不一定理想，因为把它放在整体经济机制中考虑时，就会发现它不是孤立地运行的。如果价格不合理，有的偏高，有的偏低，会造成企业利润的非主观原因差别，从而必然影响不同企业工资增长的差别，这不仅不能达到改革的预期目标，调动广大劳动者的积极性，而且还会引起整个经济机制的紊乱和扩大经济生活中的矛盾，带来新的社会经济问题，影响广大劳动者的生产热情和积极性。再如对工资奖金的增长"上不封顶"的改革，孤立地看，它有利于调动企业职工积极性，但是在整个经济机制中这一方面的超前改革则会造成机制的功能性紊乱。具体表现在两个方面：一是在企业没有真正实行自负盈亏、市场竞争机制没有展开的条件下，企业缺乏自我约束消费行为的机制；二是在国家的财政、税收和信贷体制没有进行相应配套改革的条件下，企业消费基金增长没有有效的宏观控制机制。在这种情况下过早地将对企业工资奖金的控制放开必然导致宏观总量失控，这是经济机制紊乱的现实表现。

总而言之，从经济机制的转换出发研究体制改革的目标和步骤，注意力就不应是单项改革，而应是总体的系统设计。即使是改革分步走，也不能简单地以为是搞一项一项的单项改革，应看作是相互配套的经济体制各部分作为有机整体的一步步地向目标模式转换。

由于经济的和社会的原因，中国的经济体制改革不能毕其功于一役，经济机制的转换必然是一个渐进的过程。在这一过程中，新的经济机制的因素在运行中日益增多，旧的经济机制的相当部分一时还不能退出经济运行。两种不完备的机制同时并存，交互作用，难免会产生两种情况：一方面，新旧两种机制在运行中相互摩擦和矛盾；另一方面，宏观管理中会出现某种真空或漏洞。对此我们必须有清醒的认识，并要采取各种调节措施，反摩擦、堵漏洞、努力减轻机制转换中可能出现的波动和紊乱。

### 三、经济机制与宏观调节

#### （一）宏观经济与微观经济

社会主义经济是一个复杂的大系统。它可分为微观经济和宏观经济两个层次的运行系统。

微观经济和宏观经济是人们对经济运行进行个量分析和总量分析时进行的划分。微观经济是指单个企业、单个市场活动的量，如某个企业的发展水平，某种产品的供应量、需求量、价格水平等。宏观经济是指整个国民经济活动的总量，如国民经济的增长水平、全部商品的总供给和总需求、市场价格总水平、利率总水平、就业总水平、产业结构等。

微观经济运行包括企业对生产什么、生产多少和为谁生产的决策过程，企业收入的形成及在企业内部分配的过程，某个商品（如电视机、拖拉机）的市场价格和供求的变动过程等。

宏观经济运行包括国民经济发展目标的确定和实现过程、国民收入的分配和再分配过程、社会总供给与总需求的平衡过程、市场价格总水平和利率总水平以及工资总水平的变动过程。

宏观经济以微观经济为基础，但宏观经济不是各微观经济的简单相加，整体大于局部之和的系统论思想在这里同样适用。例如总供给与总需求关系不能等同于各单个商品的供给之和与需求之和的关系。原因在于在宏观总量中包含了国民收入的分配关系，包含了货币流通因素（这点将在第六章详细分析）。再如宏观范围的产业结构（各产业部门的比例）也不等同于微观生产结构（生产多少电视机、多少拖拉机、多少棉布等）之和，原因在于产业结构的形成和发展加入了时间和空间的因素（这点将在第五章详细分析）。因此不能以为宏观调节便是将宏观经济运行的目标和任务分摊给各个微观经济单位，就像不能把宏观经济当作各微观经济活动的简单相加一样。

### （二）宏观调节和控制的机制

什么是宏观调节和控制？宏观调节和控制就是从国民经济的角度调节经济运行。其目的是从国民经济全局出发，对宏观经济运行过程输入自觉性，避免和克服客观经济运行过程中的自发性和盲目性，消除经济运行中的各种干扰，保证经济运行目标的有效实现。在宏观调节和控制中，宏观经济和微观经济这两个层次的运行系统都是被调节和被控制的系统。

微观经济运行，在解决生产什么、生产多少、为谁生产问题上，有自己的调节机制，在商品经济条件下，微观经济运行的调节机制便是市场机制。价格的涨落，供求的变动调节着社会劳动在各部门间的分配，从而使微观生产结构适合市场需求结构。国家对这一过程的宏观调节便是通过各种经济政策和经济杠杆的调节和诱导，使市场机制调节下的微观生产结构向合理的产业结构发展，保证社会生产资源最有效地得到利用（这点将在第五章详细展开分析）。

宏观经济运行，在解决总供给与总需求平衡方面，也有自己的调节机制，在商品经济条件下宏观总量平衡的调节机制便是调节国民收入分配和再分配的财政、银行信贷和价格总水平。国家对这一过程的宏观调节便是通过财政、收入分配和货币等各种政策及相应的经济杠杆，调节积累和消费的比例，控制总需求，保证预定的国民经济发展目标得到实现（这点将在第六章详细展开分析）。

### （三）宏观调节机制的结构

调节或控制的基本功能有两个方面：一是确定被调节系统运行的目标；二是调节被调节系统输出的值与目标值的偏差，从而使被调节系统的运行保持在正常的轨道上。一般说来，调节和控制的结构，由中央控制或调节系统、被调节系统和信息反馈系统三部分组成。这三个部分相互间靠信息联结起来。中央控制系统将控制目标等信息传输给被控系统，被调节系统按中央控制目标进行工作，而输出的结果（信息）通过反馈系统传给中央调节系统，中央调节系统对获取的信息进行加工处理，然后再输给被调节系统，直至被调节系统输出的结果与控制目标相符。

上述调节机制的一般原理适用于宏观的经济调节过程。在这里，中央控制和调节系统便是国家经济决策机构，被调节系统便是成千上万个企业，在商品经济条件下信息反馈系统便由市场来承担。但是，经济生活是纷繁复杂的，调节机制的一般原理引入宏观控制过程，需要根据实际的经济情况进行必要的校正。目前我们的企业是自主经营者，是有相对独立经济利益的商品生产者。这样，第一，企业已不单纯是执行机构，在一定程度上具有决策系统的功能；第二，企业制定决策和执行国家决策时，要受自身经济利益的限制，因此整个宏观控制机制必须增加一个经济动力系统；第三，与前两点相适应，经济信息不仅要为国家决策机构所感受，还要为企业所感受，同时给国家和企业反馈信息。

根据我国现阶段经济关系的特点，宏观调节机制结构应有下述规定：经济决策系统不是一元的集中式决策机构，而是国家与企业都参加决策的分权式决策系统；经济信息系统不是以纵向传递信息为主的直线型系统，而是以横向传递为主的纵横交错的网络式系统；经济动力系统不是以行政压力为主的系统，而是以经济利益激励为主并与精神鼓励相结合的系统。

宏观调节机制各个系统之间也由各种经济信息联结起来。以社会生产比例的调节机制为例，输入生产企业的信息有：（1）国家决策机构的计划；（2）资金、劳动力、物资等生产要素的投入；（3）市场价格比例、利率差别信号。生产企业输出的信息即产出的商品和劳务。输入市场的信息有：（1）企业供给市场的商品和劳务；（2）国家对价格利率的计划信号。市场输出的信号有：（1）价格比例；（2）利率差别。输入国家决策机构的信息有：（1）市场信号；（2）企业产出与预定计划目标的偏差。国家决策机构输出的信息有：（1）生产计划；（2）对市场价格利率的计划调节信号。

### （四）宏观控制形式

宏观控制包括两个方面的过程：一是确定经济运行目标的控制过程；二是在运行目标确定以后调节运行系统，不断地校正其输出值与目标值的偏差，保证达到经济运行的目标。在经济运行中，无论是确定目标，还是实现目标，都不是孤立的要素在起作用，都必须依靠一定的经济联系，依靠一定的机制调节。

经济运行的总目标是既定的，这就是最大限度地满足社会需要和社会生产资源的最有效利用。但是每一个具体时期的经济运行目标不是已定的，因而需要对目标本身有个确定和控制的过程。这种目标值的确定不是简单的数学计算，它是一个复杂的经济过程。一般来说，经济运行目标的控制除了经济过程的自发控制外，就自觉控制而言，主要有两种形式：一种是预先的确定和控制，例如预先规定满足市场需求的目标。采取这一形式的条件是决策机关能掌握大量的信息并能较准确地预见未来。另一种是随动控制，即在控制方向确定的情况下进行跟踪控制，就像猎人捕捉猎物一样控制经济运行目标。如规定的市场需求目标是可变的，根据最大限度地满足经常增长的市场需求目标的要求，就需要紧紧瞄准不断变动着的市场需求变化。显而易见，前一种控制形式的优点在于经济运行一开始就有明确的目标，但这一形式要求决策机构具有灵敏地、准确地掌握信息和处理信息的能力。后一种控制形式的优点在于灵活，能随时根据情况变化调整运行目标，问题在于这种经济运行的目标不完全明确。在计划经济条件下，前一种形式不可缺少。但根据现阶段计划经济水平，人们并不能完全准确地预见未来，因而还需要后一种控制形式。为此，现阶段的目标控制需要将两种形式结合起来。具体表现为：国家预先下达指导性计划指标，为经济运行大致规定一个轨道，同时允许决策者和执行者随时根据经济状况变化而修正计划目标。然后国家根据反馈的企业修正计划的信息及时地调整计划目标，最终使国家确定的计划目标具有科学性并切合实际。

目标确定后，为实现目标，调节经济运行的过程更为复杂。

调节控制的方法一般有程序控制和目标控制两种。程序控制不仅为经济运行规定目标，还为其规定了实现目标和抗干扰的程序。目标控制只为运行系统规定所要达到的目标，运行的程序由运行系统自己确定。例如，国家只给企业规定产值指标、利润指标等，至于企业具体生产什么、如何生产，则由企业自己定，国家不直接管，这就是目标控制。显然，目标控制比程序控制要灵活，并且适应性强。我们过去对企业活动的控制方式基本上是程序控制，结果束缚了企业手脚，把整个经济管死了。我们现在的改革的一个重要内容是改变控制方式，由程序控制转向目标控制，给企业松绑，以调动企业的主动性、积极性和创造性。

调节控制过程一般分为有反馈回路的经济控制和没有反馈回路的经济控制。所谓信息反馈，是指把输出的信息与作用对象相比较的结果再输送回来，并对信息的再输出发生影响的过程。其基本功能是根据过去的操作情况去调整未来运动。宏观控制过程应是包括反馈回路的经济控制。宏观控制过程引入信息反馈系统后，便具有了自动控制系统，决策中的偏差能及时得到校正，经济运行系统能随时根据反馈的信息调整自己的行为，直至运行目标的实现。这种自动控制系统与前面所述的客观经济过程中的自我协调的生理机制不同。第一，它不是自发的，而是自觉设置的。第二，这种自动调节不是单纯地实现平衡，更重要的是为了实现预定目标。第三，这种自动调节系统最终使宏观控制机制对客观经济过程变化产生自组织、自适应的功能。在商品经济条件下，将市场机制作为信息反馈机制引入宏观调节机制便是这样。企业与市场处于横向联系中，企业在参加市场活动的过程中，随时从市场获得价格变动和供求变动的信息，从而及时地调整生产方向和生产规模，能保证市场需要得到最大限度的满足。国家经济决策机构随时从市场获得价格和供求信息，便可及时地校正计划和调整宏观调节措施，从而保证宏观调节的有效性。

## 四、经济机制与经济杠杆

### （一）间接控制和调节

宏观控制手段一般有两种：一种是直接控制；另一种是间接控制。直接控制的一般特点是国家决策机构把具体的投入和产出的指标，直接以指令性计划形式下达给企业。这样做实际是国家直接经营企业。在国家与企业职责分开，企业成为相对独立的自主经营、自负盈亏的商品生产者后，国家对企业的管理将逐步由直接控制为主转向间接控制为主。这反映了整个经济机制的转轨。

间接控制的特点在于：国家不直接规定企业具体的投入和产出的数量指标，而是根据宏观计划目标要求，通过经济手段和法律手段，影响企业活动的约束条件和环境，从而使企业做出符合宏观控制目标要求的决策。

什么是经济手段？它是相对于经济管理的行政手段而言的，是指在经济管理活动中，人们利用经济过程中的内在联系和物质利益关系，调节和控制经济活动的杠杆、方法和组织的统一体。具体来说，它有以下特点：第一，它是在企业有独立的决策、国家对企业实行间接控制的条件下运用的；第二，它通过调节利益关系刺激企业自动地实现计划目标；第三，在商品经济条件下，经济手段一般是通过市场来调节企业活动。经济手段可以为一定的主体（如企业）创造一定的经济环境和条件，使之自动地按计划目标要求运行。波兰经济学家兰格对资本主义经济中的自发调节、计划经济中的行政手段和经济手段做了形象的比喻：资本主义经济好比老式气球，随风飘动。社会主义经济如依靠行政措施实现计划可以比作一架老式飞机，驾驶员用手操纵，将飞机引向他选择的方向；依靠经济手段实现的计划好比一架有自动操纵机构的现代飞机，驾驶员按飞行方向安排机构，自动机构会自动地保持飞机航行的方向。当然，宏观调节中利用经济手段不单纯是为了追求"自动性"问题，最根本的是追求计划的科学性，追求自觉依据和利用经济规律来实现计划。

间接控制意味着国家不直接控制企业的生产决策。那么间接控制应从何处入手呢？社会再生产过程中生产、交换和分配各个环节之间的相互关系给我们提供了各种选择。根据马克思主义原理，生产决定交换和分配，但交换和分配对生产都有反作用。因此，国家对企业生产过程放弃直接控制后，国家可以分别选择两个途径实行间接控制。

一是通过流通过程的计划化调节企业的生产决策。只要市场价格、利率等各种信号对企业决策起调节作用，同时市场价格、利率均是在国家的宏观调节下形成的，那么企业的生产决策最终会同国家的宏观计划目标相吻合。例如布鲁斯模式中的"有调节的市场机制"就起这种作用。

二是通过分配过程的计划化调节企业的生产决策。收入分配包括国民收入在积累和消费之间的分配、积累基金在生产性积累和非生产性积累之间的分配、生产性积累在各个部门的分配、消费基金在个人消费和社会消费之间的分配等。所有这些最终会形成各种需求量和需求结构。市场需求量和需求结构会制约两大部类比例和各种产品的生产比例。因此经济学家锡克认为，如果收入分配的调节使人们所追求的未来需求同计划的目标相一致，那么生产和投资也会向这个方向发展，无需去直接指挥。因此在他的模式中，生产和投资决策权都给了企业，国家则通过国民收入分配计划及相应的调节手段严格控制企业的分配过程。

间接控制的主要手段是国家手中掌握的经济杠杆。

### （二）经济杠杆的一般规定

调节经济运行的经济手段有多种形式，但不能认为任何一种经济调节手段都是经济杠杆。例如，下达计划、物资的吞吐调剂等调节手段就不属于经济杠杆之列。

什么叫经济杠杆？总的来说，它是国家掌握的用以调节经济运行、以期实现预定经济目标的各种手段，具体包括以下几个方面：

第一，经济杠杆是包含于经济利益关系中的经济范畴。运用经济杠杆的目的是为实现预定目标提供一种推动力。经济运行的原动力是人们对经济利益的关心。人们从事经济活动总要谋求自身的经济利益。因此，只有处于经济利益关系中的经济范畴才能起到杠杆作用。一般来说，经济利益关系集中表现在国民收入分配和再分配过程之中。这样，能成为经济杠杆的范畴必须是参与国民收入分配和再分配及交换过程的范畴，如参与初次分配的利润、工资、奖金、税收等，参与再分配的价格、信贷、利率、财政分配、货币发行等。

第二，经济杠杆都是经济运行中的变量，如价格、利率、税率、货币发行量等都是可变的量。但是，经济杠杆是主观见之于客观的工具。它包括两方面的要求：一方面，它们必须是国家直接或间接掌握的可控变量；另一方面，它们必须是处于经济运行中的经济变量并与经济运行系统中的其他构成要素处于函数联系之中，例如货币发行量与价格总水平有函数联系，利率与储蓄和投资有函数联系。因此，国家调整和改变这些可控变量，便可引起经济运行系统内其他要素的相应变化。从这一意义上说，经济杠杆就是经济参数，利用经济杠杆的调节就是利用参数的调节。这里要说明的是，价格和利率等变量，在不同的机制中有不同的规定。如果它们直接由国家规定，便是国家直接的经济杠杆或可控变量；如果在另一种机制中，它们不由国家直接规定，而是在国家计划调节下的市场机制中形成，那么它们便是国家间接掌握的经济杠杆。

第三，经济杠杆必须是社会劳动分配的选择条件和信号。在商品经济条件下，社会劳动采取价值的形式，因此，经济杠杆也必须采取价值形式。例如税率高低、利率高低、价格高低、工资高低、汇率高低均是调节资金、生产资料和劳动力在部门之间流动的信号。

第四，经济杠杆不是指范畴本身的规定，而是指对范畴运动的客观作用的一种利用或运用。任何作为经济杠杆的范畴在其运动中都能起客观的作用。如价格的任何变动都会引起供求的变化，税收的任何变动都会引起国民收入分配比例的变动。但它们只是客观作用而已，还不能仅仅从这个意义上规定它们为经济杠杆。只有当人们对这些范畴的运动进行客观的利用或运用时，它们才作为经济杠杆发挥作用。例如价格在自发波动时，它不是经济杠杆；只有当价格按照国家有意识地确定的目标波动，从而调节供求时，它才是经济杠杆。

## （三）经济杠杆的功能

正因为经济杠杆具有利益范畴、可控变量、自觉运用三个方面的规定，所以在调节经济运行过程中具有其他手段不能替代的功能，它可以触动各种经济活动者的经济利益，从而借以刺激、引导、鼓励、抑制其各自的经济活动，以达到预定的目标。

第一，它是在微观放开的条件下实现计划目标的有效的调节手段。在间接控制中，预定的计划目标不可能直接地、强制地下达给企业。实现计划目标的机制是把意图包含在杠杆的运用中，通过调节经济利益关系来诱导和指导企业活动，以保证预定计划目标的实现。在实现计划目标上，这种经济利益的动力和压力不会比过去那种行政压力弱。

第二，运用经济杠杆调节经济运动能克服计划调节过程中的主观随意性，提高计划经济水平。经济杠杆是作为控制变量调节经济运行，在与其他变量的函数联系中，它不但作为参数调节影响其他变量，自身也会受其他变量的影响，在经济运行中得到检验。经济杠杆运用得是否正确的信息会及时反馈给经济杠杆的运用者，以便及时校正参数，从而保证经济调节手段的有效性和科学性。

第三，经济杠杆的运用还能刺激微观经济效益的提高，保证实现计划的效率和质量。其原因在于经济杠杆不是孤立作用的。在有计划的商品经济条件下，经济杠杆都是价值范畴，经济杠杆的运用总是同价值规律作用结合在一起的。

经济杠杆功能的充分发挥和正确运用，依赖于一系列的客观条件和主观条件。现阶段的客观条件主要是完善市场机制，包括市场体系的健全、市场机制的充分作用、卖方市场转为买方市场、消除市场上的垄断等。主观条件主要是经济杠杆运用者对经济规律及其作用机制的自觉认识和掌握程度。

### （四）从经济机制出发考察经济杠杆

既然成为经济杠杆的范畴本身是经济运行系统中的构成要素，那么它就必然是处于一定的经济机制联系中。

第一，各个范畴分别处于特定经济运行系统的机制之中，对国家来说，这些变量有直接可控和间接可控之分。如财政分配、税收、中央银行利率、货币发行等范畴，可以成为国家的直接可控变量，而价格、市场利率等则不是，它们包含于市场机制的内部联系中。它们作为市场机制的变量，只有在对市场机制经过计划调节之后，价格、市场利率符合计划目标要求时，才间接地成为可控变量。这种情况表明，国家运用价格、利率等杠杆不能随心所欲，应尊重其在市场机制中的内部联系，不能越俎代庖，取代市场机制对价格、利率的调节过程。

　　第二，各个经济杠杆都是在社会主义经济机制的有机体中发挥功能的，相互间有一种机制的联系。也就是说，各个杠杆都不会孤立地发挥作用，每使用一个杠杆都会引起经济机制内部相互联系的各个要素之间的连锁反应。因此，国家运用各种经济杠杆必须要同步配套，协同作用。不仅如此，国家在运用经济杠杆时还要注意统一使用，谨防政出多门，各行其是，以免引起机制的紊乱和灾变。

　　第三，国家运用经济杠杆是主观见之于客观的行为，这种行为本身要受客观经济过程和客观经济规律的制约。如果违反客观规律，不顾经济机制的内部联系，主观随意地运用经济杠杆，那么就不仅难以实现预期的目标，而且由此引起的连锁反应还会起到同计划目标相反的调节作用，造成机制的紊乱和经济的震荡。例如我们在1983年实行棉花超计划收购加价政策时，没有根据供给弹性和需求弹性的规律，大体计算出价格提高1%，对生产的刺激会有多大，对需求的抑制会有多大，而是盲目动价，结果加价过高，刺激了棉花生产的过度发展。1984年需要棉花6800万担，实际却生产了1.1亿万担，超过需求4000多万担，造成了严重的库存积压。这个事例表明，在利用经济杠杆时，必须要注意经济机制的内部联系，违反它，就要受客观经济规律的惩罚。

# 第二章 社会主义经济的运行目标

任何经济系统的运行都有自己的运行目标，经济运行机制就是围绕着这个目标而展开活动，根据这个目标的要求而发挥功能。因此，我们研究社会主义经济运行机制，必须首先从社会主义经济的运行目标开始。

## 一、社会主义经济的基本运行目标

### （一）经济运行是有目标的

经济运行需要调节。无论是自发调节还是自觉调节，都是为了使经济系统协调地、平衡地运行。但是，协调和平衡都要有一定的基础。这个基础不是别的，就是经济运行目标。对经济运行进行调节，实际上就是平衡或校正经济运行与目标的偏差，以保证经济活动在变化着的外部经济条件下按预期目标运行，从而使目标能如期实现。马克思曾经指出："蜘蛛的活动与织工的活动相似，蜜蜂建筑蜂房的本领使人间的许多建筑师感到惭愧。但是，最蹩脚的建筑师从一开始就比最灵巧的蜜蜂高明的地方，是他在用蜂蜡建筑蜂房以前，已经在自己的头脑中把它建成了。劳动过程结束时得到的结果，在这个过程开始时就已经在劳动者的表象中存在着，即已经观念地存在着。他不仅使自然物发生形式变化，同时他还在自然物中实现自己的目的，这个目的是他所知道的，是作为规律决定着他的活动的方式和方法的，他必须使他的意志服从这个目的。"[①] 劳动过程是这样，整个经济机体的运行又何尝不是这样呢！

---

[①] 《马克思恩格斯全集》第 23 卷，人民出版社 1972 年版，第 202 页。

## （二）何谓经济运行目标

所谓经济运行目标，就是经济运行过程中的必然趋势，它决定着整个经济运行过程的发展方向和方式，是经济运行过程的出发点和归结点。经济运行目标往往作为经济运行的预期目标而表现出来，所以看起来似乎是主观的范畴，其实不然。经济运行目标必须反映经济发展过程中的内在的必然的联系。这里需要明确，通过人的主观预测而制定出的国家在一定时期内的具体的计划目标，要成为某一时期国家发展经济的正确目标，它就必须反映经济发展过程中的客观内在规律。它制约着经济运行的全过程，人们的意志必须服从它。我们所谈的经济运行目标就是指这种目标。显然，这种经济运行目标是由经济机体的性质客观地决定的。

在现实的社会主义经济运行中，客观地决定其运行目标的是社会主义生产关系的本质要求以及商品经济的一般要求。社会主义经济运行的自觉性在于，自觉地寻求客观经济运行的目标并通过自觉的行为实现之。即使是国家自觉制定的经济发展目标，虽然要受当时的政治经济形势的制约，最终也必须符合客观规定的经济运行目标的要求。

## （三）经济运行目标的结构和层次

我国的社会主义现阶段经济机体是多种经济成分并存的综合体，除了占优势和主导地位的社会主义公有制经济外，还有个体合营的半社会主义经济、合作社形式的半社会主义经济，以及个体经济和利用外资或华侨、港澳资本的国家资本主义经济。而且，社会主义公有制经济内部也还不是单一的全民所有制经济，还存在着大量的集体所有制经济。即使在同一全民所有制内部，也还存在着不同的经营主体。特别是在现阶段条件下，社会主义国家还必须大力发展商品经济，因而社会主义生产关系和商品经济关系并存。所有这些，都客观地决定了社会主义经济运行目标不是单一的。

第一，经济运行目标具有多重性，既有属于社会主义生产关系本质所要求的目标，又有属于商品经济关系所规定的目标。例如，社会主义公有制经济决定了社会主义经济的运行目标是最大限度地满足人们的物质和文化生活需要，但现阶段的商品经济关系却决定了社会主义企业必然会把利润作为自己的直接运行目标。特别是应该看到，在我国目前多层次的社会经济结构中，各不同经济成分的企业的生产和经营活动，显然各有不同的具体目标，不可能具有同一的运行目标。

第二，经济运行目标具有等级层次性。目前参加经济活动的主体有国家、集体和个人，国家又分中央和地方。这就决定了社会主义经济运行既有国民经济的总体目标，又有地方的局部目标、企业的局部目标以及个人的目标。

第三，经济运行目标具有系列性。调节经济运行包含两个层次的目标：一个是调节社会生产各部门平衡时所要达到的目标，一个是调节社会总供给与总需求时所要达到的目标。前者被称为结构平衡目标，后者被称为总量平衡目标。这两个相互联系的目标，反映不同层次的经济活动的目标。前者是为了保持各个生产部门之间的协调发展，后者则是为了维护总供给与总需求的平衡。

第四，经济运行目标具有阶段性。所谓阶段性，就是指在不同的历史条件下，由于经济状况和社会政治环境的不同，经济运行目标是不同的。例如我国的"六五"发展目标和"七五"发展目标就有所不同。

上述的不同结构、不同层次、不同系列、不同阶段的经济运行目标，相互之间既有一致的方面，又有矛盾的方面。这就给调节经济运行带来了复杂性。我们在研究经济运行目标时，既要了解经济运行目标间的共同性，又要了解经济运行目标间的矛盾性，从中寻求协调经济运行目标的经济机制。

但是，不管不同层次、不同系列、不同阶段的经济运行目标如何不同，总是有基本目标置于各个经济运行层次和系列的局部目标之中，贯穿于经济发展的不同阶段的具体目标之中，体现社会主义经济关系的本质要求。这个基本目标，包括了作为整体来说的再生产过程的生产、流通、分配、消费各个方面的活动目标，是整个社会经济运行的总目标，也是各企业经济活动必须遵循的终极目标或根本目标，它有别于各种企业活动的具体目标。我国现阶段的社会主义社会虽然是包含着多种经济成分的综合体，但它终究是一个以社会主义公有制经济为主体的有机整体，因而它的经济活动不能不按照客观规定的一个方向运转。也就是说，它不能不有一个基本运行目标。在基本运行目标上，它的运行绝不能因内部经济成分的差异而多元化。特别是应该看到，尽管各种不同企业的生产和经营活动的具体目标有差别，但这些不同目标最终都是要服从于或受制于基本运行目标的。例如，各种形式的公私合营经济或个体经济，之所以能够存在和发展，就是它们符合或受制约于社会主义经济的基本运行目标。任何企业如果离开甚至违反社会主义经济的基本运行目标，那么它就失去了存在和发展的依据。当然，社会主义经济的基本运行目标并不直接代表各不同企业的全部目标，应该承认，各不同企业都有自己特有的具体目标，包含着不同内容的物质利益要求，满足它们的这些要求，是搞活企业的关键。但是，所有这些具体目标的满足，都必须以遵守基本目标为前提。因此，社会主义经济运行的基本目标是社会主义经济运行目标体系的核心，不仅社会主义经济运行的不同层次和不同系列的具体目标要反映和体现它，受它的支配和制约，而且社会主义经济在不同历史时期的具体发展目标也要以它为出发点和归结点。那么究竟什么是社会主义经济的基本运行目标呢？

### （四）社会主义经济的基本运行目标

根据马克思主义经济学经典著作的分析，一个社会的基本经济运行目标应具有这样几个特点：第一，它是客观的，是由生产关系特别是由生产资料所有制的特殊性质所决定的；第二，它反映该社会生产的性质和本质特征；第三，它是该社会生产发展的根本动因和方向，是该社会生产的出发点和归宿。按照经济基本运行目标的这几个特点，我们认为社会主义经济的基本运行目标的内涵是：第一，最大限度地满足人民群众的需要；第二，社会劳动时间（包括各种资源和劳动）的合理分配和充分节约。

大家知道，社会主义实行的是生产资料的公有制，以生产资料公有制为基础的社会主义经济是为劳动者的利益服务的。劳动者不仅是生产资料的所有者，而且也是劳动产品的所有者，这些产品最终都要用于满足他们自身的物质和文化生活的需要。这就决定了社会主义经济的运行目标，既不可能是为剥削阶级攫取剩余劳动、剩余产品或剩余价值，也不能是为生产而生产，而只能是为了满足劳动人民群众的生活需要。在社会主义条件下，劳动成果归劳动人民自己所有，这使得劳动者的需要能够得到日益充分的满足；劳动者需要的日益充分满足，又会促进劳动者生产积极性的提高和社会主义生产的进一步发展，后者又进一步保证了劳动人民需要的满足。由此可见，满足人民需要始终贯穿于整个社会主义经济运行之中。实践表明，如果社会主义经济发展背离了满足人民需要的要求，就会阻碍劳动者生产积极性的发挥，削弱社会主义经济发展的动力，以至于使社会主义经济运行紊乱。因此，满足人民群众的需要，是社会主义经济的基本运行目标的首要内涵。

但是，满足人民群众需要并不是社会主义经济基本运行目标的全部涵义。社会主义经济的基本运行目标还应包括社会劳动的合理分配和节约。因为：首先，只有社会劳动的合理分配，才能使社会生产比例协调，才能生产出符合社会需要的产品，从而才能高效益地全面地满足人民群众的需要。否则，满足人民群众的需要就成了一句空话。我国过去在"左"的指导思想影响下，盲目追求高速度，不按照客观的比例要求合理地分配社会劳动，重生产而轻消费，重重工业而轻农业和轻工业，不切实际地把大量的社会劳动投入到基建和重工业中，其结果是造成了社会生产比例的严重失调，经济结构畸形化，人们所需要的产品长期奇缺，不仅没有使人民群众的需要得到很好的满足，而且还受到了不应有的压抑。特别是由于社会劳动分配不当，大量的社会劳动被白白地浪费掉了，因而使人民群众今后应满足的需要也受到了损害。其次，社会劳动的节约可以增加社会财富，从而可以用更多更好的产品去满足人民群众的需要。反之，就会丢掉社会财富，使人民群众的需要无法得到很好的满足。我国在这方面的教训是很多的。例如，我国第一个五年计划时期每 100 元固定资产的实现利润达 20 元以上，而 1978 年只有 15.9元。这就是说，每 1000 亿元固定资产减少利润 40 亿元。如果按 4000 亿元固定资产计算，每年在生产过程中就有 160 亿元的社会劳动被白白浪费掉了。这些钱大体上相当于 1981 年全年的文教、卫生、科学事业费用的总和。如果这些钱被节约下来用于满足人民群众的需要，那将会使人民群众的生活发生不小的改观。由此可见，社会劳动的节约对于很好地满足人民群众的需要有着非常重要的作用。

总之，社会主义经济运行的基本目标的内涵，应该是最大限度地满足人民群众的需要与社会劳动的合理分配和节约的有机统一。马克思指出：在共同生产的社会中（包括社会主义社会），"社会发展、社会享用和社会活动的全面性，都取决于时间的节省"。[①] 他把时间的节约同更好地满足"社会享用"即满足人民群众的需要结合起来，并把它作为首要经济规律。因为社会只有合理地分配社会劳动和节约社会劳动，才能实现社会需要的最佳

---

① 《马克思恩格斯全集》第 46 卷上，人民出版社 1972 年版，第 120 页。

满足。

下面，我们对于社会主义经济运行的基本目标的两个内涵分别加以分析。

1. 最大限度地满足人民群众的需要

经济运行的直接动力和最终目标总是为了满足一定的需要，而需要的满足又总是同消费相联系。因此，分析满足人民群众的需要必须同消费活动相结合。主要涉及以下几个问题。

第一，生产和消费的良性循环。生产和消费的关系，一般地讲，有两个方面。一方面，生产决定消费：它创造消费的材料或对象，决定消费的方式，引出消费的需要或动力。另一方面，消费也反过来影响生产：首先，消费最终完成生产行为，原因是生产的产品只有在消费中才成为现实的产品，一件衣服出于穿的行为才现实地成为衣服，一间根本无人居住的房屋，事实上就不成其为现实的房屋；其次，消费创造出新的生产需要，因而创造出生产的动力，创造出生产对象。生产和消费的关系表明，只有在生产直接为了满足消费需要时，生产和消费间才会形成良性循环，相互创造条件，相互创造动力，从而使生产和消费的水平不断提高。

生产和消费的良性循环需要一定的经济条件。在小私有制范围内，虽然生产直接为了满足劳动者的消费需要，但是生产和消费的范围狭窄，生产和消费间缺乏上升的良性循环。在资本主义私有制度下，虽然生产和消费的社会联系范围扩大了，但是生产不是直接为了满足劳动者的需要，而是为了资本家获得剩余价值。因此，生产和消费的良性循环经常被周期爆发的经济危机所打断。只有在社会主义公有制条件下，生产和消费之间才可能出现不断上升的良性循环。原因是，在社会分工有了较大发展的同时，劳动人民成了生产过程和消费过程的共同主人，生产是直接为了满足人们的需要，即最大限度地满足全体劳动者经常增长的物质和文化的需要。

第二，消费结构。人民群众的消费需要包括基本生活需要、发展需要和享受需要三个层次。在一定时期内这三个层次的需要形成一定的比例，即消费结构。基本生活需要亦称生存需要，这是社会必须首先满足的低层次需要，发展需要和享受需要则是高层次的需要。社会经济发展一般是沿着低层次到高层次的过程满足需要的。如果在消费结构中基本生活需要占的比重大，意味着该社会中人民的消费质量还处于低水平。当然这个问题也不能绝对化地理解。在某种情况下，由于消费的示范效应，人们会在基本生活需要尚未满足时，优先考虑享受需要的满足，把应在今后满足的需要提前到现在。

根据最大限度地满足人民群众需要的目标，根据消费结构同社会主义经济运行的相互制约关系，经济工作应该做到：首先，注意引导人民群众的消费方向，防止不切实际地盲目提高消费；其次，注意按消费需求结构调节生产比例，使社会生产结构适合消费需求结构；最后，努力在经济发展的基础上促使消费发生结构性变化，逐步提高发展、享受需要在消费结构中的比重，提高消费质量，最终以满足人民群众高层次需要为社会主义经济运行的目标。

第三，消费水平。消费水平表明人民群众的物质文化需要的满足程度。在商品经济条件下，人民群众的消费水平一般有两种衡量指标：一种是人民群众的货币购买力；另一种是以货币收入购买的消费资料和劳务的数量。前者是名义水平，后者是实际水平。两者的差别在于后者不仅取决于货币收入，还取决于商品和劳务的价格。对于经济运行目标有意义的是实际水平。

消费水平的提高不仅包括上述消费结构的变动，还包括人民群众基本生活需要、发展需要和享受需要等各层次需要范围的不断扩大，进入消费领域的各种使用价值不断完善和更新，产品质量不断提高。

一定的消费水平是在生产力发展基础上形成的各种有关因素的组合，其中主要有社会产品和国民收入总量、国民收入分为积累和消费的比例、物质资料构成、"第三产业"（主要是指服务行业）的发展水平等。

服从于最大限度满足人民群众不断增长的需要的目标，提高消费水平对社会主义经济运行的制约性在于：其一，在生产发展的基础上逐年提高人民消费水平，应是安排国民收入的出发点；其二，人民消费水平的提高最终依赖生产的发展，为此必须保证必不可少的扩大再生产的建设资金；其三，消费水平的提高要有物质保证，为此要求使用价值的品种、质量、数量紧紧跟上社会消费需要。

第四，社会主义的供求规律。在商品经济条件下，人民群众的需要可以分为两种类型：一种是人民的实际需要，另一种是人民群众有支付能力的需要，即市场需求。两种需要之间存在着数量差别。前者总是大于后者。原因是人民群众有支付能力的需求的满足，不仅受商品可供量的限制，还受购买力的限制，其中包括货币收入和商品价格的限制。我们一般讲的供求矛盾是指有支付能力的需求与供给之间的矛盾。

供过于求（生产过剩）是资本主义经济的痼疾，但不能反过来说，供不应求是社会主义经济的规律。在社会主义社会，人民群众的实际需要总是走在生产的前面，从而成为社会主义生产的动力。但是有支付能力的需求不能总是走在生产前面，应该和生产相适应，这是社会主义再生产过程的客观要求，也是生产和消费良性循环的具体体现。计划经济也为之提供了可能。我国和其他一些社会主义国家多次和较长期地出现的经济短缺现象，主要是由经济体制造成的，不能归咎于社会主义经济制度本身。社会主义经济的本性是保证人民群众不断增长的需求能最大限度地得到满足。这里包含着这样一个良性循环的过程：人民群众有支付能力的需求由于生产发展得到满足后，其需求水平会进一步提高，内容进一步丰富，范围进一步扩大，从而促进生产进一步发展；在生产进一步发展的基础上，增大了的有支付能力的需求进一步得到满足，又提出新的需求……如此循环反复，使人民群众实际需求的满足程度不断得到提高。

社会主义经济不存在供不应求的客观性，不等于说供求之间不会失衡。在一定时期中有的商品供不应求，有的商品供过于求，这是常有的事。社会主义经济的特点在于能自觉地通过计划调节消除不平衡现象，实现商品供给结构与市场需求结构的平衡及供求总量的平衡。

2. 社会劳动的合理分配和节约

这是社会主义经济运行基本目标的又一个层次的内涵。为了说明它，我们需要涉及下面几个方面的问题。

第一，时间节约规律。经济运行中投入的劳动力和生产资料，可归结为社会劳动量（用社会劳动时间表示）。为满足一定的需要必须要投入一定的劳动量。在一定时期中，社会总劳动时间是有限的量。为了满足人民群众多方面的需要，在生产一定量的使用价值时必须尽可能少地投入劳动量，从而节约出更多的劳动时间，去生产别种使用价值。在社会总劳动时间不变时，时间的节约意味着使用价值总量的增加。显然，时间节约等于劳动生产率和经济效益的提高。

时间节约规律包含两方面的含义：其一，社会所拥有的物化劳动和活劳动量得到充分而有成效的利用；其二，社会以尽可能少的劳动量取得一定的生产成果。

在公有制条件下，人们进行联合劳动，时间节约的意义更为重大。马克思说："一切节约归根到底都是时间的节约。正象单个人必须正确地分配自己的时间，才能以适当的比例获得知识或满足对他的活动所提出的各种要求，社会必须合理地分配自己的时间，才能实现符合社会全部需要的生产。因此，时间的节约，以及劳动时间在不同的生产部门之间有计划的分配，在共同生产的基础上仍然是首要的经济规律。这甚至在更加高得多的程度上成为规律。"①

时间节约规律只是在非商品经济条件下才纯粹地表现出来。在商品经济条件下，社会劳动时间披上了价值外衣，时间节约规律表现为价值规律。因此，社会主义商品经济条件下的经济运行，贯彻始终的首要的商品经济规律是价值规律。

第二，有限资源的最优分配。任何时期的资源都总是有限量的。如动力资源、生产资料资源、投资资源等。一种资源往往有多种用途，可以用于这一部门的生产，也可以用于那一部门的生产。如石油可以用于燃烧，又可以作为化工原料。用途越广其稀缺性就相对越强。这就遇到资源的最优化分配问题，即将有限的资源用于发挥效果最大的地方，在国民经济范围内使有限的资源得到最佳利用。其基本要求是：当同种社会需要可以由不同产品或不同企业的生产来满足时，社会应当选择耗费资源最小的产品或生产过程；当不同种的资源都能满足同一生产过程时，社会必须尽可能地用较为丰裕的资源替代较为有限的资源；当同种有限资源能加入不同的生产过程时，社会必须尽可能将有限的资源用于发挥最大效果的生产过程。据此，在分配有限的资源时有两点必须考虑到：

首先，资源的分配必须服从宏观效益。有些资源投入某一企业，对该企业来讲是很经济的，但对社会来说却是不经济的，在这种情况下，必须服从宏观效益，不能将资源投入该企业。

其次，在资源分配上最忌平均分配，吃"大锅饭"。在旧的经济体制下，投资分配好似"天女散花"，不管先进企业还是落后企业，资源人人有份。结果是先进的企业的潜力不能充分发挥，落后的企业却浪费了大量的有

---

① 《马克思恩格斯全集》第 46 卷上，人民出版社 1972 年版，第 120 页。

限资源，从而使有限的资源不能充分发挥效益。在一些紧缺的物资的使用上也是这样。经济效益差的企业占用和浪费了大量的紧缺物资，而经济效益高的企业却停工待料。所有这些都是违背节约时间的规律的。

## 二、基本目标在经济机制中的体现

### （一）结构调节与总量调节

上述基本目标不是虚无缥缈的东西，它必须包含于经济运行之中，成为经济机制的目标。经济机制调节经济运行，包含两方面的过程：一方面是调节供给结构和需求结构，实现供给结构与需求结构的平衡；另一方面是调节总供给与总需求，实现社会总供给与社会总需求之间的总量平衡。调节这两个过程的机制不完全一致。结构调节的机制包含在社会劳动（生产资源）在各部门间按比例分配的经济联系中，总量调节的机制则包含在国民收入在积累和消费之间按比例分配的联系中。

平衡是经济机制调节经济运行的内容，但是平衡绝不是最终目标。社会主义经济机制调节经济运行时，必须以最大限度地满足人民群众需要及社会劳动的最优分配为目标。当然，这两个目标在经济机制中有个具体化的过程。

### （二）社会必要劳动时间是结构调节的目标值

在一定的劳动生产率的基础上，每个特殊生产部门制造一定量的物品，都需要一定的社会劳动时间。由于在一定时期内，社会总劳动时间是有限的量。因此，分别用在各个特殊生产领域的社会劳动时间的份额也有数量界限。这个数量界限不是别的，正是社会必要劳动时间。

社会必要劳动时间有两重含义。

第一重含义的社会必要劳动时间是指："在现有的社会正常的生产条件下，在社会平均的劳动熟练程度和劳动强度下制造某种使用价值所需要的劳动时间。"[①] 大家知道，任何一个生产部门，总是有许多商品生产者生产同

---

① 《马克思恩格斯全集》第23卷，人民出版社1972年版，第52页。

一种商品，他们的生产条件、劳动熟练程度和劳动强度各不相同，从而生产同一种商品所耗费的劳动时间也不一致。但是决定价值量的并不是各个商品生产者生产某种商品所实际耗费的劳动时间，而是在一定时期内，同一部门的不同商品生产者在大致平均的生产条件、技术水平和劳动强度下生产某种商品所需要的劳动时间。这种劳动时间就是社会必要劳动时间。在市场上，人们是按照由社会必要劳动时间所决定的价值进行交换的。其结果是：如果个别劳动时间等于社会必要劳动时间，商品生产者的劳动耗费就能完全得到补偿；如果个别劳动时间多于社会必要劳动时间，商品生产者的劳动耗费就不能得到完全的补偿，以至于导致亏损，在竞争中处于不利地位；如果个别劳动时间少于社会必要劳动时间，商品生产者不但能够补偿全部劳动耗费，而且还可以获得或多或少的额外收入，在竞争中处于有利地位。因此，各个商品生产者都必然要努力降低自己产品的劳动耗费。这表明，以社会必要劳动时间为标准来衡量和评价不同生产者的劳动耗费，会促使生产者以较少的劳动消耗生产更多的使用价值。

　　上述我们在说明社会必要劳动时间时，是仅就同一生产部门的不同生产者来说的，是指每个商品上投入的劳动量应是社会必要劳动时间。马克思还提出了第二重含义的社会必要劳动时间。他说："事实上价值规律所影响的不是个别商品或物品，而总是各个特殊的因分工而互相独立的社会生产领域的总产品；因此，不仅在每个商品上只使用必要的劳动时间，而且在社会总劳动时间中，也只把必要的比例量使用在不同类的商品上。"① 这就是说，在一定时期内，社会所拥有的总劳动量是有限的，因而将有限的社会总劳动量根据当时的需要分配于不同类的商品上的量也是有限的。如果耗费在某种商品生产上的劳动量超过了它在社会总劳动量中应占的份额，就是说，商品供给超过了社会对它的需求，那么尽管每个商品都包含的是社会必要劳动时间，但超过社会需求的那部分商品的劳动量，却不会由社会补偿，从而不能实现为价值。如果耗费在某种商品生产上的劳动量少于它在社会总劳动时间中应占的份额，就是说，商品的供给不能满足社会对它的需求，那么这个商品量在市场上所实现的价值就会大于它实际所包含的劳动量。这表明，社会总劳动时间中只应把必要的比例量使用在不同类的商品上。在每种商品上投

---

① 《马克思恩格斯全集》第 25 卷，人民出版社 1972 年版，第 716 页。

入的劳动量在多大程度上符合这种含义上的社会必要劳动时间，这要看该产品总量的使用价值在多大程度上适合社会对该产品的特定需要量。"如果这个领域花费多了，即使每一单位商品所包含的只是必要劳动时间，这些单位商品的总量所包含的却会多于社会必要劳动时间"。[①] 以第二重含义的社会必要劳动时间为标准衡量和安排进入市场的各种商品的必要量，使其符合社会需要量，就会实现社会总劳动时间的合理而充分地利用。

第二重涵义的社会必要劳动时间是反映社会劳动时间在各部门最优分配的经济范畴。它在调节社会生产的供给结构与需求结构的平衡中起着重要作用。

以上分析表明，社会必要劳动时间范畴既含有节约劳动时间的要求，又包括充分满足人民群众市场需要的要求，因而可以成为调节社会主义经济运行的目标值。

社会必要劳动时间本身不是固定的常量。它在作为调节的目标值而有效地发挥作用时，自身又必然在客观经济过程中，随着社会生产条件的变化，随着社会需要的变化而相应变动。社会主义条件下的经济运行，包含自觉地、不断地寻找社会必要劳动时间这个目标值，对社会经济过程进行动态的平衡调节。

### （三）总量调节目标及宏观平衡

调节社会总需求与总供给平衡的总量调节以一定的经济增长为目标。经济增长目标包含经济发展的方向和速度。这种目标的确定必须服从于经济运行的基本目标。

经济增长目标的确定不能随心所欲，必须考虑宏观经济的综合平衡。任何社会，如果不是简单地捕捞或掠取，就要先投入人力物力进行生产，然后才能得到物质产品；生产出的产品一般还要从生产领域进入流通领域，经过分配和交换得到实现；然后又转入下一个再生产过程。这样，在社会化大生产中就存在一个宏观经济的平衡问题。社会主义计划经济的一个重要特征，就是能自觉地通过计划调节而实现宏观经济的平衡。它不像资本主义市场经济那样，靠价值规律的自发调节和周期爆发的经济危机来

---

① 《马克思恩格斯全集》第26卷Ⅱ，人民出版社1972年版，第595页。

实现宏观平衡。

宏观经济的综合平衡是从社会再生产总体上安排再生产过程的各个环节以及有关各个方面的平衡关系。这种平衡，以社会总产品和国民收入的运动为主体，以速度和比例为核心，以求得全社会总供给及其构成与全社会的总需求及其构成之间的平衡为目标。国民经济发展速度是以社会总产品和国民收入的增长率来表示的，而国民经济的各个部门、再生产的各个环节是一环扣一环，相互依存和相互制约的。因此，只有在国民经济各种比例关系得到遵守的条件下，预期的经济发展目标才能实现。

### （四）速度和比例

计划经济的另一个重要特征，是国民经济增长速度能自觉地预先确定，并通过计划调节使之实现。但是经济增长速度的确定同样不是主观随意的，不能靠长官意志，而是要有客观依据。其中最主要的是要考虑客观的国民经济比例关系的制约性。人们可以按这种速度来确定积累和消费的比例，确定社会劳动在各部门的分配比例，也可以按那种速度来确定积累和消费的比例及社会劳动在各部门的分配比例。比例一旦确定，会直接影响社会供给与需求的总规模，以及总供给构成与总需求构成的平衡关系。如果自觉确定的比例与客观经济过程所要求的比例不符，则会破坏经济平衡，造成经济运行的紊乱。

总的来说，经济发展的速度和比例的数量界限，是受社会总产品和国民收入的状况制约的。在商品经济条件下，社会总产品和国民收入有两种表现形式：一种是价值形式，如人们常说某年的国民收入是多少元。另一种是实物形式，如某年的社会总产品包括各种产品有多少。因此，社会总产品和国民收入是从价值形式和实物形式两个方面制约经济发展的速度和比例的。前者被人们称为经济发展速度和比例的价值资源，后者被人们称为经济发展速度和比例的物质资源。

首先看价值资源的规定。一般说来，经济增长速度的价值资源是积累基金，它是在既定的国民收入的范围内被确定的。在积累效果一定时，较高的速度指标要由较高的积累率保证。这就遇到人民群众消费需求的限制。在正常年景下，积累基金的最高界限是原有人口和新增人口的消费水平不降低并有所提高。不顾这一界限，片面追求高速度，则必然会影响人民生活的改善，背离社会主义生产目的。

其次看物质资源的规定。根据一定增长速度安排的积累基金，需要由社会总产品中提供的生产资料与之相适应。这就遇到了社会总产品实现规律的限制，其中包括要遵守社会扩大再生产的必要条件 $I(V+M) > IIC$ 和实现条件 $I(C+V+M) = I(C+\Delta C) + II(C+\Delta C)$。与此同时，经济增长速度还要受到通信、交通运输等国民经济的基础设施的限制。不顾这些限制，片面追求高速度，任意扩大基建规模，则会造成整个物质资料供应紧张，欲速则不达。即使速度一时上去了，最终还要降下来，形成经济运行的大起大落。

根据以上的制约性，社会主义经济运行必须以宏观经济综合平衡为目标，按量力而行的原则确定适度的经济增长率，防止盲目攀比和追求产值、产量的增长速度，避免经济生活的紧张和紊乱。

## （五）危机有可能吗?

对社会主义经济中有没有危机的问题，目前理论界的看法有分歧。社会主义经济不存在生产过剩的经济危机的客观必然性，不存在危机的周期性这一点是确定无疑的。但是我们不能因此而掉以轻心。如果宏观经济失控，国民经济的综合平衡失效，总需求难以遏制地膨胀，最终超过国民经济的承受能力，加速膨胀的经济会以递增的负速度从坡峰滑下深谷，以供给严重不足的危机形式表现出来。这表明，社会主义经济中产生危机不是不可能的。斯大林曾经依据苏联出现两次危机的事实指出："我国经济中的每个严重失算，都不会只以某种个别危机来结束，而一定会打击到整个国民经济。每次危机，不论是商业危机、财政危机或工业危机，在我们这里都可能变成打击全国的总危机。"[1] 对此我们必须有清醒的认识。

但是，在社会主义经济中，危机并不是不可避免的。计划经济的优越性就在于，人们可以自觉地通过宏观控制，通过计划调节，避免和克服危机。要使这种可能性成为现实，就必须要求社会主义经济运行把防止危机和经济的大起大落作为目标，加强宏观经济的综合平衡，自觉地调节总供给与总需求、积累和消费等重大比例关系，调节财力、物力和人力的流向，调节产业

---

[1] 《斯大林全集》第 7 卷，人民出版社 1954 年版，第 248 页。

结构和生产力布局，调节市场供求，调节对外经济往来等。

### 三、经济运行目标对经济机制选择的客观要求

从整体上说，社会主义经济运行中的基本目标应是社会主义社会中的各种经济关系的共同规定，是方向一致的规定。现在要进一步指出，不同经济关系以及不同层次的经济运行主体的存在，又会产生与上述基本运行目标相反的具体运行目标，我们在这里称为二律背反。

#### （一）使用价值目标和价值目标的矛盾

最大限度地满足人民需要的目标要由使用价值来满足，商品生产的一般目的是价值。两者存在着一致性和矛盾性。企业作为商品生产者经营的直接目的不是使用价值，而是价值，但是为了实现更多的价值，取得尽可能多的利润，就必须关心其物质承担者即使用价值。企业利润的增大意味着企业以较少的劳动消耗取得了较大的经济效益，为社会提供了较多的剩余劳动，为满足人民需要提供了更多的使用价值。

但是，商品生产的价值目标同社会主义经济运行目标又存在着矛盾性。价值关系是以承认企业局部利益为出发点的。为了谋求更多的利润，企业可能不顾社会需要努力生产和经营价高利大的产品，不愿生产和经营价低利微的产品，甚至走歪门邪道，弄虚作假，以次充好，坑害消费者。所有这些，显然同满足人民需要的目标相违背。再如在竞争中某些企业可能采取某些不符合社会主义原则的办法，特别是在物资紧张时，某些经济效益差的企业以行贿的办法或者以高出数倍的价格购买短缺物资，挤占本应进入经济效益高的企业的物资，结果社会生产资源不能被有效地利用。这与时间节约目标相违背，但这样做也没有违背商品关系原则。你给我物资我给你货币，"一手交钱，一手交货"，两相情愿。这是货币的社会权力。这种情况对社会主义经济来说是非正常的，甚至是违法的。但对于商品经济来说并非不正常现象，而是难以避免的。这些对抗和矛盾存在于社会主义商品经济运行的过程中，是社会主义商品经济机体可能发病的一个病根。通过经济的、行政的和法律的手段限制和克服商品经济的这种消极性，将是调节经济运行的一个重要内容。

## （二）微观目标和宏观目标的矛盾

宏观经济综合平衡目标要求量力而行，控制经济增长目标，防止总需求膨胀。作为微观经济单位的社会主义企业的目标与之往往相乖背。微观经济单位一般都有扩张自己的事业的冲动和增加积累扩大生产的积极性。与此同时，微观经济单位一般都有改善本单位职工生活的愿望和增加职工收入的内在动力。这些应该说没有违背社会主义原则。谁不想发展企业和不顾职工利益，谁就不是社会主义的企业家。而且，企业成为相对独立的经营主体后，利用自筹资金增加积累，利用可支配的收入增加职工收入，本是企业范围内的事，这样做是无可非议的。但是如不加限制，任其发展，必然会导致固定资产投资失控和消费基金失控，破坏宏观经济的综合平衡。为此，需要从宏观上控制企业的扩张冲动和消费欲望。这是社会主义原则在不同层次上的矛盾。这一矛盾将存在于社会主义经济运行过程。保护企业积极性和限制其扩张冲动与过高的消费欲望，是调节社会主义经济运行的长期而艰巨的任务。

## （三）经济机制的目标控制功能

上述社会主义经济运行基本目标的要求以及目标与目标之间的二律背反，表明所选择的经济机制必须具有目标控制功能和目标协调功能。

最大限度地满足人民群众的需要和时间的节约是社会主义经济运行的总体目标。这种目标在具体的经济时期需要具体化，并要适应不断变化的经济政治形势。具体化的目标在贯彻实施以前还需要进行分解。所有这些过程，就是目标控制过程。所选择的经济机制必须具有这种功能。

首先是经济运行目标的具体化。它包括两方面的内容：一方面是确定不同经济时期的发展目标，包括经济增长速度指标和经济发展方向及重点。这一具体化过程不是随心所欲的行为，需要有一定的机制合理调节积累和消费的比例，以保证近期和远期最大限度地满足劳动者的需要。另一方面是确定不同经济时期社会生产资源的合理分配比例。这就需要经济机制能比较和衡量劳动耗费与效用的关系，以保证给部门和企业确定的发展目标符合社会需要，即符合社会必要劳动时间的要求。

其次是对不同经济时期的经济运行目标进行分解，使其成为每个经济单位的实际行动的目标。调节控制方式不同，目标分解方式也就不相同。在直接控制方式中，目标分解实际上是把宏观计划通过指令性计划方式层层分摊给各部门和企业。而在间接控制方式中，国家主要运用经济杠杆调节企业活动。这样的经济运行目标的分解表现为将国家的财政政策、货币政策、收入分配政策及产业政策同经济运行目标挂钩，从而形成服从于经济运行目标的财政政策目标、货币政策目标、收入分配政策目标和产业政策目标，以此保证经济杠杆运用的统一性。

### （四）目标协调功能

在企业具有相对独立的经济目标的情况下，要实现预定的经济运行的总体目标，就必须对不同层次的目标进行协调。其协调内容包括两个。一个是按预定的经济运行总体目标决定（直接地或间接地）企业生产什么、生产多少、为谁生产。另一个是给企业提供两方面的动力：一方面鞭策企业主动地改进技术，选择劳动花费少、成本低、资源能够得到充分利用的生产经营决策；另一方面迫使企业主动地在花色品种、规格、质量上不断完善和更新使用价值，不断提高产品质量，不断调整生产规模，跟上市场需要，从而使社会需要得到最合理的满足。

目标协调需要一定的经济联系，准确地说需要一定的经济机制来实现。就拿劳动时间的节约来说，它不单纯是技术问题。企业的生产规模、技术状况、工艺水平等大有时间节约的潜力。这种潜力的充分发挥，使潜在的生产力全部变成现实的生产力，需要一定的经济关系的刺激和激励。资本主义社会劳动生产率的提高，首先是靠各单个资本家追逐超额剩余价值的竞争实现的。在社会主义经济中，生产不再是为了追求剩余价值，但同样需要通过一定的经济关系，或者说一定的机制，激励企业自动地改进技术，改善经营管理，充分挖掘潜力，节约劳动时间，提高劳动生产率。

劳动时间的节约既然不仅仅是一个技术经济问题，而同时也是一种经济关系，因此，就不能以为在公有制条件下，时间的节约会自动地实现。现实中总有这样一种经济联系，如平均主义的分配体制、小生产的管理方式等，都会使潜在的生产力不能得到充分而有效的利用，造成过多的劳动消耗和生产资源的浪费。因此，社会主义生产关系只是为提高劳动生产率和节约劳动时间提供了可能。可能性要成为现实性，需要通过社会主义经济关系具体形式的改进，通过经济体制的改革和完善，形成促进企业主动节约劳动消耗的经济机制。这样一种机制的基本要求是：在保留和发挥商品经济的积极性功能的同时，限制其消极功能；在保护企业的主动性和积极性及创造性的同时，从宏观平衡的角度限制其扩张冲动和过高消费欲望，从而保证社会主义经济运行目标的最佳实现。

### （五）自适应功能

经济机制在调节经济运行的过程中，面对的是复杂多变的经济过程。为保证社会主义经济运行目标的最佳实现，经济机制本身必须根据经济运行过程中出现的新情况进行自我调节，以适应变化了的经济运行的需要，从而使自己成为灵活的调节系统。这包括以下两点：

首先，要适应变化了的经济政治状况。预先确定的经济运行目标不一定完全符合实际情况，即使起初是符合的，随着经济状况的变化也会不完全符合。例如，结构调节中的社会必要劳动时间目标就不是一个常量，它会随着社会生产条件和社会需要的变化而变动。这就要求经济机制要有一种自适应、自组织的功能，随时调整和改变自己的调节目标。

其次，要适应调节对象的变化状况。就是说，经济机制要随时根据调节对象的输出与目标值的差距，及时地、自动地进行校正。这要求经济机制既有预先控制的功能，又有随动控制的功能，即根据实际状况能自我协调。

# 第三章　计划机制和市场机制

在明确了社会主义经济运行目标以后，我们紧接着需要研究的是，如何按照经济运行目标的要求，根据现实的经济条件来选择经济机制，从而设计经济体制。现阶段我们实行的是有计划的商品经济，因而经济机制的选择首先涉及的是计划机制和市场机制的关系问题。计划机制和市场机制如何相互结合并发挥相应的作用，是本章的研究中心。

## 一、市场机制

市场是商品生产和商品交换的伴随物，只要有商品生产和商品交换，它就必然存在。我国现阶段要大力发展有计划的商品经济，因而市场不仅存在，而且还要有很大的发展。社会主义现阶段的经济活动还都必须要经过市场：企业作为商品生产者和经营者进入市场，通过市场建立社会联系；企业无论是确定生产什么和生产多少的经营决策，还是确定固定资产投资规模和投资方向的长远目标决策，归根到底都是要根据市场状况和市场发展趋势来进行；企业通过市场销售自己的产品，同时也通过市场获取自己所需要的生产要素；企业以市场利润为直接经营目标，并且以市场利润的实现程度为收入分配的依据。正是由于现阶段的社会主义生产、交换、分配和消费活动都要通过市场来进行，因而社会主义经济运行必然要在不同程度上受到市场机制的调节，市场机制在社会主义经济生活中还要发挥很大的作用。

### （一）何谓市场机制

市场既是商品交换的场所或渠道，也是商品交换关系实现的枢纽，商品交换活动在这里得到了充分的展开。在商品交换活动中，各种市场因素如价格、竞争、供求等相互联系，相互制约，相互作用。例如，竞争和供求关系的不断变化，必然引起商品价格的上下波动，而商品价格的波动，既能刺激生产和供给，又能改变消费者的消费方向和影响消费量，从而调节市场供求关系的变化。价格、竞争、供求等各种市场因素之间互为因果、相互制约的这种联系和作用，就是市场机制。如果把市场划分为产品市场、金融市场和职业"市场"（职业"市场"问题后面要进行专门说明），并根据这样的市场结构来划分市场机制的话，市场机制可以细分为三个过程：（1）竞争过程中市场价格变动与市场供求变动之间相互制约的联系和作用，简称价格机制，它是产品市场的机制；（2）竞争过程中利息率变动与信贷资金供求变动之间相互制约的联系和作用，简称信贷利率机制，它是金融市场的机制；（3）竞争过程中工资变动与劳动力供求变动之间相互制约的联系和作用，简称工资机制，它是职业"市场"的机制。上述三种机制相互联系和作用，构成了统一的市场机制，并在运行中调节着社会生产活动。例如，当某个部门的产品供不应求时，价格就会上涨，价格机制就会使资金和劳动力向这个部门流动，从而引起金融市场的利率及职业"市场"的工资发生变化，最终使市场供求趋于平衡，保证了社会生产的协调发展。

## （二）市场机制的特点

市场机制有四个特点。

第一，关联性，即任何一个机制的作用都会引起其他机制的连锁反应并要求其他机制的配合。例如，供求变化会引起价格的涨落：供大于求则价格下跌，供不应求则价格上升；价格涨落会引起利润的增减：价高则利大，价低则利小；利润的增减会引起投资活动的变化：利润多投资增加，利润少则投资减少；投资活动的变化会引起利率和工资的变化，投资、利率、工资等的变化会引起供求关系发生新的变化；供求关系的新变化又会引起价格、利润、投资、利率、工资等的新变化，如此循环无穷。如果某个机制发生呆滞，那么其他所有机制就会难以正常地起作用，从而整个市场机制的功能便无法发挥出来。例如，在价格严重扭曲的条件下，利率机制就会丧失对投资活动的调节作用。因为：当某种产品的价格居高不下，生产者可以通过高价获得较多的利润时，再高的利率也不会使该种产品的生产者的经济利益受损失，从而利率机制不可能使生产者减少该种产品的生产或转向其他产品的生产；当某种产品的价格过低，再低的利率也不能补偿生产者因价格过低而带来的经济损失时，利率机制就不可能使生产者扩大该产品的生产或吸引其他生产者转产该种产品。因此，我们应充分注意各种市场机制的相互关系和相互作用，搞好市场机制的配套改革。

第二，利益制约性，即通过对每个经济主体的经济利益的或增或损来发挥作用。例如，价格机制通过价格的涨落影响每一个生产者和消费者的利益，从而协调生产和消费的关系。又例如，竞争机制使生产者与投资者时时都感受到获取利益的诱惑和失去利益的压力，在利益作用下而食不甘味、寝不安席，不得不精心经营，严格管理，努力采用先进技术。因此，市场机制发挥作用的关键，是要承认各个经济主体的经济利益。否则，市场机制的作用就会呆滞。

第三，客观性，即在某种特定条件下，某种机制就必然会发生某种作用，而不具备这种条件时，其作用必然无从发挥。例如，价格机制发挥作用的关键条件，是价格与价值的背离无论在程度上和方向上，还是在时间上和强度上，都应该是灵活易变的。如果价格背离价值的程度过大，背离的方向固定化，背离的时间过长，背离的强度具有刚性，那么价格机制就无法起到应有的调节作用。我们过去那种价格管理体制，使有些产品的价格十年一贯制，或几十年一贯制，必然使价格机制无法发挥作用。因此，我们当前在完善市场机制时，要特别注意完善市场机制发挥作用所必需的条件。

第四，内在性，即它的作用是来自内在的某种机理，而并不是由外部力量的作用造成的。例如，在某些条件下，某种商品的价格提高百分之几，必然会使该种商品的供给相应增加百分之多少，同时会使该种商品的需求减少百分之多少，这都是由价格与供求之间的相互联系和相互制约作用决定的，也就是说是由它们的内在机理所决定的，而不是人为地就可以决定。辽宁省1985 年苹果购销活动就很好地说明了这一点。根据1985 年苹果的供求状况，辽宁省苹果的收购价格应大体上和1984 年相同，但收购部门却把收购价格提高了33% ，销售价格也相应提高，结果使苹果价格严重超过了群众的消费承受能力，大量苹果卖不出去，烂掉在仓库里，这既使消费者的需要没有得到很好的满足，又使国家财产受到很大的损失。[①] 因此，市场机制作

---

[①] 《甜果为何变"苦果"?》见《人民日报》1986 年5 月6 日。

用的发挥，必须以不损伤市场机制的内在机理为前提。目前人们在谈到国家利用市场机制问题时，往往强调由国家直接控制价格、利率等市场机制，这是不对的。因为这样做的结果必然会损伤市场机制的内在机理，使市场机制难以很好地发挥作用。市场机制的这个特点，要求我们必须改变过去那种对市场机制采取直接行政控制的办法，即改为采取间接的控制方式。例如，国家对价格的控制不应是直接规定价格，而应该主要通过银行、财政等部门的活动间接影响价格，使价格能够正确地反映供求关系和调节企业经营活动。

### （三）市场机制的作用

市场机制的作用主要有两个。一个是刺激生产者努力改进技术，尽量提高劳动生产率，千方百计地降低劳动消耗。大家知道，商品的价值不是取决于生产商品的个别劳动时间，而是取决于社会必要劳动时间。在市场上，生产同种产品的生产者相互比较衡量各自的劳动消耗，将个别劳动消耗还原为社会必要劳动消耗，将个别劳动时间还原为社会必要劳动时间，最终将个别价值还原为市场价值并以市场价格表现出来，这样的市场价格就是交换产品的依据。在这样的价格依据下，那些劳动生产率较高、个别劳动消耗较少从而商品的个别价值较低的企业，按照由社会必要劳动时间决定的社会价值的表现形式即市场价格来出售商品，便可获得较多的收入，并能在竞争中争得主动地位。反之，则相反。因此，各个企业为了获得较多的利益，并在竞争中处于主动地位，就必然要改进生产方法，采用先进技术，提高劳动生产率，结果是促进了整个社会生产力的发展。

市场机制的另一个作用是调节生产比例。大家知道，在商品生产条件下，企业都是按照市场价格的涨落来安排自己的生产的。如果某种产品供不应求，价格高于价值，就会吸引更多的企业来生产这种商品。反之，如果这种商品供过于求，价格低于价值，就会有许多企业放弃这种商品的生产，而去生产其他商品。这样，就会使各生产部门大体上保持一定的比例。

市场机制作为价格、竞争、供求等市场因素相互联系、相互制约的体系，其作用是通过价格机制、竞争机制等实现的。因此，要进一步详细说明市场机制的作用，就必须对价格机制、竞争机制等加以具体分析。

1. 价格机制

价格机制是通过价格与供求之间相互依赖、相互制约的联系而发挥作用的。供求关系变化引起价格变动，价格的变动又会引起供求的变化。正是在这种联系和波动中，供求趋向一致，价格与价值趋向一致，价值规律的要求得到实现。这具体表现在两个方面：

一方面，价格往往背离价值，有的高于价值，有的低于价值。但是高于价值和低于价值的部分相互抵销，它们的平均数同价值相一致。

另一方面，背离价值的价格总是在竞争的波动中趋近价值。趋近的过程可表示为：供不应求→市场价值接近劣等生产条件的个别价值（价值提高）→市场价格上升→竞争（资金流入）→供过于求→市场价值接近优等生产条件的个别价值（价值下降）→市场价格下跌→竞争（资金流出）→供不应求……在这循环往复的运动中，价格逐渐逼近价值。这就是恩格斯讲的："只有通过竞争的波动从而通过商品价格的波动，商品生产的价值规律才能得到贯彻，社会必要劳动时间决定商品价值这一点才能成为现实。"① 过去人们把竞争和价格波动限定为私有制条件下价值规律的作用形式，现在看来不完全如此。在价格背离价值的情况下，没有价格的变动，何来价格与价值的一致，何来价值规律的作用？公有制商品经济也不会例外。

价格机制对经济运行的作用是多方面的。在不同的作用层次上，价格机制有不同的功能：

价格机制对生产同种商品的生产者来说，是竞争的工具。生产同种产品的生产者为在市场上夺取较大的地盘，必须在价格上以廉取胜，从而带动了劳动消耗的节约。

价格机制对生产不同商品的生产者来说，是调整生产方向和生产规模的信号。价格机制决定的价格比例，可以向生产者表明往哪个部门投资最为有利，是生产者选择投资方向的依据。价格比例的变动及其同价值比例趋于一致，会调节社会劳动在各部门的分配比例，从而使社会生产各部门合比例地发展。

价格机制对宏观控制来说，以其价格总水平的变动，一方面给国家反馈宏观控制的信息，另一方面自动调节企业总体活动，推动总供给与总需求的平衡。

价格机制对消费者（企业或居民）来说，是改变需求方向和需求规模

---

① 《马克思恩格斯全集》第 21 卷，人民出版社 1972 年版，第 215 页。

的信号。价格水平的上升和下跌，影响消费者的购买力，从而调节消费者的需求规模；价格比例变化，消费者会考虑产品的替代，放弃购买价高的商品，而购买价低的商品，由此调节市场的需求方向和需求结构。

价格机制的上述调节功能在商品经济中有着重要的作用，但是，它的这些功能能否充分发挥，依赖于一系列的经济条件，其中最重要的是企业对价格信号的反应能力。

2. 信贷利率机制

信贷利率机制反映了信贷资金供求同利息率之间的有机联系，它是货币资金市场的机制。如果说价格在产品供求方面发挥调节作用，那么利息率就在货币资金供给和需求方面发挥调节作用。利息率是货币资金的"价格"。利息率的变动调节货币资金的供求。在金融市场已经完善，并且其他改革也已配套的情况下，利息率自动地随货币资金供求状况变动，信贷资金根据利息率差别的变动顺畅地在社会生产部门之间流动。这是价值规律作用的进一步展开和补充。当然，目前我们的金融市场还未形成，国家还必须控制利率的变动，这也是应当的和必要的。在产品供求不平衡、价格背离价值的情况下，信贷资金的顺畅流动能灵活地促进供求平衡，推动价格接近价值的运动。

信贷利率机制对经济运行的调节功能也是多方面的：

首先，利息同企业利润相联系，企业的存款利息是企业利润收入，而企业的借款利息则是企业利润支出。一定高度的存款利率和借款利率会促使企业精打细算，不滥用资金，讲究资金使用效果。

其次，差别利息率可以向生产者表明向哪个部门投资最为有利，是生产者选择投资方向的依据。因此，可以说利息率提供在全社会范围内分配社会劳动（资金）的选择条件。不同部门和不同项目的差别利息率能诱导投资方向，配合价格机制调节社会劳动在各部门的分配，这是信贷利率机制的一个重要作用。

最后，利息率水平能配合价格水平共同调节宏观经济中总供给与总需求的平衡，控制经济增长目标。

信贷利率机制上述功能的充分发挥，同样依赖于一系列经济条件，特别是投资对利率要有较大的弹性，利息对企业利润有较大影响等。目前我国的信贷资金市场尚未完全形成，或者说正在形成，信贷利率机制功能也尚未充分发挥出来。随着经济体制改革的深入，在不久的将来，信贷利率机制有望充分运行，那时其功能也将会充分发挥。

3. 竞争机制

竞争机制反映了竞争同供求关系、价格变动、资金流动之间的有机联系。竞争机制的作用不是独立的，它同价格机制和信贷利率机制紧密结合共同发生作用。

竞争包括买者之间、卖者之间、买卖双方之间三个方面的竞争。"个人在这里不过是作为社会力量的一部分，作为总体的一个原子来发生作用，并且也就是在这个形式上，竞争显示出生产和消费的社会性质。"① 在竞争能充分展开的条件下，谁也不能垄断市场，谁也不能独自地长久地主宰市场价格。

竞争的主要手段，在同一生产部门内主要是价格竞争，以较廉的价格战胜对手；在部门之间主要是资金的流入或流出，资金由利润率低的部门流向利润率高的部门。竞争的内容包括争夺较大的销售市场、争夺资金来源、争夺先进技术、争夺技术人才等。竞争机制充分展开的标志是优胜劣汰。

竞争机制的功能一方面保证价格机制和信贷利率机制的充分展开，并充分发挥其功能；另一方面保证市场机制对企业活动进行充分调节。前者已有论述，后者将在后面详述。

竞争的对立面是垄断和封锁，而不是计划。社会主义企业之间的关系，作为社会主义生产关系的表现，首先是互相协作、互相支援的关系，但社会主义企业作为相对独立的商品生产者和经营者，又决定企业之间的关系并不排斥竞争。长期以来，人们往往把竞争看成是资本主义特有的现象，其实，只要有商品经济，就必然有竞争，只不过是在不同的社会制度下竞争的目的、性质、范围和手段不同罢了。社会主义企业之间的竞争，同资本主义条件下的弱肉强食尔虞我诈的竞争不同，它是在公有制基础上，在国家计划和法令的管理下，在为社会主义现代化建设服务的前提下，让企业在市场上直接接受广大消费者的评判和检验，优胜劣汰，及时暴露企业的缺点，及时改进生产技术和经营管理，推动整个国民经济和社会主义事业的发展。竞争中可能出现超越社会主义竞争规定、损害社会主义利益的某些消极现象和违法

---

① 《马克思恩格斯全集》第 25 卷，人民出版社 1972 年版，第 216 页。

行为，但这些可以而且应当通过经济的、法律的、行政的手段加以限制，必要时还可加以制裁或取缔。

## 二、市场机制发挥作用的条件

我们在上面分析市场机制的作用时，曾附带地在有些地方简要地谈到了市场机制发挥作用所需要的某些条件。现在我们要专门说明这个问题。从市场活动本身来看，市场机制发挥作用所必需的市场条件是：市场体系健全，买方市场形成，市场体制完善。因此，要充分发挥市场机制的作用，我们就必须尽快完善市场体系和市场体制，造成一个买方市场。

### （一）完善市场体系

市场机制作为由各种市场因素所形成的一个有机的制约体系，它的运行需要有一个完善的市场体系，其中应包括金融市场、职业"市场"、生产资料市场等。但我国目前的市场体系极不健全，缺少金融市场和职业"市场"，基本上还停留在单一的消费品市场阶段。在这种不健全的市场体系下，各种市场机制之间彼此割裂，互有抵触，不仅不能协调配合，而且还会发生逆调作用。因此，我们必须尽快完善市场体系。

1. 进一步发展生产资料市场

在有计划的商品经济条件下，企业只有在市场上能自由得到自己所需要的各种生产资料，才能真正作为相对独立的商品生产者和经营者出现，才会有用武之地，才能真正活起来。特别是通过生产资料市场分配生产资料，比我们过去那种计划配给制要优越得多：（1）在生产资料市场上，生产资料必然要分配给那些经济效益高的企业。因为，市场是以价格为尺度来分配生产资料的，谁出价高就分配给谁，而出价高的企业经济效益通常较高。例如，如果一个企业愿意以每吨 80 元的价格进煤，那说明每吨煤的投入所带来的收入一定至少不低于 80 元；如果一个企业不敢出 80 元买进一吨煤，那说明它用每吨煤所创造的收入不会高于 80 元。（2）在生产资料供求缺口大的情况下，市场分配生产资料能够使那些效益高的大企业通过高价把生产资料夺过来，而那些小而劣的企业就会自行灭亡，甚至根本不会出现，无需国家下任何"关、停、并、转"的命令。（3）市场分配生产资料可以形成企业之间的有效竞争。靠市场分配生产资料，竞争表现为先进企业对后进企业的争夺，其办法是出高价，其结果是保证生产资料可投入到效益最高的企业；相反，如果生产资料是配给制，那么竞争就表现为落后企业对先进企业的争夺，其结果往往是宝贵的生产资料浪费于效益差的企业。显然，前一种生产资料分配办法比后一种要好得多。

进一步发展生产资料市场的关键，是搞好生产资料价格体系的改革。在这方面，我们应该采取稳妥的办法，实行放、调结合的方针，逐步把生产资料价格理顺。除此之外，我们必须尽快改革现有的物资供应体制。这包括：（1）逐年减少国家分配调拨物资的数量，最后应做到除极少数特殊重点工程所需要的重要生产资料仍由物资部门保证供应外，其余生产资料（包括进口物资）一律投放市场，任何企业都可以自行选购。（2）即使是由物资部门保证供应的重点工程所需要的生产资料，也要采取形式上计划供应，而实质上按市场价格规律办事的原则。也就是说，在保证计划供应的前提下，要按照当时市场供求状况，适当调整价格，使供应价格大致上接近于市场价格。这样既保证了重点工程，又使重点工程受到价格的压力，尽量降低消耗，千方百计地提高效益。（3）物资部门企业化，把物资企业的经营状况和它们自身的经济利益联系起来，提高物资部门参与市场活动的主动性和积极性，同集体、个体商业开展有效的竞争，扩大经营，薄利多销，提高效益。（4）物资部门要利用自己在资金、设施、人才等方面的优势，通过大批量的生产资料购销活动，发挥吞吐调剂、平抑物价和稳定市场的作用。（5）坚决打破市场的条块分割和地区封锁，让物资、企业能自由进货、自由运销，各地政府和物管部门不得为保护本地落后企业而阻止外地价廉物美的生产资料商品流入，也不得阻止本地生产资料商品流出。（6）采取鼓励性政策，大力发展多样化的生产资料市场以及与生产资料流通有关的各类服务业，从各方面创造条件，让集体、个体商业参与生产资料流通，并在生产资料批发和零售市场上发挥积极作用。

在搞好物资管理体制改革的同时，还要建立健全生产资料市场所必需的基础设施和有关法令。例如，建立生产资料贸易中心，制定保证生产资料市场的竞争和交易能正常进行的法令，在生产资料市场上办商业信用、商业票据贴现、供销合同签证等有关业务事项，等等。

## 2. 建立职业"市场"

在这里需要首先指出的是：在社会主义公有制经济中，劳动者是企业和生产的主人，他们的劳动力并不是商品，因此，社会主义条件下并不存在本来意义上的劳动力市场。但从搞活经济的需要来看，应允许劳动力有所流动。这种流动的渠道和纽带，暂时还没有一个适当的范畴加以概括，故借用职业"市场"来表示。职业"市场"只是就业和劳动力流动的形式，并不具备劳动力转化为商品的实质。

在社会主义商品经济条件下，劳动力不是商品，但并不意味着社会主义商品经济不需要一个适当规模的职业"市场"。社会主义商品经济在决定劳动力不是商品的同时，又要求有一个职业"市场"与之相适应。在社会主义商品经济条件下，企业作为相对独立的生产者和经营者，要根据市场供求状况决定自己的生产方向和规模，确定生产的扩大、缩小和转移，因此，企业必然要求能够随着自己的生产方向和规模的变化，及时变动本企业的技术人员和工人的数量，更换具有不同技能的技术人员和工人，以适应自己生产方向和规模的变化。企业的这些要求，需要通过职业"市场"来满足。

职业"市场"不仅能很好地适应企业对技术人员和工人的需求变化，而且还可以把劳动者放到他们能做出最大贡献的工作岗位上。因为劳动者的工作适合劳动者本身的要求和专长，同提高劳动者的报酬一样，是推动劳动者努力工作的重要动力。同时，职业"市场"还能为教育和劳动培训机构发出明确的信号，让它们及时了解各个时期生产对劳动者的详细需求情况，以保证劳动力的正常供给。

职业"市场"可以采取多种形式，如聘请制、招募制、考试制、合同制等。其主要原则应该是：（1）个人有选择职业的自由，安排工作首先要尊重本人的志愿。（2）企业有用人自主权，择优录取，择劣淘汰，上级机关和劳动部门不能硬性分配。（3）企业可以决定自己招收多少和招收什么种类的劳动者，有权辞退游手好闲或玩忽职守的职工，也有权辞退或拒接生产上不需要的职工。（4）随着情况变化，允许劳动者在地区、单位之间合理流动。（5）废除终身制，打破"铁饭碗"。

发展职业"市场"，首先要解决认识问题。有人认为，社会主义是公有制，劳动力不是商品，人人都有和公有的生产资料相结合的权利，因此实行职业"市场"不符合社会主义原则。我们认为这种看法是欠妥的。这里有两个问题要澄清：第一，在生产资料公有制条件下，每个劳动者在生产资料占有关系上都是平等的，任何劳动者都有就业权，这是无疑问的。现在的问题是在平等的占有条件下，劳动者如何就业，国家按什么原则安排就业，以什么尺度来衡量谁应在哪个企业就业和就什么样的业。我们认为，这里只能是这样一个原则和尺度，即：劳动者按能力就业，企业按能力录用劳动者。除此之外的其他任何原则和尺度都不符合人们在生产资料占有上的平等权的要求。建立和健全职业"市场"，人们通过职业"市场"按自己的能力就业，不涉及违反公有制的要求问题，正如建立生产资料市场并不违反生产资料公有制一样。公有制并不要求高能者低就业，低能者高就业。第二，通过职业"市场"的形式就业，并不表明劳动力成了商品。劳动力是否是商品，关键是要看生产资料的所有制形式，要看劳动者所获得的工资是不是自己劳动力价值的转化形式，劳动者所创造的利润是不是被他人私自占有。在社会主义公有制下，劳动者所创造的利润不会为他人私自占有，工资也不是劳动力价值的转化形式，因此，不能因为实行职业"市场"，就认为劳动力成了商品。在这里，职业"市场"只是就业形式，不是劳动力转化为商品的条件。

除了澄清认识上的问题外，还要正确对待和解决在实行职业"市场"过程中出现的实际问题。实行职业"市场"可能会使一些人就业困难，造成某些浪费，但是这样的浪费同我们现在的就业制度所造成的浪费相比较，无疑要小一些。现在的就业制度实际上是把待业人员从家里搬到了企业，既不利于管理人员充分发挥职工的生产潜力，提高劳动生产率，又不利于促进待业人员努力学习劳动技能，主动创造就业机会。当然，对于实际问题，社会要妥善解决，例如对转业、停业人员的生活要做妥善安排，要为劳动者再就业创造良好的学习条件等。

3. 开放金融市场

在有计划的商品经济条件下，任何一个商品生产者都不能离开资金。每个企业随着自己生产的扩张、收缩和转向，都相应地要求能迅速从市场获得资金，或向市场排出资金。因此，金融市场对于有计划的商品经济的运行具有全局意义。首先，如果没有金融市场，信贷资金仍然由国家完全直接统一掌握，那么企业就不可能真正具有对资金的筹集和运用权力，当然也就没有对生产要素的选择和运用权力，这就使企业的生产和经营活动不可能真正放开，自主经营、自负盈亏的责任制也难以建立起来，从而使增强企业活力成为一句空话。其次，没有金融市场，整个经济活动缺少能够有效地从社会各个角落中吸收游资和闲置资金，并根据货币供求状况在各部门间重新分配资金的机制，其结果必然是既妨碍我国的生产社会化进程和经济效益的提高，又妨碍市场机制正常发挥其功能，直接或间接地导致资金总需求居高不下而大量货币资金又沉淀闲置的不正常现象，使我们花了钱却得不到现代化需要的国民经济振兴的基础。最后，没有金融市场，专业银行就不可能企业化，中央银行也不可能通过存款准备金制度、规定再贴现率和进行公开市场业务等政策手段，调节市场货币流通量，实现对国民经济的宏观调节。总之，开放金融市场已是势在必行。

开放金融市场，需要做好三方面的工作。（1）加快银行体制的改革。主要包括：专业银行实行企业化，使银行经营活动和银行自身经济利益挂钩，提高银行参与市场活动的主动性和积极性；银行有权按照行业和地区发展规划，根据企业的资金和经济活动状况，自主发放贷款；实行存贷挂钩制度，银行多吸收存款，就可以多发放贷款，并享受相应的利益、承担相应的风险；扩大银行的业务范围，例如银行可以开办票据贴现、抵押贷款、信托投资等项业务，也可以为企业代理发行股票、债券，并办理证券转让等；在条件允许的情况下，银行之间可以相互进行资金拆借。（2）开展多渠道、多层次、多形式的资金运动。包括：在国家宏观要求允许的范围内，发展多种形式的社会集资活动以及地方性、行业性或集体性的投资活动；在各种法规和制度健全的条件下，也可以适当开展一些有效的民间借贷活动；建立健全社会保险制度，不断吸收保险基金参加中长期投资活动；随着利用外资的逐步增加，可以考虑允许外资银行开展某些业务。（3）建立金融市场运行的基础设施。其中包括：创建股票、债券、票据等各种金融工具；逐步发展多种金融机构，建立起一个多层次、多形式的金融机构体系；成立管理金融市场的专业性机构，建立和完善有关法规，等等。

4. 建立智力商品市场

在有计划的商品经济条件下，任何非法竞争都是不允许的，因此企业的竞争主要表现为技术、信息等智力型竞争。这就要求有一个智力商品市场。

智力商品市场主要由两部分市场活动组成：一是包括技术承包、技术咨询、技术服务、有偿转让技术成果等多种形式的技术贸易活动；二是包括信息服务、信息咨询、信息转让等多种形式的信息贸易活动。智力商品市场可以促进科学技术研究成果和经济信息付诸应用，促进企业的技术改造和技术革新，提高企业决策的科学性，保证国民经济的良性循环。

发展智力商品市场，应注意三个问题：首先，制定好保证智力商品市场正常运行的有关法令，包括制定专利法、技术转让有偿合同法等。其次，掌握好智力商品的市场价格。智力商品的价格不能简单地套用产品成本加一定利润率的定价方法，而是应由买卖双方根据其所能带来的经济效益的大小协商。但是由于智力商品很难形成买方市场，往往会出现要价过高的现象，所以应注意及时纠正。最后，建立健全智力商品市场所需要的基础设施，包括建立健全技术商店、技术中心、技术咨询站、信息公司、信息中心、信息咨询站等智力商品流通机构。

5. 建立房地产市场

我国的城市土地属于国有，农村土地属于集体所有，不能自由买卖，不是典型商品。但是由于土地是生产赖以立足的重要生产资料，所以在有计划的商品经济条件下，对土地的征用，以及土地的经营权和使用权的转移，都必然要赋予土地以价格形式，要考虑级差地租，实行有偿的原则。这样做有利于节约使用土地，避免滥占滥用的不良现象的发生；有利于合理使用土地，达到地尽其力；也有利于对土地进行投资，实行土地的内涵扩大再生产，保护最重要的生产资源。因此，我们必须建立城乡地产市场，拉开租金差距，使之真实反映不同地区、不同地段的土地在经济效用上的巨大差别，以促进城乡土地的充分合理利用。

住宅商品化是建筑产品商品化的必然结果。随着住宅商品化规模的日益扩大，需要建立住宅商品市场，以利于住宅的购买和产权转让。近几年有的地方逐步扩大商品化住宅的数量，或者按照建筑成本和折旧计算房租，使房产市场初见端倪，初收成效，应该继续探索、发展下去。

## （二）完善市场格局

市场格局是市场机制正常发挥作用的一个重要条件。所谓市场格局，就是指买卖双方何者在交换活动中处于主导地位，供给与需求在交换活动中哪方处于优势地位。大家知道，市场作为买卖双方交换产品及劳务的经济过程，其活动主体包括买方和卖方，买卖双方共同完成了市场活动。买方和卖方虽然都是市场活动的主体，但在不同的经济条件下它们的地位却是不同的，这就使得市场具有不同的格局，主要有两种：一种是以承认买方主权为前提的总供给略大于总需求的买方型市场格局；另一种是买方主权受到损害的总需求过分大于总供给的卖方型市场格局。

在卖方型市场格局条件下，市场机制难以正常发挥作用，社会经济效益和宏观控制效益都很差。原因如下：第一，在严重供不应求的卖方型市场格局条件下，商品的市场价值要由劣等生产条件下的单位商品的个别价值来调节，正像马克思所说的那样："如果需求非常强烈，以致当价格由最坏条件下生产的商品的价值来调节也不降低，那末，这种最坏条件下生产的商品就决定市场价值。"① 在这种情况下，不仅那些优等和中等生产条件下的生产者可以获得较多的经济利益，而且就连劣等生产条件下的生产者的劳动耗费都能得到补偿，经济利益也不会受损失，这就使得生产者失去了改善经营管理和采用先进技术的动力和压力，失去了努力降低劳动消耗的主动性和积极性，从而阻碍了经济效益的提高。第二，卖方市场的过度需求会使价格、利率等市场信号严重扭曲，并造成严重的分配不合理和苦乐不均状况，结果是国家无法利用市场机制进行宏观控制，宏观控制效益极差。

与卖方型市场格局不同，买方型市场格局对于促进经济效益和宏观控制效益的提高具有很大的作用。首先，在买方型市场格局条件下，商品的市场价值是由优等或中等生产条件下的单位商品的个别价值来调节的，这就使那些个别价值高于市场价值的生产者的一部分劳动耗费得不到社会承认，被白白地浪费掉，经济利益受到很大损失，从而使商品生产者在经济利益机制作用下，必然努力改善经营管理，积极采用先进技术和先进生产方法，尽力提高经济效益。其次，在买方型市场条件下，各种市场信号基本趋于正常，它们既能准确地为宏观控制导向，又能使宏观控制措施通过它们而调节企业经营活动，保证整个国民经济的平衡发展。因此，我们所需要的是买方型市场格局。

如何使市场格局成为买方型市场格局呢？主要有两个途径。第一，控制需求。其中包括：严格控制货币发行量，以防止过度货币发行造成社会需求增长速度超过商品可供量的增长速度；反对搞超越劳动生产率提高程度的早

---

① 《马克思恩格斯全集》第 25 卷，人民出版社 1972 年版，第 200 页。

熟消费，以防止消费基金增长过猛而引起需求膨胀；把国民经济发展速度适当地限制在一定范围内，以防止过快的速度使市场绷得太紧；控制基建规模，以防止投资基金的增长给市场带来超常的压力；坚决杜绝国民收入超分配，以防止需求长期居高不下。第二，指导供给。其中包括：通过各种政策措施特别是产业政策来调整生产结构，抑"长线"而拉"短线"，改善资源的地区配置，提高规模效益；有重点地协调发展国民经济，防止因片面发展重工业和加工能力而引起国民经济失衡；重视经济效益而反对不切实际的盲目冒进，把生产发展建立在效益的基础上；搞好内涵性扩大再生产，通过提高投入产出率来增加生产，改变靠增加投入、靠外延扩大再生产而增加产量的方针；通过利用国际分工、参与国际竞争、提高国内产业出口创汇能力等措施而促进生产的发展，绝不能以进口替代来增加供给。总之，我们应该在严格控制需求的同时，注重指导供给，从需求和供给两个方面协调市场买方和卖方的关系，保持买方市场的态势，以使市场机制能正常地发挥作用。

### （三）完善市场体制

市场机制充分发挥作用的一般前提是市场活动正常化。如果市场处于紊乱的无序状态，那么市场机制就无法有效地发挥作用。这就要求我们必须完善市场体制。大家知道，社会主义市场也需要通过各种管理组织和管理手段来调整市场上各方面的经济关系，处理市场上的各种经济矛盾，解决市场上的各种经济纠纷，维护合法的市场活动和保护各方面的合理市场利益，以保证市场活动的正常进行。社会主义市场的各种管理组织和管理手段的有机结合，构成了社会主义市场体制。

社会主义市场管理的组织系统由三类市场管理机构组成。第一类是国家设置的专门市场交易活动管理机构，其中包括政府的有关职能部门、政法系统的有关机构、检查系统的有关部门，以及统计、审计、财政、税收、工商、银行、物价等管理机构。第二类是市场流通物资的技术管理机构，主要包括计量、测试、质量管理以及环卫保护等管理机构。第三类是社会性、群众性的管理机构，这包括质量监督协会、消费者协会等民间性监督组织。由上述三类管理机构所组成的市场管理组织系统急需解决的问题是：首先，搞好各组织机构之间的分工，加强统一协调，以防止出现无人问津的"真空"，造成市场运行的紊乱。其次，加强和充实各组织机构的人力，并提高各组织机构人员的市场应变能力和管理水平，特别是应使他们掌握市场运行知识，增强市场控制能力。最后，考虑到市场的复杂性、多变性和不透明性，还要为市场管理的各组织机构提供相应的技术手段，以加强管理的科学性，防止盲目性。

市场管理的手段体系是一个包括多种市场管理手段的综合体。其中主要有以下一些：

第一，政策和法律手段。政策手段是指以经济利益为内容而以行政强制为形式的经济政策，如市场物价政策、市场税收政策、关税政策等。法律手段是指以经济规范为内容而以法律强制为形式的经济法规，例如市场管理法、工商管理法、竞争法等。在运用政策手段和法律手段管理市场方面，当前主要有两个问题急需解决：首先，不少经济政策和经济法规不健全、不完善，其中有些已经过时，不能适应经济改革的发展，急需充实和修改；其次，经济政策贯彻不力、执法不严的现象极为普遍，往往是你有你的政策，我有我的对策，这就要求我们必须尽快加强政策观念和健全法制。

第二，财政和银行手段。财政和银行是代表国家从计划经济的角度出发，利用价值形式对市场的经营活动、买卖关系进行管理监督。财政在参与国民收入的分配和再分配过程中，同市场购销活动有紧密联系，因而可以通过国家与企业之间的缴、拨款活动，特别是通过对市场活动的拨款业务，对财政资金的市场活动进行管理监督，从而实现对市场的管理和监督。银行是全国资金活动的总枢纽，任何单位的市场经销活动都要以货币形式表现在银行账簿上，银行利用自己的这种特殊地位和作用，可以通过信贷、结算和现金管理等业务，对市场经销活动中所需要的信贷资金及市场货币流通状况进行管理和监督，以实现对市场的管理和监督。但是，目前财政和银行还没有能充分发挥对市场的管理和监督作用，其主要原因是财政和银行体制还不能适应现在的市场活动。例如，我国的财政目前仍然是偏重于聚财和分财，还没有把对市场经销活动的监督和管理列入主要议事日程。因此，财政和银行能否对市场起到很好的监督管理作用的关键，是要搞好财政和银行自身的体制改革。

第三，行政手段。行政手段主要包括城乡市场具体业务管理、工商企业开业登记管理、商标管理和经济合同管理等。市场行政管理是非常必要的。城乡市场具体业务管理可以保护合法经营，制止不正当交易，促进竞争而消除垄断，维护市场的公平性；工商企业开业登记管理可以把那些不具备经营条件的企业阻隔于市场活动以外，以免它们进入市场后搞非法经营，扰乱市场秩序；商标管理非常有利于监督商品质量，维护消费者利益，使市场竞争规范化；经济合同管理可以保证经济合同的履行，维护当事人双方的正当权利和义务，调解仲裁纠纷，保证市场效益和促进市场的稳定化。但是，目前市场行政管理仍然是一个薄弱环节，各种管理制度都很不完善。例如，商标管理存在着许多问题：有的非法仿制已注册的商标；有的乱用注册商标，以假充真；有的冒充名牌，有的使用未经批准的或已废止的商标；有的没有商标，优质产品无从鉴别，消费者选购失去依据。因此，要加强市场行政管理，就必须尽快制定和完善各种市场行政管理制度。

## 三、计划机制对市场机制的调节

上述我们着重分析了市场机制发挥作用所需要的条件，并指出了我们应如何去满足这些条件。但这绝不是说我们要放弃计划机制，单纯地依靠市场机制，允许市场机制放任自流。恰恰相反，我们认为市场机制是绝不能放任自流的。其原因在于：

首先，受市场机制作用的企业，不可能事先洞察国民经济全局，从国民经济综合平衡的角度安排自己的活动，可能自发地做出背离宏观计划目标和社会利益的决策。这主要表现在：（1）企业以利润为目的的微观选择，偏离以满足社会需要为目的的社会生产目的。例如，有的企业为了获得更多的利润，弄虚作假，变相涨价，损害消费者利益；有的企业只顾自己眼前利益，不顾社会利益和长远利益，滥采滥用资源，污染环境，破坏生态平衡，等等。（2）企业微观分配决策偏离宏观分配结构。这有两种情况。一种是企业的消费基金发放过多，挤占了生产基金，造成宏观上的积累和消费比例失调，出现产品严重供不应求，以至引起通货膨胀；另一种情况是企业的生产资金留得过大，挤占了消费基金，造成宏观分配结构的失调，导致生产严重超过需求，生产的商品卖不掉，企业为了维持资金周转，极力增加贷款，从而带来了整个社会的信用膨胀。（3）企业的生产规模和方向偏离社会生产的内在比例要求。例如，某种商品短缺时，许多企业盲目地一哄而上，当投资形成生产力后，才发现市场上的该种产品已严重地供大于求，结果是产品过剩，生产开工不足，造成极大浪费，竞争能力差的企业甚至会出现破产的情况，致使两大部类及部类内部的比例失调。

其次，市场机制的作用并不是万能的，它的调节作用对某些产品的生产是很微弱的，甚至无法起调节作用。这些商品有：（1）因受国力限制而无法随价格的提高而增加供给的商品。例如，我国的原材料、能源、交通运输等短线部门，即使再提高价格，拉大价格向上背离价值的程度，在短期内也不可能弥补上来。（2）生产中要耗费大量多种稀缺资源的商品。因为要增加使用稀缺资源的商品在市场上的供给，就要增加这些稀缺资源的需求，而稀缺资源的供给并不可能在短期内就增加，这就大大限制了这种商品对价格的反应能力，价格的提高难以刺激它的供给。（3）生产周期长和生产中所需技术装备规模大的商品。因为这种商品的供应难以在短期内增加，所以价格虽然已发出了这些商品供不应求的信息，但是供给不可能马上对价格信息做出反应。总之，对上述产品的生产活动，市场机制已在一定程度上丧失了调节作用，因而不管我们主观上愿意不愿意，要使这些产品的生产活动得到调节，就非要计划机制参与不可。如果我们无视这一点，一味地强调市场机制的作用，那就势必会造成经济活动的紊乱。

再次，市场机制是以承认企业局部利益为出发点的经济联系，它是局部利益的汇合，它给企业和国家提供或反馈的信息在时间上是短期的，在空间上是局部的，因此，单纯的市场机制运行很难统观全局，瞻前顾后，不能自动地实现预期的计划目标。应该清楚地看到，市场机制虽有自动调节社会生产和社会需要之间平衡的功能，但是当市场机制的调节功能出现紊乱的时候，单纯依靠市场机制来恢复平衡，需要经过长期的波动并伴有社会劳动的巨大浪费。如果说单纯的市场机制能自动调节社会生产和社会需要的平衡，那是从最终意义上说的，那是经过长期自发波动并伴有不同程度的紊乱的结果。正因为如此，计划经济必须对市场机制的运行进行导向，将计划目标的要求贯彻到市场机制的运行中去。

最后，市场机制自发运行时，难免会出现垄断。在垄断条件下，市场机制的积极功能必然会被限制。

这里需要指出的是，市场机制调节虽然体现价值规律的调节，但不完全等于价值规律的调节。价值规律调节是从价值规律作用的最终意义上说的。就是说，价值规律作用包含价格背离价值并最后趋向价值的过程，价值规律调节是指价格与价值趋向一致时起的调节作用，它不是指价格背离价值时的调节作用。而市场机制调节则是指市场价格的每一波动都会调节生产的扩大或缩小，而不管起调节作用的价格是否同价值一致，也不管生产的扩大或缩小是否符合社会需要。因此，在社会主义商品经济中要考虑两点。一是市场机制调节是实现价值规律调节的必要过程。二是既然市场机制调节与价值规律调节有别，而价值规律是在一定程度和一定范围内调节社会主义生产，那么，社会主义经济就更不能从宏观到微观完全地让市场机制去调节。

总的来说，计划经济条件下充分利用市场机制，绝不是要改变计划经济的性质。因此，市场机制不能自由放任。需要给市场机制的运行导向，将计划目标贯彻到市场机制的运行中去，并要自觉地克服其盲目性，同时也防止垄断的出现。也就是说，计划机制必须要调节市场机制，最终使市场机制为计划经济服务，使市场机制成为被人们自觉驾驭的经济过程。

既然市场机制在社会主义经济运行中不可缺少，但又不能自由放任，需要有计划机制的调节，那么这就涉及计划机制如何调节市场机制的问题，也就是人们通常所说的计划机制和市场机制如何相结合的问题。

计划机制就是生产和需要之间的自觉的经济联系，其中包括计划的制定、调节、校正、实现之间的制约关系和作用。它同市场机制是以什么样的形式结合起来的呢？对此人们的认识不尽相同。主要有下述几种观点。

### （一）"板块结合"和相互"渗透"

在近几年的讨论中，有人提出了两者是板块式结合的观点。这种观点认为，国民经济总体分为两个部分（两块）：一部分是计划调节（即按国家的计划调节的生产和流通部分），另一部分是市场调节（即国家不制定计划的生产和流通，其产品由企业自产自销）。这两部分经济好像板块一样结合在一起。计划机制和市场机制的这种板块式结合，完全是一种外部结合，没有反映它们之间的内在结合，实际上仍未完全突破计划和市场相对立的理论观点。按照这种模式，计划内一块经济完全排斥市场机制调节，难以保证其经济效益的提高；计划外一块经济完全排斥计划机制导向，其盲目性难以克服。特别是两块经济之间会相互发生矛盾，不是计划外一块挤占计划内一块的原材料和市场，就是计划内一块排挤计划外一块。显然，计划和市场的这种"板块式"结合，不应该是计划经济利用市场机制模式的改革方向。但是不可否认，在旧体制（排斥市场机制的体制）向新体制（利用市场机制的体制）的转换过程中，这种结合方式有它存在的过渡意义。

在计划和市场的结合方式上的另一种观点是相互"渗透式"结合，即：计划调节的一块考虑市场机制的要求和作用，注意利用价格、信贷利率等杠杆；市场调节的一块注意加强计划指导，重视克服其盲目性等消极现象。这种相互"渗透式"结合无疑比"板块式"结合前进了一步，计划机制和市场机制开始由外部结合变为内部结合。但是，在这种结合方式下，相互渗透的"相互"两字意味着两者处于平行地位，这就一方面使市场机制的调节功能不能充分发挥，而另一方面计划机制与市场机制相比的高层次地位也不能显示出来。这表明，计划机制与市场机制的相互渗透式结合，也只能是过渡性形式。两者的结合方式应该向更高的形式过渡，即向符合有计划的商品经济本性的形式过渡。

### （二）有计划按比例规律和价值规律

计划机制和市场机制如何结合，其关键是看有计划按比例发展规律与价值规律是什么关系。因为两者分别是这两个规律的作用机制。

有计划按比例规律的基本要求是马克思讲的："劳动时间的社会的有计划的分配，调节着各种劳动职能同各种需要的适当的比例。"[①] 可见，它同价值规律有着共同的作用方面——按比例分配社会劳动。在有计划商品经济条件下，这两个规律均不能孤立地单独作用。有计划按比例发展规律中的比例是什么？显然应是社会必要劳动比例。现阶段社会必要劳动比例不能直接计算和确定，必须借助价值规律作用才能形成。另外，单纯价值规律作用的自发性又是同社会主义经济运动的自觉性相悖的。因此，价值规律作用需要有计划按比例发展规律作用的制约。由此可见，这两个规律的关系就是孙冶方所讲的："两者不是相互排斥的，同时也不是两个各行其是的并行规律。"在社会主义阶段，国民经济有计划按比例发展规律必须同价值规律共同作用而得到实现。在调节社会劳动按比例分配时，这两个规律相互制约共同配合。我们必须以此为基础来寻求计划机制和市场机制的结合形式。

长期流行的观点是把这两个规律相对立。斯大林曾经把这两个规律的作

---

[①] 《马克思恩格斯全集》第23卷，人民出版社1972年版，第96页。

用划分为两个领域：有计划按比例发展规律在生产领域起调节作用，价值规律在流通领域保持其调节作用。这一理论被经济体制改革实践突破以后，又出现了一种新的对立论：有计划按比例规律在计划内起作用，价值规律只在计划外起调节作用。这种对立论的症结在于割裂了两个规律之间的内在联系，影响和限制了两个规律结合功能的充分发挥。

同时，也不能把这两个规律看作一个规律，更不能用价值规律取代有计划按比例发展规律。价值规律和有计划按比例发展规律虽然都是按比例分配社会劳动规律的实现形式，但它们却是性质根本不同的两个规律，其产生的条件、内容、作用和要求等都是不同的。前者是商品经济的共有规律，而后者则是社会主义经济的特有规律。

### （三）计划机制渗入市场机制

以上对价值规律和有计划按比例发展规律关系的分析表明，在现阶段，计划机制虽然还要充分利用市场机制，并且以市场机制充分发挥作用为前提，但是计划机制与市场机制相比，是高层次的机制，它制约着市场机制。具体调节社会劳动分配的是市场机制。在一定意义上可以说市场机制是商品经济运行机制的本体，即所有经济活动都离不开市场机制。计划机制作为自觉实现经济平衡并为市场机制运行导向的有计划联系，不是独立于商品经济过程之外，而是渗入客观经济过程机制（市场机制）之中，在其中建立起计划联系。计划机制渗入市场机制的目标，就是使市场机制能被计划机制所充分利用。因此，有计划的商品经济条件下的计划机制表现为：计划机制加入市场机制的运行，并调节市场机制，使市场机制内部各个要素之间形成合乎计划目标的联系，循计划轨道运行，从而使市场机制纳入计划机制发挥功能。这时计划机制与市场机制融为一体，难舍难分，成为有计划商品经济的机制。单纯的计划机制和单纯的市场机制只是在考察时才能分开的。

这种计划机制渗入市场机制的模式，有人称为嵌入式，其基本内容是：计划机制调节市场机制，市场机制调节企业经营活动。例如，国家通过财政、金融等经济手段调节市场价格，市场价格再作用于企业，调节企业经营活动。

计划机制渗入市场机制是极为复杂的过程。对市场机制进行计划调节，从而使市场信号（价格、利率等）反映国家计划调节的意图，大致有两种模式可供我们选择：一种是国家根据宏观计划的要求直接确定和调整价格、利率等市场机制要素。另一种是国家不直接规定价格、利率等市场机制要素，而是根据计划要求对市场机制进行间接参数调节，通过市场机制贯彻国家计划意图。究竟选择哪种模式好，这要考虑一定的经济条件以及在一定条件下所选择的模式在运行中究竟能带来什么样的经济后果。

### （四）国家模拟市场机制

国家根据市场供求关系变化而及时直接确定和调整市场价格和利率等，以此来调节企业活动，这种模式就是国家模拟市场机制。早在 20 世纪 30 年代，波兰经济学家兰格就提出了这种模式。当时，生活在西方的一批经济学家对社会主义经济的运行机制有过一场激烈的辩论。在争论中有一派意见认为，社会主义经济中没有市场，因而不能解决合理分配资源的问题。旅居西方的奥斯卡·兰格对此进行了反驳。他指出，社会主义经济中虽无自由的市场活动，但社会主义国家的中央计划机关可以通过模拟市场机制来解决合理分配资源的问题。其基本思想是：中央计划机关给企业规定两个规则，一是选择平均生产成本最小的生产方法，二是按边际成本等于产品价格的要求决定生产规模，并以此为基础而直接确定价格和利率等变量，在模拟的竞争市场上采取"错了再试"的办法，随时根据市场变化校正价格和利率，最终形成实现市场供求均衡的价格。兰格后来曾设想用电子计算机运算来模拟市场机制。兰格在 20 世纪 30 年代提出社会主义计划经济中需要市场机制（尽管是模拟的）来调节经济运行，无疑是一个重大的理论突破。但他这一理论的弱点，正像后来奥塔·锡克所批评的那样，企业的商品生产者利益关系靠电子计算机是无法协调的。

在经济体制改革过程中，我国有些同志提出了类似兰格模拟市场机制的主张：微观经济活动放开后，国家不直接规定企业生产什么和生产多少，但国家直接掌握价格和利率杠杆，随时根据需要，通过直接调整价格和利率来调节企业生产活动。现在需要考虑的是，这种模式在我国现阶段的经济条件下是否可行。对此要进行具体分析。

首先必须肯定这种模式较传统模式是一个进步，它不仅突破了固定价格的框框，更重要的是试图用价格和利率等市场信号来调节生产。但它若行之有效需要具备一系列的条件，如国家计划部门对市场上作用的各种规律要有足够的认识，并能及时、准确地得到各种信息，等等。虽然从某种意义上说，指令性计划也是属于一种模拟市场的机制，但指令性计划仅仅只是经济活动的一部分，而不是对整个市场机制的模拟。它虽然在一定范围内可以模拟市场机制，但就全局讲则是不可能的。

我国的现状是：幅员广大，交通不便，信息不灵，经济文化发展不平衡，商品经济不发达，计划管理水平低。试想，全国这么多商品，这么多企业，需求这么复杂多变，生产条件这么千差万别，国家计划机关有多大的能力能随时根据市场变化和经济需要调整价格和利率？更不用说国家对各种产品的生产能力及社会需求难以确切地计算了。如果硬这么做，国家岂不又要陷入繁重的日常事务，重犯限制经济活力、束缚企业手脚的错误吗？因此，在现阶段条件下，国家还不可能直接控制和调节市场机制。我们现在既不能直接以计划机制取代它，又不能直接规定它。人们往往把自觉利用价值规律解释为主要是由国家直接规定相对固定的统一价格，甚至把价格与价值背离视为利用价值规律的自觉形式，这是不对的。实际上，正因为社会必要劳动时间难以直接计算和确定，才有价值范畴。正因为价值本身看不见、摸不着，才需要通过价格来表现。正因为价格围绕着价值波动，才有价格与价值的趋于一致，才谈得上价值规律的作用。所以，价格是不应人为地凭主观评估直接规定的。现实中人们确定的价格往往背离价值。问题的关键在于：如果市场机制不充分展开，价格的制定和调整完全由国家有关机构来完成，价格同生产和需求变动没有横向联系，这种价格就不但缺乏灵活性，而且更主要的是不能反映社会必要劳动耗费，成为主观价格、垄断价格。由这种价格调节经济运行所带来的消极后果，绝不比价格自由波动来得轻。

实际上，究竟哪些价格国家可以直接规定，哪些价格国家只能规定其波动范围，哪些价格应放给市场确定，这不应取决于人们对产品的主观评价，也不应仅仅取决于该产品在经济生活中的重要性程度，而应考虑和取决于人们对价值规律认识和掌握的程度。据此，大致可划这么一个杠杠：难以捉摸其所含社会必要劳动时间、难以掌握其供求关系状况的产品的价格，由市场机制自动决定；能大体上捉摸其所含社会必要劳动时间和可以掌握其供求关系状况的产品的价格，国家可规定其大致变化的范围，允许上下浮动，由市场机制自行校正；确实能够把握其所含社会必要劳动时间及其供求关系或关系国计民生的某些产品的价格，则可由国家直接规定。从人们目前的自觉性程度来看，国家统一定价的范围需逐步缩小。

当然，在相当一部分产品严重短缺的时候，国家规定统一价格有它的合理性。否则，放哪种产品的价格，哪种产品的价格就会上涨。但是，我们又必须意识到由短缺而决定的统一定价不是理想的目标的价格体制，国家统一规定的价格不一定是自觉反映价值规律要求的。因此，随着供求状况的好转，这样的价格应逐步放开。

### （五）国家以参数调节市场机制

既然根据现阶段计划经济水平，国家对相当部分产品的价格不能直接地规定，国家缺乏模拟市场机制的能力，那么国家对市场机制就主要应采取参数调节的方法。参数调节属于经济杠杆的调节。在这样的调节过程中，价格和利率等都是在市场供求关系变动的制约下形成的，国家并不直接规定它们，而主要是通过自己直接掌握的经济杠杆来调节市场机制。现阶段，国家直接掌握的杠杆（参数）是分属两大系统的要素：一是属于财政系统的杠杆（如税收、财政分配等）；二是属于中央银行系统的各种杠杆（如中央银行利率、法定存款准备金、货币发行等）。它们均是国家的可控变量。国家将这些可控变量作为参数输入市场机制，经过市场机制的内部变换，输出合乎计划目标的价格和利率信号，这两者间接地成为计划机制的杠杆。

参数调节的具体过程是：市场介于国家与企业之间，国家利用货币发行量、中央银行利率、税收政策等经济手段调节市场，市场机制如价格、利率等在国家经济手段的调节下，其变动必然要反映国家的计划意图。由于市场机制已被国家通过经济手段进行了调节，反映国家的计划意图，因而企业接受市场机制的调节，根据市场机制的变化安排经营活动，当然会符合国家的计划要求。由此可见，在参数调节市场机制的过程中，市场机制的输入值是货币发行量、税收结构、中央银行利率等，它的输出值是价格（比价和总水平）和利率（差别利率和总水平）。调节过程不可能一次完成，国家必须根据市场机制的输入值与输出值的比较，调整调节参数，最终使市场机制的输出值合乎计划目标要求。这种根据输入输出值的比较，调整调节参数的过程，便是尊重客观规律，使市场机制充分运行，从而使计划机制和市场机制的结合功能得以充分发挥的过程。

这种机制要行之有效，需要有一系列的经济条件。首先，要有完善的市场机制，其中包括：第一，有健全的市场体系（包括产品市场、资金市场、技术市场和职业"市场"）和市场信号（价格、利率和工资等），并且它们相互之间有一种机制的联系；第二，有充分竞争的市场，不存在垄断和不必要的价格保护政策，因为只有在这样的市场上形成的市场信号才能反映价值规律的要求。其次，宏观计划管理体制要进行相应的改变。具体来说，就是宏观计划目标必须分解为财政政策、货币政策、收入分配政策等目标。服从于这些目标的经济参数调节市场机制，才能保证市场机制按计划目标运行。如果政出多门，朝令夕改，经济杠杆不能统一地配套使用，市场机制就不可能输出计划目标的预期值。

### （六）以市场为轴心的经济运行机制

市场信号调节企业活动，国家对市场进行参数调节，实际上形成了以市场为轴心的经济机制。

首先，企业作为商品生产者和经营者进入市场，通过市场建立社会联系。无论是生产什么、生产多少和为谁生产的生产经营决策，还是固定资产投资规模的决策，归根到底都是由企业根据市场价格和利率信号来决定。企业以利润为经营目标，以市场实现成果为收入分配的依据。这样，企业的生产过程和交换过程的实现便包含在市场机制之中。

其次，宏观经济活动不是企业个别活动的简单相加，而是各企业间互为条件相互交错运动的总体，即企业总体活动。它表现为市场活动，形成市场机制。或者说市场机制是企业总体活动的集中表现。总供给与总需求的失衡最终会表现为市场价格总水平和利率总水平的变动，市场价格总水平和利率总水平的变动推动市场机制的运动，最终实现总供给与总需求的平衡。

再次，微观放开条件下的计划调节，采取间接控制形式。它必须以市场机制为直接调节对象，通过经济参数对市场机制进行调节，作用于企业活动的环境，促使企业根据市场信号做出的决策适合计划目标。

最后，国家既然以市场机制为直接调节对象，宏观控制机制就必须与市场机制相适应：第一，国家的宏观控制要同市场有共同的经济联系形式，要有共同的"语言"。在商品经济条件下，只有价格具有这种功能。第二，在商品经济条件下，推动和调节市场机制乃至整个经济机制运行的工具是货币。按马克思的说法，货币是"主动轮"。这样，宏观控制机制的构成要素，有些即使不直接是市场机制要素，但也必须采取价值形式。如财政、税收等必须采取货币形式，中央银行本身是市场机制在宏观控制机制中的延伸。显然，离开市场机制，宏观控制机制只能是空中楼阁。

### （七）现阶段计划机制和市场机制功能的不完全重合

计划机制渗入市场机制从而使两者的功能相重合需要一个过程。重合的程度取决于计划经济的水平和市场机制的完善程度。

首先，现阶段的计划经济水平不高，并且由于各种限制，人们认识和掌握价值规律的程度也不高。这样，计划机制尚不能嵌满整个经济过程和整个市场机制，必然会有一部分市场机制是没有受到计划控制的（如自由价格），必然会有一部分经济过程由市场机制自发调节。

其次，现阶段的市场还不健全。不仅资金市场、职业"市场"没有真正放开，就是物质产品市场的开放也不充分，如生产资料市场还有待进一步放开。此外，市场机制也很不完善，如价格体系不合理，价格信号扭曲，市场利率尚未形成。这种不健全的市场和不完善的市场机制，决定了计划机制和市场机制功能结合的不完全性。

在计划机制与市场机制功能不相重合的情况下，容易造成整个经济机制的紊乱，干扰经济生活的正常秩序。我们必须积极创造条件，一方面提高计划经济水平，提高人们自觉认识和掌握价值规律的程度，另一方面建立健全的市场体系，不断地完善市场机制，从而逐步扩大计划机制与市场机制功能的重合程度。

# 第四章　企业运行机制

企业是社会主义国民经济运行机体的细胞。使社会主义经济体制充满活力的中心问题，是使企业充满活力。为了使企业充满活力，就必须要有激发企业活力的激励机制。同时，为了使充满活力的企业的运行符合社会主义经济运行目标，还要有约束企业行为的约束机制。只有这样，才能消除我国长期存在的"一放就乱，一管就死"的恶性循环。因此，我们在研究企业运行机制中，把主要点放在了企业活力激励机制和企业行为约束机制上。

## 一、企业作为生命体的运动

### （一）不同经济机制中的企业行为

研究企业的经济运行，首先要了解企业的经济行为。

如果按照企业再生产过程来划分，企业的经济行为主要包括生产行为、分配行为和交换行为。生产行为包括生产方向和生产规模的确定、生产要素的配置、生产方式的选择、新技术的采用等。分配行为包括对企业可支配收入的分配比例的确定，如扩大再生产资金的提取、奖励基金的发放、集体福利基金的安排，集中表现为企业内部积累基金和消费基金的安排。交换行为包括对生产资料的购买、对产品销售市场的选择和开拓等。

如果从时间上来划分，企业的经济行为可以归结为短期行为和长期行为。长期行为是指注重企业长期发展的行为，短期行为是指注重企业近期利益的行为。例如，如果企业有以下行为，那就说明该企业只有短期行为而缺乏长期行为：在生产行为上，不注重技术改造，拼设备；在分配行为上，将可支配收入的大部分用于消费，搞分光、吃光、用光，不注重积累；在交换行为上，不注意了解市场需要，不注重开拓和扩大市场，搞一次性买卖，损害消费者利益。

企业行为的合理性既取决于企业内部经济利益的要求，又取决于企业的社会经济利益的要求。一般来说，企业为了自身的经济利益，必然要追求本身生产条件的最优配置，争取较好的销售条件，获得较高的收入等。在一般条件下，企业这种对自身利益的追求是和社会经济利益的获得相统一的。但是，两者之间也会发生矛盾。例如，企业收入的提高以社会利益受损失为代价，企业为了自身的经济利益而耗费了过多的社会稀缺资源，只顾自己的利益而对环境造成了污染。在宏观上也可表现为企业基本建设投资过大而影响了总供给与总需求的平衡。显然，企业行为的合理性应是企业利益和社会利益的统一。

企业是社会经济运行的基本单位，各企业在分工条件下有着内在的联系，因而企业行为不是孤立的。企业行为的决定一般包括两方面的内容：一是企业对自身经济利益的追求；二是企业利益实现的过程和机制。经济机制是决定企业行为的重要因素。因此，在不同的经济机制中会有不同的企业行为。根据目前经济发展的实践，企业行为大致有以下三种情况。

第一种情况是在传统的以指令性计划控制为特征的经济机制中，企业的生产、交换、分配的行为全部由国家直接规定，企业对自身利益的追求受到抑制。这时企业的行为基本上是被动的，好似算盘珠子一样拨一拨动一动，缺乏主动性、积极性和创造性。在这种经济机制下，企业往往会自发地产生出与国家计划相抵触的行为，例如隐瞒生产能力等。造成这种现象的原因是指令性计划控制往往是"鞭打快牛"。上级对企业的生产能力掌握得越清楚，计划控制得越紧，企业就越被动，越难完成国家的计划。于是企业往往会隐瞒自己的生产能力，试图压低国家给自己下达的计划指标数。

第二种情况是通过经济改革，承认企业相对独立的经济利益，允许企业对自身利益进行正当的追求，但是企业追求利益的环境则是由国家规定的，企业利益的实现程度同国家规定的计划指标相联系。这时企业产生了以利润为目标的行为，企业活动有了主动性。但是在这种机制中企业的主动行为是有限制的，而且企业会极力从国家的计划指标中寻求对策。如果国家以利润指标考核企业，企业就会试图提高价格去获取较高的利润，而不是通过降低消耗、压低成本来取得。同时，企业为了取得较高的利润而盲目向国家要投资、争项目，钻资金供应上的"大锅饭"的空子，极力扩大自己的基本建设规模，从而引起宏观总需求的膨胀。

第三种情况是不仅企业对自身利益的追求得到了保证，而且企业利益实现的经济环境是市场。这时企业不仅有了追求合理行为的动力，而且也有了追求合理行为的压力，其主动性、积极性和创造性得到了充分的发挥。但是，即便如此，也要看到不同特点的市场机制会对企业行为产生不同的制约。如果是卖方市场，那么市场需求对企业就不存在压力，企业行为就不一定合理。如果存在垄断，竞争不充分，企业对市场信号反应迟钝，那么企业就不会有改进技术和关心市场需求的积极性。

以上分析表明，为了保证企业行为具有合理性，即"不仅要使企业的自身利益得到保证，又要维护社会经济利益；不仅要有短期行为，更要有长期行为"，那就必须要有合适的经济机制。这种经济机制必须要具有下述功能：一是保证企业能作为生命体而运动，充满活力；二是保证企业能具有长期行为；三是保证企业能在提高宏观经济效益中发挥应有的功能。

### （二）企业的生命体运动

我国经济体制改革的基本任务是要建立起具有中国特色的、充满生机和活力的社会主义经济体制，促进社会生产力的发展。这个生机和活力的基础就在于企业有生机、有活力。像一个生命力十分旺盛的生物体是由千千万万个各种不同形态和功能的活的细胞组成的。生物体的盛衰强弱归根到底取决于细胞的活力。细胞作为生物体组织的基本单位，它本身就是有生命的，能够呼吸、吐纳、新陈代谢，对外界的刺激有反应。如果细胞的活力衰退了，生物体也就必然衰老以至死亡。国民经济也是这样。在过去的经济体制下，作为经济细胞的企业缺乏活力，处于抑制下的呆滞状态，因而整个经济活动僵化而缺乏活力。因此，整个经济机体充满活力的关键，是要使企业作为生命体而自行活动。

企业要真正成为充满活力的生命体，就必须时刻不停地与外界（特别是市场）交换物质、能量和经济信息，有呼有吸，有吐有纳。为此，企业应具有以下几种能力：一是有自我改造、自我发展的能力；二是对外界的刺激有自动反应的能力；三是对自己的生存条件有适应和选择的能力；四是具有抗干扰的自我组织能力。这些能力需要通过以下几个途径形成。

1. 承认企业的商品生产者地位

现阶段我国实行的是有计划的商品经济，企业顺理成章地应该成为社会主义的商品生产者和经营者。这是社会主义企业的一项最基本的具体属性，也是企业充满活力的前提条件。过去的经济体制模式之所以僵化，就在于不承认社会主义仍然需要发展商品经济，就在于不承认企业的商品生产者地位，把企业作为国家机关的附属物，由领导机关直接经营管理企业，使企业吃国家的"大锅饭"，一切听命于国家，在生产经营上缺乏主动创造精神。因此，要使企业充满活力，就必须承认企业的商品生产者地位。

既然企业是社会主义的商品生产者和经营者，企业就必须要对自己的生产经营负责，同时也必须成为拥有生产经营自主权的相对独立的经济实体。赋予企业这些具体属性，它们才可能真正成为具有极大活力的经济细胞。但目前企业的商品生产者地位仍然未落到实处，严重窒息了企业活力。

2. 所有权与经营权适当分开

生产资料的所有、占有、支配和使用，是既相互联系又有区别的几个范畴。其中支配和使用可归结为经营管理。生产资料所有权与经营权的关系大致有两种类型：一种是所有权与经营权集于一身，不发生分离。例如小私有者就是如此。另一种是所有权与经营权发生分离。例如资本主义股份公司内资本家将生产资料交给经理去经营。

社会主义全民所有制否定了资本主义私有制，生产资料归全体人民所有，但需要在一定程度上保留所有权与经营权分开的形式。这是有客观必要性的。全民所有的生产资料必须交给成千上万个企业支配使用。企业作为国民经济的细胞，是单纯的生产单位、经济核算单位，还是经营单位？这是全民所有制关系的核心问题。在过去的几十年中，我们按照整个社会是一座工厂的模式建立全民所有制管理体制，国家机构直接经营企业。企业占有生产资料，但无经营自主权。企业一切活动听命于上级主管部门。随着经济实践的发展，这种体制的弊病越来越明显。社会需求复杂多样，而且处于经常性的变动之中；企业条件千差万别，企业之间的经济联系错综繁杂。对于这样瞬息万变的状况，国家不可能完全适应并迅速做出反应。如果全民所有制企业都由国家机关经营，主观主义、长官意志、瞎指挥就在所难免。即使企业已发现决策错误，也无权根据客观情况及时纠正，企业的生机和活力受到严重的压抑，导致整个国民经济的僵化，反应迟钝，经济效益低下。解决这种矛盾的出路就在于依据马克思主义关于所有权与经营权可以适当分开的原理，赋予企业经营权，让企业作为自主经营者出现于全民所有制内部。

要使企业成为自主经营者，就必须切实实行政企职责分开，使企业特别是全民所有制大中型企业真正摆脱作为行政机构附属物的地位，使中央各部、各省区市政府部门不再直接干预企业的日常生产经营活动，使企业真正能自主地决定自己的生产经营活动并真正负起盈亏的责任和承担有关风险。这方面目前存在的最主要问题，是有些行政组织摇身一变，挂出了"公司"的招牌，或者在行政组织下又组织了形形色色的"行政性公司"。这些"公司"不仅从行政上对企业日常生产经营活动进行直接干预，而且还要以各种名目抽取管理费。因此，必须要改变这种状况。否则，所有权和经营权的分离就是一句空话。

3. 企业资金运动的决策权

现实中企业的经营自主权怎样确定？国家与企业以什么界限划分权力？我们可以从企业资金运动来考察。

资金是在社会主义再生产过程中不断运动并会使价值增大的价值。社会主义资金由两部分构成：以社会（主要是国家财政和银行）为主体在社会再生产过程中运动着的价值是社会资金；以企业为主体在企业再生产过程中运动着的价值是企业资金。全民所有制企业的资金一般有这样的运动：国家财政和银行的社会资金投入企业（新办企业或对企业追加投资），形成企业资金，企业对归自己占有的资金支配使用并增殖价值。创造的利润分成两块：一块留给企业支配（其中一部分形成企业资金积累）；另一块分解为两部分，一部分以税金形式上缴国家预算，另一部分以利息形式付给银行，从而成为社会资金的补充来源。企业资金运动表明，企业资金运动范围内的一切活动由企业自行决策，社会资金运动由国家集中决策。这是全民所有制内部所有权与经营权适当分开的具体体现。

企业资金是用于企业再生产活动的物化社会劳动的表现，其中不仅包括企业简单再生产资金（含折旧基金），也包括企业留利积累的资金。企业对这部分资金的自主经营权就在于：自主地决定投资的方向和资金的流动，对资金运动三个阶段（购买、生产、销售）的各种活动自主决策，自主地进行技术改造和试制新产品，自主地选择灵活多样的经营管理方式。只有这样，企业才能自动地适应环境，选择环境，对外界的信息有灵敏的反应。

4. 财务保证

企业活力的增强，需要有财力保证。如果有经营自主权，但无财力保证，回旋余地小，经营自主权就会落空。企业活力的财力保证，首先是保证企业自我改造、自我发展的资金。这不但要求企业资金（包括企业自行积累的资金）不能平调，而且还要求应允许企业自主、灵活地筹措社会资金，包括向银行贷款、在政策许可范围内引进外资，以及向集体和职工集资等，有效地利用各种经济成分的资金，加速企业的发展。其次，企业活力的财力保证是保证企业贯彻社会主义物质利益原则的必要财源，其中包括企业依照按劳分配原则鼓励和奖励职工的开支及发展集体福利事业的开支。

在实行利改税的新体制后，企业财力主要由税后留利形成。因此，保证企业财力的途径除了依靠企业发展生产增加收入外，还依赖于两个方面：一是国家对企业的税负不能过重，要想取之必先予之。根据其他社会主义国家的经验，企业税后留利必须保持在占全部利润的20%以上。二是减轻企业的不合理经济负担，杜绝四面八方向企业伸手的不合理摊派。

有人担心，企业钱多了会不用于正道，导致宏观失控。其实，这些问题的产生不在于企业可支配收入的多少，而在于企业对自己的经营状况是否真正承担责任和风险，国家对企业的宏观调节手段是否完善。如果企业真正对自己的经营状况承担了责任和风险，那它就绝不会乱花钱，不会乱发奖金，不会把过多的钱用于消费，因为这样做会使它没有钱去发展生产技术，改善生产条件，从而会使它的生产实力下降，在竞争中处于不利的地位，经济利益要受到损失。同样，国家的宏观控制措施如果得当，企业也不会乱花钱，搞"吃光分光"。相反，如果国家的宏观控制措施不当，那么企业即使没有钱也会千方百计地乱花钱，甚至不惜损害国家和消费者的利益。1984年底消费基金的失控就是一个很好的例子。当时国家规定企业1985年的消费基金增长速度以1984年为基数，企业为了使自己在1985年能获得更多的消费基金，就在1984年底突击发钱，乱发奖金，乱提工资。有的企业没有钱，就向银行贷款，甚至变卖固定资产，动用生产基金，通过各种不正当手段来提高自己1984年的消费基金基数。由此可见，企业是否乱花钱，并不在于企业自己支配的钱的多少，而是在于我们的经济政策是否正确，管理体制是否完善。如果这两个问题解决了，担心企业钱多了会乱花是多余的。

### 5. 企业内部管理制度的完善

企业活力最终是来源于企业内部。只有企业内部管理制度完善了，才能调动起广大职工的生产积极性，使整个企业充满活力，生气勃勃。

完善企业内部管理制度的关键，是要建立起一整套生产责任制。其中包括：一是划小企业内部的核算单位，使那些具备条件的车间变成专业厂，并给予相应的自主经营权力，让它们成为企业内部的经营者。二是放活车间和班组，对它们虽然不能给予像专业厂那样大的权力，但在经济承包中应使它们在责、权、利的结合上有较大的自主性，实际上具有经营者的特点。这样的分层承包责任制，可以把国家给企业的权利分解到车间，有些分解到工段、班组，从而把企业里的"小细胞"搞活了，使企业内部经营小型化，全厂从上到下人人树立经营思想，改变"厂搞经营，基层搞生产"的那种呆板局面，使整个企业机体变得生气勃勃。实践证明，凡是内部划小了核算单位或给承包单位以较多经营权的企业，面貌变化都很快，经济效益都有显著提高。例如，第二汽车制造厂实行了"三全面分层经营承包责任制"，即以全面质量管理为基础、全面技术进步为核心、全面社会经济效益为目标的分层经营承包。每级承包单位，都按照商品生产特点，用经济办法进行经营管理，一切按价值规律和经济合同办事。他们经济承包的具体做法是：专业厂对总厂实行利润递增全面承包，承包年限一次核定，签订合同。专业厂可以在总厂统一安排下，制定自己的技术改造和发展规划，还有承接来料加工和市场调节产品权、闲置多余设备的出租或有偿转让权、中层干部的任免权、对职工进行奖惩权、自选工资分配形式权、基建项目自行组织施工或对外招标承包权；对部分封闭的辅配件分厂，还增放了部分产品销售权、材料采购权等。分厂的自主权扩大了，他们又对车间、班组层层放权，如车间有承揽劳务加工权、车间之间联合组织生产的产品外销权、超利润分成权、人事选配权、对职工浮动工资分配和奖惩权等。第二汽车制造厂实行三全面经营承包责任制后，企业增强了内在活力，为充分发挥职工的聪明才智开辟了广阔的天地。事实证明，把国家放权仅仅理解为使企业成为商品生产者和经营者，而对下面则寸权不放，不敢使有条件的单位有一定经营权，是不利于把企业搞活的。

完善生产责任承包制的核心，是激发生产者的主人翁责任感和创新精神。要做到这一点，关键是要发扬经济民主。生产者的责任感、创新精神是和他们在企业中的地位联系在一起的。经济民主就是要保障生产者的主人翁地位。有了经济民主，才能激发生产者的主人翁责任感；有了经济民主，才能启发生产者的革新精神。例如，经济责任制如不同职工的民主管理相结合，工人只是按规定劳动，按劳动拿钱，就会失去社会主义的特色，职工的主人翁责任感和创新精神就无从谈起。又例如，现在企业都向目标管理发展，有些成效很显著，其重要原因之一，就是目标管理同民主管理相结合，把企业的管理目标变成了职工的自觉行动，每个人都动脑筋、出主意、想办法，而不是仅仅跟上生产线的运转节奏而已。现在有人一谈到加强管理，搞活企业，总是从行政指挥上考虑得多，这种考虑是必要的，但对怎样理顺人心却想得少，而目前理顺人心是加强管理、搞活企业的一个基本问题。例如，长春卷烟厂前些年人心不顺，生产者积极性不高，科技人员长期被冷落，职工的思想政治教育很少有人过问，生活有困难无人关心，单纯的"惩办主义"盛行，结果是 1981 年以来上缴税利连年下降，1983 年实际吃国家补贴 230 多万元。1984 年以来，该厂在端正经营思想、加强严格规章制度管理的同时，把思想政治工作的重点放在理顺人心上，激发了职工的积极性和创造性，大家把工厂的荣誉当成自己的荣誉，同工厂共命运，为搞活企业出力，生产形势迅速好转，1985 年上缴税金猛增到 1.05 亿元，超过 1983 年的 88.47%，实现利润 1287 万元，人均效益名列全省第一。总之，发扬经济民主，调动广大职工的积极性，是搞活企业的基本保证。

6. 企业活力的外部环境

企业要真正充满活力，除了要完善内部的管理制度外，还要有良好的外部环境。这就要求我们必须为企业创造下述一些外部环境。

首先，为企业创造良好的运行环境。企业作为具有活力的运行机体，它要求能与外界经常交换物质、能量和信息。具体来说就是：资金能够灵活融通、迅速周转；劳动力能够合理流动、适时更替；生产条件能够及时更新，技术能够迅速交流和推广；产品能够自由流通，这不仅包括企业经常在市场上吸入生产要素吐出产品，还包括企业经常在市场上吞吐生产资料、资金和技术，并调配劳动力。这种情况在企业改变生产方向和调整生产规模时表现得特别明显。企业一旦需要调整生产规模，就必须及时地吞入或吐出生产资料、资金和劳动力，以适应扩大或缩小生产规模的需要。企业一旦需要改变生产方向，就必须及时地从生产要素市场获得开发新产品的技术，以及生产新产品所需要的新的生产资料，并重新组织和培训劳动力。这些也是价值规律作用充分展开的必备条件。假如生产要素都由国家计划配给和调拨，纵然市场变化的信息反馈给了企业，企业也难以灵敏地做出反应。这时，价值规律的调节作用等于零。企业活动是这样，整个国民经济活动也是这样。为了适应社会需要和生产条件瞬息万变的情况，资金、劳动力和技术就需要在部门及企业间顺畅地流动。过去的生产要素调拨配给制是难以满足这些要求的。为适应上述情况，我们在大力发展商品经济的过程中就必须要发展和完善社会主义生产要素市场，即发展和完善生产资料市场、职业"市场"、金融市场和智力商品市场等。

其次，为企业创造良好的竞争环境。企业活力离不开竞争。没有竞争，就不可能使企业在竞争的压力下对市场的变化做出灵敏的反应，就不可能使企业提高自我改造和自我发展的积极性和主动性，增强活力。而要使企业展开竞争，就必须要为企业创造良好的竞争环境。因为没有这样的环境，就不具有足够的条件推进企业相互竞争。从目前来看，要形成良好的竞争环境，必须要做好以下的工作：打破条条块块的分割封锁，破除由"部门所有制"和"地区所有制"所造成的阻碍竞争的各种壁垒，取消所有保护落后的做法，使企业充分自由竞争；破除和防止各种形式的垄断，任何一种畅销产品都要有一定量的、不同的企业参加生产和经营，坚决反对独家经营和垄断；把有碍于企业进行公平和合理竞争的各种照顾、特殊待遇、扶持"帮助"统统从经济活动中排除出去，使竞争具有公平和合理性；价格、利率等市场要素都应放开，否则，竞争是难以展开的，例如硬性规定的畸高或畸低的商品价格就很不利于竞争。应造成企业能够很容易地进入市场，同时也能够很容易地退出市场的环境，使企业有平等的竞争机会；形成买方市场，改变卖者的奇货可居现象，防止竞争中卖者向买者转嫁损失。

最后，为企业创造良好的信息传导环境。国家要通过各种经济杠杆为企业活动提供及时而正确的信息，使企业及时了解各种生产要素的稀缺程度和市场供求状况。同时，国家还应使各种传导信息的经济杠杆对企业活动具有极强的刺激力，使企业对它们能做出灵敏的反应。例如，利率不仅要反映资金的稀缺程度，而且还应该能调节企业对资金的需求和运用。价格、税收等也应该是这样。只有这样，企业才能在信息的引导下搞好经营，具有经营的主动性。

## 二、企业活力的激励机制

增强企业活力的最终目的，是充分挖掘潜藏于企业内部的经济潜力，充分调动企业的生产主动性、积极性和创造性。现在的问题是：如何挖掘企业的经济潜力，如何调动企业的生产主动性、积极性和创造性。也就是说，要搞清究竟什么是企业活力的激励机制。

在原有的经济体制下，企业活力的激励机制主要是外在的和政治性的。首先，国家依靠政治动员来激发企业和职工的政治使命感和责任感，使企业和职工把完成和超额完成国家分配给的计划任务作为自己的政治使命和政治责任，以此来推动企业和职工全面完成和超额完成国家的计划指标；其次，国家经常运用开展具有政治性质的运动的方式，如增产节约运动、质量月、为某个重大事件或节日献礼、评选劳动模范等来激发企业和职工的政治热情，依靠政治热情来推动生产活动；最后，国家还依靠具有强制性约束力的行政命令、指令、决定等行政手段来推动企业以及整个经济活动。上述这些主要是以政治为特点的推动企业活动的动力，在特定情况下确实能起作用，但这种动力终究是有限度的，例如靠政治工作激发的政治热情不可能持久，在政治热情衰减后，又需重新激发。开展质量月活动就是这样。在质量月活动中，企业在各方压力下还可能关心一下产品的质量，但这种关心不能持续下去，不能成为企业的经常性行为。特别是这种政治性手段难以调动企业的内在积极性，仅仅只是一种外在的推动力，企业往往会抵销这种推动力。例如，企业为了对付计划部门下达的高指标，往往把自己的实际生产能力压低，对年底实际可能达到的生产量做若干保留，或者生产一些原材料消耗大、没有销路的产品来实现总产值指标，不顾社会经济效益。总之，政治手段不能作为企业活力的激励机制。我们认为，企业活力的激励机制应该是企业相对独立的经济利益。

### （一）企业相对独立的经济利益

经济利益通常是人们进行经济活动的内在动机和动力。人们从事经济活动总是为了谋求一定的经济利益。人们之间的经济关系归根到底是经济利益关系。这就是恩格斯所说的："每一个社会的经济关系首先是作为利益表现出来。"① 马克思主义者历来重视物质利益关系。早在苏联实行新经济政策的时期，列宁就明确指出，向共产主义过渡"不是直接依靠热情，而是借助于伟大革命所产生的热情，依靠个人兴趣、依靠从个人利益上的关心……否则，你们就不能到达共产主义"。② 我们过去的经济体制虽有时会忽视个人物质利益，但也还是基本上注意到了。而企业作为经济利益的一个层次却没有引起重视，或者说长期没有得到承认。其后果是企业和职工在全民范围内吃"大锅饭"。

随着企业成为社会主义全民所有制关系中的一个独立的经营层次，企业利益的相对独立性也随之被提了出来。社会主义劳动对劳动者来说是谋生的手段，或者说是实现劳动者的物质利益的手段。现实中每个劳动者，如果以生产者的身份出现，他首先是和企业直接发生关系，而且只是通过企业和社会发生关系。劳动者要从事劳动，就必须首先联合在企业范围内，同企业占有的生产资料相结合。这样，劳动者的劳动就成为企业范围内的总体劳动，企业总体劳动成为联合在企业范围内的劳动者的共同谋生手段。于是，劳动者的收入就不仅取决于本人提供的劳动，而且还取决于企业联合劳动的成果，特别是取决于企业的经营管理状况。由此可见，企业不仅是单纯的生产主体，而且是具有实在经济利益的利益主体。

承认企业利益相对独立性的现实表现，是企业实现自负盈亏。它同自主经营是一对孪生子。如不实行企业自负盈亏，企业的自主经营就会落空。自负盈亏意味着企业对自己的经营状况承担全部经济责任和风险。企业之间经营状况不同，彼此实现的企业利益就有差别，这表现为税后留利的差别。其后果是不同企业有与经济状况相联系的生产条件的差别、集体福利事业的差别、劳动者收入的差别。这样一来，企业内部就会萌发出关心企业经营成果

---

① 《马克思恩格斯选集》第 2 卷，人民出版社 1972 年版，第 537 页。
② 《列宁选集》第 4 卷，人民出版社 1959 年版，第 572 页。

的内在动力和冲动。

## （二）激励机制寓于期待联系

前面已经指出，激励企业自动地改进技术、提高劳动生产率和降低劳动消耗，激励企业自动地完善使用价值和关心社会需要，要依靠一定的社会经济联系。这种经济联系就是企业的期待联系。什么叫企业的期待联系？企业相对独立的经济利益被承认后，接下来的问题是企业的利益在什么样的关系中实现。这对企业来说便是期待联系。期待谁？大致有两个：一个是国家，一个是市场。在过去的体制中，收入往上缴，支出向上要，盈利者得不到好处，亏损者国家补贴。这是企业共国家产、吃国家"大锅饭"的期待联系。这种期待联系决定了企业缺乏改进技术、改善经营管理、关心社会需要的动力和压力。随着企业活动放开和实行利改税的新体制，企业现在开始实行自负盈亏。但是企业对国家的期待联系尚未完全解除。企业能留多少利，能以什么样的比例增加职工收入和奖励职工，又能以什么样的比例发展生产，这些仍然同完成国家计划指标挂钩。在这样的期待联系中，企业的注意力往往是在国家计划指标中寻找对策，通常人们所说的"上有政策，下有对策"就是指这种情况。这方面苏联的改革是一面镜子。苏联在 1965 年开始改革时，扩大企业权力，将对企业的 32 个控制指标减少到 9 个，试图以利润为综合指标，使企业的利益都同完成国家计划指标状况挂钩。在这种情况下，企业的对策不是从提高效益中增加自己的收入，而是通过钻国家计划指标的空子来谋求收入。于是，苏联又不得不增加劳动生产率指标、成本指标等。但实际上还是不能解决问题。这样一来，苏联不得不在 1979 年又搞了一个新的修补性改革方案，提出了完善经济机制的问题。所有这些都表明，只要企业对国家的期待联系（包括资金和收入分配）不完全切断，难免会出现企业通过钻国家计划指标空子而谋求收入的状况。

充分调动企业积极性的出路何在？唯一的选择是切断国家与企业的父子关系，将企业的期待联系由国家转向市场，将激励机制建立在企业对市场的期待联系中，这是与企业商品生产者地位相适应的激励机制。

一旦企业的期待联系转向市场，企业的经济利益同其市场实现成果紧密联系起来，企业的全部活动就被推入市场。市场的等价交换关系客观地承认不同企业之间因劳动成果不同而产生的经济利益差别，默认不同企业间不同等的经营管理水平和技术水平是天然特权，默认不同等的企业积累水平是天然特权。只要国家通过调节税等形式，消除了影响企业间利润差别的客观因素（如国家资金分配不均等、价格不合理、自然条件有差别等），外在的经济压力会变成企业的内在动力，企业的主动性、积极性和创造性会充分地发挥出来。与此同时，那种四面八方伸手的不合理摊派也就失去了存在的基础。

下述两个企业的例子就可以说明企业在期待市场以后，必然会激发出极大的生产主动性和积极性。

重庆钟表工业公司是四川省最早实行扩大企业自主权、直接面向市场的一个企业。实行扩权以后，该企业有了产品销售权，以往商业部门对该企业实行的统购包销制改为产品选购制，商品部门选购之后，该企业可自销产品；与此同时，该企业也实行了自负盈亏责任制。在这种情况下，该企业的生产积极性很高，并且非常关注市场的变化和盈亏。1982 年，该企业考虑到闹钟已经滞销，向上级主管部门报了压缩闹钟生产的计划，但上级主管部门下达的闹钟生产计划仍然很高。如果在该企业扩权之前，闹钟由商业部门统购包销，国家统负企业的盈亏，那么该企业根据上级主管部门的计划进行生产，即使生产过剩，企业也不会受损失。但在扩权的条件下，企业如根据上级主管部门的计划生产，闹钟销售不出去，企业就会受到极大的利益损失。因此，该企业并没有按照上级主管部门的计划去安排生产，而是根据市场状况调整了生产方向。结果证明，该企业决策是正确的。很显然，该企业的生产主动性，是期待市场而激发出来的。

另一个例子是青岛锻压机械厂。该厂在由国家统管时生产并不怎么景气。从 1980 年开始，国家将该厂推向市场，再不给该厂下达生产计划指标，也不再给该厂相应的生产资料，由该厂自找出路。该厂当时处于异常困难的境地。困难迫使工厂自己寻找产品市场，寻找生产资料市场，积极参与市场活动。结果是市场压力变成了动力。他们积极地克服了各种困难，努力生产，不仅生产没有下降，而且还有了发展，工厂和职工都得到了利益，也为国家创造了很大的财富。看来，市场期待联系会激励企业去主动克服困难，努力经营。

### 三、企业行为目标

企业有了经营自主权和相应的财力以后，需要有相应的行为约束机制，自动调节自己的经济行为，以实现社会主义经济运行目标。要搞清楚企业的行为约束机制，需要从企业行为目标讲起。

企业作为国民经济运行机体的细胞，是社会主义社会各种经济关系及其矛盾的汇合。其行为目标，既有社会主义公有制关系的规定，又有商品关系的规定；既有国家整体利益的规定，还有企业相对独立利益的规定，也有劳动者个人利益的规定。因此，企业行为目标是多重的。各种经济关系的矛盾性还会产生目标与目标的矛盾，甚至在同一目标内部也包含矛盾。总的来说，企业行为目标由三部分构成：其一是利润最大化目标；其二是企业职工收入的不断提高；其三是争取社会赞誉。

#### （一）利润最大化

在社会主义商品经济条件下，企业具有社会主义企业和商品生产者的两重身份。作为前者，它必须以满足全体劳动者的需要为己任；作为后者，它要谋求自身的商品生产者利益。这双重目的可以用利润最大化目标来概括。当然，两者的矛盾也是包含在其中的。

一方面，利润目标体现社会主义生产目的和商品生产目的的统一。首先，从利润形成看，利润总是要由一定的使用价值来承担的。只要企业是通过改进技术、降低成本、生产适销对路的产品等途径谋取最大限度的利润，那么在其他条件既定的情况下，利润的增大同时就意味着社会需要满足程度的提高。其次，从利润的分配来看，国家作为全民的代表参与利润分配，其中相当部分形成社会纯收入。因此，企业利润增大意味着企业向社会提供了更多的由剩余劳动形成的价值。

另一方面，利润目的由于受非社会主义经济活动的影响，也会背离社会主义生产目的。例如，企业为了谋求最大限度的利润，可能会走邪门歪道，损公肥私，坑害国家，损害消费者利益。再如，企业谋求利润的过程受价格信号调节，如果价格信号扭曲，企业生产就会出现盲目性，从而难以满足社会需要。

上面对利润最大化目标功能的分析表明，尽管利润目标与社会主义生产目的有相悖的一面，但不能像倒洗澡水把婴儿一同倒掉那样，抛弃和限制企业的利润最大化目标，而应该鼓励企业以获得正当利润为目的而进行生产经营活动，国家通过经济的、行政的和法律的手段，对企业同社会相悖的一面进行调节、限制，从而使利润目标同社会主义生产目的完全重合。

在社会主义商品经济条件下，企业可以通过一系列正当途径实现利润最大化目标。利润是企业销售收入与成本的差额，因此，利润最大化目标的实现过程包括两个行为：一是节约成本；二是增加销售收入。这两个行为包含于以下三个过程中：

第一，按市场需要选准产品方向，努力以适销对路、质优价廉的产品打进市场。这一过程将在下一章详细说明。

第二，提高资金使用效果，加快资金周转。为此，一方面要求企业搞好经营管理，提高设备利用率，缩短流动资金在生产领域和流通领域滞留的时间。另一方面要求国家通过改善交通运输条件等途径为企业缩短流通时间、减少生产储备提供外部环境。

第三，确定最佳生产量。这要求企业在决策时遵守边际成本等于边际收益的原则。边际成本是指增加一单位产量所耗费的追加成本，边际收益是指增加一单位产量所增加的销售收入。如果边际成本小于边际收益，意味着有利可图，还可增加产量，直至边际成本等于边际收益，达到临界点。这时总利润最大。超过这一点，增加的产量所耗费的追加费用高于追加收益，生产就不合算。

为适应企业利润最大化目标，社会主义国家对企业经济活动调节的基本途径就应当是：牵住利润这个牛鼻子，通过各种调节手段，因势利导，将企业利润最大化目标同最大限度满足社会需要的经济运行目标重合起来。

### （二）职工收入的不断提高

企业范围的联合劳动是结合在企业内部的劳动者的共同的谋生手段。劳动者的个人利益，需要在企业行为中得到满足。因此，不断提高职工收入是企业内全体成员的共同要求和愿望，并客观地成为企业行为的一个目标。它同利润最大化目标既相互统一又相互矛盾。

一方面，职工的个人利益在企业行为中得到一定的满足，能促进职工因自身利益而关心企业经营成果，迸发出增进企业利益的内在动力。这里的关键是通过工资、奖金、利润分红等形式，将职工收入同企业的经营成果联系起来，从而使每个劳动者在各自的岗位上以主人姿态进行工作，人人关心企业的经营，人人重视企业的效益，推动利润最大化目标的实现。

另一方面，不断增加职工收入又同企业长期行为发生矛盾，从而影响利润最大化目标的实现。在过去的体制中，利润统统上交，企业职工不能从增长利润中得到好处，因而挫伤了劳动者的积极性。现在实行了利改税新体制，企业对税后留利有了较大的支配权，随之便出现了企业不顾生产发展，片面提高职工收入的状况。其原因是所有权与经营权分离后，经营者并不完全代表所有者利益，企业领导人和职工一样有共同的个人利益要求。这就容易导致在企业利润分配上，企业领导人往往更多地照顾职工要求，通过各种途径而尽可能多地将企业利润转化为职工收入（消费基金）。至于企业积累和企业的长期发展，则在利润分配时往往得不到应有的关心。这表明，利润最大化目标在企业收入分配过程中不能很好地得到体现。但是，这不等于说企业没有扩张自己事业的冲动。实际上，企业往往试图通过社会资金的投入来实现自己的利润最大化目标，千方百计地向财政争投资，向银行争贷款，于是便种下了在固定资金投资的同时消费基金膨胀的种子。

以上对企业不断提高职工收入目标的功能的分析表明，社会主义国家对企业的这一目标必须要进行引导和调节，其关键是在企业内部的利润和工资之间形成明确而又强硬的制约关系，从而使企业自动地控制消费基金膨胀。

### （三）争取社会赞誉

这是一个非经济目标，但对企业行为有一定的影响。企业为了谋求社会的信任和赞誉并获得先进称号，必然要努力通过改进经营管理、节约劳动消耗来创优质产品，提供优质服务，关心消费者利益。所有这些都是同社会主义经济运行目标相吻合的。

不可忽视的是某些企业为了沽名钓誉，可能会出现不切实际的好大喜功、报喜不报忧、搞浮夸的不良倾向。这样做不仅会损害职工的利益，而且还会影响国民经济的比例。这表明，即使对这种非经济目标，社会主义国家也要进行调节和协调，以保证社会主义经济运行目标有效地实现。

## 四、企业行为约束机制

以上分析表明，企业行为目标是多元化的，不同目标之间、同一目标内部都存在着矛盾，而且企业行为目标不会自动地同社会主义经济运行目标完全重合。例如，有的企业为了追求利润目标可能会损害国家和消费者的利益，有的企业为了提高本企业职工的福利，可能会把投资基金作为消费基金分掉，等等。为此，需要有社会协调机制，对企业行为目标进行调节控制。其中首先需要有企业内部的自我控制机制，让企业自动按社会主义经济运行目标要求约束自己的行为。

在企业成为相对独立的经营主体后，企业行为约束主要包括两个方面：一方面是企业可支配收入和资金形成的预算约束，这是企业内部的约束条件。另一方面，企业活动放开后，社会主义国家必须通过各种途径造就这种约束条件，以形成企业行为的自动控制机制。这种行为约束机制形成后，国家对企业活动的宏观调节和控制也就有了基础。

### （一）市场约束

市场约束即市场实现条件约束。就是说，企业生产出的产品能否卖掉，关系到企业的整个命运。人们常把企业能否卖掉产品称为致命跳跃中的风险。利润最大化目标总是同市场风险结合在一起的。企业进入市场后会遇到三个方面的竞争：一是同消费者竞争，其产品经常受消费者的检验和选择；二是同生产同种产品的生产者竞争，主要是争夺销售市场；三是同生产不同商品的生产者竞争，在替代关系方面争夺市场。这些竞争集中表现为市场价格和利率的变动。由于价格和利率直接影响销售收入，进而影响企业利润，所以企业的自主经营便不能随心所欲，而是必须自动地服从市场价格信号和利率信号的调节，根据市场价格和利率变动情况决定自己的投资方向和规模，变动自己的生产方向和生产规模。形成这种市场约束的经济条件，就是建立和保持充分竞争的环境：一是没有垄断，各企业机会均等；二是没有任何保护落后的政策，优胜劣汰。在能否卖掉产品的这个致命跳跃中，跳不过去的损失不由国家和消费者承担，而是由企业自己负责，从而保证价值规律的充分作用。在企业行为受市场约束后，国家对企业经营活动的计划调节则可通过市场进行。

### （二）预算约束

预算约束即以预期收入控制支出。微观经济学在分析企业及家庭经济活动时，提出了预算线的概念，即：家庭或企业在选择甲乙两种商品时，可以根据自己收入多寡和甲乙两种商品的相对价格高低划出一条预算线，在预算线内的是可以实现的购买，在预算线外的是不能实现的购买。对家庭或企业来说，这种收入对支出的约束，不是事后结算，而是事前的行为约束。在企业活动放开以后，国家对企业只要有较硬的预算约束，企业的扩张冲动和增加职工收入的过度消费欲望，就会受到预算的约束。哪些商品该买而哪些商品不该买，扩大投资规模还是缩小投资规模，哪些钱该发而哪些钱不该发，均取决于以下因素：（1）企业自己能够支配的收入的大小；（2）价格和利率的信号；（3）自己对借款的偿还能力。由此便形成了企业自我约束和自我控制的机制。这里需要指出的是，较硬的预算约束不是指企业可支配的收入越少越好，而是指以较硬的税收、财政、银行信贷制度，保证企业严格按照自己的资金和收入安排支出，有多少钱办多少事。我们过去的体制实际上是软预算约束，如名目繁多的财政补贴、动辄减免税收、利用税前利润归还贷款、低利息率等。企业支出即使超过预算收入，也无关紧要，有国家财政和银行这两家"保险公司"兜着。由于对企业扩张冲动欲望没有约束，所以固定资产投资规模失控便在所难免。企业活动放开后，如若这种软预算约束不硬化，不仅固定资产投资失控的旧病会复发，而且还会产生由消费欲望无法遏制所引起的消费基金失控的新病。

### （三）法律约束

这是保证社会主义经济正常运行的条件。企业活动越是放开，越要强化法律约束。法律约束大致包括下述几个方面：一是通过经济法规惩办企业弄虚作假、以次充好、损害消费者利益的经济行为，保证企业的社会主义经营方向；二是通过经济法规保证经济运行机制自身所无法解决的公共利益问题，如通过环境保护法防止环境污染等；三是通过经济法规保证社会主义经济单位之间的正常联系，如通过经济合同法维护各企业的正常关系等；四是通过经济法规保证对企业有较强的预算约束，如通过成本法、会计法、统计法、银行法等，使企业不能随意突破预算约束。

综上所述，在将企业活动放开的同时，必须要在企业激励机制和行为约束机制方面实行配套改革，以使其相互间能够协调运行。这样，不但微观活力有了保证，而且宏观控制也有了基础，最终可消除困扰我们几十年的"一放就乱，一管就死"的恶性循环。

# 第五章 社会生产比例的调节机制

在分析计划机制和市场机制及企业运行机制的基础上，从本章起具体研究宏观调节机制。宏观调节的内容极为丰富，大体上可分为两个层次：其一是调节社会生产各部门之间的平衡；其二是调节总供给与总需求的平衡。本章着重考察前一层次的宏观调节机制。

## 一、社会生产的有计划按比例发展

### （一）社会生产的合比例

社会生产总是有比例的。社会生产的比例是通过社会生产各部门向社会提供的产品的比例表现出来的。如一定时期社会生产各部门向社会提供的总产品中包含了多少钢材、多少水泥、多少木材、多少粮食、多少棉布、多少收音机等，就反映了这一时期社会生产的比例。社会生产的比例是否恰当，要由社会生产是否符合客观的比例来反映。社会生产的合比例是指同社会需要比例相适应的生产比例，其中也包括社会再生产过程中各部门之间在技术经济上的相互制约的比例关系，如生产一吨钢需要多少煤、生产一匹棉布需要多少棉花等。相对于社会需要量，如果有的生产过多，形成过剩，有的生产过少，严重供不应求，这就叫社会生产比例失调。调节社会生产各部门之间平衡的实际内容，就是要使社会生产比例与社会需要比例相适应，或者说供给结构与需求结构相适应。

社会生产比例怎么形成？最一般地说，它是由社会在各个生产部门投入的资金、生产资料和劳动力的数量决定的。资金、生产资料和劳动力可以用社会劳动来概括。这样，社会生产比例，从根本上说是由社会劳动（活劳动和物化在生产资料中的劳动）按照社会需要在社会生产各部门间的分配比例形成的。这就是马克思讲的："要想得到和各种不同的需要量相适应的产品量，就要付出各种不同的和一定数量的社会总劳动量。这种按一定比例分配社会劳动的必要性，决不可能被社会生产的一定形式所取消，而可能改变的只是它的表现形式，这是不言而喻的。"①

社会按什么样的比例在各部门间分配社会劳动？我们在第二章中指出的，应该是按第二种含义的社会必要劳动的比例。按社会必要劳动比例分配社会劳动的必要性在于：第一，最合理地满足社会的不同需要；第二，最合理地使用劳动时间。在一定时间内，社会所拥有的现实的可以利用的社会总劳动时间总是既定的。这就产生了有限的社会总劳动时间的充分利用和配置得当的问题。按社会必要劳动时间调节生产比例，就可以达到节约社会劳动时间，使有限的社会劳动能发挥较大的效用，从而实现最合理地满足社会需要的目的。因此，社会生产各部门按照社会必要劳动的比例投入劳动，这是调节社会劳动按比例分配的目标和归宿。

关于社会必要劳动时间问题，这里有必要进一步从两个方面加以说明。

从生产过程看，由于生产条件不同、劳动的熟练程度和强度不同，不同的生产者（企业）生产同种产品的个别劳动时间各不相同。例如皮鞋生产部门有甲、乙、丙三类生产者，生产每双皮鞋的个别劳动时间分别为 5 小时、4 小时、3 小时。这时社会必要劳动时间只能是指在现有的社会正常的生产条件下，在社会平均的劳动熟练程度和劳动强度下制造某种使用价值所需要的劳动时间。在制鞋部门中，如果乙生产者的生产条件属社会正常条件，其劳动熟练程度和强度达到社会平均水平，那么乙生产者的个别劳动时间 4 小时便是生产每双皮鞋的社会必要劳动时间。

从生产和需要的联系看，社会生产有许多部门，如生产鞋、生产帽子、生产机器等的部门。在一定时期中，社会总劳动时间是一个有限的量，社会总劳动时间用在各个特定生产领域的份额有数量界限。这时只有满足社会需要的劳动量才是社会必要的。因此，社会对各种产品的需要量决定了社会总劳动时间分配给各部门的必要比例。例如在某一时期中社会对皮鞋的需要量是 800 双，那么按每双皮鞋要耗费社会必要劳动时间 4 小时计算，社会应分

---

① 《马克思恩格斯选集》第 4 卷，人民出版社 1972 年版，第 368 页。

配给皮鞋生产部门的社会必要劳动量为 3200 小时。

以上两方面分析表明，社会必要劳动时间包含两方面含义：第一，它是指单位产品上投入的是社会必要劳动时间，它是在生产同种产品的生产者之间的比较和竞争中形成的；第二，它是指在社会总劳动时间中，把必要的比例量投在不同部门即不同类产品上，它是在生产和消费的联系中，在生产不同种类产品的部门结构比例关系中形成的。这种从抽象意义上分析的社会必要劳动时间的含义，对我们研究调节社会劳动分配从而调节社会生产比例的机制有重大的理论意义。

### （二）价值规律的调节功能

在商品经济条件下，社会按照社会必要劳动时间比例在各部门分配社会劳动，是通过价值规律的作用而实现的。这就是马克思讲的："价值规律所影响的不是个别商品或物品，而总是各个特殊的因分工而互相独立的社会生产领域的总产品；因此，不仅在每个商品上只使用必要的劳动时间，而且在社会总劳动时间中，也只把必要的比例量使用在不同类的商品上。"①

价值规律是社会必要劳动时间的规律，其基本要求是商品的价值量由社会必要劳动时间决定，商品交换以价值为基础。价值规律的作用即价值规律贯彻自己要求的过程，包括价值决定和价值实现两个过程。依靠这两个过程，社会按社会必要劳动的比例在各部门间分配社会劳动。

价值决定过程是将个别劳动时间还原为社会必要劳动时间、个别价值还原为社会价值的过程。不同生产者的同种商品进入市场时，其个别劳动时间（个别价值）各不相同。价值规律通过市场的供求和竞争机制，特别是卖者之间的竞争，将各不相同的个别劳动时间均衡为统一的社会必要劳动时间（社会价值）。这里的关键是，市场供求关系会决定哪一种生产条件下的个别价值决定该商品的社会价值（社会必要劳动时间）。在市场关系中，会按社会必要劳动时间补偿各个别劳动消耗。这样一来，劳动生产率高的生产者的个别价值还原为较高的社会价值，获得较高的利润，而劳动生产率低的生产者的个别价值则还原为较低的社会价值，获得较低的利润，甚至亏本。所以，价值规律作用不仅具有核算社会必要劳动时间的功能，还有刺激生产者

---

① 《马克思恩格斯全集》第 25 卷，人民出版社 1972 年版，第 716 页。

节约劳动消耗、改进技术、提高劳动生产率的功能。

价值实现过程就是价格还原为价值的过程。产品进入市场后能否从价格形式上实现其价值，要看产品的总量是否适合社会对该产品的需要量。社会对各种产品的需要量决定社会总劳动时间分配给各部门的必要比例量，从而形成各种产品之间的价格比例。如果产品供求不平衡，价格与价值就不会一致。这样，在价值规律贯彻自己要求的过程中，社会劳动从价格低于价值的部门流向价格高于价值的部门，亦即缩减供过于求的产品的生产，扩大供不应求的产品的生产，最终实现全社会生产比例与需要比例的平衡。我们继续用上述皮鞋生产部门的例子来说明。假定皮鞋生产部门的不同企业一共生产了 100000 双皮鞋，按每双耗费 4 小时劳动（合货币 4 元）计算，共投入社会必要劳动量 400000 小时。假定该时期社会对皮鞋的需要量为 80000 双，那么投入该部门的社会必要劳动总量应为 320000 小时。这样，该部门就实际上多投入了本应投入其他部门的 80000 小时劳动量。于是，市场上会以低于价值（每双 4 元）的价格（每双 3.2 元）出售皮鞋。在价值规律作用下，皮鞋生产部门会缩减皮鞋的生产。如果缩减 20000 双，就要流出 80000 小时劳动量。这时该产品的供求就趋于平衡，价格回升，与价值趋于一致。与此同时，别的由于投入社会劳动量不足因而供不应求的部门，由于 80000 小时社会劳动量的流入，供求也就会趋于平衡。事实上，现实经济生活中的情况，要比上面为便于说明问题而举的简单例子复杂得多。比如，上个时期皮鞋多生产了 20000 双，而下个时期对皮鞋的需要量却增加了 30000 双，如果简单地根据上个时期供过于求的状况缩减皮鞋生产 20000 双，下个时期就会出现供不应求，短缺 30000 双。此外，根据价格涨落所反映的供求状况而增减生产量，可能增减得过多，发生方向相反的不平衡。不过，在价值规律的作用下，社会劳动通过在各生产部门间的不断流进流出，最终会实现在社会生产各部门间的按比例分配。

## （三）社会劳动的有计划分配

在计划经济条件下，由于有计划按比例发展规律的作用，社会劳动在各部门的分配应该是有计划进行的，实现马克思所讲的："劳动时间的社会的有计划的分配，调节着各种劳动职能同各种需要的适当的比例。"①

长期以来，人们往往把有计划地分配社会劳动同直接分配社会劳动（直接调节）等同起来，以为公有制一建立，人们便可直接规定生产比例和需要比例，因而国家可以直接规定企业生产什么和生产多少。其实这是不符合实际的。在商品生产条件下，耗费在一种社会产品上的社会劳动总量（即该产品生产总量），同社会要求用这种产品来满足的社会需要的规模之间，难以事先建立直接的必然的联系，就是因为：即使在社会主义商品经济中，作为生产商品的劳动，一开始也不是完全直接的社会劳动；对于商品中包含的社会必要劳动时间，人们并不很清楚；谁也不能事先对复杂的社会需求和成千上万的企业生产能力做出准确计算。即使是公有制生产，但只要还采取商品生产形式，这种状况便不会改变。在这样一种基础上进行的直接计划调节必然带来僵化而缺乏效率的弊病。苏联主张改革的经济学家利比西金以苏联经济为例说明了这种调节方式的三大缺陷：（1）工厂生产没有销路的产品。例如苏联一家家具厂，生产一种桌子，该桌子因卖不出去，堆满了工厂，整个车间被当作了仓库，但该厂照旧每天生产500台，因为计划没有变。（2）一边是原材料奇缺，一边是原材料过剩，从而大大降低了对现有生产能力的利用。例如由于原料的限制，48%的食品工业自动线三天工作17小时。（3）商品低质量、高成本。例如新种类机器的工作性能指标均严重低于设计标准。我国的经济实践也充分表明，产需脱节、资源浪费、质量低劣、技术进步缓慢，可说是直接计划调节方式的通病。

因此，只要对计划调节概念的理解不陷入片面性，那么社会劳动的计划分配形式，或生产和需要的计划联系形式，就不应是单一的，除了直接的计划调节机制以外，还有另一种选择，即通过市场的间接的计划调节机制。

选择间接的计划调节机制的必要性在于，生产商品的劳动具有非直接或不完全直接的社会性。社会主义国家必须借助价值规律的作用，实现按社会必要劳动比例分配社会劳动的要求。具体来说，出于以下三方面的考虑。

第一，前面对价值规律功能的分析已指出，当产品中的社会必要劳动时间不能直接计算时，价值规律是客观地估算社会必要劳动量的自动计算器。

---

① 《马克思恩格斯全集》第23卷，人民出版社1972年版，第96页。

第二，当生产单位是利益主体时，价值关系是局部利益同社会利益的调节器。价值关系不仅确认企业局部利益，同时又是联结企业利益同社会利益的纽带。在价值关系上，企业的局部利益"本身已经是社会所决定的利益，而且只有在社会所创造的条件下并使用社会所提供的手段，才能达到"。①正是在价值关系中，企业才从自身利益上关心社会利益。

第三，在社会生产和社会需要的关系不透明时，价值关系是生产和需要的自动平衡器。在价值关系上，各个企业与市场建立了横向经济联系，市场自动反馈供求、价格变动的信息。只要企业对反馈的信息有自动反应的机能，社会的生产和需要之间就可能建立起动态平衡。

根据以上分析，在社会主义商品经济条件下，为保障价值规律调节功能的发挥，社会主义国家对社会生产比例的计划调节主要包括以下几种形式：

第一，国家对社会生产各部门的比例要有一个大致的粗线条的计划目标，以形成对社会生产各部门的劳动分配比例的宏观约束，从总体上对社会生产比例进行调节。

第二，服从于计划目标，国家下达指导性计划给企业（当然也可以给某些企业下达必要的指令性计划，或是在对某些企业实行指导性计划的同时，也下达某项指令性计划指标），从而通过计划手段对企业进行有弹性的计划控制。

第三，计划调节的主要方式是运用经济杠杆，对企业进行间接控制。也就是自觉利用价值规律及其作用机制——市场机制，来调节社会生产比例。具体来说，这样的调节杠杆有属于市场机制的价格比例和利息率差别杠杆、国家直接掌握的税率差别和国家投资杠杆。

整个计划调节过程是一个系统。指导性计划（不排斥必要的指令性计划）和经济杠杆服从于预定的国民经济发展总体目标，指导性计划和经济杠杆相互配套，前者借助于后者来实现，从而转向间接控制。其中各种经济杠杆又相互补充和相互制约而发挥作用。

---

① 《马克思恩格斯全集》第 46 卷上，人民出版社 1972 年版，第 102 页。

## 二、有计划市场机制的调节功能

### （一）市场机制调节的传递过程

在社会主义商品经济条件下，企业作为商品生产者进行生产经营决策时，直接感受的是来自市场的价值规律作用。因此，对企业经济活动的计划调节，也必须要通过市场机制来进行。现在的市场机制调节（这里可简称为市场调节）有两类：一类是指导性计划经济中的有计划的市场机制调节。这是计划机制和市场机制渗透性结合的计划调节形式，体现人们对价值规律的自觉利用。另一类是单纯的市场调节。这里的市场机制尚未渗入计划机制，价值规律自发地起调节作用。在整个国民经济运行中，前者是主体。我们重点考察前者的运行过程。

在市场机制调节过程中，市场价格和利率变动是市场调节的信息系统，供求双方是市场调节的对象，竞争（包括资金的转移）是市场调节的效应系统。其现实传送过程是：供不应求→价格上升→竞争（资金流入）→供过于求—价格下跌→竞争（资金流出）→供不应求……如此循环往复。这里讲的流进流出的资金包括两部分：一部分是原有的再生产资金；另一部分是经过积累的新增投资（以下同）。随着价格的变动，各生产部门的比例逐渐接近社会必要劳动时间比例。这就是马克思所讲的："竞争，同供求关系的变动相适应的市场价格的波动，总是力图把耗费在每一商品上的劳动的总量化为这个标准。"① 在市场机制被计划控制，渗入了计划机制以后，市场机制的自发性和盲目性会被限制。限制程度的大小，取决于计划机制作用的大小和对价值规律利用的自觉程度的高低。

### （二）价格体系和价格信号

价格在调节经济活动时主要发出两种信号：一种是价格总水平信号；一种是价格比例信号。对调节社会生产比例有意义的是价格比例信号。

价格比例属于价格体系范畴。在商品经济条件下，有多少种商品就有多

---

① 《马克思恩格斯全集》第25卷，人民出版社1972年版，第215页。

少种价格。但每一种商品的价格都不是孤立的，它们在整个国民经济中有机地联系在一起，形成价格体系。价格体系的内容主要包括不同产品之间的比价关系、同种产品之间的质量差价关系、同种产品的购销价格关系等。

在企业与市场实现成果有了直接经济利害关系之后，"产品交换者实际关心的问题，首先是他用自己的产品能换取多少别人的产品，就是说，产品按什么样的比例交换"。① 于是，价格比例就成为信号，直接调节生产者和消费者的活动。对生产者来说，价格比例是决定生产什么、生产多少和为谁生产的客观依据。也就是说，价格比例是生产者制定生产决策的客观依据，价格比例的变动会驱使生产者通过资金流动来改变自己的生产方向和调整自己的生产规模。对于消费者来说，价格比例是他确定购买什么、购买多少的客观依据。也就是说，价格比例的变化，会驱使消费者考虑商品替代关系。例如：当石油价格大大高于煤的价格时，原先用石油做燃料的生产企业可能会转向以煤做燃料。当毛料价格过高时，消费者会转向购买仿毛的化纤织物。当消费者考虑商品比价，并在购买中寻求替代商品后，就会使生产者在实践中相应地改变生产比例，从而可协调生产比例与需求比例的平衡关系。

价格信号的调节作用表明，社会生产的合比例集中反映在价格比例的合理性上。只要价格比例既反映价值比例，又反映现实的供求关系变化，那就表明社会生产是按比例发展的。但是如果相反，价格信号处于扭曲状态，那么价格信号就不但不能解决社会生产的合比例问题，而且还会造成经济的混乱。这时，即使是指令性计划指标，哪怕它是符合社会需要的，也会受到干扰和冲击。很显然，经济体制改革的关键，或者说调节社会生产比例的关键，是改革价格体系，使之趋向合理。

价格比例如何趋向合理？按照目前人们的自觉性程度，人们是不可能完全自觉地确定同价值相一致的价格的。即使假定一开始人们对价格的确定是符合价值的，但也会随着生产条件和社会需求的变化而发生偏离。在这种情况下，许多产品的价格确定原则上应该放给市场机制，允许价格在一定范围内波动。"如果禁止竞争通过价格的起落把世界市场情况告诉单个生产者，那他们就完全被蒙住了眼睛。"②

---

① 《马克思恩格斯全集》第 23 卷，人民出版社 1972 年版，第 91 页。
② 《马克思恩格斯全集》第 21 卷，人民出版社 1972 年版，第 216 页。

在计划经济条件下，价格比例可成为对企业活动进行间接控制的重要工具（杠杆）。但是，人们自觉地运用价格杠杆，并不是要用人们对价格的自觉确定来取代价格的波动过程，而是要尽自己所能，通过各种方法预测价值变动和供求变动方向及程度，指导价格比例的变动，尽可能缩短或加快价格接近价值的过程，努力减弱价格波动的振幅，减少和避免价格波动的盲目性。

由于我国长期实行僵化的、由国家统一定价的制度，目前的价格体系还很混乱，价格信号严重扭曲，既不能反映价值，又不能反映供求。这种价格体系和信号显然不能调节好生产比例。因此价格体系的改革迫在眉睫。但是如何改，现在面临着两难的选择：一是国家调价；二是放给市场调价。如果由国家调，且不说国家的主观定价难以准确反映社会劳动消耗和供求关系变化，它还会成为企业软性预算约束的根源。这是因为价格的畸高畸低总要损害一方的利益，国家调整价格就必须对受损失一方负责，于是就给予减免税负、让利和补贴的优惠。这样，一方面国家仍背着沉重的财政包袱，同时也形成国家与企业的讨价还价关系，从而使企业的预算约束进一步软化。相反，如将价格放给市场调，价格结构性改革会引起价格总水平上升。现在的经济环境是普遍短缺，加上市场上货币流通量过多的影响，几乎是哪一种商品的价格放开，哪一种商品便涨价，而且涨上去后降不下来，从而使市场物价水平失去控制。这两难选择表明，为保证价格体系合理化，价格的放开可说是个方向，但是价格的全面放开需要宽松的经济环境，应是渐进的过程。而且，即使价格放开后，国家也应对价格的波动加强宏观控制和指导。

### （三）利率差别信号

利息率在调节经济活动时，也有两种信号：一种是利率总水平信号；另一种是差别利率信号。对调节社会生产比例有意义的是差别利率信号。

所谓差别利率，就是不同项目、不同部门的贷款利率之间存在着差别。若贷款利率高，贷款额就会减少；若贷款利率低，贷款额就会增多。利率的这种变化，会引起资金（代表物化社会劳动）在各生产部门间自由流动，从而调节社会生产比例。因此，贷款利率差别变动，是调节社会生产比例的重要经济机制。

利息率差别信号的调节功能，主要表现在以下两个方面：

一方面，利息率差别信号能加强价格差别信号的调节作用。在银行企业化以后，银行作为信贷资金的供给者总是依据利息率差别信号而发放信贷资金。一般来说，利息率差别是同价格差别挂钩的。某种产品价高利大，意味着该部门商品供不应求，对信贷资金需求大，于是利息率较高，诱使银行企业将更多的信贷资金流入该部门。相反，某种产品价低利微，意味着该部门产品供过于求，对信贷资金的需求量小，于是利息率较低。据此，银行企业会减少对该部门的贷款，阻止信贷资金流入该部门，甚至还会将原有资金抽走。显然，利息率差别信号在这里能够补充价格比例信号的作用，加快社会劳动在各生产部门间的转移，促进价格接近于价值。

另一方面，利率差别信号也能够起到减弱价格比例信号的调节作用。这种作用主要发生在价格信号扭曲时。价格信号扭曲表现在两个方面：一是价格比例不能反映价值比例，如农产品价格低于价值，工业品价格高于价值；二是价格比例不能反映供求变化，如我国市场刚放开时，电风扇价高利大，人们一哄而上生产电风扇。这种扭曲的价格不但不能有效地调节社会劳动从供过于求的部门（电风扇）抽走转向供不应求的产品生产部门（如能源生产部门），还会起逆向调节作用。这时，国家通过产业政策及货币政策影响信贷活动，从而影响差别利率，使差别利率能减弱这种信号，降低供不应求部门的贷款项目利率，提高供过于求部门贷款项目利率，则能有效地调节社会劳动从供过于求部门抽出，流向供不应求的部门。

上述差别利息率信号的功能表明，差别利息率可以成为国家对社会生产比例进行间接控制的工具（杠杆）。因此，有必要在开放资金市场的同时，放开市场利率，一方面使之同价格变动紧密联系，保障价值规律充分发挥作用，另一方面使之同信贷资金供求紧密联系，保障利息率对信贷资金的调节作用。

银行逐渐企业化后，国家对利率差别杠杆的运用同样碰到两难选择：一是国家直接规定利率差别；二是将利率差别的确定交给市场。国家直接规定利率差别能较好地反映国家的意图，但不能保证利率的变动客观地反映资金供求，而且也会成为预算约束软化的一个根源。例如，国家为刺激生产企业通过贷款将资金投向某一部门或项目，就要降低该项贷款的利率。但是，利率高低是银行企业投放贷款的信号。国家降低利率的项目对银行企业投放贷款无利可图，银行便不会有这种贷款的积极性。如要实现这项贷款，国家对银行企业须采取相应的补贴措施。或者反过来，国家为鼓励银行向某项目贷款，便调高利率。但高利率对生产企业来说又是不愿承受的。他们不会有借款投资的积极性。任何企业，一旦在软性预算约束下行事，便不会为市场信号所动，国家通过市场的间接计划调节仍会落空。如果做另一种选择，将利率差别的确定交给市场，上述问题便自然而然得到解决。但它在宏观上很难避免一哄而上，重复投资，与国家计划目标相左，也有可能出现信贷膨胀。这时的关键是加强中央银行的调节机制，加强对市场利息率差别变动的计划指导，使它的变动同国家调节社会生产比例的计划目标相吻合。

### （四）优胜劣汰

以上各方面的调节，都是以进入市场的商品生产者（企业）为对象的。在这种情况下，企业如何活动？最关键的是企业要明确自己所面临的竞争战场。

企业的竞争来自何方？一般来说，企业利润＝销售收入－成本，其中销售收入＝销售量×价格。据此，竞争从以下几方面展开：

第一，产品销售量的竞争。这里包含两个层次：一是该种产品市场需要量的确定。这里会遇到来自别种产品的竞争。消费者将根据自己的收入和消费欲望，确定自己购买这种产品，还是购买那种产品，比较不同产品的效用和价格，最终形成该种产品的市场需要量。二是在该种产品的市场需要量形成以后，还要确定本企业产品在其中的比重，每个企业都力图在其中占有较大的地盘，于是在同种产品生产者之间展开竞争。这里的评判者也是消费者。

第二，价格的竞争。一般来说，价格较高意味着有较高的利润，因而价格涨落是企业改变生产方向、调整生产规模的信号。同时，企业在市场上为自己的产品争夺较大地盘时，价格又会成为竞争的工具。这种竞争从两个方面进行：一是在产品比价方面进行竞争，通过降低产品价格的办法，引起消费者的购买替代关系变化，扩大该种产品的市场需要量。二是同生产同种产品的其他企业进行竞争，将本企业的产品卖得比别的企业的产品便宜，使本企业的产品占领较大的市场。这种价格竞争的物质技术基础，是通过改进技术和提高劳动生产率的途径而降低成本。

以上竞争，归结起来就是各企业在市场上比较产品的质量和比较产品对市场需要的适应性，也就是说，是比较经营水平，比较劳动生产率水平。在竞争中，有的企业胜利了，有的企业被淘汰，由此形成强大的经济压力，迫使生产者主动地关心社会需要，关心劳动生产率的提高。来自竞争的繁荣的根源，就在这里。

### （五）企业对策

面对优胜劣汰的市场，企业应采取什么对策呢？

第一，搞好市场预测。这是企业了解和分析自己所处的市场环境的过程。市场预测的范围一般包括四个方面。一是预测经济形势。主要是预测未来一个时期的国民收入增长水平、就业水平、人民收入水平、积累水平以及预期的国民经济增长速度和发展方向，从而掌握整个国民经济的需求水平和需求结构。二是预测产品的市场容量（即市场潜力）。主要是预测市场在一定时期内吸收某种产品的能力，预测该行业在一定时期内可达到的市场销售量。三是预测市场需求的地区分布，包括国内市场和国际市场。四是预测市场对本企业产品的吸收能力（即销售潜力）。这就需要对同行业产品进行比较，并且了解消费者对该产品的样式、质量的要求等。

第二，按需定产。这是企业在了解市场环境的基础上，使自己的生产去适应市场环境。在商品生产条件下，任何企业都必须根据市场需要来安排自己的生产计划，根据价格、利率及税率信号来决定自己的资金投向和生产规模。同时，在使用价值方面，任何企业都要努力在质量上、品种上、规格上、数量上适合消费者的需要。不这样做，企业随时都有被竞争的市场淘汰的危险。

第三，展开竞争。企业要在适应市场环境的基础上，努力去影响环境。在同一部门内，企业为了争夺市场，必须要做各方面的努力：争先采用新技术，降低消耗，从而争取以较廉的价格取胜；讲究产品质量，争取以优质的产品取胜；努力改进产品样式，不断推出新产品，争取以新产品取胜，等等。一个企业是这样，别的企业也会这样，从而带动全社会劳动生产率提高，社会需要满足程度提高。竞争如果是在不同生产部门之间展开，企业根据市场价格、利率及税率信号，随时调整社会劳动的投向和投量，就会使自己的生产方向和规模适合社会需要的变化。各个企业都这样做，就会实现利润平均化，从而实现社会劳动的合比例分配。在竞争中，企业的产品结构分为三个层次：正在成批生产的产品、试制中的产品、设计研究中的产品。市场一有变化，就会有新产品被推入市场。这样，不但增强了企业对市场的适应性，还会推动消费水平的提高和消费结构的变化。

上述竞争中的繁荣，是有计划的商品经济机制带来的。它既克服了市场调节的盲目性，保证了社会劳动的有计划按比例分配，又发挥了市场调节的积极功能，并在实现宏观计划性的同时，保证了微观经济效益的提高。

## 三、社会生产比例的宏观调节

### （一）产业结构和市场机制的功能性缺陷

在调节社会生产比例方面，国家实行间接的计划调节，从而将直接调节供给结构的功能交给了市场，这样做，有利于供给结构与需求结构之间的平衡。但是国家不能就此完全放弃对供给的宏观的计划调节和指导。其必要性在于，市场机制受自身功能的局限，不能解决好产业结构的合理化问题。

产业结构相对于生产鞋、帽、衣服、汽车、电视机等微观生产结构具有宏观意义。它从抽象意义上说是生产资料生产和消费资料生产两大部类之间的比例关系。具体说，它涉及国民经济内部各产业部门之间的比例，如农轻重比例、农业内部比例、工业内部各行业之间的比例、加工工业和基础工业之间的比例等。市场机制不能解决产业结构的协调发展，主要有以下几方面功能性缺陷。

第一，市场机制主要依靠价格比例的波动调节生产比例。虽然价格比例的波动最终会与价值比例趋向一致，但不等于说价格的每一波动都反映价值规律要求，从而形成合理的供给结构。人们一般说的市场机制的调节能实现资源的最优配置，是就波动的价格与价值趋向一致的意义上讲的，它绝不排斥企业为每一暂时市场行情所动，在调整生产比例过程中出现的资源浪费。

第二，产业结构是在一定的供给结构基础上形成的。产业结构的形成、调整和发展在时间跨度上具有长期性，在空间范围具有全面性。而市场信号只具有局部的和短期的性质。因此如依靠市场机制来协调和调整产业结构，则需要通过市场机制长期的多次波动过程。

第三，产业结构的形成和发展与一国的经济发展目标相联系，在社会主义经济中应成为自觉的过程。而市场机制作为客观的过程，自身不能解决计划目标的实现问题，特别是在分权决策条件下，企业相对独立决策不会自动同产业结构发展目标相吻合，市场机制不可能自动地把资源吸引到国民经济需要优先或重点发展的部门。

以上三方面表明，为了弥补市场机制的缺陷，保证产业结构的协调和发展，国家必须对社会生产比例和供给结构加强计划指导和调节，这点连鼓吹市场经济的现代西方经济学家也有所认识。他们意识到，国家对经济的干预，不能限于对总供给和总需求的调节，还必须规划和干预产业结构的形成和发展，原因是单靠市场机制这只"看不见的手"不能完全解决资源在产业部门之间的有效分配问题。日本之所以在战后短期内实现经济起飞，一个重要的奥秘在于国家对产业的强有力的干预。市场经济国家尚且如此，更何况计划经济国家呢！

### （二）产业政策

微观放开以后，国家对供给结构的计划调节一般不采取过去的直接干预的办法，具体地说，第一不能侵犯企业应有的相对独立的经营自主权，第二必须保障市场机制调节功能的充分发挥。这样，国家调节供给的主要形式，应是以根据一定的经济目标制定的政策规范诱导企业行为和市场行为。

调节供给结构的政策首推产业政策。这是在市场机制发挥调节功能时，国家自觉调节社会生产比例，干预产业部门之间和产业内部资源分配的主要形式。产业政策主要包括两大内容：一是产业结构政策；二是产业组织政策。

简言之，产业结构政策是指将已有产业结构推向具有更高经济效益的产业结构的国家经济政策，也就是在政策上保证产业部门之间在更高经济效益基础上实现均衡。例如我国目前的产业结构很不合理，表现在：基础设施欠账过多，加工工业增长过快，"第三产业"发展缓慢。针对这种状况，"七五"计划提出了调整产业结构的方向，主要包括：加快能源、原材料工业的发展，适当控制一般加工工业生产的增长；把交通运输和通信的发展放到优先地位；加快第三产业的发展，等等。产业结构政策则是服从产业结构的调整，采取相应的税收、价格、投资、信贷、外汇、原材料等方面的政策，规范生产和投资行为，从而扶持战略产业的起飞，拉长短线部门，压缩长线部门，推动新兴产业的发展，诱导整个经济按预定目标发展。

在商品经济条件下，产业组织政策是指国家维护或改变现存市场秩序的公共经济政策，其目的是寻求有利于资源合理配置的市场秩序。产业组织政策具体包括在市场结构、市场行为、市场效果等方面的规范，如保护竞争防止垄断的政策、限制价格波动幅度的政策、鼓励企业间横向联合的政策、企业进入或退出市场的政策等。

在计划调节供给的过程中，产业政策不是孤立地起作用的，它是包括产业规划、指导性计划、经济立法、税收、投资等各项经济政策和经济杠杆在内的经济调节机制。

### （三）指导性计划

国家计划部门按照确定的产业政策，根据各部门之间的投入产出关系，制定各产业部门的生产计划，然后以指导性计划的形式下达给企业，这是贯彻产业政策、指导供给的重要途径。

指导性计划，顾名思义，是国家下达给企业的有弹性的计划，执行单位有权根据经济状况的变化修正计划。指导性计划对企业虽无约束力，但仍可以给企业活动大致规定一个方向和运行轨道。指导性计划具体包括以下三个方面的功能。

第一，把分解了的国民经济计划目标下达给企业，供企业在决策时参考，使企业在国民经济计划的大框架下进行自主经营。

第二，从宏观角度对生产方向及产供销行情进行预测，汇集各方面经济技术信息，对企业进行信息指导，避免企业收集信息的局限性，减少其活动的盲目性。

第三，指导和协调企业间的产供销经济联系，促进专业化协作和经济联合。

社会主义国家的指导性计划的意义，不仅在于保障企业的经营自主权，更重要的是为了保证国家计划的科学性和切合实际。指导性计划的弹性不仅对企业而言，同时也是对计划部门而言的。生产企业修正计划的信息反馈到计划部门，计划部门必须迅速反应，比照产业政策目标，修正国家计划，再以指导性计划形式下达给企业，直至国家计划符合实际，成为现实的行动。从这一意义上说，社会主义国家的指导性计划绝不是可有可无、可执行可不执行的。

　　考虑到产业结构的形成和发展是一个较长的过程，因此国家按产业政策目标制定各部门的经济发展计划的重点是中长期计划，国家下达给企业的计划也应主要是中长期计划。

　　社会主义国家的指导性计划的另一个特点是，国家不是孤立地下达指导性计划，与之相配套的还有一系列的经济杠杆和政策手段。这些经济杠杆和政策手段的主要功能是作用于企业活动的环境和条件，因此指导性计划对企业虽无行政上的约束力，但是有经济上的约束力。

### （四）税率差别和税收政策

　　税金是企业上缴给国家的一部分纯收入。税收不仅是国家依法集中收入的手段，而且也是处理国家与企业经济利益关系的调节器，因而可以成为国家调节经济活动、贯彻产业政策的重要杠杆。

　　税收调节社会生产比例的手段主要有两种：一种是税率差别，即对不同产品的流转税（或增值税）规定不同的税率，如按我国现行税制，甲、乙级卷烟税率为66%，农机产品税率为3%，不同产品采取差别税率，对产品的生产起着限制或鼓励的作用。另一种是增、减、免税收，这是国家根据宏观调节需要对不同产品的生产和投资采取的区别对待政策。税种、税率需通过立法程序确定，它的实施具有法律的强制性，对调节社会生产比例起着预先控制的作用。

　　在调节社会劳动分配时，税率差别起着与利率差别相类似的功能，能加大或减弱价格、利率信号的作用。当某种产品严重供不应求，靠价格、利率信号无力调动更多的社会劳动流入该部门时，降低该产品的产品税率则能起到补充调节作用。当价格信号和利率信号盲目、自发地起调节作用，比如在扭曲的价格信号下出现某种产品的生产一哄而上时，提高该产品的税率则可减弱或抵销价格信号的盲目作用，促进供求趋于平衡。

　　税种、税率既然需通过法律程序确定，它们就不可能随机地变动。为了充分发挥税收在贯彻产业政策方面的作用，税率差别调整的周期应与国家调整产业结构的周期相一致。例如在20世纪50年代，为了贯彻优先发展重工业的方针，我国在税率的设计上体现了重工业轻于轻工业的政策，从而使重工业产品的价格偏低。现在我们采取农轻重协调发展的方针，税率的设计必须进行相应的调整，从而保证现阶段产业政策的贯彻。此外，国家可以采取减、免税的政策，鼓励企业开发新产品、采用新技术，保证新兴工业在税负较轻的条件下发展，同时采取增税的政策，限制和淘汰陈旧落后的技术和产品，从而增强现有产业结构向具有更高经济效益的产业结构的转换能力。

### （五）投资结构和投资政策

产业结构的调整和发展同一定的投资结构（投资在各产业部门的分配比例）相联系。国家的投资政策服从于产业政策，旨在保证产业结构的合理化。国家的投资政策规范和诱导两方面行为：一是国家财政集中的投资的分配；二是银行信贷资金的投向。

国家投资分配是国家的行为，它可以在调节社会生产比例方面发挥市场机制所达不到的功能。它按产业政策要求调整和协调产业结构，其具体功能包括以下三方面：

第一，弥补市场调节的缺陷。失调的社会生产比例单靠市场调节难以平衡时，国家将适当的资金投入短线部门，就能通过填平补齐的办法，有效地恢复生产比例的平衡。

第二，给市场调节导向。国家根据国民经济宏观计划目标的要求，把对社会生产各部门的投资按轻重缓急加以排序，从而就会对整个社会投资方向起到示范作用。在这里，国家投资实际上是投资方向的信息的载体，对各部门各企业的投资决策起着信息调节的作用。

第三，承担市场调节不能解决的投资多收效慢但国民经济发展十分需要的关键部门的投资，如负责对能源、交通等基础设施的建设，为社会生产按比例发展创造必需的物质条件。

在企业拥有向银行借款搞投资的自主权后，国家的投资政策便有了第二方面的内容：规范银行信贷行为，使其以优惠或限制、便利与阻难的信贷条件，诱导投资方向，保证信贷资金的投向符合产业政策所规定的产业结构调整和发展的方向。

产业政策调节的手段除了以上介绍的几方面外，还有价格政策、物资供应政策和经济立法等，这里不再一一列举。所有这些政策手段实际上均是通过影响市场来调节企业的生产决策的。企业正是在市场活动中发现不同产品因税率的差别会有不同的价格水平和不同的收益，不同的贷款项目因投资政策的规范会有不同的利率，企业便会据此调整自己的生产决策。这是前面分析的计划机制渗入市场机制，使市场机制统一于计划机制发挥功能的具体化。

综上所述，有计划商品经济中调节社会生产比例的机制，既含有市场机制的微观调节功能，又含有以产业政策为中心的宏观调节功能，整个调节机制可用图 5－1 表示。

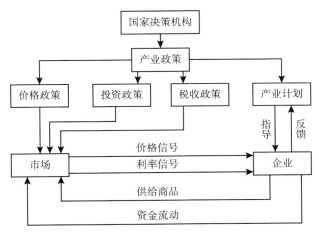

图 5－1　调节机制

## 四、社会生产比例的特殊调节形式

### （一）充分利用市场机制调节生产比例的条件

以上我们考察的是在市场机制充分作用条件下的计划调节机制。这种经济机制的运行需要有一系列的经济条件。

第一，要有完善的市场机制，市场信号的形成要反映价值规律的作用，从而使市场信号灵敏地反映各种商品的价值比例变动及供求关系变动。用扭曲的、不能反映商品稀缺程度的市场信号调节社会生产，必然会造成社会生产比例的失调。

第二，要保证企业对市场信号有较强的应变能力，这是市场机制充分作用的必要条件。如果企业对市场信号无动于衷，市场信号再灵敏、再准确也无济于事。企业的应变能力包括两个方面：一是企业与市场实现成果有直接的经济利害关系；二是企业具有作为商品生产者而应有的权利和财力。这些条件不具备，市场机制作用便不可能充分发挥。

第三，要有充分竞争的市场。这里除了要消除垄断外，还必须将资源约束型经济变为需求约束型经济，形成买方市场。长期以来，我国的企业主要受资源约束而不是受需求约束。对企业来说，生产哪种产品能得到投资，就去生产哪种产品。企业在决定生产方向和生产规模、规划自己的目标时，首先考虑的是资金来源。在这种资源约束型经济中，国家调节社会生产比例的手段，只能是投资分配和物资分配。市场机制的调节信号对企业的生产经营决策没有多大效力。因此，为了充分发挥市场机制的调节功能，必须把形成买方市场作为完善市场的重要内容，从而实现由资源约束型经济向需求约束型经济的转化。

我国过去的市场，长期是卖方市场，质量再次的商品也有人买，可谓是"皇帝的女儿不愁嫁"，致使生产者不注重改进技术，不重视开发新产品，更不设法提高产品质量。结果是生产不能快速发展，人民消费长期处于低水平。如果从调节经济过程的角度来看，随着企业的期待联系转向市场，市场价格信号将调节企业活动，但是在卖方市场不能转为买方市场的情况下，市场就会普遍紧张，价格信号调节必然失败，宏观调节更难以实现。例如，从国民经济发展的整体要求看，某一部门急需发展，需要将社会劳动从其他部门抽出投入该部门。但是被抽出部门的产品还是卖方市场，社会劳动转移就会发生呆滞。现在人们大都承认中国经济体制改革的出路，是自觉地发挥市场机制的调节作用，但是市场机制却总是放不开。限制在哪里？就是在于短缺，在于买方市场没有形成。

马克思曾经谈到过生产过剩对资本主义是无政府状态的一个因素，但对消灭资本主义后的社会来说则是另一种情况。在后一种社会中，"一方面要生产出超过直接需要的一定量固定资本；另一方面，特别是原料等等的储备也要超过每年的直接需要（这一点特别适用于生活资料）。这种生产过剩等于社会对它本身的再生产所必需的各种物质资料的控制"。① 为此，我们必

① 《马克思恩格斯全集》第 24 卷，人民出版社 1972 年版，第 527 页。

须努力使生产资料和生活资料的供应，在一定程度上超过直接需要。在存在商品经济的条件下，就是要造就买方市场，形成对生产者的强大经济压力，使其主动地关心市场需要，自觉地服从有计划市场的调节。

第四，国家要有较强的宏观调节市场机制的能力。这就要求有健全的调节市场机制的机构，包括调节机构、信息机构、监督机构等。同时，还要求每个调节机构的人员具有市场运行规律的知识，熟悉市场。当然，也要求各个调节杠杆的使用能相互配合，发挥好经济杠杆的综合作用。

上述条件不具备，市场机制的作用就不可能得到充分发挥。

我国的现状是市场机制不完善，企业对市场机制的应变能力不强，整个经济的普遍短缺现象尚未消除，国家宏观控制机构对市场机制的调节很不熟悉，很不习惯。这就决定了现阶段调节社会生产比例还必须采取下述两种特定的形式：一是在相当的范围内必须保留采取指令性计划调节形式，虽然这种形式已在适当缩小不再占主要地位。二是有一部分产品的生产和流通，计划机制还不可能完全渗入，只能让市场机制自发调节。

### （二）指令性计划

指令性计划对企业来说是一种非价格信号，它与指导性计划的区别在于，指导性计划是弹性的，而指令性计划是刚性的，对企业有行政约束力。只要是国家集中决策并下达的计划，执行单位就必须坚决执行，别无其他选择。国家在下达指令性生产计划任务的同时，必须保证计划执行单位在完成计划时所必需的人力和物力，并且产品也由国家统一收购，其价格一般都是由国家统一规定的。显然，指令性计划，第一排斥企业相对独立的决策，第二排斥市场机制的调节功能。这样，指令性计划行之有效需要有两个条件：一是计划部门信息灵，对复杂的社会需求和各企业生产能力能准确地计算；二是国家的决策不受到企业在经济利益上的抵触。目前的状况是这两个条件不完全具备。因此，现阶段的改革应根据实际情况相应地适当缩小指令性计划范围，扩大指导性计划和市场调节的范围。

从理论上说，指令性计划应是在国家对市场有了充分的把握、对价值规律的作用及市场机制的功能有充分认识的基础上实施。但我们也不能排斥指令性计划在非上述意义上使用。第一，在国民经济严重失衡、供求比例严重失调，靠指导性计划和市场机制难以在较短时期内恢复平衡和实现计划目标时，对严重供不应求并影响国计民生的短缺商品，下达指令性计划是必要的。原因是，辅以行政压力的指令性计划，在有效地控制使用价值生产任务及分配稀缺物资方面，有独到之处。第二，在市场机制不完善、价格体系不合理、价格信号扭曲的条件下，不能忽视指令性计划的作用，它作为一种数量指标调节企业活动，对防止市场机制的自发性有积极的意义。即便如此，我们也不能忽视指令性计划的弊病。特别是在人们没有自觉认识和掌握价值规律的情况下实行指令性计划，难免会存在以下几方面的问题；第一，计划往往带有主观性，往往与客观实际相矛盾，特别是跟不上瞬息万变的经济形势变化。第二，计划对执行者来说是刚性的，因而不灵活，难以随时根据供求变化校正其中的失误部分。第三，它捆住了企业的手脚，不利于企业主动性、积极性的充分发挥，其结果必然是微观经济效益差。因此，我们在实行指令性计划时，必须注意以下几方面的问题：

首先，指令性计划的范围应限于短缺的有关国计民生的产品。随着短缺情况的改变，指令性计划应逐步缩小。

其次，在实行指令性计划的范围内，指令性计划也不能囊括企业的全部生产计划。企业可以在完成指令性计划以外，自主地根据市场需要进行生产，即自产自销，以弥补指令性计划的不足。

最后，指令性计划的制定要依据价值规律，它的实施也要利用价值规律，注意与市场机制结合作用。国家在下达指令性计划的同时，要以极大的注意力调节按指令性计划生产的产品的市场流通、市场价格及信贷，以保证指令性计划有效地实现。

### （三）单纯的市场调节

前面已经说过，自觉经济过程的机制，目前不能嵌满全部经济过程。计划机制不能全部嵌满市场机制。因此，必然有一部分经济过程，要由单纯的市场机制自发调节，实现价值规律的自发调节作用。在这里，国家对价格不进行计划调节，也不规定计划生产任务。价格随供求自发波动，生产者自发地随价格变动而进行生产决策。当然，国家可以有计划地对其进行引导和指导，必要时制定保护价格，以保护生产者和消费者的利益，但它毕竟是计划外经济。这一块经济在整个国民经济中所占的比重不大，对计划经济起辅助作用。

　　从长期的发展趋势看，随着生产力的发展和计划经济的发展，随着人们对经济规律的认识程度的提高，自觉经济过程机制将逐步嵌满客观经济过程，这种单纯市场调节经济的范围将会逐步缩小。但是，这需要较长的过程，是未来的事情，现在需要强调的是这块经济的稳定性及其发展。

# 第六章 总供给与总需求平衡的调节机制

上一章我们主要研究了宏观调节机制的第一个层次，即社会生产比例的调节机制。在此基础上，本章开始研究宏观调节机制的更高层次的内容：总供给与总需求平衡的调节机制。

## 一、总供给与总需求平衡的内容

### （一）研究总供给与总需求的意义

总供给与总需求范畴是现代西方经济学中普遍使用的概念。现在将这两个范畴引入社会主义经济理论，主要是出于以下三方面的考虑：

首先，过去的国民经济综合平衡虽然也包括社会总产品的供求平衡，但平衡的重点是实物量的平衡。在有计划的商品经济运行中，由于货币流通的加入，社会产品的平衡就不仅仅是实物量的平衡，更为重要的是价值量的平衡。特别是在宏观层次中，如单就实物量来看，国民收入的生产和使用是相同的量，不存在国民收入的超分配问题，但从价值量上看，从货币形式上看，国民收入的超分配不是不可能的。我国 1984 年下半年宏观失控的主要原因就在于国民收入超分配。随着经济体制改革的深入，按指令性的实物量计划生产的商品将相应地适当减少，国家将主要是从价值形式上对国民经济活动实行间接控制，这就使社会总产值的收入与支出的平衡及其分配构成的平衡，对于国民经济平衡具有了全局性影响。因此，在有计划的商品经济条件下，社会总需求和总供给之间在总量和构成上的平衡，是国民经济综合平衡的主要问题。

其次，在新的经济体制下，微观经济活动逐步放开，社会主义经济运行实际上已分为微观和宏观两个层次，各自有相对独立的运行内容和过程。与此相应，对国民经济活动的分析也包括微观和宏观两个层次，国民经济管理也分为微观和宏观两个层次。在宏观分析和宏观管理中不可缺少的总量指标是总供给和总需求。我国 1984 年下半年出现的固定资产投资膨胀、消费基金膨胀、信贷膨胀等宏观失控现象，实际上都属于总需求膨胀，都反映了总供给与总需求关系的失衡。这表明，在新的经济体制下，客观经济过程需要用总需求与总供给范畴来概括和反映自己的运行规律。

最后，在马克思主义经典著作中，虽然没有使用宏观经济、总需求、总供给等术语，但实际上他们已在社会再生产理论中论述过有关总供给与总需求的内容和形式。例如，马克思曾描述了社会经济过程中相互联系但又有区别的两种比例，一种是社会生产部门之间的比例，另一种是生产与有支付能力的需求之间的比例。在马克思看来，后一种比例不仅要受到不同生产部门之间的比例的限制，而且还要受到社会消费力的限制，而社会消费力又取决于一定的分配关系。马克思在这里谈到的生产与有支付能力的需求的比例，虽然并不完全等同于总供给与总需求平衡关系，但它实际上就是总供给与总需求平衡关系的一种形式。列宁在这方面对马克思的思想做了进一步的阐发："根据马克思的理论，可以得出以下的结论：甚至在社会总资本的再生产和流通是理想般匀称的情况下，生产的增长和消费的有限范围之间的矛盾也是不可避免的。"① 列宁在这里所讲的生产增长与有支付能力的需求的矛盾，从一定意义上说，就是总供给与总需求失衡的一个表现。这表明，即使社会劳动在各部门的分配是合比例的，但也不能保证总供给与总需求的平衡。因此，社会主义经济中的宏观调节，不仅要注意社会生产的合比例，也要注意总供给与总需求的平衡。在一定意义上说，后者的平衡更为重要，它是关系宏观大局的比例，它的失调会酿成全局性危机。

总之，在有计划的商品经济条件下，随着国家宏观管理模式的转换，社会主义经济理论必须开展对总供给与总需求平衡问题的研究。当然，我们在研究总供给与总需求平衡问题时，绝不是完全照搬西方经济学的总供给与总需求范畴，而是根据我国社会主义经济的本质要求，对这两个范畴的内涵进

---

① 《列宁全集》第 4 卷，人民出版社 1972 年版，第 71 页。

行了改造，赋予了新的内容。

### （二）总供给与总需求

社会的总供给与总需求，最一般地说，是社会总产品或国民收入的供给与需求。社会总产品是一个国家的物质生产部门的劳动者在一定时期（通常为一年）内生产出来的物质资料（生产资料和消费资料）的总和。其价值形态为社会总产值，其中包括转移的生产资料价值（c）和新创造价值（v+m）。如果技术进步无重大突破，社会生产的物质消耗（c）是相对稳定的量。于是，社会总供给与总需求便突出表现为国民收入的供给和需求。

从总供给方面分析国民收入，它有两种计算方法：一种是生产法，一种是分配法。按生产法，国民收入从使用价值形式看，是从事物质资料生产的劳动者在一定时期内新创造的物质财富；从价值形式看，是社会总产值减去生产资料转移价值的部分。按分配法，它是参与生产过程的各种要素获得的收入（工资、利息、租金和利润）的总和。各种收入形成后，还有进一步的分解：一部分以税金形式上缴给国家，一部分则用于生活消费，余下部分进入储蓄。这样，从总供给方面分析的国民收入有下列表达式：[①]

$$国民收入 = v + m$$
$$= 工资 + 利息 + 租金 + 利润$$
$$= 消费 + 储蓄 + 税金$$

从总需求方面分析国民收入，它是一个国家的积累基金和消费基金的总和。这是一国在一定时期内用于投资和消费的总支出。西方宏观经济学的总需求构成中包括政府支出。在我们这里，政府支出实际上仍然分为积累基金和消费基金。因此从总需求方面分析的国民收入有下列表达式：

$$国民收入 = 消费基金 + 积累基金$$

### （三）总供给与总需求的平衡

由于总供给与总需求都以国民收入为基础，因此，两者在总量上应该相等，即：

$$总供给 = 总需求$$

---

① 本书的分析撇开了进出口对总供给与总需求的影响。

$$消费 + 储蓄 + 税金 = 消费基金 + 积累基金$$

总供给与总需求平衡包含哪些内容？我们可以根据马克思的再生产理论做出解释。马克思认为，在扩大再生产条件下，社会总产品的实现条件反映两大部类的平衡关系，可用下列两公式表示：

$$I(v + m) = IIc + I\Delta c + II\Delta c$$

$$II(c + v + m) = I\left(v + \Delta v + \frac{m}{x}\right) + II\left(v + \Delta v + \frac{m}{x}\right)^{①}$$

由上述两公式可推出：

$$\underbrace{I(v + m)}_{a} + \underbrace{II(v + m)}_{b} = \underbrace{I(\Delta c + \Delta v) + II(\Delta c + \Delta v)}_{c} +$$

$$\underbrace{I\left(v + \frac{m}{x}\right) + II\left(v + \frac{m}{x}\right)}_{d}$$

式中，a 和 b 分别为生产资料和消费资料供给，c 为两大部类的积累基金，d 为两大部类的消费基金。

等号左边为国民收入的总供给及其构成（生产资料和消费资料）；等号右边为国民收入的总需求及其构成（积累基金和消费基金）。根据公式，总供给和总需求的平衡关系包含下述两方面要求：

第一，总供给与总需求在价值量上的平衡，即货币形式的收入总量（v + m）与支出总量（积累基金 + 消费基金）的平衡。如果支出总量超过收入总量，经济发展便会出现不稳定因素，直至出现通货膨胀，导致经济的波动。

第二，总供给与总需求在实物量上的平衡，即国民收入分为积累基金和消费基金的两项需求，必须同两大部类产品的供给结构相适应。一般来说，积累基金向生产资料提出需求，消费基金向消费资料提出需求。不可忽视的是，积累基金中的 Δv 也会向消费资料提出需求。现阶段基本建设投资中一般有 40% 左右的资金要转化为建筑工人及其他领域的工资基金，需要用消费资料来满足。

以上分析表明，我们所使用的总供给与总需求范畴，与西方宏观经济学中的总供给与总需求范畴不尽相同，或者说我们对它们进行了某些方面的

---

① m 表示物质生产部门提供给社会的剩余产品价值，它可分解为三部分：第一，积累过程中追加的生产资料价值，用 ΔC 表示；第二，积累过程中追加的消费资料价值，用 Δ 表示；第三，用于他人或社会消费的价值，用 $\frac{m}{x}$ 表示。

改造。

第一，西方宏观经济学对总供给与总需求平衡关系的分析，抹杀了资本主义经济危机的实质，以有效需求（其中包括投资需求）不足，来改换生产无限扩张和人民群众支付能力相对缩小的矛盾，从而掩盖资本主义经济的本质矛盾。我们在使用总供给与总需求范畴时，剔除了这种反映资产阶级利益的观点，仅仅从分析和概括宏观经济的运行过程来考虑。

第二，西方宏观经济学中的总供给与总需求范畴的依据，是庸俗资产阶级经济学的鼻祖萨伊的三位一体公式，即资本、土地、劳动这三种生产要素创造利润、地租、工资这三种收入，认为资本在生产中提供利润，土地在生产中提供地租，劳动在生产中带来工资，这三种生产的结果成为总供给的构成。我们在使用总供给与总需求概念时摈弃了这一理论。我们明确规定，国民收入是由物质生产部门的劳动者创造的新价值（v + m）。我们在进行宏观经济分析时虽然有时也说国民收入是利润、租金、工资和利息的总和，但我们明确指出这几种收入不是资金、土地等生产要素创造的或生产的，而只是参与生产过程的各种要素在国民收入分配过程中取得的收入的形式。就是说，我们是从国民收入分配结构方面使用利润、租金、工资等范畴的，而不是把这些范畴作为各种生产要素的创造物。

第三，西方宏观经济学对总供给与总需求平衡的分析，是从效用价值论出发的，而我们对它们的分析则完全是依据马克思的劳动价值理论和再生产理论而展开的。

第四，从研究的侧重点来看，西方宏观经济学对总供给与总需求平衡的分析，重在刺激需求以解决生产过剩的危机，而我们则是注重控制需求，以防止需求膨胀。

第五，西方宏观经济学对总供给与总需求的研究是以资本主义私有制为基础的，其总需求中的投资需求主要是指私人（企业）投资，总供给中的储蓄主要是指私人（企业）储蓄，因而调节供求平衡的重点在于保证储蓄等于投资。而我们这里所研究的是公有制商品经济条件下的宏观总量平衡，投资不是或者主要不是私人投资。因此，我们尽管承认储蓄在调节总供给与总需求平衡中的功能，但我们更多考虑的是国民收入分为积累基金和消费基金的比例。

### （四）宏观总量平衡的关键是积累率

一般说来，在一定时期中总供给是既定的量。因此宏观总量平衡的重点是控制总需求，使之适合总供给，其现实过程便是调节国民收入在积累和消费之间的分配比例，实现国民经济的最优增长。

经济增长与积累率密切相关。马克思指出："生产逐年扩大是由于两个原因：第一，由于投入生产的资本不断增长；第二，由于资本使用的效率不断提高。"[①] 用公式表示，则为：国民经济增长速度 ＝ 积累效果 × 积累率。积累效果是指每百元积累增加的国民收入。经济增长速度、积累效果和积累率这三者的关系可以通过表6－1清楚地看出来。

表 6－1　　　　我国从第一个五年计划到 1981 年的经济增长和积累状况　　　单位：%

| 时期 | 国民收入年平均增长速度 | 积累效果 | 积累率 |
|---|---|---|---|
| 第一个五年计划 | 8.9 | 35 | 24.2 |
| 第二个五年计划 | － 3.1 | 1 | 30.0 |
| 1963 ~ 1965 年 | 14.5 | 57 | 22.7 |
| 第三个五年计划 | 8.4 | 26 | 33.0 |
| 第四个五年计划 | 5.6 | 16 | 33.0 |
| 1976 ~ 1978 年 | 6.0 | 17 | 33.3 |
| 1981 年 | 3.0 | 11 | 28.3 |

由表6－1可以看出，如果积累效果既定，为达到预期的高速度就必须提高积累率。但是，积累率的确定不能随心所欲，它依赖于一系列客观制约因素。

第一，它受国力制约。安排积累和消费比例的物质基础是现有国民收入。在社会主义社会，无论是积累基金还是消费基金，都有首先需要满足的部分。在正常情况下，积累基金的最低限是社会就业人口（包括原有就业人口和新增就业人口）的平均技术装备程度不能降低。消费基金的最低限

---

① 《马克思恩格斯全集》第 26 卷卷Ⅱ，人民出版社 1972 年版，第 598 页。

是社会成员（包括原有人口和新增人口）的平均消费水平不能降低。积累基金的最低限制约消费基金的最高限，消费基金的最低限制约积累基金的最高限。在安排国民收入时，首先要满足两者的最低需要，然后再根据各个时期的具体情况，在积累的最低限和消费的最低限之间确定适度积累率，以保证实现最优的经济增长速度和最大限度地提高人民消费水平。

第二，它受社会产品的物质构成的制约。积累基金主要用于扩大再生产，用于基本建设投资，因此必须和社会所提供的追加的生产资料产品相适应。此外，积累基金中相当一部分要用于建筑工人和其他追加劳动力的工资，从而会对消费资料提出需求。如果积累率过高，便会使生产资料市场和消费资料市场的供应极度紧张，出现总供给与总需求在实物量和实物构成上的失衡。

第三，它受市场承受能力的限制。马克思在《资本论》中明确指出了固定资产投资过猛的危害性："一方面，货币市场受到压力，……是因为在这里不断需要大规模地长期预付货币资本。……另一方面，社会的可供支配的生产资本受到压力。因为生产资本的要素不断地从市场上取走，而投入市场来代替它们的只是货币等价物，所以，有支付能力的需求将会增加，而这种需求本身不会提供任何供给要素。因此，生活资料和生产材料的价格都会上涨。"针对这种情况，马克思告诫未来的社会主义社会："必须预先计算好，能把多少劳动、生产资料和生活资料用在这样一些产业部门而不致受任何损害，这些部门，如铁路建设，在一年或一年以上的较长时间内不提供任何生产资料和生活资料，不提供任何有用效果，但会从全年总生产中取走劳动、生产资料和生活资料。"①

在考虑积累率的制约因素时，还必须考虑投资的乘数效应。乘数是西方经济学概念，它指投资变动对总收入的倍增作用。如每增加一笔投资都会增加提供投资品部门的收入，投资品部门又用得到的收入去购买某种消费品，于是又会增加该种消费品部门的收入，该消费品部门用得到的收入去购买另一种消费品，从而又会增加另一消费品部门的收入……由于人们不会将新获得的收入全部花掉，往往会将一部分收入投入储蓄，因而投资不会无限倍增。乘数的最终作用或数值可用边际储蓄倾向（即每增加一单位收入中用

---

① 《马克思恩格斯全集》第24卷，人民出版社1972年版，第350～351页。

于储蓄的比例）的倒数计算出来。假定边际储蓄倾向为 1/4，那么投资乘数为 4。如果某一时期新增投资为 1000 元，那么最终将会使总收入增加到：$1000 \times 4 = 4000$（元）。这种投资乘数效应是西方经济学考察经济波动的一个重要概念。这个概念并不完全科学，计算数据也不完全准确，但它反映了在一定条件下投资变动对总收入增长的影响作用，对于我们分析宏观经济活动有一定的帮助，因而我们在研究宏观经济运行时也需要考虑投资乘数效应对国民收入超分配的放大作用。但是，我们必须注意到，这种由投资引起的国民收入成倍增加的效应，是在生产资源（设备和劳动力）没有得到完全利用的条件下实现的，而我国的现状是生产资源特别是原材料和设备基本上已完全运用，在组织、管理和技术等方面存在着"瓶颈"。这样，增加的投资若超过生产资源供应的可能，那就不一定伴有社会生产能力的倍增，因而它的效应不一定引起国民收入的倍增，其效应往往是国民收入支出的倍增，从而会加大总需求膨胀。

我国历史上出现的几次宏观总量失控，大都起因于积累率过高。例如：1958～1960 年，投资每年增长 40.2%，积累率由 1957 年的 24.9% 陡增到 1960 年的 39.6%，导致生产和建设出现大的起伏。1978 年的"洋跃进"中，投资总额增长了 22%，积累率上升到 36.5%，导致国民经济不得不来一次大调整。1984 年的宏观失控也主要表现在积累率过高。该年的积累率由 1983 年的 29.7% 上升到 31.2%。经济实践反复证明，什么时候的积累率控制得合理，什么时候的总需求与总供给便基本处于平衡状态；什么时候积累率控制得不好，什么时候的总需求便膨胀，宏观总量失去控制。因此，社会主义国家需求管理的重点是控制和调节积累率。

## 二、总供给与总需求失衡的原因

### （一）社会总产品的实物运动和价值运动

在经济运行中，总供给与总需求的绝对平衡只是偶然的例外。总供给与总需求的不平衡有两种情况：一种是总需求略大于或小于总供给，这种情况可称为基本平衡；另一种是总需求过分高于总供给，即总需求膨胀，这种失衡危及宏观总量。这里分析的是后一种情况。

总供给与总需求因何原因失衡？这要从社会总产品的实物运动和价值运动谈起，从中可找到总需求膨胀的可能形式。

商品是价值与使用价值的对立统一。货币加入商品流通后，就使商品的使用价值和价值的矛盾外化为商品和货币的对立。货币流通加入社会总产品运动后，也会发生相同的情况。它使统一的社会总产品运动分解为实物运动和价值运动两个过程。后者的现实形式是货币运动。两者作为统一运动的两个过程有着内在的联系和相互平衡的客观必然性。原因是，货币收入最初是在产品价值实现过程中形成的，货币收入总量由社会产品价值总量决定。由货币收入转化的货币支出，在社会再生产的平衡条件得到保证的情况下，其总量与构成，应同社会总产品的实物量及其构成相平衡。如果这种平衡遭到破坏，社会就会出现生产过剩或生产不足，货币过多或货币不足，社会再生产过程便会受阻。

但是，正如货币加入商品交换，会使统一的商品交换过程分为买卖两个阶段，而买卖有可能脱节一样，货币加入社会总产品运动，会造成价值运动和实物运动的分离，从而使总供给与总需求的失衡有了可能性。其原因在于货币运动的相对独立性。社会产品生产出来以后，从其价值转化为货币收入形式，到最后形成货币支出（需求）形式，需要经过一系列分配和再分配过程。其间参与的主体有国家（中央和各级政府）和各个自主经营的企业，经过的环节有财政、银行信贷和市场。国民收入在货币形式上出现超分配的可能性就潜伏在其中。这样，最终形成的货币形式的需求总量及其构成（积累基金和消费基金），同社会产品的总供给及其构成很有可能不相适应。

### （二）国民收入分配与再分配的环节

国民收入分配和再分配的环节，同时也是可能出现国民收入超分配的环节。

国民收入生产出来以后，首先在物质生产部门进行初次分配。个人、企业和国家分别以工资、税后留利和税金的形式取得自己的原始收入。这里涉及三方面的分配关系：第一是 V（工资基金）的确定，包括 V 的增长幅度的规定；第二是 M（利润）的分配，包括确定国家税收对企业利润分割的比例；第三是企业税后利润的分配，包括确定生产发展基金、福利基金和奖励基金的分割比例。这三方面分配过程难免会遇到国家、企业和个人三者利益的矛盾和摩擦。

在社会主义商品经济中，国民收入初次分配过程的一个重要特征，就是企业利润和职工工资不像资本主义经济那样反映资本家同工人的阶级对立。但不等于说企业可以随意地为满足企业职工的消费欲望而将企业留利分光用光。社会主义经济中需要形成一定的经济机制，在微观上防止企业将税后利润过多地转化为个人消费基金，以保证企业具有长期行为，在宏观上控制消费基金的膨胀。

国民收入经过初次分配而形成的原始收入，要在全社会范围内使用，还需要进入再分配过程。再分配环节除了给文教卫生及服务部门的劳动者提供的服务支付费用外，影响总供给与总需求平衡的环节主要有以下三个：

1. 国家预算

国家财政对国民收入的再分配主要通过国家预算进行。国家预算是指国家制定的年度财政收支计划，它由中央预算和地方预算组成。国家预算包括预算收入和预算支出两个方面。通过预算收入，国家把各部门以税金形式上缴的财政收入集中起来，再经过预算支出的形式，将集中的财政收入有计划地分配于经济建设、文化科学教育、社会服务设施、行政管理、国防建设等方面。国家预算收支有三种情况：（1）盈余（收大于支）；（2）赤字（支大于收）；（3）平衡（收支平衡）。这三种情况对宏观总量平衡有不同的效应。随着经济体制的改革，微观逐步放开，国家预算集中和支配的收入在国民收入中所占比重将逐步下降，预算外收支有上升趋势。

2. 银行信贷

银行信贷对国民收入再分配主要通过存款和贷款活动进行，它对国民收入进行再分配的手段包括两个方面：一方面是利率差别，其中包括存款利率和贷款利率的差别，以及不同项目、不同企业的贷款利率差别。另一方面是存贷款活动本身。银行信贷在不改变所有权的条件下，把社会暂时闲置的资金和收入集中起来，一是可以改变资金使用的主体，将甲企业的资金贷给乙企业使用；二是可以改变资金使用的方向，将用于消费的收入改变为用于积累的资金，或者相反；三是可以改变资金或收入使用的时间，将一部分收入或资金在银行沉淀下来，暂时不使用。一般来说，银行信贷资金的运动应与社会总产品运动相适应，从而使贷款有物质保证。但在现实中银行信贷有一种通过贷款创造存款的神奇力量。财政赤字引起的信用发行，银行自身的信贷膨胀，都可能造成货币形式的国民收入超分配。

3. 价格

价格是在流通领域再分配国民收入的。这里有两个途径：一个途径是通过价格体系（比价）。有的商品价格高于价值，有的商品价格低于价值，彼此间的不等价交换就会引起收入的再分配。工农业产品价格的剪刀差就是这样。另一个途径是通过价格水平波动。如果消费品价格水平普遍上涨，则会抵销一部分消费需求，降低人民消费水平；生产资料价格水平普遍上涨，则会抵销一部分投资需求。

国民收入经过初次分配和再分配，按最终用途可分为积累基金和消费基金两大部分。综上所述，国民收入在分配和再分配过程中所发生的价值运动和实物运动的分裂与统一，可用图 6-1 表示。

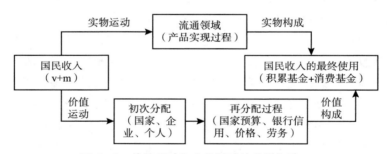

图 6-1　价值运动和实物运动的分裂与统一

**（三）短缺经济和软预算约束**

上述两方面分别说明了总需求膨胀的可能性形式和条件，而短缺经济和软预算约束下的经济行为则提供了总需求膨胀的现实性。

由于历史的、社会的原因，社会主义革命一般是在经济落后的国家取得胜利。因此，社会主义国家一开始面临的是经济普遍短缺（供不应求）。为了迅速恢复经济，摆脱落后状况，社会主义国家一般采取高度集中的经济体制。但这种体制不能最终消除短缺，原因是这种体制是在资源约束型经济，而不是在需求约束型经济基础上建立的。它与追求数量增长的经济发展模式相适应。从中央到地方直至企业都有一种追求产值增长、追求高速度的扩张冲动。中央对地方、国家对企业的考核指标是产值增长指标，企业与企业、地方与地方相互攀比的是产值增长速度。扩张冲动由高积累、高投入来实现，于是产生了"投资饥饿症"，形成高积累、低消费、高速度、低效益的经济发展格局。

如果说短缺经济条件下的扩张冲动、数量增长是一种愿望和要求的话，那么软性预算约束则使这种欲望和要求得以实现。预算约束是指企业的支出受它销售产品收入的制约。长期以来人们一直认为，国家不会对国有制企业的困难置之不理，企业不承担投资风险，吃国家的"大锅饭"，因而企业的预算约束很软。于是，企业对国家资金有持续的吸纳机制，如增加投资、追求数量和囤积、对投资品的过度需求等。所有这些都可以通过国家的减免税、财政补贴、软性信贷及价格照顾等途径得到满足，这就留下了总需求膨胀的根苗。

高度集中的传统体制下的扩张冲动主要是国家行为。财政搞赤字，银行发票子，这时的宏观总量失控主要是预算内投资膨胀。经济体制改革以后，国民收入分配和再分配过程出现了多元经济主体，各级政府、部门、银行、企业都有了支配和筹措资金的权力。生活在短缺经济条件下的各个经济主体都有扩张冲动，热衷于在自己的权限内搞扩大再生产和其他非生产性基本建设。这时的扩张冲动就不仅有国家的行为，还有各个经济主体的行为。宏观总量失控不仅有预算内投资膨胀，还有预算外投资膨胀。我国 1984 年下半年出现的宏观失控就是这种情况。当时预算内投资在投资总额中的比重已不到 1/4。当年的预算内基本建设投资比上年增加 16.6%，而预算外投资比上年增加 33.8%。

在传统体制中，国家追求高积累低消费，消费基金膨胀不突出。随着经济体制改革，微观放开了，利益刚性问题也突出了：一方面，在过去的体制下对人民生活欠账过多，人们普遍希望通过改革得到实惠；另一方面，企业扩权后，工资与利润之间没有形成一种制约机制，企业领导人往往为满足职工增加消费的欲望，尽可能给职工多分一点，最终使职工收入增长速度超过劳动生产率的增长速度。与此同时，企业领导人为对付上级追求数量增长的要求，尽量借款搞积累。于是在新旧体制转轨过程中并发"投资饥饿症"和"消费饥渴症"，在固定资产投资膨胀的同时出现消费基金膨胀。

以上分析表明，社会主义条件下的宏观总量失控的现实性，不是社会主义经济制度本身造成的。它导源于一定的经济体制和经济发展战略，可以通过经济体制的改革和经济发展战略的调整得到防止和克服。

### （四）国民收入超分配和通货膨胀

在货币加入社会总产品运动的条件下，国民收入超分配的传导机制是：财政挤银行，企业争贷款，银行发钞票。过量供应的货币没有物质保证，必然导致通货膨胀。

什么是通货膨胀？回答这个问题，先要研究货币流通量规律。在一定时期中，究竟有多少货币不断地被流通领域所吸收？马克思在《资本论》中以下述公式进行了说明：

$$\frac{商品价格总额}{同名货币的流通次数} = 执行流通手段职能的货币量$$

如果以 P 表示价格水平、Q 表示商品数量、V 表示流通次数（即流通速度）、M 表示货币必要量，上述公式可表示为：

$$\frac{PQ}{V} = M$$

马克思在这里揭示的是金属货币流通条件下的货币流通公式。它表明商品价格总额（包括价格水平和投入流通的商品量）和货币流通速度决定市场货币流通量。需要说明的是，这里的价格是用金属货币数量表示的，如某种商品值 X 两黄金或 Y 两白银。这种价格并非取决于流通过程，而取决于货币本身的价值和它所衡量的商品的价值。正因为如此，上述公式只能是左方决定右方，不能逆转。至于流通中的货币如果过多或过少，由于货币本身有价值，可由货币执行贮藏手段职能的机制来调节。这样，"货币永远不会溢出它的流通的渠道"。[①]

一旦经济生活中完全排除金属货币流通并由纸币流通取而代之，"实际货币流通的一切规律都反着表现出来了"。[②] 纸币本身没有价值，它是价值符号。它的生命在流通过程中，或者说只因为在流通过程中执行购买手段和支付手段职能才代表价值。因此，在纸币流通条件下，如果纸币流通量过多，不会有自动调节机制令超过必要量的纸币退出流通领域。所以，不管是国家强制发行的纸币，还是不兑现的信用货币，都要服从纸币流通规律：

---

[①] 《马克思恩格斯全集》第23卷，人民出版社1972年版，第154页。
[②] 《政治经济学批判》单行本，人民出版社1971年版，第102页。

"纸币的发行限于它象征地代表的金（或银）的实际流通的数量。"[1] 如果纸币发行过多，纸币票面单位所代表的含金量就会相应下降，出现纸币贬值，如现在的两元钱只能顶过去的一元钱用。其直接后果是以纸币票面单位表示的商品价格相应上涨。这样一来，就出现了与金属货币流通规律相反的状况。流通的纸币的数量决定纸币所代表的价值，并决定市场上的商品价格的涨跌。在纸币流通条件下，上述货币流通量公式可以表示为：

$$\frac{PQ}{V} \equiv M$$

恒等式两边互为因果。其中几个因素的关系发生了变化。这里有几种情况。

第一种情况：假定 Q 和 M 不变，则 P 与 V 成正比例变化，即流通次数增加，价格上升；流通次数减少，价格下降。

第二种情况：假定 Q 和 V 不变，则 P 的变动决定 M 的变动，M 的变动决定 P 的变动。

第三种情况：假定 Q 不变而 P、V、M 都变，则 P、V、M 三者之间互为函数关系。若 M 增大，P 相应成正比变动，V 从公式上看理应成反比变动，但实际上也会成正比变动。

我们这里所分析的第二、三种情况，都是以纸币发行量在一定程度上超过流通所需的金属货币量为前提的。如果这个前提不存在，那就应另当别论了。

综上所述，通货膨胀的概念可规定为由纸币流通量过多所造成的纸币贬值和物价上涨的现象。根据这个定义，不能把所有物价上涨都视为通货膨胀。首先，通货膨胀是指价格总水平的上涨，在价格体系调整中部分价格水平提高不是通货膨胀。其次，通货膨胀所反映出的价格上涨，是由货币流通量过多而引起的，凡不是因货币流通量过多而出现的物价上涨，则不是通货膨胀。

关于通货，在这里需要做两点说明：

第一，流通中的货币不仅包括现金，而且还包括随时准备提取购买商品的那部分存款。这部分存款成为流通中的货币的原因，在于它能现实地作为

---

[1] 《马克思恩格斯全集》第 23 卷，人民出版社 1972 年版，第 147 页。

购买手段和支付手段而发挥作用。企业在银行账户上的存款，也可以通过银行结算而实现商品购买。在现实经济生活中，通过银行账户存款实现的购买是大量的。宏观控制如不注意这一部分通货，就很难保证总供给与总需求的平衡。

第二，这里讲的通货是指现实流通的货币。经济过程中还有潜在货币和潜在的货币必要量。潜在货币是指暂不流通的货币，它不形成现实的购买力，如消费者持币待购在一定时期内留在手中的货币、银行暂不动用的存款等。潜在货币必要量是指由于储存等原因，商品暂不进入市场，因而不形成现实的货币必要量。我们必须注意到随着市场供求状况的变化，现实的货币量同潜在货币量会相互转化，从而影响市场供求平衡和价格总水平的变化的情况。

### （五）通货膨胀的形成机制

通货膨胀总的来说是由纸币发行量过多而引起的。其形成机制一般有三种类型。

一是需求推动的通货膨胀。这是由总需求过度增长所引起的通货膨胀。商品经济条件下的需求总是指货币形式的购买力，包括政府、企业和个人用于投资与消费的开支。需求可以被财政预算支出和银行信贷放大到某种程度，产生太多的货币追逐较少的商品和劳务的状况，从而推动物价总水平上涨。

二是成本推进的通货膨胀。这是由于成本（包括工资、借款利息等）上升，特别是工资增长速度超过了劳动生产率的增长速度，提高了产品的销售价格。物价上涨后，为不影响工人收入，又要提高工人工资，于是出现工资与物价的"螺旋上升"。

三是需求移动的通货膨胀机制。按照价格与需求的关系，应该说当需求从一个部门快速转向另一个部门时，需求增加的部门的价格趋于上升，而需求减少的部门的价格下降。但现代工业经济的两个特征，即资源流动呆滞和价格受阻不能下降，往往共同作用，使通货膨胀出现。例如，当需求从甲部门向乙部门转移时，乙部门价格上涨，但工资刚性和垄断等原因却使甲部门价格不能下降；同时，由于资源流动呆滞，使乙部门的价格因资源缺乏而上升更快。

上述引起通货膨胀的三个机制，存在于社会主义经济发展阶段的一定经济环境中。

首先，国民收入的流经过多元的分配主体，其中包括中央政府各部门和地方政府各部门、各个企业，以及企业化的各级专业银行。每个主体都有扩张自己所主持的事业的投资冲动。在各个主体都支配一部分收入的条件下，这种冲动也有了可能实现的条件。即使自身条件不具备，也可通过向银行借贷、向财政争投资等途径创造条件。如果不加控制，财政搞赤字，银行发票子，难免会出现总需求膨胀。例如我国 1984 年国民收入增长 13.9%，社会商品零售总额增长 17.4%，但是，这一年，由于一方面固定资产投资过猛，全民所有制单位投资增长 24.5%，另一方面消费基金增长过快，单全民所有制职工工资总额增长 21.3%，财政赤字和信用膨胀影响货币发行高达 100 亿元，从而拉高了价格水平：当年钢材、水泥、木材价格上涨 9.6%，机电设备价格上涨 20%，并使 1985 年零售物价上涨了 9%。

其次，现在的企业一般都有最大限度提高本单位职工收入水平的消费饥渴，在企业具有财权的条件下，企业会千方百计地增加职工收入，甚至不惜将企业利润分光用光。企业间也会在工资奖金方面相互攀比，甚至将工资成本的提高转移到产品价格上去，从而推动工资和物价的轮番上涨。这点必须引起我们的注意。

最后，在生产要素市场未充分放开和完善的条件下，缺乏社会劳动（生产资源）迅速地从一个部门流向另一部门的机制。本来，供不应求的部门的产品价格较高的信号，能调动社会劳动大量流入，从而将产品的高价降下来，但是现在的问题是生产要素迅速流动的机制未形成，因而供不应求的部门的产品供应不能增加，致使供不应求的产品的价格居高不下；与此同时，其他的部门的产品价格也降不下来。

社会主义经济要避免和克服通货膨胀，就必须通过经济体制改革，消除形成通货膨胀机制的经济条件。如果这种条件一时不能消除，那就必须加强宏观控制，努力防止和克服通货膨胀，将通货膨胀造成的危害性限制在最低限度。

防止和克服通货膨胀，不等于只能对价格水平进行行政管制，形成通货膨胀的客观过程的机制是难以人为管制的。价格管制下的抑制性通货膨胀会以另一种形式表现出来。例如产品普遍短缺、质量普遍低劣、购买商品排长队、黑市价格昂贵等，都是其表现形式。

当条件允许国家放弃对价格的行政管制后，主要是运用各种经济杠杆来调节价格水平，使之趋于稳定。各种杠杆配套使用，便可形成防止和克服通货膨胀的机制。

## 三、宏观控制总需求的过程及其机制

### （一）财政、信贷的统一平衡

在社会主义经济中，服从于国民经济计划目标，财政、信贷的统一平衡，是宏观控制总需求的必要前提。

财政收支和银行信贷的存放款均采取货币形式，都是对市场购买力的集中和分配，因而都影响市场货币流通量。为了保证宏观的总量平衡，社会主义国家必须致力于财政、信贷的统一平衡，保证有支付能力的社会需求同商品可供量相适应。

财政和信贷的收入直接或间接地导源于社会总产品和国民收入的生产与分配。因此财政支出和信贷投放的总额应与可供使用的社会总产品的价值量相等，防止通过财政和信贷分配的资金总量突破实际生产的社会总产品的价值量。如果财政信贷搞了过头分配，不论是财政赤字、信用膨胀，还是两者兼而有之，分配过头的那部分资金虽然也表现为社会购买力，但它是没有实物保证的，必然会引起商品物资供应紧张和物价上涨。

为了控制总需求，首先要求财政和信贷分别自求平衡。

财政收支差额表现在两个方面：一是收大于支，出现财政积余；二是支大于收，出现财政赤字。财政积余能减少现实的货币流通量，财政赤字则会增加现实的货币流通量。增发的货币没有物质保证，会引起市场供应紧张，导致物价上涨。财政出现赤字时的平衡手段是：一方面增加财政收入；另一方面压缩财政支出。

货币一般都经过信贷渠道发放，信贷差额意味着流通的货币量大于流通对货币的需要量，从而会产生信用膨胀。膨胀起来的信用货币没有物资保证，同样会造成货币贬值和物价上涨。信贷平衡的手段主要有：一方面是通过增加产品的供给来扩大货币的必要量；另一方面是紧缩货币流通量，其主要途径是压缩新的长期信贷和催收到期贷款。

其次要求财政和信贷在统一的宏观经济整体中求得平衡。在社会化的商品经济中，无论是财政还是信贷，都不可能孤立地自求平衡。财政与信贷的平衡在这里主要包括两方面的内容：一是财政系统推行的财政政策和银行信贷系统推行的货币政策脱钩；二是财政政策和货币政策结合作用。

财政和信贷脱钩是财政信贷统一平衡的前提。在过去的体制中，银行是财政的附属，作为财政的出纳而运行。这种体制现在正在被打破，但财政政策与货币政策还没有完全脱钩。财政出现赤字向银行透支，由银行增发货币来弥补。这实际上是财政决定货币发行。这样一来，银行就不可能有独立的政策和运行机制，其后果是：一方面，在中央和地方都有着强烈的扩张冲动的情况下，货币投放量没有客观的制约机制，财政性货币发行会使总需求膨胀而一发不可收拾。另一方面，银行信贷所特有的机制和杠杆不能独立地发挥作用，银行信贷在调节货币流通量从而调节总需求方面的威力施展不出来。解决这一问题的正确途径，是将弥补赤字的办法由向银行透支改为发行政府债券，使财政政策和货币政策脱钩。与此同时，开放包括债券市场在内的金融市场，通过中央银行的公开市场业务，控制市场货币流通量。

在财政和信贷的机制和杠杆充分发挥功能后，两者必须在宏观经济总体中相互配合、协调地发挥作用。这两者的配合作用表现如下：

一是相互补充。即信贷有差额，自身不能平衡时，需要财政通过积余或赤字来平衡；财政有差额时在特定条件下也需要银行信贷用增发货币或压缩货币投放的途径来平衡。在这时不能苛求财政和银行单个的平衡，必须在宏观的总供给与总需求平衡中确定各自的差额和平衡。

二是相机抉择。财政政策和货币政策都有紧松的区别。紧的财政政策是指财政收支不能打赤字，松的财政政策则与之相反；紧的货币政策是指严格控制货币发行和提高利率，松的货币政策则与之相反。财政政策和货币政策有四种结合形态：

第一，松的财政政策和松的货币政策相结合。这是刺激经济增长和扩大就业的手段，但它往往会带来通货膨胀的后果。

第二，紧的财政政策和紧的货币政策相结合。这是实行紧缩性政策、制止需求膨胀的有效手段，但它可能带来经济发展停滞的后果。

第三，紧的财政政策和松的货币政策相结合。紧的财政政策可以抑制公共消费和个人消费，可避免需求过度、消费过热；松的货币政策则可以通过组织储蓄来满足投资需求，这将有利于资金积累和经济发展，但很难保证不出现通货膨胀。

第四，松的财政政策和紧的货币政策相结合。松的财政政策可以刺激需求，它对克服经济萧条较为有效；紧的货币政策可避免过高的通货膨胀。长期的松财政和紧信贷的结合，会积累起大量的财政赤字。

对于上述几种结合方式，在不同的国民经济发展时期，可按宏观经济目标要求相机做出抉择，寻找最佳的结合效应。

为保证宏观总量控制的有效性，从而保证国民经济的计划性，国家在统一平衡基础上制定的财政收支计划、货币发行计划和信贷总额计划必须以指令的形式付诸实施。特别是在微观放开以后，国家下达给企业的指令性计划的范围将逐步缩小，国家下达给财政部门和中央银行的这些总量计划的指令性必须加强。这是微观放开后，宏观管住的可靠保证。

### （二）总需求的宏观调节机制

宏观的总量计划确定以后，需要通过宏观调节来实现。宏观调节总需求的基本内容包括以下几个方面：控制和调节积累率，从而控制固定资产投资规模，以实现预定的经济增长速度；控制投资方向和投资重点，以实现预定的经济发展方向；控制消费基金规模，以实现预定的人民生活改善目标。显然，这种宏观控制机制包含在调节国民收入在积累和消费之间进行分配的比例联系中。

传统的宏观控制总供给与总需求平衡的机制是建立在统收统支基础上的。首先由国家计划部门定出增长速度、积累与消费的比例、各部门的投资比例等大盘子，然后由财政部门据此对预算收入进行分配，银行再按照财政分配计划确定发放钞票的计划。这种宏观控制机制的特点在于：第一，它是在微观没有放开的条件下进行的，基本上没有考虑市场机制的作用。第二，宏观控制主要是由国家财政来进行，银行只起出纳作用，对宏观总供给与总需求的平衡不能起到调节作用。这种宏观控制机制的优点在于它的作用直接、见效快，缺陷在于僵化、缺乏灵活性，国家行为没有客观的制约机制。事实证明，这种机制并没有真正保证总供给与总需求的平衡。传统体制下多次出现宏观失控，就足以说明这一点。

随着经济体制改革的进行，微观逐步放开，企业作为相对独立的商品生产者进入市场，统收统支制度已不复存在。这时，宏观控制机制不能采取高度集中和直接的形式。宏观控制机制不但不能取消企业商品生产者的地位，而且还必须保证和利用它，这样国家下达的指令性的宏观总量计划指标只能到财政和中央银行部门为止，宏观控制和调节总需求一般地也主要采取间接控制方法，其特点包括以下几个方面：

第一，不论是指导供给，还是控制需求，只要是间接的宏观控制机制，都必须经过市场，以市场机制为控制机制的轴心，充分发挥市场机制的自动调节功能。

第二，社会主义经济是计划经济，其主要标志是国民经济目标能事先地、自觉地确定，不像资本主义市场经济那样，是经济自发运动的过程。因此，即便是间接控制，宏观控制机制首先应包括预先控制机制。

第三，宏观控制面对的是多元投资主体、自主经营并有强烈扩张冲动和消费欲望的企业、千变万化的市场，宏观控制目标的贯彻必然会遇到一系列不可预料的状况。宏观控制机制要适应这种状况，本身必须是一个活的系统，有信息反馈，能自动反应，有自我组织能力。这就要求宏观控制机制的结构中不仅要有预先控制机制，而且还要有信息反馈和自动调节机制及随动控制机制。

### （三）市场机制是宏观调节机制的轴心

宏观经济是企业的总体活动。正如马克思所讲的，市场是商品生产者相互关系的总和，企业的总体活动便在市场机制中体现出来。一方面，市场以它特有的机制自动地调节各个经济主体的消费和投资需求；另一方面，国家对总需求的自觉控制和调节以市场总量（货币流通量、价格总水平、利率总水平等）为对象。因此，市场机制在宏观控制机制中起着"轴心"作用。

在商品经济条件下，供给和需求分别表现为市场供给和市场需求。总供给与总需求失衡的现实形式是市场供求失衡，如果总需求超过总供给，市场上便出现货币过多、物价上涨、市场利率提高的状况。因此价格总水平和市场利率总水平是宏观总量是否平衡的集中反映，同时也成为国家观察和控制总需求的参照值。具体地说，国家的宏观调节瞄准价格总水平和利率总水平，采取相应的宏观对策，运用调节货币供应量等手段，使价格总水平和利率总水平符合宏观计划目标要求，从而实现宏观总量平衡。

价格总水平和利率总水平不只是被动地反映总需求，它对供求总量的平衡还有自动的调节作用。原因在于，总需求与市场价格水平、利率水平之间有着相互联系相互作用的机制。生产者和消费者都进入市场从事经济活动，市场机制通过价格水平和利率水平自动调节各个企业和消费者的投资和储蓄活动，以实现总供给与总需求的平衡。当总需求超过总供给时，价格总水平上涨，从而推动市场利率提高。在高利率的刺激下，投资者减少投资需求，消费者增加储蓄，减少消费，最终恢复总供给与总需求平衡。相反，当总供给超过总需求时，价格总水平下降，推动市场利率降低，在低利率的刺激下，投资者增加投资，消费者减少储蓄、增加消费，最终实现总供给与总需求的平衡。

企业成为相对独立的经济实体后，由于利益刚性（即利益只能增加不能减少），单靠国家财政渠道的杠杆不可能完全治愈"消费饥渴症"，克服企业中消费基金的膨胀。职业"市场"的机制则能在这方面给企业提供自动的行为约束机制。在职业"市场"上，劳动力合理流动，浮动工资反映劳动力供求状况，存在着就业竞争。当某一行业因劳动力供不应求，劳动者浮动工资比较高时，有些劳动者就会转向这个部门，从而使这个行业的劳动力供不应求的状况得到缓和以至消除，浮动工资下降到大体同其他部门相同的程度。如果没有职业"市场"，劳动者不能合理流动，那么当某一部门因劳动力供不应求而浮动工资过高时，其他部门的劳动者就会感到不公平，认为同等劳动不能获取同等报酬，但他们又不能流动到浮动工资高的部门。在这种情况下，浮动工资低的部门就会同浮动工资高的部门相攀比，就会通过随意增加成本、弄虚作假等不正当手段增加自己的浮动工资，从而引起整个社会在浮动工资上进行攀比，其结果是消费急剧膨胀。由此可见，职业"市场"是使个人收入攀比会自动得到抑制的重要机制。在这里特别应该指出，职业"市场"的形成，标志着社会主义市场体系的最终形成。在完善的市场体系下，企业的利益同市场有着密切的联系，面临着激烈的市场竞争。为在市场竞争中取胜，企业也不至于以牺牲积累为代价片面增加职工收入，也不会随意提高工资，增加成本，提高产品销售价格。显然，职业"市场"机制的自动调节功能是贯彻收入分配政策，应对工资（成本）推进型通货膨胀的重要组成部分。

宏观控制作为主观见之于客观的行为，本身也需要有一个自动检验、自动校正的系统。这一系统可以由市场机制来承担。国家的宏观决策与市场机制处于横向联系中，两者可以耦合。市场机制可以通过其价格总水平和利率总水平的变动，及时地给宏观决策系统反馈其调节措施是否正确的信号。国家宏观决策系统对市场信号如能自动、及时地做出反应，包括能快速调整经济发展目标，那便可以保证宏观控制手段的科学性和有效性。

以上分析表明，市场机制对国家来说是宏观控制对象，对单个企业活动来说是调节者，它在整个宏观控制机制中是信息反馈和自动调节机制。市场机制的这些功能表明，它是宏观控制机制的轴心，整个宏观控制过程要经过市场，围绕市场机制运转。当然，进入宏观控制机制的市场必须是完善的发育成熟的市场，功能不全的市场不但不能适应宏观的自动调节功能，它的自发作用还会加大宏观控制的困难。过去，市场机制是被排斥在宏观控制系统之外的，而且市场机制自身也是很不完善的。现在要把它引进来，需要解决以下三方面的问题：

第一，改变对价格水平的原有行政管制办法。在抑制性通货膨胀下，价格信号失真，国家宏观决策不能得到信息反馈，决策中的错误就得不到及时的纠正。

第二，利率总水平必须随价格总水平升降。只有这样，才能有效地控制总需求。如果价格水平持续上升，利率不动或轻微提高，会使价格信号不断加强，起到"正反馈"作用。生产者在虚假的社会需求刺激下，继续增加投资；消费者持币抢购，力图尽快将货币转为商品，使上涨的价格水平持续不衰，最终将招致整个经济机制的灾变。

第三，提高利率的投资弹性。现在，利率偏低，在企业利润中占的比重很小，再加上企业以税前利润支付利息，实际由国家财政代企业付息，利率对企业活动的制约性很小。这种状况不改变，市场机制的自动调节功能便不能充分发挥。

### （四）财政政策、收入分配政策及其杠杆

财政作为宏观范围的预算约束机制，国民收入经过分配和再分配形成国家、企业和个人三者的收入并最终分解为积累基金和消费基金，是通过财政系统的杠杆的调节实现的。从这一意义上说，财政在宏观控制中起着预先控

制的作用。其基础是国家根据国民经济发展目标制定的国民收入分配计划，其中包括国民收入分为积累基金和消费基金的比例、积累基金内部生产性积累和非生产积累的比例、固定资产投资的重点等。国民收入分配计划由财政政策和收入分配政策实施。贯彻财政政策和收入分配政策的杠杆便是预算分配和税收。前者的对象是国家财政集中的收入，后者的对象是企业集中的收入。

社会主义条件下的收入分配政策一般体现三个原则：一是反对平均主义，体现按劳分配；二是保证人民生活水平逐年有所提高；三是个人收入增长速度必须低于劳动生产率的增长速度。从总需求管理来说，收入分配政策是战胜工资（成本）推进型通货膨胀的有效武器，其主要调节杠杆有两个方面：一是利用预算分配杠杆控制预算内各种消费支出；二是运用税收杠杆，征收工资基金增长税和超限额奖金税，调节企业消费基金的形成，征收个人所得税，保证全社会的公平分配。

社会主义国家的财政政策包括两大内容：一是根据国民经济增长目标确定积累和消费的比例；二是服从国民经济扩张、收缩或平衡的目标，推行紧或松的财政政策。

为调节积累和消费比例，国家可以运用预算分配杠杆分配国家财政集中的收入，包括确定积累率，确定国家投资的方向和重点，确定投资在两大部类的比例，以此对整个经济的积累和消费的比例及两大部类比例的形成施加决定性影响。对企业，国家可以通过基本建设税来调节，以控制固定资产投资规模。

为贯彻松或紧的财政政策，预算分配可在赤字、盈余和平衡之间调整，税收参数可在减税和增税之间调整。例如，为对付需求推动型通货膨胀，财政可采取盈余预算或平衡预算，压缩预算内支出，以遏制政府的扩张冲动。对企业可增税，以遏制企业的扩张冲动。累进的所得税则在这一过程中起着自动稳定器作用。

财政对总需求的调节具有直接性，见效也快，但是财政对总需求的调节功能毕竟有限。除了财政集中支配的预算收入有限度以外，在总需求膨胀时，财政支出缩减的幅度也十分有限。即使是税收，在利益刚性的条件下，对企业增税的幅度也不能过高。更何况税制不可能随机地调整和变动，因此在宏观控制总需求方面，单靠财政是远远不够的，它的调节功能至多只是给有支付能力的需求及其构成划定一个大致的范围和方向。

### （五）货币政策和中央银行调节机制

在市场上货币代表的是社会有支付能力的需求。货币流通量对经济生活的影响，是通过改变社会需求从而影响总供给与总需求的关系实现的。服从于一定的经济发展目标可采取相应的货币政策：在社会需求不足时，可以通过增加货币供给，刺激需求；在社会需求过高时，可以通过紧缩银根，减少和限制需求。国民收入在货币形式上出现超分配，其可能性除了通过动用外汇储备外，主要是通过信贷的过度投放而形成的。因此，为了防止经济"过热"，克服国民收入的超分配，也可以通过控制信贷投放来实现。

马克思讲："银行制度造成了社会范围的公共簿记和生产资料的公共的分配的形式。"[①] 目前我国承担信贷业务的主要有中国工商银行、中国农业银行、中国建设银行和中国银行四大银行。随着改革的深入，可能会出现一些地方性银行。中国人民银行担负中央银行的职能，它是银行的银行，是我国唯一的货币发行银行。因此中央银行是整个信用制度的枢纽，是控制货币供应量的总闸门。在宏观控制机制中，货币政策主要通过中央银行及其调节杠杆贯彻。

前面的分析已经指出，货币流通量与价格总水平、利率总水平相互影响、相互制约，因此，中央银行只要掌握货币供应的总闸便可调节市场价格总水平和利率总水平。在这里它具有随动控制的功能，即随时根据市场机制的价格利率信号变化，调整调节参数，改变货币供应量，以校正经济增长目标，保证总供给与总需求的动态平衡。中央银行运用的杠杆（参数）主要有：一是中央银行对各专业银行的贷款利率。二是专业银行在中央银行的存款准备金比例。三是必要时中央银行直接控制专业银行的信贷基金规模。四是随着银行债券、国家债券、股票等证券的发行，在条件具备时，中央银行的公开市场业务通过证券的购买和出售吞吐货币，也是调节货币流通量的一个重要杠杆。例如为紧缩银根，以压缩总需求，中央银行可采取的手段有：提高存款准备金比例；提高中央银行对专业银行的贷款利率；在金融市场上发行各种债券等金融证券；必要时对信贷采取直接的行政性的额度控制办法。

要使中央银行的随动控制功能得以充分发挥，需要解决好三个问题：第

---

① 《马克思恩格斯全集》第 25 卷，人民出版社 1972 年版，第 686 页。

一，随着专业银行的企业化，各银行在参加市场活动时必须有较硬的预算约束。按照核定的存贷计划，多存多贷，有多少可支配的信贷基金，发多少贷款。第二，银行对贷款的发放必须承担风险。第三，中央银行贷款利率对各专业银行要有足够的弹性，过低的利率起不到杠杆作用。

### （六）储蓄功能

动员和调节居民储蓄，也是银行贯彻货币政策、控制有支付能力需求的重要途径。

国民收入的分配和再分配过程如引入储蓄因素，国民收入的流可用图 6 – 2 表示。

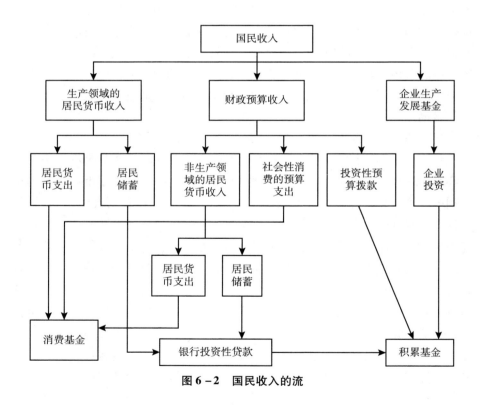

图 6 – 2　国民收入的流

该图表明，一定时期内的消费基金是当期居民（包括生产领域和非生产领域的居民）的消费性货币支出与社会性消费预算支出之和，一定时期内的积累基金是当期财政投资、企业投资和银行投资性贷款数额之总和。储蓄存款是银行投资性贷款的资金来源之一。

这里撇开财政性存款和企业存款，专论居民储蓄在调节积累和消费比例、协调总供给与总需求过程中的功能。

居民储蓄从宏观上考虑有两大功能：第一，改变收入用途，将消费基金转化为积累基金。因此，储蓄可以说是调节积累和消费比例的机制。第二，储蓄存款如在银行沉淀，没有立即投入流通，这部分货币便成为潜在货币。因此，储蓄也是回笼货币、调节市场货币流通量的重要机制。社会主义国家不能忽视储蓄在控制总需求过程中的调节功能。

居民储蓄就其行为来说，可划分为两类：

一类是自愿储蓄。它是指随着收入的增加，人们不可能把增加的收入都用于消费，必然会把新增收入的一部分储入银行。如果把新增收入中储蓄所占的比重称为新增收入储蓄率（西方经济学称"边际储蓄倾向"），那么一般说来收入增长越快，新增收入储蓄率可能越大。这一客观经济过程的机制可成为社会主义国家宏观收入分配政策的补充。这一机制运用得好，可有效地保证人民群众最终使用的消费基金的增长速度低于劳动生产率的增长，避免和克服消费基金的膨胀。

另一类是非自愿储蓄。它指在市场上买不到所需的消费品时，货币收入不得不暂时存入银行，储币待购。这种消费的节欲不是自愿的，而是被迫的，因此银行的这部分存款是很不稳定的。这部分货币会随时从银行取出，投入消费品市场。从这一点上来说，居民存款增加不一定都是经济形势好的标志，还可能是市场供不应求的表现。但将这部分货币吸入银行，对暂时平抑市场供求还是有意义的，它毕竟比留在消费者手中要好。关键是银行吸收了这部分货币收入以后，不应再去创造新的购买力，创造新的需求。就是说，这部分存款不应像自愿储蓄条件下的存款那样，转为积累基金，否则起不到稳定市场货币流通量的作用。

社会主义国家为充分发挥储蓄的宏观调节功能，必须努力吸引居民储蓄。吸引储蓄的机制就是存款利率。存款利率保持多高最为适宜呢？这就看它对居民有无吸引力。确定存款利率时，要把利率同价格水平变动联系起来。在价格上涨的情况下，货币出现贬值。确定利率时如不考虑这一点，就不易吸引储蓄。这时，本来属于居民远期购买的物品，会转为近期购买。原因是居民为了免遭物价上涨而带来的货币贬值的损失，必然要尽快将货币变为商品，从而进一步增强市场压力。这时存款利率如能灵活地反映价格水平变化，则可避免这种情况。

总而言之，居民储蓄不仅具有积累社会主义建设资金的功能，而且还是宏观调节的重要机制。需要在宏观调节机制的整体中研究和发挥它的调节功能。

### （七）宏观控制政策和调节杠杆的综合效应

综上所述，宏观控制总需求的机制可用图 6-3 表示。

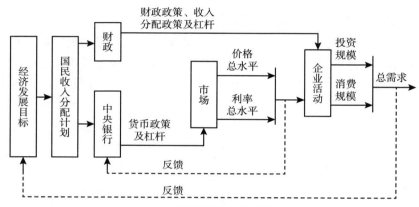

图 6-3　宏观控制总需求的机制

社会主义经济是复杂的系统，宏观经济的运行是整体的运动。无论是财政政策、货币政策，还是收入分配政策，单独地运用，都不可能有效地解决宏观总量平衡问题。宏观的总量平衡必然是这些政策的综合效应。因此，各种宏观政策必须根据国民经济发展目标在统一计划基础上制定，并相互配套地贯彻。

财政系统的各种杠杆和中央银行系统的各种杠杆，各自都有特定的调节功能和特定的作用范围。但是，它们又都是统一的宏观控制机制的构成要素，彼此间相互制约、相互作用，形成经济机制。因此，各种经济杠杆的运用应该服从共同的目标，相互补充，配合默契，不能各行其是，主观随意。否则，各个杠杆的积极功能会相互抵销，甚至起逆向调节的作用，造成宏观经济运行的混乱。

# 社会主义经济运行机制研究
## （论文）

卫兴华　洪银兴　魏　杰

# 论社会生产比例的调节机制*

卫兴华　　洪银兴　　魏　杰

在有计划的商品经济条件下，社会生产比例的调节机制有三类：第一类是社会生产比例的有计划的市场调节机制，它主要包括参数调节下形成的价格比例杠杆和利率差别杠杆。第二类是社会生产比例的间接宏观调节机制，它主要是由指导性计划、国家直接掌握的税率差别和国家投资杠杆组成。第三类是社会生产比例的特殊调节形式，这是指在一定范围内还必须保留的指令性计划调节机制和单纯的市场调节机制。上述三类社会生产比例的调节机制，相互补充和相互制约，共同形成了社会生产比例的调节系统。

## 一、社会生产比例的有计划的市场调节机制

在有计划的商品经济条件下，企业作为商品生产者进行生产经营决策时，会直接感受到来自市场的价值规律的作用。因此，对企业经济活动的计划调节，必须通过市场机制来进行。社会生产比例的计划调节，当然也是这样。现在的市场机制调节（这里可简称为市场调节）有两类。一类是有计划的市场调节。这是计划调节市场而市场作用企业的计划调节形式，体现人们对价值规律的自觉利用。另一类是单纯的市场调节。这里的市场机制尚未渗入计划机制，价值规律自发地起调节作用。在有计划的商品经济条件下，对社会生产比例起主要调节作用的，是前者而不是后者。我们在这里重点考察前者的运行过程。

在市场机制调节过程中，市场价格和利率变动是市场调节的信息系统，

---

* 原载《经济理论与经济管理》1986 年第 2 期。

供求双方是市场调节的对象，竞争（包括资金的转移）是市场调节的效应系统。其现实传递过程是：供不应求→价格上升→竞争（资金流入）→供过于求→价格下跌→竞争（资金流出）→供不应求……如此循环往复不止。随着价格的变动，各生产部门的比例逐渐接近社会必要劳动时间的比例。这就是马克思所讲的："竞争，同供求关系的变动相适应的市场价格的波动，总是力图把耗费在每一商品上的劳动的总量化为这个标准。"① 在市场机制被计划通过参数控制，渗入了计划机制以后，市场机制的盲目性会被限制或消除，但这种运行形式并不会因此而被取消。

在调节社会生产比例时，要充分发挥市场机制的调节功能，就必须有健全的市场体系，有充分作用的市场机制。在社会主义经济的宏观控制由直接控制为主转向间接控制为主以后，计划调节的一个重要内容，就是完善市场机制。其基本要求是：（1）保证市场机制的运行能真正体现价值规律的要求；（2）保证市场机制能对企业进行充分调节；（3）能促使企业按计划要求的轨道运行。

市场调节的作用程度与企业对市场信号的应变能力成正比。企业应变能力的提高需要一系列外部和内部的条件。其中主要有：第一，企业与在市场上实现的成果有直接的经济利害关系；第二，要有真正健全的市场竞争机制；第三，企业具有作为商品生产者应有的权力和财力；第四，要有开放的生产要素市场，包括物质产品市场、资金市场、技术市场和职业"市场"。

市场机制的运行能否体现价值规律的要求，能否使市场机制的运行按计划指引的轨道进行，完全取决于价格体系和利率体系是否合理。因此，使价格体系和利率体系合理化，是完善市场机制的重要内容。

1. 价格体系和价格信号

价格在调节经济活动时主要发出两种信号：一种是价格总水平信号，一种是价格比例信号。对调节社会生产比例有意义的是价格比例信号。

价格比例属于价格体系范畴。在商品经济条件下，有多少种商品就有多少种价格。但每一种商品价格都不是孤立的，它们在整个国民经济中有机地联系在一起，形成价格体系。价格体系的内容主要包括不同产品之间的比价关系、同种产品之间的质量差价关系、同种产品的购销价格关系，等等。

---

① 马克思：《资本论》第 3 卷，人民出版社 1975 年版，第 215 页。

在企业与在市场上实现的成果有了直接的经济利害关系之后，"产品的交换者实际关心的问题，首先是他用自己的产品能换取多少别人的产品。就是说，产品按什么样的比例交换"。① 于是，价格比例就成为信号，直接调节生产者和消费者的活动。对生产者来说，价格比例是决定生产什么、生产多少和为谁生产的客观依据。也就是说，价格比例是生产者制定生产决策的客观依据，价格比例的变动会驱使生产者通过资金流动来改变自己的生产方向和调整自己的生产规模。对于消费者来说，价格比例是他确定购买什么、购买多少的客观依据。价格比例的变化，会驱使消费者考虑商品替代关系。当消费者考虑商品比价，并在购买中寻求替代商品后，就会使生产者在实践中相应地改变生产比例，从而就协调了生产比例与需求比例的平衡关系。

价格信号的调节作用表明，社会生产的按比例集中反映在价格比例的合理性上。只要价格比例反映价值比例，反映现实的供求关系变化，那么社会生产便会按比例地发展。但是如果相反，价格信号处于扭曲状态，那么价格信号就不仅不会使社会生产按比例发展，而且还会造成经济的极大混乱。这时，即使是指令性计划指标，并且它也是符合社会需要的，也仍然会受到干扰和冲击。显然，经济体制改革的关键，或者说调节社会生产比例的关键，是改革价格体系，使之趋向合理。

价格比例如何趋向合理呢？按照目前人们的自觉性程度，人们是不可能完全自觉和绝对地确定既反映价值又反映供求的价格的。即使一开始人们确定的价格是符合价值的，但也会随着生产条件和社会需求的变化而发生偏离。在这种情况下，价格确定原则上应该放给市场机制，允许价格在一定范围内波动。

在计划经济条件下，价格比例可成为对企业活动进行间接控制的重要工具（杠杆）。但是，人们自觉地利用价格杠杆，并不是要求用人们对价格的自觉确定来完全取代和消除价格的波动过程，而是要尽自己所能，通过各种方法预测价值变动和供求变动的方向及程度，指导价格比例的变动，尽可能缩短或加快价格趋于价值的过程，努力减弱价格波动的振幅，避免价格波动的盲目性。

---

① 马克思：《资本论》第 1 卷，人民出版社 1972 年版，第 91 页。

2. 差别利率信号

利率在调节经济活动时，也有两种信号：一种是利率总水平信号，一种是差别利率信号。对调节社会生产比例有意义的是差别利率信号。

所谓差别利率，就是不同项目、不同部门的贷款利率之间存在着差别。若贷款利率高，贷款额就会减少；若贷款利率低，贷款额就会增多。利率的这种变化，会引起资金（社会劳动）在各生产部门间自由流动，从而调节了社会生产比例。因此，贷款利率差别变动，是调节社会生产比例的重要经济机制。

差别利率信号的调节功能，主要表现在以下两个方面：

一方面，差别利率信号能加强价格差别信号的调节作用。在银行企业化以后，银行作为信贷资金的供给者总是依据利率差别信号而发放信贷资金。一般来说，利率差别是同价格差别挂钩的。某种产品价高利大，意味着该部门商品供不应求，对信贷资金需求大，于是利率较高，诱使银行企业将更多的信贷资金流入该部门。相反，某种产品价低利微，意味着该部门产品供过于求，对信贷资金的需求量小，于是利率较低。据此，银行企业会减少对该部门的贷款，阻止信贷资金流入该部门，甚至还会将原有资金抽走。显然，利率差别信号在这里能够补充价格比例信号的作用，加快社会劳动在各生产部门间的转移，促进价格接近于价值。

另一方面，差别利率信号也能够起到减弱价格比例信号的调节作用。这主要是在价格信号扭曲时起作用。当某种产品供不应求，但由于价格信号扭曲，不能调动社会劳动投入该部门时，这一部门贷款的较低利率则能诱使资金向该部门转移。当某种产品供过于求，但由于价格信号扭曲，大量社会劳动仍向该部门流动时，该部门贷款的较高利率则能限制资金流入该部门。

上述差别利率信号的功能表明，差别利率可以成为国家对社会生产比例进行间接控制的重要工具（杠杆）。因此，有必要在开放资金市场的同时，放开市场利率，一方面使之同价格变动紧密联系，保障价值规律充分发挥作用；另一方面使之同信贷资金供求紧密联系，保障利率对信贷资金的调节作用。

社会主义国家在开放资金市场、放开市场利率的同时，要对市场利率差别的变动加强计划指导，使它的变动同国家对社会生产比例的计划控制目标相适应。

总之，价格比例和差别利率是社会生产比例的重要调节机制。因此，我们要为价格比例和差别利率的运行创造必要的条件，以使它们能充分发挥调节社会生产比例的作用。在这方面，最关键的问题，是要实现资源约束型经济向需求约束型经济转化。

在社会生产实践中，对企业生产经营决策起支配作用的约束条件主要有两种：一种是资源约束；另一种是需求约束。我们过去的经济属于短缺性经济，形成的是卖方市场。在这样的经济条件下，企业实际上只受资源约束，不受需求约束。对企业来说，生产哪种产品能得到投资，就去生产哪种产品。企业在决定生产方向和生产规模、规划自己的目标时，首先考虑的是资金来源。在这种资源约束型经济中，国家调节社会生产比例的手段，只能是投资分配和物资分配。市场机制的调节信号对企业的生产经营决策没有多大效力。因此，为了充分发挥市场机制的调节功能，就必须把形成买方市场作为完善市场机制的重要内容，从而实现资源约束型经济向需求约束型经济的转化。

买方市场是指商品充分供应使买者在同卖者竞争中处于特别有利地位的市场。简单地说，就是消费者有主权的市场。与买方市场不同，卖方市场是指需求较大地超过供给，买方在与卖方的竞争中，处于不利地位，卖者可以规定出对自己最有利的要价和条件。这是被生产者垄断了的市场。

我国过去的市场，长期是卖方市场。再劣再丑的商品也有人买，可谓是皇帝的女儿不愁嫁，致使生产者不注重改进技术，不重视开发新产品，更不重视提高产品质量，结果是生产不能快速发展，人民消费长期处于低水平。如果从调节经济过程的角度来看，随着企业的期待联系转向市场，市场价格信号将调节企业活动。但是在卖方市场不能转为买方市场的情况下，市场就会普遍紧张，价格信号的调节作用必然失效，宏观调节更难以实现。例如，从国民经济发展的整体要求看，某一部门急需发展，需要将社会劳动从其他部门抽出投入该部门，但如果其他许多部门的产品还是卖方市场，社会劳动转移就会发生呆滞。现在人们大都承认我国经济体制改革的出路是自觉地发挥市场机制的调节作用，但是市场机制却总是放不开，其制约因素在哪里？就是在于短缺，在于买方市场没有形成。

马克思曾经谈到，生产过剩对资本主义是祸害，但对废除资本主义以后的社会却是利益，原因是"这种生产过剩等于社会对它本身的再生产所需的各种物质资料的控制。"① 为此，我们必须努力造成买方市场，形成对生产者的经济压力，使其主动地关心市场需要，自觉地服从有计划的市场的调节。

## 二、社会生产比例的间接宏观调节机制

在调节社会生产比例的过程中，国家还必须在保证有计划市场机制充分发挥作用的基础上，进行间接宏观控制。原因是，市场机制即使是渗入了计划机制，也难以完全改变其事后性调节的本性。国家对社会生产比例的间接宏观控制手段，主要是指导性计划与国家直接掌握的税收和投资杠杆。前者直接作用于企业，后者则通过市场活动而调节企业的总体活动。

1. 指导性计划

指导性计划在有计划的商品经济条件下，主要有两个作用方向：一个是作为有弹性的计划直接作用于企业，另一个是通过各种经济杠杆而实现。在这里，我们先分析它的第一个作用方向。

指导性计划就它直接作用于企业来说，它是国家下达给企业的弹性计划，对企业无约束力，并且可以在经济运行中校正。但指导性计划绝不是自发的市场调节，不能把指导性计划同自发的市场调节混为一谈。指导性计划虽然对企业没有直接约束力，但是它毕竟可以给企业活动大致规定一个方向和运行轨道。其功能主要包括以下三个方面：

第一，把分解了的国民经济计划目标下达给企业，供企业在决策时参考，使企业在国民经济计划的大框架下进行自主经营。

第二，从宏观角度对生产方向及产供销行情进行预测，汇集各方面的经济技术信息，对企业进行信息指导，避免企业收集信息的局限性，减少其活动的盲目性。

第三，指导和协调企业间的产供销经济联系，促进专业化协作和经济联合。

指导性计划除了上述的作用外，还要通过各种经济杠杆加以实现。下述所说的税率差别信号杠杆和国家投资杠杆，都是实现指导性计划的重要

① 马克思：《资本论》第 2 卷，人民出版社 1975 年版，第 526～527 页。

手段。

## 2. 税率差别信号

税金是企业上缴给国家的一部分纯收入。税收不仅是国家依法集中收入的手段，而且也是处理国家与企业经济利益关系的调节器，因而可以成为调节经济活动的经济杠杆。

税收调节社会生产比例的主要手段，是差别税率。所谓差别税率，就是指在征收产品税和基本建设税时，对不同产品和不同基建项目实行免税、轻税、重税等差别税。税种税率需通过立法程序确定，不太灵活，但一旦确定，就比较稳定，并具有法律的强制性，对调节社会生产比例起着预先控制的作用。

在调节社会生产比例时，税率差别起着与利率差别相类似的功能，能加强或减弱价格和利率信号的作用。当某种产品严重供不应求，并靠价格和利率信号无力调动更多的社会劳动流入该部门时，降低该产品的税率则能起到补充调节作用。当价格信号和利率信号盲目地自发地起调节作用，如在扭曲的价格信号下出现某种产品的生产一哄而上时，提高该产品的税率则可减弱或抵销价格信号的盲目作用，促进供求趋于平衡。

为了充分发挥税率的调节功能，社会主义国家必须努力提高确定和调整税率的灵活性，但同时要反对随心所欲地确定和调整税率的倾向。确定和调整税率必须有科学的客观依据。人为确定的并同客观实际相扭曲的税率，会产生同扭曲的价格信号一样的危害性。

## 3. 国家投资

国家投资是国家集中的财政收入的一个重要支出，也是国家调节社会生产比例的重要杠杆。其基本功能包括以下三个方面：

第一，弥补市场调节的缺陷。失调的社会生产比例单靠市场调节难以平衡时，国家将适当的资金投入短线部门，就能通过填平补齐的办法，有效地恢复生产比例的平衡。

第二，给市场调节导向。国家根据国民经济宏观计划目标的要求，把对社会生产各部门的投资按轻重缓急加以排列，从而就会对整个社会投资方向起到示范作用。在这里，国家投资实际上是投资方向的信息的载体，对各部门各企业的投资决策起着信息调节的作用。

第三，承担市场调节不能解决的投资多收效慢但对国民经济发展却十分需要的关键部门的投资，如负责对能源、交通等基础设施的建设，为社会生产按比例发展创造必需的物质条件。

此外，国家规定的投资政策，包括国家对银行信贷资金的投资性使用及企业自筹资金的投资性使用所做的有关规定，也是调节社会生产比例的重要手段。

## 三、社会生产比例的特殊调节形式

在有计划的商品经济条件下，社会生产比例的调节形式除了上述两类外，还有一类特殊的调节形式。这类特殊的调节形式包括指令性计划调节和单纯的市场调节。社会生产比例的指令性计划调节和单纯的市场调节，虽在有计划的商品经济条件下，不是社会生产比例的普遍形式，但在一定范围内还有着存在的必然性，因而绝不能有所忽视。

1. 指令性计划调节

所谓指令性计划，就是国家下达给企业的必须执行的约束性计划。这是一种直接控制形式。在有计划的商品经济条件下，指令性计划应该在市场这个"黑箱"已经被打开而成为"白箱"的条件下来运用，也就是说，必须在人们对价值规律的作用从而对市场调节的要求有了充分的认识和把握的范围内，才能正确地运用。根据现阶段人们的自觉性程度，这一范围是非常有限的。

但是，我们也不能排斥指令性计划在非上述意义的范围内存在。第一，在国民经济严重失衡，供求比例严重失调，靠指导性计划和市场机制难以在较短时期内恢复平衡和实现计划目标时，对严重供不应求并影响国计民生的短缺商品，下达指令性计划是必要的。原因是，辅以行政压力的指令性计划，在有效地控制使用价值生产任务及分配稀缺物资方面，有独到之处。第二，在市场机制不完善，价格体系不合理，价格信号扭曲的条件下，不能忽视指令性计划的作用，它作为一种数量指标调节企业活动，对防止市场机制的自发性有积极的意义。即使如此，我们也不能忽视指令性计划的弊病。由于现在的指令性计划并不是在人们已经自觉认识和掌握了价值规律的基础上实行的，因而难免会存在以下几方面的问题：第一，计划往往带有主观性，往往与客观实际相矛盾，特别是跟不上瞬息万变的经济形势变化。第二，计划对执行者来说是刚性的，因而不灵活，难以随时根据供求变化校正其中的失误部分。第三，它捆住了企业的手脚，不利于企业主动性和积极性的充分发挥，其结果必然是微观经济效益差。因此，我们在实行指令性计划时，必须要注意以下几方面的问题：

一是指令性计划的范围目前应限于短缺的有关国计民生的产品。

二是指令性计划不能囊括企业的全部生产计划。企业可以在完成指令性计划以外，自主地根据市场需要进行生产，以弥补指令性计划的不足。

三是指令性计划的制定要依据价值规律，并且它的实施也要利用价值规律。国家在下达指令性计划的同时，要以极大的注意力调节按指令性计划生产的产品的市场流通、市场价格及信贷，以保证指令性计划有效实现。

2. 单纯的市场调节

前面已经说过，在有计划的商品经济条件下，自觉经济过程的机制目前还不能嵌满全部经济过程。计划机制也不能全部嵌满市场机制。因此，必然有一部分经济过程，要由单纯的市场机制自发调节，体现价值规律的自发作用。在这里，价格随供求自发波动，生产者自发地随价格变动而进行生产决策。这一块经济在整个国民经济中不占主导地位，对计划经济起辅助作用。在计划经济条件下，单纯市场调节的单纯性也是相对的。它们处于有计划的商品经济的汪洋大海中，这种经济活动与计划经济有千丝万缕的联系，其原料来源、销售市场、技术力量等都要依赖有计划的商品经济。因此，即使是这一块经济的生产比例，也要受到计划经济的制约。

从发展趋势看，随着计划经济的发展，随着人们对经济规律的认识程度的提高，自觉经济过程机制将逐步嵌满客观经济过程，这种单纯市场调节经济的范围将逐步缩小。但是，这需要较长的过程。现在则需要强调这块经济的稳定性，而且允许在一定的时期内有所扩大和发展。

# 论企业活力与企业行为约束[*]

卫兴华　洪银兴　魏　杰

## 一、增强企业活力

企业是国民经济的细胞。企业有了活力，国民经济的有机体才会有盎然的生机。我们所讲的增强企业活力，就是增强企业自我改造和自我发展的能力，即增强企业作为商品生产者和经营者的活力，这种活力必须纳入社会主义经济的运行轨道。企业作为商品生产者和经营者所具有的活力，应该是与社会主义生产目的及社会主义国民经济的整体运行协调一致的，是和社会主义的社会利益及社会经济效益相统一的。那种脱离社会主义全局利益和整体效益、通过损害国家和消费者利益而增殖起来的"活力"，绝不是我们这里所要增强的企业活力。因此，增强企业活力包括不可分割的两方面内容：其一是通过各种途径调动企业的内在积极性和主动性，为企业活动提供良好的运行环境，使企业具有不断增强自己活力的能力和条件；其二是通过建立和完善各种约束机制，纠正企业在增强自己活力过程中可能出现的偏差，使企业作为商品生产者和经营者所具有的活力服从于国民经济的整体发展要求，保证国民经济的良性循环。

如何才能使企业增强活力呢？我们认为应该做到如下几点：

---

* 原载《学术月刊》1986 年第 4 期。

### （一）必须使企业有自己相对独立的目标，并允许企业为实现自己的目标而努力

企业活力是在企业追求自己相对独立的目标中发展起来的。企业只有有了自己相对独立的目标，才会千方百计地去追求和增强自己的自我改造和自我发展的能力。如果企业只是被动地完成国家规定的目标，那就往往会隐瞒和低报自己的实际生产经营能力，并强调生产经营中的种种困难，过度向国家要求各种投入。因此，如果不承认企业相对独立的目标，不允许企业努力追求自己的目标，那么增强企业活力就是一句空话。

企业的相对独立的目标由三方面构成：第一，企业利润最大化。在社会主义商品经济条件下，企业具有社会主义企业和商品生产者的双重身份。作为前者，它必须以满足全体劳动者的需要为己任；作为后者，它要谋求自身的商品生产者利益。这样的双重目的可以用利润最大化目标来概括。利润最大化目标体现了社会主义生产目的和商品生产目的的统一。首先，从利润的形成来看，利润总是要由一定的使用价值来承担，只要企业是通过改进技术、降低成本、提高经营管理水平、使产品适销对路等途径谋取最大限度利润，那么利润的增大就为满足社会需要提供了物质基础，意味着社会需要满足程度的提高。其次，从利润的分配来看，国家作为全民的代表参与利润分配，企业利润中的相当部分要形成社会纯收入，企业利润增大意味着企业向社会提供了更多的剩余劳动。因此，利润最大化应该是企业目标的重要组成部分。第二，企业职工收入不断提高。企业活力主要取决于企业全体职工的生产积极性和主动性，而不断地提高企业职工收入，则是调动企业职工生产积极性的重要方式。因为企业范围的联合劳动是结合在企业内部的劳动者的共同谋生手段，劳动者的个人利益要在企业行为中得到满足。不断地提高企业职工收入能促进职工从自身利益上关心企业经营成果，从而迸发出增进企业利益的内在动力。因此，不断地提高企业职工的收入，是企业目标的不可缺少的组成部分。当然，这里所讲的不断提高企业职工收入，并不是指无条件地盲目地增加，而是指在企业经济效益提高的前提下，按照劳动生产率的增长状况而适度地提高企业职工的收入。因此，关键是通过工资、奖金、利润分红等形式，将职工收入同企业的经营成果联系起来，使每个劳动者在各自的岗位上以主人姿态进行工作，人人关心企业的经营，人人重视企业的效

益，从而增强企业的活力。第三，争取社会赞誉。这是一个非经济性目标，但对企业活力的增强有很大的作用，所以它也应作为企业目标的一个重要方面。一般来说，企业为了谋求社会赞扬并获得先进称号，必然要努力改进经营管理，节约劳动消耗，创优质产品，提供优质服务，关心消费者利益，并不断更新自己的技术和工艺。所有这些，都会使企业的自我改造和自我发展能力不断得到加强。

当然，上述企业目标的三个方面，有时也会和社会公共目标发生矛盾，它们自己之间也有矛盾。但这可以通过一系列方式加以协调，并不妨碍把它们作为企业目标。这里有两个问题要分清：第一，利润最大化等应该作为企业的相对独立目标，它们是增强企业活力的重要力量；第二，以利润最大化等为内容的企业相对独立目标，往往也会和社会公共目标发生矛盾，需要加以调节。在这里，绝不能因为后者而否定前者，也不能因为前者而忽视后者，而是要把两者结合起来，既承认前者，同时又强调后者。只有这样，才能正确理解企业目标问题。

### （二）将日常的经营决策权交给企业，使企业具有增强自己活力的能力

企业没有日常的经营决策权，就不可能增强自己的自我改造和自我发展能力，谈不到增强自己的活力。因此，必须将日常的经营决策权交给企业。现在的问题是，究竟应该将哪些经营决策权交给企业。对于把生产方向和生产规模决策权、经营方式决策权交给企业，理论界的意见基本上是一致的。关键的问题是应该不应该把一部分投资决策权交给企业。我们认为，企业如果没有一定的投资决策权，那么，不仅前面的那几种决策权无法实现，而且也不可能实现重大技术进步，更无法适应市场变化和主动开拓市场，从而就谈不到增强自己的自我改造和自我发展能力。因此，应该将一部分投资决策权交给企业。当然，企业有了投资决策权也会产生某种盲目性，但这可以通过一系列措施加以纠正，不能因此而把应交给企业的那部分投资权抓住不放。应该指出的是，我们不能把近几年出现的投资盲目性归罪于企业有了部分投资权。近几年出现的投资盲目性主要是由价格扭曲、没有由企业承担投资风险的机制、国家未能很好利用一些经济杠杆引导企业投资等多种原因造成的。只要我们将一定的投资权交给企业，并同时加强监督和引导，那就必然会极大地增强企业活力，社会经济发展也可以从企业活力中获得裨益。

为了使企业真正具有上述的经营决策权，在实际经济活动中增强自己的活力，那就必须让企业掌握相应的财力。也就是说，企业活力的增强，需要有财力保证。有经营自主权，但无财力保证，回旋余地小，经营自主权就会落空。企业活力的财力保证，首先是保证企业有自我改造和自我发展的资金。这不但要求企业资金（包括企业自行积累的资金）不能平调，而且还要求允许企业自主地灵活地筹措社会资金，包括向银行贷款，在政策许可范围内引进外资，以及向集体和职工集股等，有效地利用各种经济成分的资金，加速企业的发展。其次，要保证企业有贯彻社会主义物质利益原则的必要财源。企业无论是按照按劳分配原则鼓励和奖励职工，还是发展集体福利事业以调动职工积极性，都要求企业要有一定的财力。为使企业具有增强活力所应有的财力，必须做好两方面的工作：一是国家对企业的税负不宜过重，"欲将取之，必先予之"。根据其他社会主义国家的经验和我国的实践，企业税后留利必须保持在 20% 以上。二是减轻企业的不合理经济负担，杜绝四面八方向企业伸手的不合理摊派。有人担心，企业钱多了会不用于正道，导致宏观失控。其实，这些问题的产生不在于企业可支配的收入的多少，而在于企业对自己的经营状况是否真正承担责任和风险，国家对企业的宏观调节手段是否完善。这两个问题真正解决了，企业的钱多了也就会有利于增强自己的活力。

**（三）建立增强企业活力的激励机制，激发企业自我改造和自我发展的内在动力**

增强企业活力的最终目的是充分挖掘潜藏于企业的经济潜力，充分调动其主动性、积极性和创造性。为此，需要在将企业的活动放开的同时形成一定的激励机制。这种激励机制包含于社会主义物质利益关系之中，其关键是要承认企业利益。大家知道，社会主义劳动对劳动者来说还主要是谋生的手段，是实现他们的物质利益的手段。现实中每个劳动者如果以生产者的身份出现，那他首先就要和企业直接发生关系，并通过企业和社会发生经济关系。也就是说，劳动者要从事劳动，就必须首先联合在企业范围内，同企业占有的生产资料相结合。这样，劳动者的劳动就成为企业范围内的总体劳动，企业总体劳动成为联合在企业范围内的劳动者的共同谋生手段。于是，劳动者的收入就不仅取决于本人提供的劳动，而且还取决于企业总体劳动的成果，特别是取决于企业的经营管理状况。由此可见，企业不仅是单纯的生产主体，而且是具有特定利益的利益主体。

承认企业利益相对独立性的现实表现，是企业实行自负盈亏。它同自主经营是一对孪生子。如不实行企业的自负盈亏，企业的自主经营就会落空。自负盈亏意味着企业对自己的经营状况承担全部经济责任和风险。企业之间经营状况不同，彼此实现的企业利益就有差别，这表现为税后留利的差别。其后果是不同企业有生产条件的差别、集体福利事业的差别、劳动者报酬的差别。这样一来，企业内部就会萌发出关心企业经营成果的内在动力和压力。

企业相对独立的经济利益被承认后，接下来的问题是企业的利益在什么样的关系和联系中实现。这对企业来说便是期待联系。期待谁？大致有两个：一个是国家，一个是市场。在过去的体制中，收入往上缴，支出向上要，盈利得不到好处，亏损国家补贴。这是企业共国家产、吃国家大锅饭的期待联系。这种期待联系决定了企业缺乏改进技术、改善经营管理、关心社会需要的动力和压力。随着企业活动放开和实行利改税的新体制，企业开始实行自负盈亏，国家的宏观控制也由过去的以直接控制为主转为以间接控制为主。在这种情况下，企业的期待联系应主要是市场。但是，现在企业对国家的不必要的期待联系尚未完全解除。企业能留多少利，能以什么样的比例增加职工收入和奖励职工，能以什么样的比例发展生产，这些都仍然同完成国家计划指标挂钩。在这样的期待联系中，企业往往是在国家计划指标中寻找对策。加之各种经济杠杆不配套，监督系统不完善，所以经常出现人们所说的"上有政策，下有对策"的情况。因此，必须切断国家与企业之间的"父子"关系，将企业的期待联系由国家转向市场，将激励机制建立在企业对市场的期待联系中，这是与企业商品生产者地位相适应的激励机制。一旦企业的期待联系转向市场，企业的经济利益同其市场实现成果紧密联系起来，企业的全部活动就被推入市场。市场的等价交换关系客观地承认不同企业之间因劳动成果不同而产生的经济利益差别，默认不同企业间不同等的经营管理水平和技术水平和不同等的企业积累水平是"天然特权"。只要国家以适当的形式消除了影响企业间利润差别的客观因素（如国家资金分配不均，价格不合理，自然条件有差别等），那么，市场形成的竞争关系这种外在经济压力就会变成企业的内在动力，企业的主动性、积极性和创造性就会充分发挥出来。

### （四）完善市场机制，为增强企业活力创造良好的外部环境和条件

要增强企业活力，就必须完善企业活动的外部环境和条件，其中主要是完善对增强企业活力有决定意义的市场的环境和条件。具体来说就是：

第一，为企业创造良好的运行环境和条件。企业的运行环境和条件是：劳动力能够合理流动、适时更替；资金能够灵活融通、迅速周转；生产资料能够及时输入和输出；产品能够自由流通；生产条件能够及时更新；技术能够迅速交流和推广；信息能够及时而迅速传递等等。为了保证企业能够良好运行，增强自己的活力，就要满足企业运行所要求的这些环境和条件。在社会主义商品经济条件下，这些环境和条件是靠完善市场体系来实现和满足的。具体来说，就是要建立和发展生产资料市场、职业"市场"、资金市场和技术与信息商品市场。发展生产资料市场的关键是做好三个方面的工作：搞好生产资料价格体系的改革，实行放、调结合的方针，逐步把生产资料价格理顺；改革现有的物资供应体制，彻底改变企业吃国家"大锅饭"的状况；建立健全生产资料市场的基础设施和有关法令。建立职业"市场"，首先要解决认识问题，不能因为实行社会主义的职业"市场"，就认为劳动力成了商品。职业"市场"只是就业的形式，不具备劳动力转化为商品的实质。其次是确定职业"市场"的形式和原则，保证职业"市场"的正常运行。最后是正确对待和解决在实行职业"市场"过程中出现的实际问题，以体现社会主义制度的优越性。建立资金市场，一是加快银行体制的改革；二是开展多渠道、多层次、多形式的资金运动；三是创建股票、债券、票据等多种金融工具；四是逐步发展多种金融机构。发展技术与信息商品市场，必须制定保证技术与信息商品市场正常运行的有关法令，掌握好技术与信息商品的市场价格，建立健全技术与信息商品市场所需要的独特基础设施。

第二，为企业创造良好的竞争环境和条件。这是增强企业活力的关键一环。为此，必须做到：（1）消除条块分割和封锁，打破"部门所有制"和"地区所有制"所形成的各种阻碍竞争的壁垒；（2）把过去市场中大量存在的那些特殊待遇、种种照顾、"关系"，以及各种保护落后的做法，统统从经济活动中排除掉，以使竞争公平、合理；（3）破除各种各样的垄断，同一产品和劳务不仅要由足够数量的企业进行生产和经营，而且还要由不同所

有制的企业参加生产和经营；（4）市场的各种经济参数（包括价格、利率、汇率等）的形成要有利于竞争的展开，硬性地人为地盲目规定经济参数（如硬性规定畸高或畸低的价格），都是不利于竞争的；（5）取消各种不必要的限制企业进入或退出市场的规定，使企业能够在政策允许范围内，既容易进入市场，又能在需要转产时退出市场；（6）形成买方市场，没有买方市场是不可能开展有效竞争的，因此要力求尽快改变因经常性短缺所形成的卖方对买方具有垄断地位而不利于竞争的状况。

第三，为企业创造良好的反馈环境和条件。企业只有在市场能为自己提供正确的信号并对自己产生足够的强刺激下，才能不断增强自己的活力。这就要求有良好的反馈环境和条件。为此，必须使价格、利率、供求等市场机制很好地发挥作用。价格作为利益范畴和供求关系的指示器，是市场机制的动力要素。发挥价格作用的关键是放活价格，让其能依据劳动生产率和供求关系的变化，围绕着价值上下波动。这就要求我们必须改变现行的价格体系。在还不完全具备改革整个价格体系的条件下，应该实行固定价格和浮动价格相结合的价格体系，并扩大浮动价格的范围，一直到最后把价格完全放开。利率是重要的市场机制要素，它对于企业的生产方向和规模、投资的方向和规模，有着重要的制约作用。因此，要使企业增强活力，就必须完善利率这个市场机制要素，既使利率能反映资金的稀缺程度，又使它的变化能调节企业对资金的需求和运用。发挥供求这个市场机制要素的作用的关键，是争取供求大体平衡，并使供给略大于需求，以防止出现供不应求的紧张局面。这就要求对需求有适当的抑制。社会分配过程是需求形成的最终根源，因此，对需求的控制应以对社会分配过程的宏观控制为主。

## 二、企业行为约束机制

我们在分析了如何增强企业活力之后，还需要进一步说明如何使企业活力符合国民经济发展的总体要求。

使企业活力符合国民经济发展的总体要求的关键，是要建立企业行为约束机制。企业行为约束机制主要包括两个方面：一方面是企业的可支配收入和资金所形成的预算约束，这是企业内部的约束条件；另一方面是在企业活动放开后，国家通过各种途径造就约束条件，以形成企业行为的自动控制机制。具体来说，企业行为约束机制主要有以下几种：

## （一）市场约束

市场约束就是市场实现条件的约束。这是企业在 W—G 的致命跳跃中的风险。大家知道，企业进入市场后会遇到三个方面的竞争：一是同消费者竞争，其产品要受到消费者的检验和选择；二是同生产同种产品的生产者竞争，主要是争夺销售市场；三是同生产不同产品的生产者竞争，在替代关系方面争夺市场。这些竞争集中表现为市场价格和利率的变动。由于价格和利率直接影响销售收入，从而影响企业利润，所以企业的自主经营便不能随心所欲，而是必须自动地服从市场价格信号和利率信号的调节，按照价格比例和差别、利率变动决定自己的投资方向和生产方向，按照价格总水平和利率总水平变动决定自己的投资规模和生产规模。在企业行为受市场约束之后，国家计划调节就把主要力量集中在调节市场上，通过和借用市场约束力来实现自己的设计意图。也就是说，计划通过调节市场而约束企业行为，使企业活动符合国民经济的总体发展要求。因此，社会主义的市场约束，实际上就是计划控制下的市场约束，归根到底是服从计划约束。

## （二）预算约束

预算约束就是以预期收入控制支出。微观经济学在分析企业及家庭经济活动时，提出了预算线的概念，即：家庭或企业在选择甲乙两种商品时，可以根据自己收入多寡和甲乙两种商品的相对价格高低划出一条预算线，在预算线内的是可以实现的购买，在预算线外的是不能实现的购买。对家庭或企业来说，这种供给（收入）对需求（支出）的约束，不是事后结算，而是事前的行为约束。在企业活动放开后，国家对企业只要有较硬的预算约束，企业的扩张冲动和过度增加职工收入的消费欲望，就会受到有效的约束。哪些商品该买而哪些商品不该买，扩大投资规模还是缩小投资规模，哪些钱该发而哪些钱不该发，均取决于企业自己能够支配的收入的大小、价格和利率的信号，以及自己对借款的偿还能力等。由此便形成企业自我约束和自我控制的机制。这里需要指出的是，较硬的预算约束不是指企业可支配的收入越少越好，而是指以较硬的税收、财政、银行信贷制度，保证企业严格按照自己的资金和收入安排支出，有多少钱办多少事。我们过去的体制实际上是软预算约束，政府会提供名目繁多的财政补贴，动辄减免税收，利用税前利润归还贷款，降低利息率等等。企业支出即使超过预算收入，也无关紧要，有国家财政和银行这两家"保险公司"兜着。由于企业扩张冲动欲望没有约束，所以，固定资产投资规模失控便在所难免。企业活动放开后，倘若这种软预算约束不硬化，不仅固定资产投资失控的旧病会复发，而且还会产生由消费欲望无法遏制所引起的消费基金失控的新病。在这种状况下，当然谈不到增强企业活力。因此，由软预算变为硬预算是增强企业活力的重要保证。

## 三、法律约束

法律约束是保证社会主义经济正常运行的条件。企业活动越是放开，越要强化法律约束。法律约束大致包括下述几个方面：一是通过经济法规惩办企业弄虚作假损害消费者利益的经济行为，保证企业的社会主义经营方向；二是通过经济法规保证经济机制运行所无法解决的公共利益问题，如通过环境保护法防止环境污染等；三是通过经济法规保证社会主义各经济单位之间的正常联系，如通过经济合同法维护各企业的正常联系等；四是通过经济法规如成本法、会计法、统计法、银行法等，使企业不能随意突破预算约束。

总之，在将企业活动放开、增强企业活力的同时，必须在企业激励机制和行为约束机制方面实行配套改革，以使其相互间能够协调运行。这样，不但企业活力有了保证，而且宏观控制也有了基础，最终可消除困扰我们几十年的"一放就乱，一管就死"的恶性循环，从而使微观经济和宏观经济协调发展，使整个国民经济机体充满活力。

# 论总供给与总需求平衡<sup>*</sup>

## 卫兴华　　洪银兴　　魏　杰

　　宏观经济有两个层次的比例：一是社会生产各部门之间的比例；二是总供给与总需求之间的比例。后一层次的比例与前一层次的比例相比，是高层次的比例，是关系宏观大局的比例，它的失调会酿成全局性危机。但是我们在过去的一个很长时期内，却没有能够很好地认识到这一点，往往把宏观调节单纯地解释为调节社会生产各部门之间的比例，宏观调节过程也随之被解释为国家通过指令性计划形式向企业分摊宏观计划任务。这样做的结果是不但束缚了企业手脚，而且也没有能很好地保证宏观平衡。因此，认真研究总供给与总需求平衡的内容、失衡的主要原因及调节总供给与总需求比例的机制和过程，是摆在我们面前的一项重大任务。

## 一、总供给与总需求平衡的内容

　　总供给与总需求范畴是现代西方经济学中极为流行的概念。我们现在使用这两个范畴，主要是出于以下三方面的考虑：

　　第一，过去的国民经济综合平衡虽然也包括社会总产品的供求平衡，但平衡的重点是实物量的平衡。在有计划的商品经济运行中，由于货币流通的加入，社会产品的平衡就不仅仅是实物量的平衡，更为重要的是价值量的平衡。特别是在宏观层次中，如单就实物量来看，国民收入的生产和使用是相同的量，不存在国民收入的超分配问题，但从价值量上看，从货币形式上看，国民收入的超分配不是不可能的。我国 1984 年下半年宏观失控的主要

　　* 原载《管理世界》（双月刊）1986 年第 6 期。

原因就在于国民收入超分配。随着经济体制改革的深入，按指令性的实物量计划生产的商品将相应地适当减少，国家将主要是从价值形式上对国民经济活动实行间接控制，这样，社会总产品的价值总量及其构成的平衡，对于国民经济平衡具有了全局性影响。因此，在有计划的商品经济条件下，社会总需求和总供给之间在总量和构成上的平衡，是国民经济综合平衡的主要内容。

第二，在新的经济体制下，微观经济活动逐步放开，社会主义经济运行实际上已分为微观和宏观两个层次，它们各自都有相对独立的运行内容和过程。与此相应，对国民经济活动的分析也包括微观和宏观两个层次，国民经济管理也分为微观和宏观两个层次。在宏观分析和宏观管理中不可缺少的总量指标是总供给和总需求。我国 1984 年下半年出现的固定资产投资膨胀、消费基金膨胀、信贷膨胀等宏观失控现象，实际上都属于总需求膨胀，都反映了总供给与总需求关系的失衡。这表明：在新的经济体制下，客观经济过程需要用总需求与总供给范畴来概括和反映自己的运行规律。

第三，虽然马克思在其著作中没有使用宏观经济、总需求、总供给等术语，但实际上他们已在社会再生产理论中论述过有关总供给与总需求的内容和形式。例如，马克思曾描述了社会经济过程中相互联系但又有区别的两种比例：一种是社会生产各部门之间的比例。一种是生产与有支付能力的需求之间的比例。在马克思看来，后一种比例不仅要受到不同生产部门之间的比例的限制，而且还要受到社会消费力的限制，而社会消费力又取决于一定的分配关系。① 马克思在这里谈到的生产与有支付能力的需求的比例，虽然并不完全等同于总供给与总需求的平衡关系，但它实际上就是总供给与总需求平衡关系的一种形式。列宁在这方面对马克思的思想进行了进一步的阐发："根据马克思的理论，可以得出如下结论，即甚至在社会总资本的再生产和流通理想般匀称的情况下，生产的增长和消费的有限范围之间的矛盾也是不可避免的。"② 列宁在这里所讲的生产增长与有支付能力的需求的矛盾，从一定意义上说，就是总供给与总需求失衡的一个表现。这表明，即使社会劳动在各部门的分配是合比例的，但也不能保证总供给与总需求的平衡。因

---

① 《马克思恩格斯全集》第 25 卷，人民出版社 1972 年版，第 272～273 页；《马克思恩格斯全集》第 26 卷，人民出版社 1972 年版，第 595、610 页。

② 《列宁全集》第 4 卷，人民出版社 1959 年版，第 71 页。

此，社会主义经济中的宏观调节，不仅要注意社会生产的合比例，也要注意总供给与总需求的平衡。在一定意义上说，后者的平衡更为重要，它是关系宏观大局的比例，它的失调会酿成全局性危机。

总之，在有计划的商品经济条件下，随着国家宏观管理模式的转换，社会主义经济理论必须开展对总供给与总需求平衡问题的研究。当然，我们在研究总供给与总需求平衡问题时，绝不是完全照搬西方经济学的总供给与总需求范畴，而是根据我国社会主义经济的本质要求，对这两个范畴的内涵进行了改造，赋予了新的内容。

社会的总供给与总需求，最一般地说，是社会总产品或国民收入的供给与需求。社会总产品是一个国家的物质生产部门的劳动者在一定时期（通常为一年）内生产出来的物质资料（生产资料和消费资料）的总和。其价值形态为社会总产值，其中包括转移的生产资料价值（C）和新创造价值（V＋M）。如果技术无重大突破，社会生产的物质消耗（C）是相对稳定的量。于是，社会总供给与总需求便突出表现为国民收入的供给和需求。

从总供给方面分析国民收入，它有两种计算方法：一种是生产法，一种是分配法。按生产法，国民收入从使用价值形式看，是从事物质资料生产的劳动者在一定时期内新创造的物质财富，国民收入从价值形式看，是社会总产值减去生产资料转移价值的部分；按分配法，它是参与生产过程的各种要素获得的收入（工资、利息、租金和利润）的总和。各种收入形成后，还有进一步的分解：一部分以税金形式缴给国家，一部分用于生活消费，余下部分进入储蓄。这里需要指出的是，分配法是从生产过程的各种要素获得的收入形式表示供给的。因此，从总供给方面分析的国民收入有下列表达式：①

$$国民收入 = V + M$$
$$= 工资 + 利息 + 租金 + 利润$$
$$= 消费 + 储蓄 + 税金$$

从总需求方面分析国民收入，它是一个国家的积累基金和消费基金的总和。这是一国在一定时期内用于投资和消费的总支出。西方宏观经济学的总需求构成中包括政府支出。在我们这里，政府支出实际上仍然分为积累基金

---

① 这里的分析撇开了进出口对总供给与总需求的影响。

和消费基金。因此，从总需求方面分析的国民收入有下列表达式：

$$国民收入 = 消费基金 + 积累基金$$

由于总供给与总需求都以国民收入为基础，因此，两者在总量上应该相等，即：

$$总供给 = 总需求$$

$$消费 + 储蓄 + 税金 = 消费基金 + 积累基金$$

总供给与总需求平衡包含哪些内容？我们可以根据马克思的再生产理论做出解释。马克思认为，社会总产品的实现条件是两大部类的平衡关系，即 $I(V+M) = IIC$。将这一公式进一步展开，则可反映扩大再生产条件下总供给与总需求平衡的客观内容。

如下式：

$$\frac{I(V+M)}{a} + \frac{II(V+M)}{b} = \frac{I(\Delta C + \Delta V) + II(\Delta C + \Delta V)}{c}$$

$$+ \frac{I\left(V + \frac{M}{X}\right) + II\left(V + \frac{M}{X}\right)}{d}$$

式中，a 和 b 分别为生产资料和消费资料供给，c 为两大部类的积累基金，d 为两大部类的消费基金。

等号左边为国民收入的总供给及其构成（生产资料和消费资料）；等号右边为国民收入的总需求及其构成（积累基金和消费基金）。根据公式，总供给和总需求的平衡关系包含下述两方面要求：

第一，总供给与总需求在价值量上的平衡，即货币形式的收入总量（V+M）与支出总量（积累基金 + 消费基金）的平衡。如果支出总量超过收入总量，经济发展便会出现不稳定因素，直至出现通货膨胀，导致经济的波动。

第二，总供给与总需求在实物量上的平衡，即国民收入分为积累基金和消费基金的两项需求，必须同两大部类产品的供给结构相适应。一般来说，积累基金向生产资料提出需求，消费基金向消费资料提出需求。不可忽视的是，积累基金中的 ΔV 也会向消费资料提出需求。现阶段基本建设投资中一般有 40% 左右的资金要转化为建筑工人及其他领域的工资基金，需要用消费资料来满足。

以上分析表明，我们所使用的总供给与总需求范畴，和西方宏观经济学中的总供给与总需求范畴并不完全相同，或者说我们对它们进行了某些方面的改造。

第一，西方宏观经济学对总供给与总需求平衡关系的分析，抹杀了资本主义经济危机的实质，企图以有效需求（其中包括投资需求）不足，来偷换生产无限制扩张和人民群众支付能力相对缩小的矛盾，从而掩盖资本主义经济的本质矛盾。我们在使用总供给与总需求范畴时，剔除了这种反映资产阶级利益的观点，仅仅从分析和概括宏观经济的运行过程来考虑。

第二，西方宏观经济学中的总供给与总需求范畴的依据，是庸俗资产阶级经济学的鼻祖萨伊的三位一体公式，即资本、土地、劳动这三种生产要素创造利润、地租、工资这三种收入，认为资本在生产中带来利润，土地在生产中带来地租，劳动在生产中带来工资，这三种生产的结果成为总供给的构成。我们在使用总供给与总需求概念时摈弃了这一理论。我们明确规定，国民收入是由物质生产部门的劳动者创造的新价值（V＋M）。我们在进行宏观经济分析时虽然有时也说国民收入是利润、租金、工资和利息的总和，但我们明确指出这几种收入不是资金、土地等生产要素创造的或生产的，而只是参与生产过程的各种要素在国民收入分配过程中取得的收入的形式。就是说，我们是从国民收入分配结构方面使用利润、租金、工资等范畴的，而不是把这些范畴所表示的收入作为各种生产要素的创造物。

第三，西方宏观经济学对总供给与总需求平衡的分析，是从效用价值论出发的，而我们对它们的分析则完全是依据马克思的劳动价值理论和再生产理论而展开的。

第四，从研究的侧重点来看，西方宏观经济学对总供给与总需求平衡的分析，重在刺激需求以解决生产过剩的危机，而我们则是注重控制需求，以防止需求膨胀。

第五，西方宏观经济学对总供给与总需求的研究是以资本主义私有制为基础的，其总需求中的投资需求主要是指私人（企业）投资，总供给中的储蓄主要是指私人（企业）储蓄，因而调节供求平衡的重点在于保证储蓄等于投资。而我们这里所研究的是公有制商品经济条件下的宏观总量平衡，投资不是或者主要不是私人投资。因此，我们尽管承认储蓄在调节总供给与总需求平衡中的功能，但我们考虑更多的是国民收入分为积累基金和消费基金的比例。

在社会主义经济中，一般来说，在一定时期中，总供给是一个既定的量。因此，宏观总量平衡的重点是控制总需求，使之适合总供给。其现实过程便是调节国民收入在积累和消费之间的分配比例，实现国民经济的最优增长。

经济增长与积累率密切相关。马克思指出："生产逐年扩大是由于两个原因：第一，由于投入生产的资本不断增长；第二，由于资本使用的效率不断提高。"① 用公式表示，则为：国民经济增长速度 = 积累效果 × 积累率（积累效果是指每百元积累增加的国民收入）。如果积累效果既定，为达到预期的速度就必须提高积累率。但是，积累率的确定不能随心所欲，它依赖于一系列客观制约因素。

第一，它受国力制约。安排积累和消费比例的物质基础是现有国民收入。在社会主义社会，无论是积累基金还是消费基金，都有首先需要满足的部分。在正常情况下，积累基金的最低限是社会就业人口（包括原有就业人口和新增就业人口）的技术装备不能低于平均技术装备程度。消费基金的最低限是社会成员（包括原有人口和新增人口）的平均消费水平不能降低。积累基金的最低限制约消费基金的最高限。在安排国民收入时，首先要满足两者的最低需要，然后再根据各个时期的具体情况，在积累的最低限和消费的最低限之间确定适度积累率，以保证实现最优的经济增长速度和最大限度地提高人民消费水平。

第二，它受社会产品的物质构成的制约。积累基金主要用于扩大再生产，用于基本建设投资，因此必须和社会所提供的追加的生产资料产品相适应。此外，积累基金中相当一部分要用于建筑工人和其他追加劳动力的工资，从而会对消费资料提出需求。如果积累率过高，便会使生产资料市场和消费资料市场的供应极度紧张，出现总供给与总需求在实物量和实物构成上的失衡。

第三，它受市场承受能力的限制。马克思在《资本论》中明确指出了固定资产投资过猛的危害性："一方面，货币市场受到压力，……是因为在这里不断需要大规模地长期预付货币资本。……另一方面，社会的可供支配的生产资本受到压力。因为生产资本的要素不断地从市场上取走，而投入市

---

① 《马克思恩格斯全集》第 26 卷，人民出版社 1972 年版，第 598 页。

场来代替它们的只是货币等价物。所以，有支付能力需求将会增加，而这种需求本身不会提供任何供给要素。因此，生活资料和生产材料的价格都会上涨。"针对这种情况，马克思告诫未来的社会主义社会"必须预先计算好，能把多少劳动、生产资料和生活资料用在这样一些工业部门而不致受任何损害，这些部门，如铁路建设，在一年或一年以上的较长时间内不提供任何生产资料和生活资料，不提供任何有用效果，但会从全年总生产中取走劳动、生产资料和生活资料"。①

我国历史上出现的几次宏观总量失控，大都起因于积累率过高。例如，1958～1960年，投资每年增长40.2%，积累率由1957年的24.9%陡增到1960年的39.6%，导致生产和建设出现大的起伏。1978年的"洋跃进"中，投资总额增长了22%，积累率上升到36.5%，导致国民经济不得不来一次大调整。1984年的宏观失控也主要表现在积累率过高，该年的积累率由1983年的29.7%上升到31.2%。经济实践反复证明，什么时候的积累率控制得合理，什么时候的总需求与总供给便基本处于平衡状态；什么时候积累率控制得不好，什么时候的总需求便膨胀，宏观总量失去控制。因此，社会主义国家需求管理的中心问题是控制和调节积累率。

## 二、总供给与总需求失衡的原因

在经济运行过程中，总供给与总需求的绝对平衡只是偶然的例外。总供给与总需求的不平衡有两种情况。一种是总需求略大于或小于总供给，这种情况可称为基本平衡；另一种是总需求过分高于总供给，即总需求膨胀，这种失衡危及宏观总量。这里分析的是后一种情况。

总供给与总需求因何原因失衡？这要从社会总产品的实物运动和价值运动谈起，从中可找到总需求膨胀的可能形式。

商品是价值与使用价值的对立统一。货币加入商品流通后，就使商品的使用价值和价值的矛盾外化为商品和货币的对立。货币流通加入社会总产品运动后，也会发生相同的情况。它使统一的社会总产品运动分解为实物运动和价值运动两个过程。后者的现实形式是货币运动。两者作为统一运动的两

---

① 《马克思恩格斯全集》第24卷，人民出版社1972年版，第350～351页。

个过程有着内在的联系和相互平衡的客观必然性。原因是，货币收入最初是在产品价值实现过程中形成的，货币收入总量由社会产品价值总量决定。由货币收入转化的货币支出，在社会再生产的平衡条件得到保证的情况下，其总量与构成，应同社会总产品的实物量及其构成相平衡。如果这种平衡遭到破坏，社会就会出现生产过剩或生产不足，货币过多或货币不足，社会再生产过程便会受阻。但是，正如货币加入商品流通，会使统一的商品买卖两个阶段发生分离、债务锁链经常遭到破坏一样，货币加入社会总产量运动，会造成价值运动和实物运动的分离，从而有可能使总供给与总需求失衡。其原因在于货币运动的相对独立性。社会产品生产出来以后，其价值转化为货币收入形式，到最后形成货币支出（需求）形式，需要经过一系列分配和再分配过程。其间参与的主体有国家（中央和各级政府）和各个自主经营的企业，经过的环节有财政、银行信贷和市场。国民收入在货币形式上出现超分配的可能性就潜伏在其中。这样，最终形成的货币形式的需求总量及其构成（积累基金和消费基金），同社会产品的总供给及其构成很有可能不相适应，形成总需求膨胀。

国民收入生产出来以后，首先在物质生产部门进行初次分配。个人、企业和国家分别以工资、税后留利和税金的形式取得自己的原始收入。这里涉及三方面的分配关系：第一是 V（工资基金）的确定，包括 V 的增长幅度的规定；第二是 M（利润）的分配，包括确定国家税收对企业利润分割的比例；第三是企业税后利润的分配，包括确定生产发展基金、福利基金和奖励基金的分割比例。这三方面分配过程难免会遇到国家、企业和个人三者利益的矛盾和摩擦。

在社会主义商品经济中，国民收入初次分配过程的一个重要特征，就是企业利润同职工工资不像资本主义经济那样反映资本家同工人的阶级对立。但不等于说企业可以随意地为满足企业职工的消费欲望而将企业留利分光用光。社会主义经济中需要形成一定的经济机制，在微观上防止企业将税后利润过多地转化为个人消费基金，以保证企业具有长期行为，在宏观上控制消费基金的膨胀。

国民收入经过初次分配而形成的原始收入，要在全社会范围内使用，还需要进入再分配过程。再分配环节除了给文教卫生及服务部门的劳动者提供服务而支付劳务费用外，影响总供给与总需求平衡的环节主要有以下三方面：

第一，国家预算。国家财政对国民收入的再分配主要通过国家预算进行。国家预算是指国家制定的年度财政收支计划，它由中央预算和地方预算组成。国家预算包括预算收入和预算支出两个方面。通过预算收入，国家把各部门以税金形式上缴的财政收入集中起来，再经过预算支出的形式，将集中的财政收入有计划地分配于经济建设、文化科学教育、社会服务设施、行政管理、国防建设等方面。国家预算收支有三种情况：一是盈余（收大于支）；二是赤字（支大于收）；三是平衡（收支平衡）。这三种情况对宏观总量平衡有不同的效应，第二种情况往往会造成总需求膨胀。随着经济体制的改革，微观逐步放开，国家预算集中和支配的收入在国民收入中所占比重将逐步下降，预算外收支有上升趋势，从而增大了出现总需求膨胀的可能性。

第二，银行信贷。银行信贷对国民收入再分配主要通过存款和贷款活动进行，它对国民收入进行再分配的手段包括两个方面：一方面是利率差别，其中包括存款利率和贷款利率的差别，以及不同项目、不同企业的贷款利率差别。另一方面是存贷款活动本身。银行信贷在不改变所有权的条件下，把社会暂时闲置的资金和收入集中起来，一是可以改变资金使用的主体，将甲企业的资金贷给乙企业使用；二是可以改变资金的使用方向，将用于消费的收入改变为用于积累的资金，或者相反；三是可以改变资金或收入使用的时间，将一部分收入或资金在银行沉淀下来，暂时不使用，一般来说，银行信贷资金的运动应与社会总产品运动相适应，从而使贷款有物质保证。但在现实中银行信贷有一种通过贷款创造存款的神奇力量。财政赤字引起的信用发行，银行自身的信贷膨胀，都可能造成货币形式的国民收入超分配。

第三，价格。价格是在流通领域再分配国民收入的。这里有两个途径。一个途径是通过价格体系（比价）。有的商品价格高于价值，有的商品价格低于价值，彼此间的不等价交换就会引起收入的再分配。工农业产品价格的剪刀差就是这样。另一个途径是通过价格水平波动。如果消费品价格水平普遍上涨，则会抵销一部分消费需求，降低人民的消费水平；生产资料价格水平普遍上涨，则会抵销一部分投资需求。但是，在其他条件不具备的情况下，如在软预算约束情况下，价格上涨不仅不会抑制需求膨胀，甚至还会诱发需求膨胀。

上述所指出的总需求膨胀的可能性，在短缺经济和软预算约束情况下，会成为总需求膨胀的现实性。

由于历史的、社会的原因，社会主义革命一般是在经济落后的国家取得胜利。因此，社会主义国家一开始面临的是经济普遍短缺（供不应求）。为了迅速恢复经济摆脱落后状况，社会主义国家一般采取高度集中的经济体制。但这种体制不能最终消除短缺。原因是这种体制是在资源约束型经济而不是在需求约束型经济基础上建立的。它与追求数量增长的经济发展模式相适应。从中央到地方直至企业都有一种追求产值增长、追求高速度的扩张冲动。中央对地方、国家对企业的考核指标是产值增长指标，企业与企业、地方与地方相互攀比的是产值增长速度。扩张冲动由高积累、高投入来实现，于是产生"投资饥饿症"，形成高积累、低消费、高速度、低效益的经济发展格局。

如果说短缺经济条件下的扩张冲动、数量增长是一种欲望和要求的话，那么软性预算约束则使这种欲望和要求得以实现。预算约束指企业的支出受它销售产品收入的制约。由于长期以来人们对国有制企业的误解，国家不会视企业困难而不顾，企业不冒投资风险，吃国家的"大锅饭"，因而企业的预算约束很软。于是，企业对国家资金有持续的吸纳机制，如增加投资、追求数量和囤积、对投资品的过度需求等。所有这些都可以通过国家的减免税、财政补贴、软性信贷及价格照顾等途径得到满足，这就留下了总需求膨胀的根苗。

高度集中的传统体制下的扩张冲动主要是国家行为。财政搞赤字，银行发票子，这时的宏观总量失控主要是预算内投资膨胀。经济体制改革以后，国民收入分配和再分配过程出现了多元经济主体，各级政府、部门、银行、企业都有了支配和筹措资金的权力，生活在短缺经济条件下的各个经济主体都有扩张冲动，热衷于在自己的权限内搞扩大再生产和其他非生产性基本建设。这时的扩张冲动就不仅有国家的行为，还有各个经济主体的行为。宏观总量失控不仅有预算内投资膨胀，还有预算外投资膨胀。我国 1984 年下半年出现的宏观失控就是这种情况。这时预算内投资在投资总额中的比重已不到 1/4，当年的预算内基本建设投资比上年增长 16.6%，而预算外投资比上年增长 33.8%。

在传统体制中，国家追求高积累低消费，消费基金膨胀不突出。随着经济体制改革，微观放开了，利益刚性问题也突出了：一方面，在过去的体制下对人民生活欠账过多，人们普遍希望通过改革得到实惠；另一方面，企业扩权后，工资与利润之间没有形成一种制约机制，企业领导人往往为满足职工增加消费的欲望，尽可能给职工多分一点儿。最终使职工收入增长速度超过劳动生产率的增长速度。与此同时，企业领导人为对付上级追求数量增长的要求，尽量借款搞积累。于是在新旧体制转轨过程中并发"投资饥饿症"和"消费饥渴症"，在固定资产投资膨胀的同时出现消费基金膨胀。

以上分析表明，在货币加入社会总产品运动的条件下，国民收入超分配的传导机制是：财政挤银行，企业争贷款，银行发钞票。过量供应的货币没有实物保证，必然导致通货膨胀。国民收入超分配最终以通货膨胀的形式表现出来。因此，这里还必须对社会主义条件下的通货膨胀问题加以分析。

通货膨胀的概念可规定为由纸币流通量过多所造成的纸币贬值和物价上涨的现象。根据这个定义，不能把所有物价上涨都视为通货膨胀。首先，通货膨胀是指价格总水平的上涨，在价格体系调整中部分价格水平提高不是通货膨胀。其次，通货膨胀所反映出的价格上涨，是由货币流通量过多而引起的，凡不是因货币流通量过多而出现的物价上涨，则不是通货膨胀。

关于通货，在这里需要做两点说明：

第一，流通中的货币不仅包括现金，而且还包括随时可以提取购买商品的那部分存款，这部分存款成为流通中的货币的原因，在于它能现实地作为购买手段和支付手段而发挥作用。企业在银行账户上的存款，也可以通过银行结算而实现商品购买。在现实经济生活中，通过银行账户存款实现的购买是大量的。宏观控制如不注意这一部分通货，就很难保证总供给与总需求的平衡。

第二，这里讲的通货是指现实流通的货币。经济过程中还有潜在的流通货币和潜在的货币必要量。潜在的流通货币是指暂不流通的货币，它不形成现实的购买力，如消费者持币待购在一定时期内留在手中的货币、银行暂不动用的存款等。潜在货币必要量是指由于储存等原因，商品暂不进入市场，因而不形成现实的货币必要量。我们必须注意到随着市场供求状况的变化，现实的流通货币量同潜在的流通货币量会相互转化，从而影响市场供求平衡和价格总水平的变化的情况。

通货膨胀既然是由纸币发行量过多而引起的价格上涨，其形成机制一般就有三种类型：

一是需求拉动的通货膨胀。这是由总需求过度增长所引起的通货膨胀。商品经济条件下的需求总是指货币形式的购买力，包括政府、企业和个人用于投资与消费的开支。需求可以被财政预算支出和银行信贷放大到某种程度，产生太多的货币追逐太少的商品和劳务的状况，从而拉动物价总水平上涨。

二是成本推进的通货膨胀。这是由于成本（包括工资、借款利息等）上升，特别是工资增长速度超过了劳动生产率的增长速度，提高了产品的销售价格。物价上涨后，为不影响工人收入，又要提高工人工资，于是出现工资与物价的"螺旋上升"。

三是需求移动的通货膨胀。当需求快速地由一个部门转向另一部门时，由于资源流动呆滞，资源不能及时地流向需求很大的部门，这时，需求过大的部门需要有较多的财政拨款，需要有银行的大量贷款，从而致使价格水平上涨。

上述引起通货膨胀的三个机制，存在于社会主义经济发展阶段的一定经济环境中。

首先，国民收入经过多元的分配主体，其中包括中央政府各部门和地方政府各部门、各个企业，以及企业化的各级专业银行。每个主体都有扩张自己所主持的事业的投资冲动。在各个主体都支配一部分收入的条件下，这种冲动也有了可能实现的条件。即使自身条件不具备，也可通过向银行借贷、向财政争投资等途径创造条件。如果不加控制，财政搞赤字，银行发票子，难免会出现总需求膨胀。例如我国 1984 年国民收入增长 13.9%，社会商品零售总额增长 17.4%，但是在这一年，由于一方面固定资产投资过猛，全民所有制单位投资增长 24.5%，另一方面消费基金增长过快，仅全民所有制职工工资总额就增长了 21.3%，财政赤字和信用膨胀影响货币发行高达 100 亿元，从而拉上了价格水平：当年钢材、水泥、木材价格上涨 9.6%，机电设备价格上涨 20%，并影响 1985 年零售物价指数达到 9%。

其次，现在的企业一般都有最大限度提高本单位职工收入水平的消费饥渴。在企业具有财权的条件下，企业会千方百计地增加职工收入，甚至不惜将企业利润分光用光。企业间也会在工资收入方面相互攀比，甚至可能将工资成本提高转移到产品价格上去，从而推动工资和物价的轮番上涨。这点必须引起我们的注意。

最后，在生产要素市场未充分开放和完善的条件下，缺乏社会劳动（生产资源）迅速地从一个部门流向另一部门的机制。本来，供不应求的部门的产品价格较高的信号，能调动社会劳动大量流入，从而将产品的高价降下来，但是现在的问题是生产要素迅速流动的机制未形成，致使供不应求的产品的价格居高不下。

社会主义经济要避免和克服通货膨胀，就必须通过经济体制改革，消除形成通货膨胀机制的经济条件。如果这种条件一时不能消除，那就必须加强宏观控制，努力防止和克服通货膨胀，将通货膨胀造成的危害限制在最低限度。

防止和克服通货膨胀，不等于只能对价格水平进行行政管制，形成通货膨胀的客观过程的机制是难以人为地管制的。价格管制下的抑止性通货膨胀会以另一种形式表现出来，如产品的普遍短缺、质量的普遍低劣、购买商品要排长队、黑市价格昂贵等。

当条件允许国家放弃对价格的行政管制后，主要是运用各种经济杠杆来调节价格水平，使之趋于稳定。各种杠杆的配套使用，便可形成防止和克服通货膨胀的机制。

## 三、宏观控制总需求的过程和机制

在社会主义经济中，服从于国民经济计划目标，财政、信贷的统一平衡，是宏观控制总需求的必要前提。

财政收支和银行信贷的存放款均采取货币形式，都是对市场购买力的集中和分配，因而都影响市场货币流通量。为了保证宏观的总量平衡，社会主义国家必须致力于财政信贷的统一平衡，保证有支付能力的社会需求同商品可供量相适应。

财政和信贷的收入直接或间接地导源于社会总产品和国民收入的生产和分配。因此财政支出和信贷投放的总额应与可供使用的社会总产品的价值量相等，防止通过财政和信贷分配的资金总量突破实际生产的社会总产品的价值量。如果财政信贷搞了过头分配，不论是财政赤字、信用膨胀，还是两者兼而有之，分配过头的那部分资金虽然也表现为社会购买力，但它是没有实物保证的，必然会引起商品物资供应紧张和物价上涨。

为了控制总需求，首先要求财政和信贷自求平衡。

财政收支差额表现在两个方面：一是收大于支，出现财政积余；二是支大于收，出现财政赤字。财政积余能减少现实的货币流通量，财政赤字则会增加现实的货币流通量。增发的货币没有物质保证，会引起市场供应紧张，导致物价上涨。财政出现赤字时的平衡手段是：一方面增加财政收入，另一方面压缩财政支出。

货币一般都经过信贷渠道发放，信贷差额意味着流通的货币量大于流通对货币的需要量，从而会产生信用膨胀。膨胀起来的信用货币没有物资保证，同样会造成货币贬值和物价上涨。信贷平衡的手段主要有：一方面是通过增加产品的供给来扩大货币的必要量；另一方面是紧缩货币流通量，其主要途径是压缩新的长期信贷和催收到期贷款。

其次，要求财政和信贷在统一的宏观经济整体中求得平衡。在社会化的商品经济中，无论是财政还是信贷，都不可能孤立地自求平衡。财政与信贷的平衡在这里主要包括两方面的内容：一是财政系统推行的财政政策和银行信贷系统推行的货币政策脱钩；二是财政政策和货币政策结合作用。

财政和信贷脱钩是财政信贷统一平衡的前提。在过去的体制中，银行是财政的附属，作为财政的出纳而运行。这种体制现在正在被打破，但财政政策与货币政策还没有完全脱钩。财政出现赤字向银行透支，由银行增发货币来弥补。这实际上是财政决定货币发行。这样一来，银行不可能有独立的政策和运行机制，其后果是：一方面，在中央和地方都有着强烈的扩张冲动的情况下，货币投放量没有客观的制约机制，财政性货币发行会使总需求膨胀一发而不可收。另一方面，银行信贷所特有的机制和杠杆不能独立地发挥作用，银行信贷在调节货币流通量从而调节总需求方面的威力施展不出。解决这一问题的正确途径，是将弥补赤字的办法由向银行透支改为发行政府债券，使财政政策和货币政策脱钩。与此同时，开放包括债券市场在内的金融市场，通过中央银行的公开市场业务，控制市场货币流通量。

在财政和信贷的机制与杠杆充分发挥功能后，两者必须在宏观经济总体中相互配合、协调地作用。这两者的配合作用表现在以下两方面：

一方面是相互补充，即信贷有差额，自身不能平衡时，需要财政通过积余或赤字来平衡；财政有差额时，也需要银行信贷用增发货币或压缩货币投放的途径来平衡。在这时不能苛求财政和银行单个的平衡，必须在宏观的总供给与总需求中确定各自的差额和平衡。

另一方面是相机抉择。财政政策和货币政策都有紧松的区别。紧的财政政策是指财政收支不能打赤字，松的财政政策则与之相反；紧的货币政策是指严格控制货币发行和提高利率，松的货币政策则与之相反。财政政策和货币政策有四种结合形态：

一是松的财政政策和松的货币政策相结合。这是刺激经济增长和扩大就业的手段，但它往往会带来通货膨胀的后果。

二是紧的财政政策和紧的货币政策相结合。这是实行紧缩性政策、制止需求膨胀的有效手段，但它可能带来经济发展停滞的后果。

三是紧的财政政策和松的货币政策相结合。紧的财政政策可以抑制公共消费和个人消费，可避免需求过度、消费过热；松的货币政策则可以通过组织储蓄来满足投资需求，这将有利于资金积累和经济发展，但很难保证不出现通货膨胀。

四是松的财政和紧的货币政策相结合。松的财政政策可以刺激需求，它对克服经济萧条较为有效；紧的货币政策可避免过高的通货膨胀。长期的松财政和紧信贷的结合，会积累起大量的财政赤字。

对于上述几种结合方式，在不同的国民经济发展时期，可按宏观经济目标要求相机做出抉择，寻找最佳的结合效应。

为保证宏观总量控制的有效性，从而保证国民经济的计划性，国家在统一平衡基础上制定的财政收支计划、货币发行计划和信贷总额计划必须以指令的形式付诸实施。特别是在微观放开以后，国家下达给企业的指令性计划的范围将逐步缩小，国家下达给财政部门和中央银行的这些总量计划的指令性必须加强。这是微观放开后，宏观管住的可靠保证。

宏观的总量计划确定以后，需要通过宏观调节来实现。宏观调节总需求的基本内容包括以下几个方面：控制和调节积累率，从而控制固定资产投资规模，以实现预定的经济增长速度；控制投资方向和投资重点，以实现预定的经济发展方向；控制消费基金规模，以实现预定的人民生活改善目标。显然，这种宏观控制机制包含在调节国民收入在积累和消费之间的分配比例联系中。

传统的控制总供给与总需求平衡的宏观机制是建立在统收统支基础上的。首先由国家计划部门定出增长速度、积累与消费的比例、各部门的投资比例等大盘子，然后由财政部门据此对预算收入进行分配，银行再按照财政分配计划确定发放钞票的计划。这种宏观控制机制的特点在于：第一，它是在微观没有放开的条件下进行的，基本上没有考虑市场机制的作用。第二，宏观控制主要是由国家财政来进行，银行只起出纳作用，对宏观总供给与总需求的平衡不能起到调节作用。这种宏观控制机制的优点在于它的作用直接、见效快，缺陷在于僵化、缺乏灵活性，国家行为没有客观的制约机制。事实证明这种机制并没有真正保证总供给与总需求的平衡。传统体制下多次出现宏观失控，就足以说明这一点。

随着经济体制改革的进行，微观逐步放开，企业作为相对独立的商品生产者进入市场，统收统支制度已不再存在。这时，宏观控制机制不能采取高度集中和直接的形式。宏观控制机制不但不能取消企业商品生产者的地位，而且还必须保证和利用它，这样国家下达的指令性的宏观总量计划指标只能到财政和中央银行部门为止，宏观调节总供给与总需求一般地也主要采取间接控制方法，其要求是：

第一，不论是指导供给，还是控制需求，只要是间接宏观控制机制，都必须经过市场，以市场机制为控制机制的轴心，充分发挥市场机制的自动调节功能。

第二，社会主义经济是计划经济，其主要标志是国民经济目标能事先地自觉地确定，不像资本主义市场经济那样，是经济自发运动的结果。因此，即便是间接控制，宏观控制机制首先应包括预先控制机制。

第三，宏观控制面对的是多元投资主体、自主经营并有强烈扩张冲动和消费欲望的企业、千变万化的市场，宏观控制目标的贯彻必然会遇到一系列不可预料的状况。宏观控制机制要适应这种状况，本身必须是一个活的系统，有信息反馈，能自动反应，有自我组织能力。这就要求宏观控制机制的结构中不仅有预先控制机制，而且还要有信息反馈和自动调节机制及随动控制机制。

根据上述要求，社会主义宏观控制机制具有下述内容和特点。

1. 市场机制是宏观控制机制的轴心

宏观经济是企业的总体活动。正如马克思所讲的，市场是商品生产者相互关系的总和，企业的总体活动会在市场机制中体现出来。一方面，市场以它特有的机制自动地调节各个经济主体的消费和投资需求；另一方面，国家对总需求的自觉控制和调节以市场总量（货币流通量、价格总水平、利率总水平等）为对象。这样市场机制在宏观控制机制中起着"轴心"作用。

在商品经济条件下，供给和需求分别表现为市场供给和市场需求。总供给与总需求失衡的现实形式是市场供求失衡，如果总需求超过总供给，市场上便出现货币过多、物价上涨、市场利率提高的状况。因此价格总水平和市场利率总水平是宏观总量是否平衡的集中反映，同时也成为国家观察和控制总需求的参照值。具体地说，国家的宏观调节瞄准价格总水平和利率总水平，采取相应的宏观对策，运用调节货币供应量等手段，使价格总水平和利率总水平符合宏观计划目标要求，从而实现宏观总量平衡。

价格总水平和利率总水平不仅被动地反映总需求，它对供求总量的平衡还有自动的调节作用。原因在于，总需求与市场价格水平、利率水平之间有着相互联系相互作用的机制。生产者和消费者都进入市场从事经济活动，市场机制通过价格水平和利率水平自动调节各个企业和消费者的投资和储蓄活动，以实现总供给与总需求的平衡。当总需求超过总供给时，由于价格总水平上涨，从而推动市场利率提高。在高利率的刺激下，投资者就会减少投资需求，消费者增加储蓄、减少消费，最终恢复总供给与总需求平衡。相反，当总供给超过总需求时，价格总水平下降，推动市场利率降低。在低利率的刺激下，投资者增加投资，消费者减少储蓄、增加消费，最终实现总供给与总需求的平衡。

企业成为相对独立的经济实体后，由于利益刚性（即收入只能增加不能减少），单靠国家财政渠道的杠杆不可能完全治愈"消费饥渴症"，克服企业中消费基金的膨胀。职业"市场"的机制则能在这方面给企业提供自动的行为约束机制。在职业"市场"上，劳动力自由流动，浮动工资反映劳动力供求状况，存在着就业竞争。当某一部门因劳动力供不应求，劳动者浮动工资比较高时，其他部门的劳动者就会转向这个部门，从而使这个部门的劳动力供不应求的状况缓和以至消除，浮动工资下降到大体同其他部门相应的程度。如果没有职业"市场"，劳动者不能自由流动，那么当某一部门因劳动力供不应求而浮动工资过高时，其他部门的劳动者就会感到不公平，认为同等劳动不能获得同等报酬，但他们又不能流动到浮动工资高的部门。在这种情况下，浮动工资低的部门就会同浮动工资高的部门相"攀比"，就会通过随意增加成本、弄虚作假等不正当手段增加自己的浮动工资，从而引起整个社会在浮动工资上进行"攀比"，其结果是消费急剧膨胀。由此可见，职业"市场"是使个人收入攀比会自动得到抑制的重要机制。在这里特别应该指出，职业"市场"的形成，标志着社会主义市场体系的最终形成。在完善的市场体系下，企业的利益同市场有着密切的联系，面临着激烈的市场竞争。为在市场竞争中取胜，企业也不至于以牺牲积累为代价片面增加职工收入，也不会随意提高工资，增加成本，提高产品销售价格。显然，"职业"市场机制的自动调节功能是贯彻收入分配政策、对付工资（成本）推进型通货膨胀的重要组成部分。

宏观控制作为主观见之于客观的行为，本身也需要有一个自动检验、自动矫正的系统。这一系统可以由市场机制来承担。国家的宏观决策与市场机制处于横向联系中，两者可以耦合。市场机制可以通过其价格总水平和利率总水平的变动，及时地给宏观决策系统反馈其调节措施是否正确的信号。国家宏观决策系统对市场信号如能自动地、及时地做出反应，包括能及时调整经济发展目标，便可以保证宏观控制手段的科学性和有效性。

以上分析表明，市场机制对国家来说是宏观控制对象，对单个企业活动来说是调节者，在整个宏观控制机制中是信息反馈和自动调节机制。市场机制的这些功能表明，它是宏观控制机制的控制轴心，整个宏观控制过程要经过市场，整个宏观控制机制要围绕市场机制运转。当然，进入宏观控制机制的市场必须是完善的、发育成熟的市场。功能不全的市场不但不能担负宏观的自动调节功能，它的自发作用还会加大宏观控制的困难。过去，市场机制是被排斥在宏观控制系统之外的，而且市场机制自身也是很不完善的。现在要把它引进来，需要解决以下三方面的问题：

第一，改变对价格水平的原有行政管制办法。在抑制性通货膨胀下，价格信号失真，国家宏观决策不能得到信息反馈，决策中的错误就得不到及时的纠正。

第二，利率总水平必须随价格总水平升降。只有这样，才能有效地控制总需求。如果单有价格水平上升，利率不动或轻微提高，会使价格信号不断加强，起到"正反馈"作用。生产者在虚假的社会需求刺激下，继续增加投资；消费者持币抢购，力图尽快将货币转化为商品，使上涨的价格水平持续不衰，最终将招致整个经济机制的灾变。

第三，提高利率的投资弹性。现在，利率偏低，在企业利润中占的比重很小，再加上企业以税前利润支付利息，实际由国家财政代企业付息，利率对企业活动的制约性很小。这种状况不改变，市场机制的自动调节功能便不能充分发挥。

2. 财政政策及财政杠杆构成宏观控制的预先控制机制

财政是宏观范围的预算约束机制。国民收入经过分配和再分配形成国家、企业和个人的收入并最终分解为积累基金和消费基金，是通过财政系统的杠杆的调节实现的。就这一意义上说，财政在宏观控制中起着预先控制的作用。其基础是国家根据国民经济发展目标制定的国民收入分配计划，其中包括收入分为积累和消费的比例、积累基金内部生产性积累和非生产积累的比例、固定资产投资的重点等。国民收入分配计划由财政政策和收入分配政策实施。贯彻财政政策的收入分配政策的杠杆便是预算分配和税收。前者的对象是国家财政集中的收入，后者的对象是企业集中的收入。

社会主义条件下的收入分配政策一般体现三个原则：一是反对平均主义，体现按劳分配；二是保证人民生活水平逐年有所提高；三是个人收入增长速度必须低于劳动生产率的增长速度。从总需求管理来说，收入分配政策是战胜工资（成本）推进型通货膨胀的有效武器，其主要调节杠杆有两个方面：一是利用预算分配杠杆控制预算内各种消费支出；二是运用税收杠杆，征收工资基金增长税和超限额奖金税，调节企业消费基金的形成；征收个人所得税，保证全社会的公平分配。

社会主义国家的财政政策包括两大内容：一是根据国民经济增长目标确定积累和消费的比例。二是服从于国民经济扩张、收缩或平衡的目标，推行紧或松的财政政策。

为调节积累和消费比例，国家可以运用预算分配杠杆分配国家财政集中的收入，包括确定积累率，确定国家投资的方向和重点，确定投资在两大部类的比例，以此对整个经济的积累和消费的比例及两大部类比例的形成施加决定性影响。对企业，国家可以通过基本建设税来调节，以控制固定资产投资规模。

为贯彻松或紧的财政政策，预算分配可在赤字、盈余和平衡之间调整，税收参数可在减税和增税之间调整。例如，为对付需求拉动的通货膨胀，财政可采取盈余预算或平衡预算，压缩预算内支出，以遏制政府的扩张冲动。对企业可增税，以遏制企业的扩张冲动。累进的所得税则在这一过程中起着自动的稳定器作用。

财政对总需求的调节具有直接性，见效也快，但是财政对总需求的调节功能毕竟有限。除了财政集中支配的预算收入有限度以外，在总需求膨胀时，财政支出缩减的幅度也十分有限。即使是税收，在利益刚性的条件下，对企业增税的幅度也不能过高。更何况税制不可能随机地调整和变动，因此在宏观控制总需求方面，单靠财政是远远不够的。它的调节功能至多只是给有支付能力的需求及其构成划定一个大致的范围和方向。

3. 货币政策和中央银行调节活动构成宏观控制的随动控制机制

随动控制机制的基本功能，是随时根据市场的价格、利率等信号，调整宏观控制参数，校正经济增长目标，保证总供给与总需求的动态平衡。这一机制一般由中央银行系统承担。大家知道，在市场上货币代表的是社会有支付能力的需求，货币流通量对经济生活的影响，是通过改变社会需求，从而影响总供给与总需求的关系实现的。服从于一定的经济发展目标可采取相应的货币政策：在社会需求不足时，可以通过增加货币供给，刺激需求；在社会需求过高时，可以通过紧缩银根，减少和限制需求。国民收入在货币形式上出现超分配，其可能性除了通过动用外汇储备外，主要是通过信贷过度投放而形成的。同样，为了防止经济"过热"，克服国民收入的超分配，也可以通过控制信贷投放来实现。

马克思讲："银行制度造成了社会范围的公共簿记和生产资料的公共分配的形式。"① 目前我国承担信贷业务的主要有中国工商银行、中国农业银行、中国人民建设银行和中国银行四大银行。随着改革的深入，可能会出现一些地方性银行。中国人民银行担负中央银行的职能，它是银行的银行，是我国唯一的货币发行银行。因此中央银行是整个信用制度的枢纽，是控制货币供应量的总闸门。在宏观控制机制中，货币政策主要通过中央银行及其调节杠杆贯彻。

前面的分析已经指出，货币流通量与价格总水平、利率总水平相互影响相互制约，因此，中央银行只要掌握货币供应的总闸便可调节市场价格总水平和利率总水平。在这里它具有随动控制的功能，即随时根据市场机制的价格利率信号变化，调整调节参数，改变货币供应量，以校正经济增长目标，

---

① 《马克思恩格斯全集》第25卷，人民出版社1972年版，第686页。

保证总供给与总需求的动态平衡。中央银行运用的杠杆（参数）主要有：（1）中央银行对各专业银行的贷款利率；（2）专业银行在中央银行的存款准备金比例；（3）必要时中央银行直接控制专业银行的信贷基金规模；（4）随着银行债券、国家债券、股票等证券的发行，在条件具备时，中央银行的公开市场业务通过证券的购买和出售，吞吐货币，也是调节货币流通量的一个重要杠杆。例如为紧缩银根，以压缩总需求，中央银行可采取的手段有：（1）提高存款准备金比例；（2）提高中央银行对专业银行的贷款利率；（3）在金融市场上发行各种债券等金融证券，必要时对信贷采取直接的行政性的额度控制办法。

要使中央银行的随动控制功能得以充分发挥，需要解决好三个问题：第一，随着专业银行的企业化，各银行在参加市场活动时必须有较硬的预算约束。按照核定的存贷计划，多存多贷，有多少可支配的信贷基金，发多少贷款。第二，银行对贷款的发放必须承担风险。第三，中央银行贷款利率对各专业银行要有足够的弹性，过低的利率起不到杠杆作用。

动员和调节居民储蓄，也是银行贯彻货币政策、控制有支付能力需求的重要途径。

大家知道，一定时期内的消费基金是当期居民（包括生产领域和非生产领域的居民）的消费性货币支出与社会性消费预算支出之和，一定时期内的积累基金是当期财政投资、企业投资和银行投资数额之总和。储蓄存款是银行投资性贷款的资金来源之一。

这里撇开财政性存款和企业存款，专论居民储蓄在调节积累和消费比例、协调总供给与总需求过程中的功能。

居民储蓄从宏观上考虑有两大功能。第一是改变收入用途，将消费基金转化为积累基金，因此，储蓄可以说是调节积累和消费比例的机制。第二，储蓄存款如在银行沉淀，没有立即投入流通，这部分货币成为潜在货币。因此，储蓄也是回笼货币、调节市场货币流通量的重要机制。社会主义国家不能忽视储蓄在控制总需求过程中的调节功能。

居民储蓄就其行为来说，可划分为两类：

一类是自愿储蓄。它是指随着收入的增加，人们不可能把增加的收入都用于消费，必然会把新增收入的一部分储入银行。如果把新增收入中储蓄占的比重称为新增收入储蓄率的话，那么一般说来收入增长越快，新增收入储蓄率也就越大。这一客观经济过程的机制可成为社会主义国家宏观收入分配政策的补充。这一机制运用得好，可有效地保证人民群众最终使用的消费基金的增长速度低于劳动生产率的增长速度，避免和克服消费基金的膨胀。

另一类是非自愿储蓄。它指在市场上买不到所需的消费品时，货币收入不得不暂时存入银行，储币待购。这种消费的节欲不是自愿的，而是被迫的，因此银行的这部分存款是很不稳定的。这部分货币会随时从银行取出，投入消费品市场。从这一点上来看，居民存款增加不一定都是经济形势好的标志，它是市场供不应求的表现。但将这部分货币吸入银行，对暂时平抑市场供求还是有意义的，它毕竟比留在消费者手中要好。关键是银行吸收了这部分货币收入以后，不应再去创造新的购买力，创造新的需求。就是说，这部分存款不应像自愿储蓄条件下的存款那样，转为积累基金，否则起不到稳定市场货币流通量的作用。

社会主义国家为充分发挥储蓄的宏观调节功能，必须努力吸引居民储蓄。吸引储蓄的机制就是存款利率。存款利率保持多高最为适宜呢？这就看它对居民有无吸引力。确定存款利率时，要把利率同价格水平变动联系起来。在价格上涨的情况下，货币出现贬值。确定利率时如不考虑这一点，就不能吸引储蓄。这时，本来属于居民远期购买的物品，会转为近期购买。原因是居民为了免遭物价上涨而带来的货币贬值的损失，必然要尽快将货币变为商品，从而进一步增强市场压力。这时存款利率如能灵活地反映价格水平变化，则可避免这种情况。

总而言之，居民储蓄不仅具有积累社会主义建设资金的功能，而且还是宏观调节的重要机制，需要在宏观调节机制的整体中研究和发挥它的调节功能。

全部分析表明，社会主义经济是复杂的系统，宏观经济的运行是整体的运动。无论是财政政策、货币政策，还是收入分配政策，单独地运用，都不可能有效地解决宏观总量平衡问题。宏观的总量平衡必然是这些政策的综合效应。因此，各种宏观政策必须根据国民经济发展目标在统一计划基础上制定，并相互配套地贯彻。

# 计划调节导向和约束的市场调节[*]

卫兴华　　洪银兴　　魏　杰

## 一、市场与市场调节

在社会主义商品经济的运行中要充分发挥市场机制和市场调节的功能，这是不应该有什么疑虑的。问题在于我们应该充分发挥何种市场机制和市场调节的功能。一般地说，市场机制的调节便是市场调节。但现实经济活动中存在着两种不同类型的市场机制和市场调节。一种是价格的自发和自动涨落，供求关系的自发和自动调节社会生产比例。另一种是国家根据价格与供求关系的联系机制，自觉地通过价格变动来调节社会生产比例。这两种类型从形式上看都是市场调节，但实质上并不一样。前者是市场机制的自动调节，可以说是市场调节的典型形式；后者是市场机制被自觉用于计划调节。在社会主义国民经济运动中，典型的市场调节始终只占从属的辅助地位，因此，讨论计划和市场的关系更有意义的是后一种类型。事实上，搞活经济和提高经济效率的关键，是在国民经济活动中充分发挥后一种调节机制的功能。

市场机制的调节功能的充分发挥，需要有一定的经济环境和市场条件。有人认为有市场就有市场调节。这一命题在理论上无说服力，也不符合事实。众所周知，我国在过去的传统体制下也存在市场，例如有消费品市场、农副产品市场，还有对农村开放的工业品（包括农用生产资料）市场，但这时的市场机制对社会生产基本上不起调节作用。我国近年来的改革实践也

---

[*]　原载《经济研究》1987 年第 1 期。

表明，单靠取消国家下达给企业的指令性计划，并不能完全使市场机制的调节功能有效发挥。从存在市场到有市场调节功能，其中包含了一系列中介环节。除了企业具有经营自主权外，至少需要具备三个市场条件：一是完善的市场体系；二是功能较全的市场机制；三是较硬的预算约束，即企业利益与市场实现成果紧密联系。

市场是否能起调节作用，在很大程度上取决于有无充分作用和功能齐全的市场机制。本来，市场机制是市场活动的客观经济联系和过程，有市场活动就有市场机制。但是市场活动的这种联系和过程可能被人为地限制和割裂，从而会弱化或扭曲市场机制的功能。例如，在传统的体制中，国家行政机构规定固定价格，并且下达的指令性生产计划并不那么科学，从而人为地割裂市场活动中价格与供求之间相互制约的联系，其直接后果便是市场机制缺乏调节功能或调节功能微弱。另外，即使价格变动与供求相联系，但如果市场上存在着垄断和封锁，竞争不能充分展开，限制了价格形成及供求变动与竞争的相互制约关系，那么市场机制的调节功能便是扭曲的。价格不能反映商品供求关系，利率不能反映资金供求关系，由它们调节的社会生产比例也必然是扭曲的。

市场机制功能的完善和强化要以市场体系的完善为条件。我国传统体制下的市场机制功能不健全、价格机制不能充分发挥作用的重要原因，就是市场体系不完善，特别是没有真正的生产要素市场。近几年来，我们在改革中放开了微观活动，同时也放开了部分价格，但某些供不应求的产品价格居高不下，其原因也是市场体系不完善，缺乏通过资金和劳动力流动而促进供求平衡的市场机制功能。

所以说，有市场不一定有市场调节，市场机制调节功能的强化是与完善的市场体系和功能齐全的市场机制相联系的。因此，微观放开，在计划经济内部充分发挥市场机制的调节功能包含着整个经济机制的转换。微观放开的程度，从而市场机制发挥调节功能的程度，必然与市场体系的完善程度及市场机制功能的强化程度相适应。

计划经济中发挥市场机制调节功能的目的是利用价值规律。尽管市场机制是价值规律的作用形式，但两者的调节功能并不完全重合。价值规律的本性是要求商品的价格符合价值，只有当调节社会生产比例的价格趋向与价值相符时，社会生产比例才是社会所必需的和最佳的。这是计划经济利用价值规律的目的。但是在现实经济生活中价格往往背离价值，价值规律的作用就体现在价格围绕价值波动并趋向一致的过程中，市场机制的调节也就包含在这一过程中。其特点是价格的涨落引起生产相应的扩大或收缩。这种调节功能是短期的。就是说，由价格涨落调节的生产活动都是短暂的，市场行情一有新的变化，生产活动就会相应发生变化。而且，低于价值或高于价值的价格所引起的生产过少或生产过多的部分，都不是同社会需要量相适应的。在这里，价格与价值的一致，生产量和需要量的一致，只是在价格的不断波动、生产活动不断变动的长期趋势中实现的。正因为市场调节功能具有短期性，符合社会需要的生产比例需要通过较长时间的波动才能形成，因而在自发性经济中，社会不可能自觉地运用价值规律，而只能依靠市场机制的自发作用，在波动的长期趋势中实现生产和需要的平衡。计划经济则不然。它利用市场机制是要自觉地实现价格与价值趋向一致，从而在生产与需要相适应时呈现出价值规律的长期性调节功能，而不是生产活动随市场行情变动时而扩大时而缩小的市场调节的短期性功能。按此要求，计划经济中对市场机制的自觉利用，就体现在通过对市场的计划调节，加快和缩短价格趋近价值的过程，减弱价格波动的振幅，避免生产活动的盲目扩大和收缩，从而赋予市场机制以长期性调节功能，最终缩短形成符合社会需要的生产比例的调节过程。当然，要达到这一点是要花费很大气力的，其中最关键的一点是要确定计划调节市场的模式。只有采用了科学的计划调节市场的模式，价值规律的长期性调节功能才能被自觉地利用。

## 二、计划调节与市场调节

对于计划调节和市场调节的关系问题，我国经济理论界的认识分歧颇大。有人认为，国民经济的主体部分应该实行计划调节，市场调节的只是国民经济的一小块次要部分，从这个意义上提出计划调节和市场调节的关系是以计划调节为主而以市场调节为辅；也有人认为，国民经济的大部分活动应该让市场去自动地进行调节，计划调节仅限于一小部分骨干企业，因此认为计划调节和市场调节的关系是以市场调节为主而以计划调节为辅；还有人认为，计划调节和市场调节不能截然分开，计划调节的那一块要考虑市场机制的要求和作用，应该在计划调节的同时渗入市场调节，而市场调节的那一块也要注意加强计划指导，在市场调节中渗入计划调节，因此，计划调节和市场调节的关系应该是相互渗透的关系。所有这些观点，虽然不尽相同，但其基本思路都是把计划调节和市场调节看成是同一层次的调节机制，把国民经济分为由计划调节和由市场调节两个相并列的板块，试图从计划调节和市场调节的横向联系中说明计划调节和市场调节的关系。这种思路的难点在于：第一，按照前两种观点，计划调节的那一块完全排斥市场调节，而市场调节的那一块则又完全排斥计划调节，其结果必然是单纯计划调节的难以保证经济效益的提高，单纯市场调节的又难以克服其盲目性。两者之间往往会发生矛盾和冲突，不是计划调节的那一块挤占市场调节的这一块，就是市场调节的那一块排挤计划调节的这一块，从而使国民经济运行处于紊乱状态。第二，按照后一种观点，计划调节和市场调节处于完全同等的地位，并无层次高低之分，只是在横向联系中相互渗透。这就必然使计划调节与市场调节相比居于高层次地位的特征显示不出来，从而使整个国民经济的运行失去了调节的核心机制和导向机制，难以保证国民经济的良性循环。

只从计划调节和市场调节之间的横向联系上考虑计划调节和市场调节相互关系的思路，其根本的弱点在于只注意到了市场调节与计划调节之间的现象联系，而并没有看到两者之间的内在联系。这种联系表现在：一方面，从市场机制对计划调节的作用来看，计划的制定必须以市场需求状况和对市场发展趋势的估量为依据，并且计划也只有在市场活动中经过检验和校正，才能使其缺陷与错误得到弥补和矫正，保证计划的科学性。特别是计划意图要通过市场和充分利用市场机制来贯彻，计划目标要通过市场调节过程实现，最终在市场机制作用中达到对国民经济活动的计划调节。另一方面，从计划调节对市场调节的作用来看，计划为市场运行导向，规定市场的发展方向，克服市场在利益关系上的局限性和调节活动中的短期性行为；计划纠正市场运行偏差，使市场机制能够迅速摆脱调节功能紊乱的境地；计划机制担当市场机制功能难以达到或者作用力微弱的经济活动的调节任务；计划完善市场运行条件，为市场机制发挥积极功能提供必需的基础。

计划调节和市场调节的上述内在联系表明，两者之间应主要是一种纵向关系，而不应是层次不分的横向关系。计划调节虽然要以市场调节为基础，并且把市场机制作为运行基体，但计划调节与市场调节相比是高层次的调节机制，它从经济运行的总体方向上制约和协调市场调节过程。计划调节和市场调节的现实运行过程表现为：计划调节从纵向上渗入市场，使计划机制加入市场机制的运行并调节市场机制，在市场机制内部各要素之间形成合乎计划目标的联系，让市场机制循着计划规定的轨道运行，从而使市场机制在运行中发挥计划机制的功能，最终使国民经济的运行通过市场机制而实现计划目标。计划调节和市场调节的这种活动过程，可以简要地概括为：计划调节市场，市场调节企业。由此可见，计划调节和市场调节不是同一个层次的调节机制，前者与后者相比是高层次的调节机制；计划调节和市场调节的对象也不相同，前者以市场为调节对象，而后者则以企业为调节对象；两者作为不同层次的调节机制在市场运行的现实活动中以纵向联系而紧密结合在一起，相互制约和相互作用，最终实现国民经济的有计划按比例发展。从计划调节和市场调节的这种纵向联系来看，我们认为，计划调节与市场调节关系的科学概括应该是：以计划调节为主导，以市场调节为基础。起主导作用的计划调节和作为调节基础的市场调节，在现实经济运行中融为一体，从而形成计划调节导向和约束的市场调节机制。在这里需要指出的是，从国民经济运行的总体上看，这种由计划调节引导和约束的市场调节是社会生产的主要调节形式，但也不否认在一定时期还要在一定程度上采取一些特殊的调节形式，如对某些产品和企业进行必要的直接的指令性计划调节，对某些产品和企业实行没有计划调节引导和约束的基本上是自发的市场调节。这些特殊调节形式可能会因经济发展的需要而有时扩大，有时缩小，并且会在一定程度上长期存在，但社会生产最主要的调节形式是计划调节引导和约束的市场调节。

既然计划调节和市场调节的关系是计划调节市场运行，通过市场机制的充分作用而实现经济计划目标，那么接下来的问题就是计划调节如何调节市场。这里有四种调节模式供我们选择。

一是计划直接控制市场。其特征是各企业的产品虽都作为商品而通过市场实现，但企业的生产活动实际上要直接受制于计划约束，国家计划通过指令性计划和产品收购合同制等形式直接控制市场运行。在这种调节模式下，市场价格等范畴只具有计量单位的功能，市场机制唯一能发挥的作用是核算社会劳动耗费，市场关系也仅仅表现为个别劳动与社会劳动的联系形式，因此，可以说这里是只具有市场形式而无实际内容。也就是说，在这种调节模式下，市场虽然存在，但市场机制并未能充分发挥其功能，市场调节还没有真正形成和发挥作用。显然，计划直接控制市场的模式，既不能给企业以应有的经营自主权，调动企业的生产积极性和主动性，使国民经济充满活力，又不能使计划在市场活动中得到补充和校正，通过市场机制的充分作用而实现计划目标，保证国民经济的平衡发展。

二是计划直接规定市场信号。在这种调节模式中，计划不再像在上一种调节模式中那样，是全面地直接干预企业的市场活动，而是只直接规定市场信号，如直接规定价格、利率等。这种调节模式较之上一种调节模式，可以在很大程度上使市场调节作用得到发挥，但问题是在现阶段社会主义条件下，计划还不可能科学地直接规定价格、利率等市场信号。如果硬要这样去做，国家岂不又要陷入繁重的日常事务，重犯限制经济活力、束缚企业手脚的错误。事实上，市场信号作为市场活动的内在机理，是无法凭人们的主观评估就能直接规定的。拿价格这个市场信号来说，如果市场机制不充分展开，价格的制定和调整完全由国家计划机关来确定，价格同生产和需求变动没有横向联系，这种价格就不但缺乏灵活性，而且更主要的是不能反映社会劳动耗费，成为主观价格和垄断价格，由这种价格信号调节经济运行所带来的消极后果绝不比价格自由波动来得轻。因此，计划通过直接规定市场信号的方式调节市场，并不是计划调节市场的理想模式。

三是计划随机干预市场。其特征是国民经济活动在一般情况下全部由市场调节来协调，计划调节一般不对市场调节活动施加影响，而只有当市场调节难以保证国民经济平衡运行时，计划调节才进行随机干预。这种调节模式事实上是把市场调节当成了国民经济的主要的和基本的调节机制。其难点在于：首先，在一般情况下，调节国民经济活动的市场调节没有计划调节的导向，没有计划机制的渗入和计划目标的约束，实际上是一种单纯的市场调节，既不可能形成国民经济的运行目标，也不能消除它所固有的盲目性，这怎么能保证国民经济有计划按比例地平衡发展呢？其次，如果计划调节只有当市场调节出现失衡后才去调节，这样的调节过程必然要伴随经济运行的紊乱和社会劳动的巨大浪费。因此，计划调节以随机性的形式调节市场活动，实际上是否定了计划调节对市场调节的主导和保证作用。

四是计划通过参数调节市场。在这样的调节模式中，价格和利率等市场信号都是在市场供求关系变动的制约下形成的，国家并不直接规定它们，而是根据计划要求，通过自己直接掌握的市场参数调节它们，使之在市场活动中发生内部机理变换，最终输出符合计划目标要求的市场信号，对企业经营活动进行调节。在这里，计划调节向市场输入的是保证计划预期值实现的市场参数，市场调节向各企业输出的是在这些参数作用下经过市场内部机理变换而形成的符合计划目标要求的市场信号。例如，计划调节为了使市场输出合乎计划目标要求的价格信号，就可以对市场进行这样的参数调节：第一，国家可以通过调节财政收支或增减税收的办法，扩大或减少市场供求，进而调节市场价格；第二，中央银行通过存款准备金制度、规定再贴现率和进行公开市场业务等方式，调节市场货币流通量，通过对市场货币流通量的变动而影响市场价格；第三，国家通过国营商业在市场上的购销活动，调节市场供求关系，进而抑制和调节市场价格；第四，国家通过直接的投资活动，影响市场供求关系，从而对市场价格进行调节。经过上述的参数调节，就能够使市场输出符合计划目标要求的价格信号。计划通过参数调节市场，既可以保障企业对市场的选择权，发挥经营的主动性和积极性，使国民经济充满活力，又可以使计划意图通过市场活动得到贯彻，使国民经济计划目标得以实现。

上述分析表明，最后一种调节模式是计划调节市场的理想模式。当然，这种调节模式的运行需要有一系列的经济条件，如市场体系的形成和计划体制的完善等，并且这些条件的实现需要一定的时间。在条件尚未具备的情况下，计划调节可以在对市场进行参数调节的同时，在一定程度上直接控制某些市场信号，也可以采取一定形式的必要的直接干预措施。但是，要使国民经济运行最终摆脱紊乱的境地，能够高效益地和平衡地发展，就必须建立起计划调节引导和约束的市场调节机制，这是我们处理计划调节和市场调节关系的唯一出路。

# 计划机制和市场机制*

## 卫兴华　　洪银兴　魏　杰

　　计划机制和市场机制的关系问题，是我国经济学界近些年争论较多的重大理论问题。它涉及经济体制模式的确定、经济机制的选择等经济改革的关键问题。本文试就这个问题谈点看法，着重说明计划机制和市场机制如何发挥相互结合的功能。

## 一、市场及其功能

### （一）市场的分类

　　市场属于商品经济范畴，是商品交换的领域和关系。列宁指出："'市场'这一概念和社会分工——即马克思所说的'任何商品生产'……的共同基础——这一概念是完全分不开的。哪里有社会分工和商品生产，哪里就有'市场'。"① 在发达的商品经济中，按交易的商品的形态划分，市场可分为产品市场、金融市场、职业"市场"和技术市场。

　　1. 产品市场

　　它由消费品市场和生产资料市场构成。我国消费品市场一直就存在，但生产资料市场则囿于生产资料不是商品的理论教条，过去长期不被承认，现在这一理论已被破除，生产资料作为商品已开始进入市场。生产资料市场在我国还有一个进一步扩大和完善的过程。

---

　　* 原载《经济纵横》1987 年第 1 期。
　　① 《列宁全集》第 1 卷，人民出版社 1959 年版，第 83 页。

2. 金融市场

金融市场有短期和长期之分。为建立和发展短期金融市场，可以搞商业票据贴现，解决工商业对流动资金的需要。为建立和发展长期金融市场，可以通过发行股票和债券，解决工商业对固定资产投资的需要。我们过去把金融市场看作是资本主义经济的特有范畴，否定它在社会主义商品经济中有存在的客观必然性。现在看来，随着商品经济的发展，单靠中央、地方和企业间的纵向的资金融通，以及单纯以银行为中介的间接资金融通已不能满足需要。应当发展地区、企业间的横向资金融通以及借贷者之间、投资与经营者之间的直接资金融通。因此，开放资金市场势在必行。它不仅具有一般信用的集散资金的功能，而且可以推动投资者根据市场的需要和经济效益的大小来选择投资方向，保证社会资金合理流动。

3. 技术市场

我国过去也是将这一市场拒之于社会主义市场体系之外的。科学技术成果是知识形态的潜在的生产力，它必须在国民经济范围内合理流动，并迅速转化为现实的生产力，以保证充分发挥效益。现阶段，以技术市场的形式交易科学成果，能够有效地达到这个要求。我国近年来开放技术市场所取得的成效，已经充分证明了这一点。

4. 职业"市场"

在社会主义商品经济条件下，劳动力不是商品，但这并不意味着社会主义商品经济不需要开辟促进劳动力合理流动的职业"市场"。在社会主义商品经济条件下，企业作为独立的生产者和经营者，要根据市场供求状况决定和随时调整自己的生产方向和规模，因此必须要求及时调整本企业的职工的数量和结构，这种要求需要通过职业"市场"来满足。职业"市场"不仅能适应企业对职工的需求的变化，而且还可以把劳动者放到他们能做出最大贡献的工作岗位上，充分发挥他们的特长，提高他们的工作积极性。合理流动，用其所长，同提高劳动者的报酬一样，是推动劳动者努力工作的重要动力。同时，职业"市场"还能为教育和劳动培训机构发出明确的信号，让他们及时了解对劳动者的"市场"需求，以保证劳动力的正常供给。通过职业"市场"而实现就业，并不表明劳动力成了商品。劳动力是否是商品，关键是要看劳动者所获得的工资是不是自己劳动力价值的转化形式，劳动者所创造的剩余产品价值是不是被他人私自占有。这两者在社会主义职业

"市场"上都是不存在的。正因为这样，职业"市场"这个概念，已不完全具有市场概念的原有规定性，或者说只有市场的形式而不具有市场的实质。

### （二）市场的功能

上述分析表明，只要存在商品关系，不论是何种经济体制，都必然客观地存在着市场。但是，市场在不同的经济体制中的功能则是不一样的。这与商品货币在经济中的地位有着密切的联系。总的来说，市场功能在不同的经济体制中有三种情况。第一种情况，是市场的价格等范畴执行计量单位的职能，主要为计划和统计服务。这里实际上只保留了市场的外壳，而不具有市场的内容。第二种情况，是市场执行核算社会劳动的职能。这时，市场关系成为个别劳动与社会劳动的联系形式，对经济运动起经济刺激的作用。第三种情况，是市场执行调节功能。其中包括：一是调节消费者对消费品的选择；二是调节劳动者对职业的选择；三是调节生产者对生产方向和生产规模的选择，即调节生产资源的配置。只有当市场同时执行第二和第三种职能时，才可以说这个经济机制含有较完全的市场机制的功能。对市场执行核算社会劳动和调节资源配置的功能，可以做以下两个方面的分析。

1. 社会经济的联系形式

经济机制运行的基本功能，是将个别劳动还原为社会劳动，在社会生产和社会需要之间建立起平衡关系，实现资源的最佳配置。因此，经济机制存在的基础是社会经济的联系形式。这种形式包含于自然经济—商品经济—有商品关系的计划经济—无商品关系的计划经济的经济形式系列之中。

在自然经济中，生产和消费的活动是在同一个自然经济单位中进行的，生产的产品直接用于本单位的消费。"在这里，劳动的自然形式，劳动的特殊性是劳动的直接社会形式。"① 生产和消费是依靠"人的依赖关系"建立社会联系。例如，在原始公社和农村家长制中，生产和消费的经济联系是依靠血缘纽带关系建立起来的；而奴隶制和封建制中的这种经济联系，则是依靠人身依附关系或超经济强制建立起来。

在商品经济中，生产和消费不在同一个经济单位中进行，这里的经济联系不依存于人身依赖关系，各个生产者都是利益主体。生产和消费需要通过

---

① 《马克思恩格斯全集》第23卷，人民出版社1972年版，第94页。

价值关系建立社会联系。个别劳动需要借助价值形式迂回地转化为社会劳动。

在商品经济已消亡的公有制社会中，个别劳动一开始就成为社会劳动。人们同他们的劳动和劳动产品的社会关系，无论在生产上还是分配上都简单明了，人们可以比较简单地处理这一切，不需要价值关系插手其间。

社会主义现阶段实行的是有计划的商品经济，其重要特点是企业具有相对独立的经济利益，企业的经营活动具有相对独立性。因此，产品中的社会必要劳动时间不能直接计算，社会生产和社会需要之间的经济联系不透明。这样，个别劳动和社会劳动、社会生产和社会需要之间的经济联系也就需要通过商品价值关系，这就决定了现阶段的经济机制要以价值关系为重要的联系形式，必须充分利用市场机制。

2. 价值关系的功能

价值关系是人们在商品交换过程中的劳动比较和互换关系，表现为等价交换关系。价值关系运动中的必然联系是价值规律，其基本要求是：商品价值量由社会必要劳动时间决定，商品交换以价值量为基础。由于价值规律的作用，价值和价格的运动像"看不见的手"调节着商品经济的运行。只要运用恰当，可以使其逐步接近社会主义经济运行目标。

第一，当产品中的社会必要劳动时间不能直接计算时，价值关系是客观地灵敏地核算社会必要劳动时间的自动计算器。商品进入市场时，首先，其个别劳动时间同社会必要劳动时间不一定一致；其次，其交换价值（价格）与价值不一定相符。在价值规律作用下，不同的个别劳动时间会均衡为统一的社会必要劳动时间，而价格围绕价值波动，又会使价格涨落的平均数同价值趋向一致。这样，就不仅客观地衡量了单个商品的社会必要劳动时间，而且可以实现从不同部门整体来看的，即第二种含义的社会必要劳动时间。

第二，当生产单位是利益主体时，价值关系是局部利益同社会利益的调节器。价值关系不仅确认企业局部利益，同时又是联结企业利益同社会利益的纽带。在价值关系上，企业的局部利益"本身已经是社会所决定的利益，而且只有在社会所创造的条件下，并使用社会所提供的手段，才能达到"。[①]正是在价值关系中，企业才从自身利益上关心社会利益。

---

① 《马克思恩格斯全集》第 46 卷上卷，人民出版社 1972 年版，第 102 页。

第三，在社会生产和社会需要关系不透明时，价值关系是生产和需要的自动平衡器。在价值关系上，各个企业与市场建立了横向经济联系，市场自动反馈供求和价格变动的信息。只要企业对反馈的信息有自动反应的机能，社会的生产和需要之间就可能建立起动态平衡。

在社会主义社会中，过去的计划工作也运用价值范畴。如：在计划指标中使用以价格计算的产值指标；在制定计划和分配投资时考虑平均先进消耗定额；在企业中进行经济核算，计算成本和盈利；国家与企业通过以价格计算的指标实行核算和管理。凡此种种，价值都主要作为技术范畴、计算筹码和计量单位，而不是主要作为价值关系起作用。实际上，如果不把价值关系作为经济机制来对待，价值关系的上述功能便不能很好地发挥出来。

## 二、市场机制

市场机制是价值规律的作用机制。其现实形式是：市场价格补偿符合社会必要劳动时间要求的个别劳动消耗；市场价格的波动调节市场供求关系变化；在竞争过程中价格随市场供求关系变动而变动，从而不断地趋近价值。可见，市场机制是市场机体内的竞争、价格、供给和需求等要素之间互为因果、互相制约的联系和作用。如果按照市场体系来划分市场机制的话，市场机制可以细分为三个过程：（1）竞争过程中市场价格变动与市场供求变动之间的相互制约的联系和作用，简称价格机制，它是产品市场的机制；（2）竞争过程中利息率变动与信贷资金供求变动之间的联系和作用，简称信贷利率机制，它是金融市场的机制；（3）竞争过程中工资变动与劳动力供求变动之间相互制约的联系和作用，简称工资机制，它是职业"市场"的机制。上述三种机制相互联系和作用，构成了统一的市场机制，并在运行中调节着社会生产活动。例如，当某个部门的产品供不应求时，价格就会上涨，价格机制就会使资金和劳动力向这个部门流动，从而引起金融市场的利率及职业"市场"的流向发生变化。下面，我们对三种市场机制分别加以分析。

### （一）价格机制

价格机制的现实表现是产品的供给与需求同价格的有机联系和运动。供求对比变化，引起价格变动；价格变动又会引起供求变化。正是在这种联系和波动中，供求趋向一致，价格与价值趋向一致，价值规律的要求得到实现。过去人们把竞争和价格波动限定为私有制条件下价值规律的作用形式，现在看来不完全如此。在价格背离价值的情况下，没有价格的变动，何来价格与价值的一致及价值规律的实现？公有制商品经济也不会例外。

价格机制对经济运行的作用是多方面的。在不同的作用层次上，价格机制有不同的功能：

价格机制对生产同种商品的生产者来说，是竞争的工具。生产同种产品的生产者为在市场上夺取较大的地盘，必须在价格上以廉取胜，从而带动了劳动消耗的节约；价格机制对生产不同产品的生产者来说，是调整生产方向和生产规模的信号。价格机制决定的价格比例，是社会劳动在部门间分配的选择条件。价格比例的变动及其同价值比例趋于一致会调节社会劳动在各部门的分配比例，从而使社会生产各部门合比例地发展。

价格机制对宏观控制来说，以其价格总水平的变动，一方面给国家反馈宏观控制的信息，另一方面自动调节企业总体活动，推动总供给与总需求的平衡。

价格机制对消费者（企业或居民）来说，是改变需求方向和需求规模的信号。价格水平的上升和下跌，影响消费者的购买力，从而调节消费者的需求规模，价格比例变化，消费者会考虑产品的替代，放弃购买价高的商品，而购买价低的商品，由此调节市场的需求方向和需求结构。

价格机制的上述调节功能在商品经济中有着重要的作用，但是，它的这些功能能否充分发挥，依赖于一系列的经济条件，其中最重要的是企业对价格信号的反应能力。

## （二）信贷利率机制

信贷利率机制即信贷资金的供给和需求同利息率之间的有机联系。这是货币资金市场的机制。如果说价格在产品供求方面进行调节，那么利息率在货币资金供给和需求方面进行调节。利息率是货币资金的"价格"。利息率的变动调节货币资金的供求。在金融市场已经完善，并且其他改革也已配套的情况下，利息率自动地随货币资金供求状况变动，信贷资金根据利息率差别的变动顺畅地在社会生产各部门之间流动。这是价值规律作用的进一步展开和补充。当然，目前我们的金融市场还未形成，国家还必须控制利息率的变动，这也是应当的和必要的。在产品供求不平衡、价格背离价值的情况下，信贷资金的顺畅流动能灵活地促进供求平衡，推动价格接近价值的运动。

信贷利息率机制对经济运行的调节功能也是多方面的：（1）利息同企业利润相联系，企业的存款利息是企业利润收入，而企业的借款利息则是企业利润支出。一定高度的存款利率和借款利率会促使企业精打细算，不滥用资金，讲究资金使用效果。（2）利息率提供在全社会范围内分配社会劳动（资金）的选择条件，不同部门不同项目采取差别利息率能诱导投资方向，配合价格机制调节社会劳动在各部门的分配。（3）利息率水平能配合价格水平共同调节宏观经济中总供给与总需求的平衡，控制经济增长目标。

信贷利息率机制上述功能的充分发挥，同样依赖于一系列经济条件，特别是投资对利率要有较大的弹性，利息对企业利润有较大影响等。目前我国的信贷资金市场尚未完全形成，或者说正在形成，信贷利率机制功能也尚未充分发挥出来。随着经济体制改革的深入，可望在不久的将来，信贷利率机制能充分运行，那时其功能也将会充分发挥。

### （三）竞争机制

竞争机制是竞争同供求关系、价格变动、资金流动之间的有机联系。竞争机制的作用不是独立的，它同价格机制和信贷利率机制紧密结合共同发生作用。

竞争包括买者之间、卖者之间、卖买双方之间三个方面的竞争。"个人在这里不过是作为社会力量的一部分，作为总体的一个原子来发生作用，并且也就是在这个形式上，竞争显示出生产和消费的社会性质。"① 在竞争能充分展开的条件下，谁也不能垄断市场，谁也不能个别地长久地主宰市场价格。

竞争的主要手段，在同一生产部门内主要是价格竞争，以较廉的价格战胜对手；在部门之间主要是资金的流出或流入，资金由利润率低的部门流向利润率高的部门。竞争的内容包括争夺较大的销售市场，争夺资金来源，争夺先进技术，争夺技术人才等。竞争机制充分发挥作用和展开的标志是优胜

---

① 《马克思恩格斯全集》第 25 卷，人民出版社 1972 年版，第 216 页。

劣汰。

竞争的对立面是垄断和封锁，而不是计划。社会主义企业之间的关系，作为社会主义生产关系的表现，首先是互相协作、互相支援的关系；但社会主义企业作为相对独立的商品生产者和经营者，又决定了企业之间的关系并不排斥竞争。长期以来，人们往往把竞争看成是资本主义特有的现象。其实，只要有商品经济，就必然有竞争，只不过是在不同的社会制度下竞争的目的、性质、范围和手段不同罢了。社会主义企业之间的竞争，同资本主义条件下的弱肉强食、尔虞我诈的竞争不同，它是在公有制基础上，在国家计划和法令的管理下，在为社会主义现代化建设服务的前提下，让企业在市场上直接接受广大消费者的评判和检验，优胜劣汰，及时暴露企业的缺点，及时改进生产技术和经营管理，推动整个国民经济和社会主义事业的发展。竞争中可能出现超越社会主义竞争规定、损害社会主义利益的某些消极现象和违法行为，但这些可以和应当通过经济的、法律的、行政的手段加以限制，必要时还可加以制裁和取缔。

## 三、计划机制和市场机制的结合形式

社会主义经济运行机制要充分利用市场机制，但绝不允许市场机制自由放任。因为：（1）市场机制是以承认企业局部利益为出发点的经济联系，它是局部利益的汇合，它给企业和国家提供或反馈的信息在时间上是短期的，在空间上是局部的，因此，单纯的市场机制运行很难统观全局，瞻前顾后，不能自动地实现预期的计划目标。（2）市场机制虽有自动调节社会生产和社会需要平衡的功能，但是当市场机制的调节功能出现紊乱的时候，单独依靠市场机制来恢复平衡，需要经过长期的波动并伴有社会劳动的巨大浪费。如果说单纯的市场机制能自动调节社会生产和社会需要的平衡，那是从最终意义上说的，那是经过长期自发波动并伴有不同程度的紊乱的结果。正因为如此，计划经济必须对市场机制的运行进行导向，将计划目标的要求贯彻到市场机制的运行中去。（3）市场机制自发运行时，难免会出现垄断。在垄断条件下，市场机制的积极功能必然会被限制。

既然市场机制在社会主义经济运行机制中不可缺少，但又不能自由放任，那么这就涉及计划机制和市场机制相结合的问题。计划机制就是生产和需要之间的自觉的经济联系。其中包括计划的制定、调节、校正、实现之间的制约关系和作用。它同市场机制是以什么样的形式结合起来的呢？对此人们的认识不尽相同。

在近几年的讨论中，有人提出了两者是"板块式"结合的观点。这种观点认为，国民经济总体分为两个部分（两块）：一部分是计划机制（即计划调节的生产和流通部分）发生作用，另一部分是市场机制（即国家不做计划的生产和流通，其产品由企业自产自销）发生作用。这两部分经济好像板块一样结合在一起。这种结合，完全是一种外部结合，没有反映它们之间的内部的内在结合。按照这种模式，计划内一块经济排斥利用市场机制，难以保证其经济效益的提高，计划外一块经济排斥计划机制，其盲目性难以克服。特别是两块经济之间会相互发生矛盾，不是计划外一块挤占计划内一块原材料和市场，就是计划内一块排挤计划外一块。显然，计划和市场的这种"板块式"结合，不应该是计划经济利用市场机制模式的改革方向。但是不可否认，在旧体制（排斥市场机制的体制）向新体制（利用市场机制的体制）的转换过程中，这种结合方式有它作为过渡形式存在的必要性。

在计划和市场的结合方式上，比"板块式"结合更进一步的是"相互渗透式"结合，即：计划调节的一块考虑市场机制的要求和作用，注意利用价格、信贷利率等杠杆；市场调节的一块注意加强计划指导，重视克服其盲目性等消极现象。这种"相互渗透式"结合无疑比"板块式"结合前进了一步，计划机制和市场机制开始由外部结合变为内部结合。但是，在这种结合方式下，整个经济仍然被分为两块。特别是"相互渗透"的"相互"两字意味着两者处于平衡地位，这就使市场机制的调节功能不能充分发挥，计划机制与市场机制相比具有高层次的地位不能显示出来。这表明，计划机制与市场机制的"相互渗透式"结合，也只能是过渡性形式。两者的结合方式应该向更高的形式过渡，即向符合有计划的商品经济本性的形式过渡。

我们认为，按照社会主义计划经济的要求，计划机制与市场机制相比，是高层次的机制，它制约市场机制。在指导性计划经济中，直接引导社会劳动分配的是市场机制。在一定意义上可以说市场机制是商品经济运行机制的基体。计划机制作为自觉实现经济平衡并为经济机制运行导向的有计划的联系，不是独立于经济过程之外，而是渗入客观经济过程机制（市场机制），在其中建立起计划联系。计划机制渗入市场机制的目标，就是使市场机制作为计划机制而发挥功能。因此，有计划的商品经济条件下的计划机制表现为：计划机制加入市场机制的运行，并调节市场机制，使市场机制内部各个要素之间形成合乎计划目标的联系，循计划轨道运行，从而使市场机制纳入计划机制发挥功能。这时计划机制与市场机制融为一体，难舍难分，成为有计划商品经济的机制。单纯的计划机制和单纯的市场机制只是在考察时才能分开的。

这种计划机制渗入市场机制的模式，其基本内容是：市场机制的信号（如价格、利息率等）是调节企业活动的参数，是经过计划调节的预期值。计划机制渗入市场机制是极为复杂的过程。对市场机制进行计划调节，从而使市场信号（价格、利率等）成为计划调节的顶期值，大致有两种机制供我们选择。一种是国家直接根据需要确定和调整价格、利率等。另一种是国家不直接规定价格、利率等，让它们在经过计划调节的市场机制中形成。

国家直接根据需要确定和调整价格、利率等的机制，就是国家模拟市场的机制。这种机制早在 20 世纪 30 年代就被波兰经济学家兰格提了出来。其基本思想是，中央计划机关给企业规定两个规则，一是选择平均生产成本最小的生产方法，二是按边际成本等于产品价格的要求决定生产规模，并以此为基础而直接确定价格和利率等变量，在模拟的竞争市场上采取"错了再试"的办法，随时根据市场变化校正价格和利率，最终形成实现市场供求均衡的价格。我国经济体制改革中有些同志提出了类似兰格模拟市场机制的主张：微观经济活动放开后，国家不直接规定企业生产什么和生产多少，但国家直接掌握价格和利率杠杆，随时根据需要，通过直接调整价格和利率来调节企业生产活动。现在需要考虑的是，这种模式在我国现阶段的经济条件下是否可行，要做具体分析。

首先必须肯定这种机制较传统机制是一个进步，它不仅突破了固定价格的框框，更重要的是试图用价格和利率等市场信号来调节生产。但它行之有效需要具备一系列的条件，如中央计划部门对市场上作用的各种规律要有足够的认识，并能及时、准确地得到各种信息，等等。虽然在某种意义上说，指令性计划也是属于一种模拟市场的机制，我们在现阶段还可以做到，但指令性计划仅仅只是经济活动的一部分，而不是对整个市场机制的模拟。因此，虽然在一定范围内可以模拟，但就全局讲则是不可能的。特别是我国的现状是：幅员广大，交通不便，信息不灵，经济文化发展不平衡，商品经济不发达，计划管理水平低。试想，全国这么多商品，这么多企业，需求这么复杂多变，生产条件这么千差万别，国家计划机关有多大的能力能随时根据市场变化和经济需要调整价格和利率？更不用说国家对各种产品的生产能力及社会需求难以确切计算了。如果硬这么做，国家岂不又要陷入繁重的日常事务，重犯限制经济活力、束缚企业手脚的错误吗？

实际上，现阶段的市场对国家来说基本上还是"黑箱"。所谓"黑箱"，是控制论的语言，它是指具有某种功能，但其内部结构又无法直接观测，而只能从外部间接认识的系统。人们往往把自觉利用价值规律解释为由国家直接规定相对固定的统一价格，甚至把价格与价值背离视为利用价值规律的自觉形式，这就违背了"黑箱"原理。事实上，正因为社会必要劳动时间不能直接计算和确定，才有价值范畴。正因为价值本身看不见、摸不着，才需要通过价格来表现。正因为价格围绕着价值的波动，才有价格与价值的趋于一致，才谈得上价值规律的作用。所以，反映价值的价格不是人为地凭主观评估就能科学地予以规定的。现实中人们确定的价格往往背离价值。问题的关键在于：如果市场机制不充分展开，价格的制定和调整完全由国家有关机构来完成，价格同生产和需求变动没有横向联系，这种价格就不但缺乏灵活性，而且更主要的是不能反映社会劳动耗费，成为主观价格、垄断价格。由这种不合理的价格调节经济运行所带来的破坏性，绝不比价格自由波动来得轻。

事实上，中央机关直接规定和调整价格与利率应该看作是变"黑箱"为"白箱"的过程。所谓"白箱"，就是指外部已经知道其内部结构和功能的系统。很显然，中央机关只有在认识和掌握价值规律的基础上，才能打开市场这个"黑箱"，将"看不见的手"变为"看得见的手"。就是说，哪些价格可以直接规定，哪些价格国家只能规定其波动范围，哪些价格应放给市场确定，从发展趋势来看，这不应取决于人们对产品的主观评价，也不应仅仅取决于该产品在经济生活中的重要程度，而应考虑和取决于"黑箱"的打开程度，取决于人们对价值规律认识和掌握的程度。据此，大致可划这么一个杠杠：对难以捉摸其所含社会必要劳动时间及难以掌握其供求关系状况的产品的价格，由市场机制自动决定；能大体上捉摸其所含社会必要劳动时间和可以掌握其供求关系状况的产品的价格，国家可规定其大致变化的范围，允许上下浮动，由市场机制自行校正；能够把握其所含社会必要劳动时间及其供求关系的产品的价格，则可由国家直接规定。根据目前的自觉性程度，市场基本上还是"黑箱"，国家统一定价的范围需逐步缩小。

当然，在相当一部分产品严重短缺的时候，国家规定统一价格有它的合理性。否则，放开那种产品的价格，那种产品的价格就会上涨。但是，我们又必须意识到因短缺而决定的统一定价不是理想的目标价格体制，国家统一规定的价格不一定是自觉反映价值规律要求的。因此，随着供求状况的好转，这样的价格应逐步放开。

既然根据现阶段计划经济水平，国家对相当部分产品的价格不能直接地统一规定，国家缺乏模拟市场机制的能力，那么国家对市场机制就主要应采取参数调节的方法。参数调节即经济杠杆的调节。在这样的调节过程中，价格和利率都是在市场供求关系变动的制约下形成的，国家并不直接规定它们，而主要是通过自己直接掌握的经济杠杆来调节市场机制。现阶段，国家直接掌握杠杆（参数）是分属两大系统的要素。一是属于财政系统的杠杆（如税收、财政分配等），二是属于中央银行系统的各种杠杆（如中央银行利率、法定存款准备金、货币发行等）。它们均是国家的可控变量。国家将这些可控变量作为参数输入市场机制，经过市场机制的内部变换，输出合乎计划目标的价格和利率信号，这两者间接地成为计划机制的杠杆。

国家对市场机制的调节，只能通过"黑箱"的输入与输出关系及其动态过程，获得其功能特征和内部结构的大量信息，以此作为认识和控制"黑箱"的根据。具体地说，就是在参数调节市场机制的过程中，市场机制的输入值是货币发行量、税收结构、中央银行利率等，它的输出值是价格（比价和总水平）和利率（差别利率和总水平）。调节过程不可能一次完成，国家必须根据市场机制输入值与输出值的比较，调整调节参数，最终使市场机制的输出值合乎计划目标要求。这种根据输入输出值的比较，调整调节参数的过程，便是尊重客观规律，使市场机制充分运行，从而使计划机制和市场机制的结合功能得以充分发挥的过程。

这种机制要行之有效，需要有一系列的经济条件。首先要有完善的市场机制、正确的市场信号、较充分的竞争等；其次，宏观计划管理体制要进行相应的改变，应将宏观计划目标分解为财政政策、货币政策、收入分配政策等目标，以服从于这些目标的经济参数调节市场机制。这样一来，市场信号调节企业活动，国家对市场进行参数调节，实际上形成了以市场为轴心的经济机制。

以上分析表明，在有计划的商品经济条件下，计划机制应渗入市场机制，从而使两者的功能相重合，使市场机制具有计划的性质。在计划机制与市场机制功能不相重合的情况下，容易造成整个经济机制的紊乱，干扰经济生活的正常秩序。因此，我们必须积极创造条件，逐步扩大计划机制与市场机制功能的重合程度。可以说，计划机制与市场机制功能完全重合之日，便是有计划的商品经济条件下经济体制改革目标实现之时。

# 建立新的经济运行机制的若干问题*

卫兴华　魏　杰

对于把"国家调节市场、市场引导企业"作为我国经济运行机制改革的目标模式，人们一般来说是没有异议的。但是在如何理解它的含义、怎样建立它和为它的运行应创造什么样的条件等问题上，则存在着较大的分歧。本文仅就其中的几个有争论的问题谈点看法。

## 一、是单向作用，还是双向作用？

用"国家调节市场、市场引导企业"表述经济运行机制的目标模式，只是从抽象意义上或主导方向上所进行的概括，并没有具体表明新的经济运行机制下国家、市场和企业间的双向关系和复杂联系。在国家调节市场、市场引导企业的经济运行机制中，并不仅仅是国家对市场、市场对企业的单向作用关系，实际上还有市场对国家、企业对市场的反作用关系，即市场也校正国家调节行为，企业也纠正市场运行。计划与市场的内在统一正是在这种国家与市场、市场与企业的相互动态作用过程中实现的。

第一，就国家与市场的关系来看，市场既接受国家的调节，同时市场对国家的调节也会发生反作用。一般来说，国家运用与市场机制有着内在联系但又高于市场机制的宏观调节机制调节市场，可以克服市场机制的缺陷和弥补市场机制的不足，保证市场机制的有序运行，因而国家与市场的相互作用过程首先表现为国家对市场的调节。但是，国家对市场的调节也有可能失误。这是由国家的自身利益偏好、国家调节市场的操作水平不高、政府的有

* 原载《改革》1989 年第 2 期。

关部门或领导的主观武断等原因造成的。这就必然产生市场对国家调节行为的反作用。主要表现在两个方面：一方面，当国家的调节活动符合市场的内在运行机制时，市场就会顺应国家的调节，按照国家预定的调节目标发展；另一方面，当国家的调节活动违反市场的内在运行机制时，市场就会偏离国家的调节目标，甚至向相反的方向运动，迫使国家重新修正或改变自己的调节目标与措施。因此，市场对国家的调节并不是仅仅被动地接受，而是同时具有校正国家调节活动的作用。

第二，就市场与企业的关系来看，企业既接受市场的引导，同时又对市场发生反作用。企业除了主动接受市场引导外，还要通过自我运动而对市场发生校正作用。也就是说，企业在根据市场运行安排经营活动的过程中，必然要对市场现状进行分析，以观测市场及市场信号有无失误、缺陷、虚假和扭曲，并在发现问题后，又通过自己的行为同引起市场紊乱的作用力相抗衡，以维护自身的利益。企业对非正常市场之所以能够做出能动的反应并可以消除或缓解这种不正常，是因为企业本身就是市场主体，构成了市场格局得以形成的主动力，同市场信号变动具有内在联系。当市场信号真实地表明供求关系，符合企业对现实生产与需求关系的预测，从而市场机制能够对企业进行正确引导时，企业就会按照市场的要求安排生产，顺从市场的引导；但是，当市场信号存在时滞、市场信号掺假、市场信号扭曲、市场信号传递失误，从而市场机制对企业进行错误导向时，企业会偏离以至背离市场的引导，对市场的引导发生纠偏作用。

由上述分析可以看出，新的经济运行机制的基本内容应该是：国家调节市场、市场校正国家行为；市场引导企业、企业纠正市场偏差。由于在国家与市场的双向关系中，国家调节市场是主导的方面，在市场与企业的双向关系中，市场调节企业是主导的方面，所以用"国家调节市场、市场引导企业"的公式来概括。在建立新的经济运行机制的过程中，必须充分注意下述两点。

首先，在建立国家调节市场的机制的同时，建立市场校正国家调节行为的机制。根据外国的有效经验，主要应该有：（1）设置与国家调节市场机构相并列的监督国家调节行为的市场组织，其主要任务是对国家调节市场的偏差进行有效的校正。（2）设置功能极强的各类独立性市场协会，其主要任务是抵制和排除国家对市场的错误调节。（3）设置一个独立于政府的市场调查组织，专门向人民代表大会反映政府调节市场的状况，从而为人民代表大会审查和校正国家调节市场的行为提供依据。（4）发展独立于中央银行的民间性市场金融组织，并使其独立制度化，从而使它们内在地成为市场的有机组成部分，按照市场的内在机制运行，形成制约和校正中央银行调节失误的重要力量。

其次，在建立市场引导企业的机制的同时，建立企业纠正市场偏差的机制。主要有：（1）通过培育和发展企业家阶层而使企业校正市场的行为人格化，同时可建立企业家俱乐部制度以使分散的校正市场的抗衡力量形成合力。（2）以企业的前向联系和后向联系为中心，发展行业间的协调协会，以消除因心理、投机、错误预期、竞争失常、信息误差等各种因素造成的市场导向中的虚假成分。（3）建立生产与需求的中间性协调组织，实行以生产为中心、供给和销售为两翼的直接对话制度，做到供、产、销直接见面和及时对话，防止市场失误。（4）建立企业协调协会，协调大中小企业间的分工与协作关系，调节各企业间的利益分配关系，以防止由非正常竞争和利益关系扭曲而引起市场主体活动紊乱，从而造成市场导向错误。（5）成立高层次的市场咨询、诊断组织，对市场进行深层分析，把市场信号的短期失误及市场的长期发展趋势向全社会的企业通报。

## 二、实行单项性参数调节模式，还是实行复合性总体调节模式？

学术界的大部分同志认为，国家调节市场的目标模式应该是国家通过参数调节市场。如果这种表述的含义是指国家调节市场的主体目标模式是参数调节，那么这是正确的。但现在的问题是，有人把参数调节当作国家调节市场的唯一的或包括了全部内容的目标模式，把国家直接对重点工程及能源、交通等的调节，以及市场的自发调节，都完全排除于"国家调节市场、市场引导企业"的经济运行机制之外。其实，如果从国家调节市场的全部活动来看，国家调节市场的目标模式并不是单项性的参数调节，而是一种复合性调节，只不过是参数调节构成国家调节市场活动的主体罢了。

国家调节市场的模式，在很大程度上取决于被调节市场的性质。因此，探讨国家调节市场的模式不能不充分考虑我国市场的性质。我国的市场，无论是从现在不成熟的状况来看，还是从今后将逐步成熟的状况来看，都包括有四种不同性质的市场：有限性市场、完全性市场、同世界性市场相联系的市场、自发性市场。对于这四种不同性质的市场，国家调节的模式应分别是：模拟市场调节、市场信号调节、市场主体调节、市场规则调节。

### （一）国家对有限性市场的调节：模拟市场调节

有限性市场是指因为各种原因而无法完全靠市场信号有效调节的市场。属于这种市场的商品有：（1）因受国力限制无法随价格提高而增加供给的商品，如某些原材料、能源、交通运输等短线产品；（2）满足特殊社会需要的商品，如军工产品；（3）生产中要耗费大量的和多种稀缺资源的商品；（4）最佳效用无竞争性选择的商品，如从甲地到乙地的铁路只能有一条最佳线路；（5）生产周期长和生产中所需要的技术装备规模大的商品。由上述这些商品的交换关系所形成的有限性市场，既不可能实现市场信号的充分调节，也难以在此基础上实行国家对市场信号的调节。国家对这种有限性市场上的商品生产活动，要进行较为直接的调节。但是在整个社会生产实行商品经济形式，并且市场已充分放开的条件下，国家不可能对有限性市场上的商品生产活动，再实行像过去那样的行政式直接调节，而应该充分考虑商品经济及市场运行的要求，实行模拟市场调节。国家模拟市场的中心是根据全社会的平均利润率及职工平均工资收入水平，确定这些企业的利润率及职工工资收入。其具体方法是，以全社会市场的价格及利率等为参照系，以全社会市场的平均成本利润率、平均工资利润率、平均资金利润率为衡量标准，分析这些企业的经济效益及利润状况，进而确定它们的生产利润及职工工资收入。若其经济效益及上缴利润高于社会平均水平，那么其职工工资收入水平就应高于社会平均工资收入水平；若其经济效益及上缴利润低于社会平均水平，那么其职工工资收入就应低于社会平均工资收入水平。这样，就必然会促使这些企业提高生产效率。

国家通过模拟市场的方式调节有限性市场。这种调节是由有限性市场的特点所决定的，因而它不适宜于其他性质的市场。特别是这种调节的作用过程要依赖于完全性市场的存在，以完全性市场上的价格及利率等为参照系，所以只有在完全性市场形成并成为整个市场的主体部分的情况下，模拟市场调节才能有效地发生作用。正由于此，模拟市场调节只能是国家调节市场活动的一小部分，对全部市场来说是不可能实行的。国家对这部分市场的调节虽然不同于对其他性质的市场的调节，但它也是国家调节市场的重要组成部分。

### （二）国家对完全性市场的调节：市场信号调节

完全性市场是指市场机制能够充分自动地发挥作用，企业无须直接接受和听命于国家计划，而可以完全依据市场状况选择生产方向、生产结构及生产规模。这种市场构成了社会主义市场的主体。国家对于这种市场不能采取任何损伤市场内在机理的方式来进行调节，即不能进行外在的干预，而只能进行内在的导向。在这种市场中，价格和利率等市场信号是在市场本身的内在机理变换中形成的，国家并不能直接规定它们。但是由于市场信号同宏观经济变量之间存在着一种函数关系，例如货币供应量的增减会引起价格和利率等市场信号的变动，因而国家可以通过对宏观经济变量的调节而调节市场信号，从而对市场发生内在的调节作用。具体调节过程是：国家制定调节宏观经济变量的宏观经济政策，使宏观经济变量的变动符合国家调节目标的要求；被宏观经济政策调节了的宏观经济变量，通过其与市场信号之间的内在函数关系，影响和调节市场信号的变动，最终实现对市场的调节。宏观经济变量在这里对市场信号变动起到了一种参数调节作用，因而对市场信号的调节也叫作参数调节。

市场信号按照其时间跨度可分为两种：一种是现实市场信号，即现有市场的价格和利率等市场信号的现实运行状况；另一种是预期市场信号，即对将来市场信号的预期，如预期价格、预期利率等。

国家对现实市场信号的调节，主要是通过货币政策和财政政策实现的。例如，国家对现实价格信号的调节，既可以通过货币政策调节市场货币流通量，从而通过对市场货币流通量的变动而影响价格，也可以通过财政政策调节财政收支量，从而通过财政收支量的变动影响市场供求关系，最终通过市场供求关系对市场价格发生调节作用。国家时预期市场信号的调节，主要是通过产业政策和投资政策实现的。国家公布和实施一定的产业政策和投资政策，可以为企业预测未来市场的供求状况提供依据，使企业通过预期价格和预期利率等来确定预期利润，从而可以使企业在利益机制制约下根据预期价格和预期利率安排未来市场，并使自己由依据现实市场信号安排的生产活动向预期市场信号的要求平滑地主动过渡。

### （三）国家对同世界性市场相联系的市场的调节：市场主体经营环境调节

随着我国对外开放的发展，我国不少企业的生产活动要逐渐进入世界市场，参与世界性市场活动也会成为我国市场活动的重要组成部分。对于世界市场我们不可能像上述那样去调节市场信号，因为世界市场信号是在世界各国的市场活动中形成的。

国家对进入世界市场的企业市场活动的调节，主要有两个任务：首先，根据国家的整体利益调节进入世界市场的企业的经营行为，以防止企业单纯追求自身的局部利益而损害国家整体利益；其次，根据国家获得的世界市场信息及对世界市场发展趋势的预测，为进入世界市场的企业提供选择市场的依据，以弥补单个企业难以从全局把握世界市场信息和难以对世界市场发展趋势进行预测的局限性。

国家对于进入世界市场的企业市场活动的调节，具体表现在五个方面。第一，克服单纯的出口创汇观点，以及由此而造成的国内抬价收购和国外低价竞销的市场混乱现象。近期主要是通过许可证招标、配额拍卖、定额补贴和完善出口退税、关税、出口信贷制度等办法，以及加强对有限货源的国内外供求平衡的统筹协调管理，提高联合对外的水平与机制。第二，国家根据我国整体利益，决定有关企业是否进入世界市场以及以多大的生产量进入世界市场。有的企业进入世界市场对企业本身有利，但对国家全局来说并不利，那么国家就要采取严格限制的措施；有的企业进入世界市场对企业本身来讲没有多大利益，但却有利于国家的整体利益，那么国家就要运用优惠政策，以利益刺激方式促进其进入世界市场。第三，国家根据世界市场的状况及我国生产力的发展水平，决定企业的总体生产方向。例如，决定企业以技术密集型产品进入世界市场，还是以劳动密集型产品进入世界市场。第四，根据国内市场的要求及资源的供给状况，决定企业进入世界市场的经营方式。例如，决定企业是原料全部来自世界市场、产品全部销往世界市场，还是原材料来自世界市场、产品全部或部分行销我国市场，或是原材料来自国内市场、产品全部或部分销往世界市场，等等。第五，根据世界外汇比价以及国际经济变动，决定企业的原料购买市场和产品销售市场，以增强我国在世界市场中的地位。

### （四）国家对自发性市场的调节：市场规则调节

自发性市场是指国家不通过市场机制贯彻国家调节目标的自由市场。这种市场是完全根据没有国家意图渗入的纯粹市场信号而自发运行的。国家不可能也没有必要对这种市场的具体运行进行内在的调节，但是国家必须保证这种市场的规范化、有序化。自发性市场虽然不是国家直接调节的对象，但它也会受到以其他市场为调节对象的国家调节的影响。必要时，国家还可以对自发性市场的某些商品制定保护价格，以维护这些商品生产的稳定发展。

国家固然可以通过对其他性质的市场的调节而影响自发性市场，但国家对自发性市场也要通过一定的方式进行直接调节。这种调节主要是通过对市场规则的调节来实现的。当然，国家对其他性质的市场的调节也要利用市场规则，但就国家与自发性市场的关系来说，市场规则是最主要的中介点。国家对市场规则的制定及实施，对自发性市场同样可以起到约束作用。

市场规则主要有市场进出规则、市场竞争规则、市场经营规则。市场进出规则主要是规定企业进入和退出市场的条件，包括企业规模规则、企业技术与资金占有规则、资源利用规则、环境保护规则、企业破产规则、企业转产规则等。市场竞争规则主要是规定企业竞争的行为准则，保证有效竞争和价格竞争而限制非价格竞争和无效竞争，主要有竞争方式规则、消除垄断因素规则等。市场经营规则主要是规定企业的市场经营行为，其主要包括产品质量规则、广告规则、商标规则、经济合同履行规则、定价规则等。我国目前自发性市场混乱的主要原因，是上述这些市场规则不完善和贯彻不力，这就要求我们必须加强这方面的工作。

## 三、是单项搞"市场化""政府化""企业化"，还是综合地进行配套设置？

从经济运行的角度来看，西方国家建立"国家调节市场、市场引导企业"的经济运行机制有三个有利条件：一是它们已有一个充分展开的市场，无需建造市场；二是国家对市场的调节是市场本身的客观要求，国家是按照市场的要求逐渐建立和完善自己的调节职能的，因而国家的调节职能的形成比较容易适应市场运行，主观性较少；三是企业预算约束硬化，企业已经是自主经营和自负盈亏的商品生产者和经营者，不需要重新建造。正由于有上述三个有利条件，所以从形式上看，西方国家建立"国家调节市场、市场引导企业"的经济运行机制较为容易，任务单一，重点是选择和建立国家调节市场的手段，其过程主要表现为国家对市场调节的强化。

但是社会主义国家则不同。社会主义国家长期以来实行的都是以排斥市场为特征的集权式计划管理体制，只是在这种行政管理体制的弊端充分暴露出来，并在明确社会主义经济体制应是有计划的商品经济体制之后，才逐渐认识到建立"国家调节市场、市场引导企业"的经济运行机制的必要性，因而建立这种新的经济运行机制面临着三个难题：第一，没有一个充分发展的市场体系，市场暴露出来的缺陷首先不是市场机制本身的内在功能的缺陷，而是由市场不完善所形成的外在缺陷，这就要求必须建立一个较发达的市场体系。第二，国家原有的能力是集权式直接管理经济的行政能力，几乎根本不具有有效调节市场的能力，因而需要重新建造与有计划商品经济体制相适应的国家机构及其职能，培育国家调节市场的能力。第三，过去企业是国家行政机构的附属物，不是同市场具有内在联系的市场主体，因而要求重新建造企业运行的格局。在这种情况下，如何建立"国家调节市场、市场引导企业"的经济运行机制，大体上有四种方式可供选择。

1. "市场化"方式

这种方式强调充分放开市场，使市场发生三个方面的作用。一是在市场充分放开后，市场的自我扩张通过连锁反应过程，可以形成市场造市场的格局，必然会使整个市场自行组织和发展，从而能够形成一个较为完善的市场体系。二是在市场充分放开后，市场会对国家的机构及职能发生强烈的冲击作用，迫使国家调整机构设置和转变职能，并且随着市场自身的发展和体系完善，市场会强制地把国家调节引入调节市场的轨道，使其从取代市场运行机制而转向自觉适应市场机制的要求，最终使国家与市场之间形成作用与反作用的灵敏关系。三是在市场充分放开后，企业会被纳入市场运行之中，市场会迫使企业承担市场风险和享受市场利益，从而使市场能够对企业进行引导和企业能够对市场进行选择，以至于使企业能够纠正市场偏差。

2. "政府化"方式

这种方式的特点是强调政府在建立"国家调节市场、市场引导企业"的经济运行机制中的主要作用，其要点是：（1）政府造市场，即利用政府的行政权威清除市场发育中的干扰性因素，加速市场发育和成长，从而形成较为完善的市场体系；（2）政府自我完善调节机构和调节职能，从行政式直接调节转向调节市场，与市场形成调节和反作用的相互关系；（3）政府自行割断与企业的父子式直接管理关系，把企业推向市场，使企业与市场形成市场引导企业、企业选择市场和纠正市场偏差的关系。

3. "企业化"方式

这种方式是把放活企业作为建立"国家调节市场、市场引导企业"的经济运行机制的突破口，强调只要使企业成为自主经营和自负盈亏的商品生产者和经营者，那么其结果必然是：（1）企业从国家的直接行政控制下解脱出来后，就会由行政附属物而转变成为市场主体，从而会促进市场体系的形成；（2）企业摆脱国家的直接束缚，便会转向市场，同市场建立起内在的有机联系，接受市场引导并同时纠正市场；（3）企业成为市场主体后，国家调节会跟踪到市场之中，从而会引导国家把调节对象转向市场，与市场形成调节与反作用的关系。

上述三种方式对于建立"国家调节市场、市场引导企业"的新经济运行机制虽然都具有促进作用，但同时各自又都存在着弊端。首先，就"市场化"方式来说，其难点在于：如果单纯靠市场力量推进新的经济运行机制的形成，那么在我们这样一个市场发育极不成熟的国度中，市场的孤立突进必然导致市场扬短抑长，即市场因发育不全而充分释放市场机制的短处，抑制市场机制的长处，从而会引起经济的大波动和紊乱。其次，就"政府化"方式来说，困难在于：由于长期实行集权化模式，形成了政府权力刚性及机构刚性，难以从传统模式中摆脱出来，并且政府原有行为的惯性也会阻碍政府运行机制的转换，就是说，旧体制下的政府机构对于新的经济运行机制的形成有着极强的逆反作用，因此，单靠政府自身组织市场，造就自主经营和自负盈亏的企业，实现自我职能转换及完善，是几乎不可能的。最后，就"企业化"方式来说，问题在于：由于企业长期处于国家的严格行政控制之下，依附性及惰性等积累过深，扩张性爆发力微弱，缺乏市场意识及竞争意识，因而单靠企业现有的自身力量开拓市场、摆脱国家的直接控制，是比较困难的。

由上述可见，要形成"国家调节市场、市场引导企业"的经济运行机制，单靠上述三种方式中的任何一种都是不可能的。这就要求我们必须选择第四种方式，即综合市场化、政府化、企业化方式，进行机制的配套改革。从我国目前国家干预过多、市场及企业力量不足的状况来看，机制配套改革的具体过程是：弱化国家行政调节、强化市场机制、硬化企业经营，并且同时使三者相互促进和呼应。弱化国家行政调节是指不应由国家管的国家坚决不能管，而且国家现在无能力管和不能有效管的，国家也不应管，即使国家应当管的，也不能单靠行政权力去指挥。现在人们一般都讲要加强和完善国家调节，这样讲过于笼统。我们现在的问题是应首先使国家调节转轨，即从直接管理企业转向调节市场，从单纯或主要依靠行政权力调节转向运用经济机制调节，这样才能谈到加强和完善国家调节。强化市场机制是指充分发挥市场机制的作用，使其覆盖全社会的经济活动，并利用市场作为国家与企业的连接枢纽的特点，通过强化市场而迫使国家和企业共同进入"国家调节市场、市场引导企业"的运行轨道。硬化企业经营是指使企业真正成为市场主体，通过由"附属物"转向市场化而摆脱国家直接控制，完全进入市场运行之中。

弱化国家行政调节、强化市场机制、硬化企业经营这三个方面应是相互促进的关系。弱化国家调节时出现的国家对弱化的逆反作用，可以通过市场及企业的强力来抑制和消除；市场在强化过程中出现的紊乱及缺陷，可以通过国家和企业从两个方向进行协调和弥补；硬化企业经营既需要国家把自己同企业的脐带关系割断，也需要由市场风险及市场利益形成一定的压力和吸引力。总之，配套改革是形成"国家调节市场，市场引导企业"的新经济运行机制的唯一途径。

# 社会主义商品经济的纵向秩序*

## 卫兴华　魏　杰

在社会主义商品经济中，社会经济主体主要有两个：一个是从事具体生产销售活动的经营主体，即企业；另一个是从宏观上调控国民经济的调控主体，即国家。企业从事生产经营活动，以市场运行状况为依据并接受市场导向，国家调控国民经济以市场为对象并在市场运行中实现调控目标，因而社会主义商品经济的纵向活动过程表现为国家、市场、企业这三者的相互作用过程。正由于社会主义商品经济的纵向运行形成了这样的格局，所以社会主义商品经济的纵向秩序实际上就是国家、市场、企业这三者之间的经济关系的规范化，具体体现为"国家调节市场、市场引导企业"的运行秩序。社会主义商品经济的这种纵向秩序，在实践中是通过"国家调节市场、市场引导企业"的经济运行机制来实现和维系的，因而，对社会主义商品经济的纵向秩序进行分析，便主要是分析这一新的经济运行机制本身。我们这里的分析就是以这样的思路展开的，着重探讨"国家调节市场、市场引导企业"的经济运行机制。

## 一、"国家调节市场、市场引导企业"的双向作用

用"国家调节市场、市场引导企业"表述经济运行机制的目标模式，只是从抽象意义上或主导方向上所进行的概括，并没有具体表明在新的经济运行机制下国家、市场和企业间的双向关系和复杂联系。在有计划的商品经济体制中，自主经营和自负盈亏的企业，充分发展和比较完善的市场，能够

＊　摘自卫兴华、魏杰：《从无序走向有序经济》，中国财政经济出版社 1989 年版。

较灵敏地有效调节市场的国家，都是整个经济运行机制不可缺少的有机构成部分，它们组成了彼此互为条件、相互促进、相互制约的连环关系。在国家调节市场、市场引导企业的经济运行机制中，并不仅仅是国家对市场、市场对企业的单向作用关系，实际上还有市场对国家，企业对市场的反作用关系，即市场也校正国家调节行为，企业也纠正市场运行。计划与市场的内在统一正是在这种国家与市场、市场与企业的相互动态作用过程中实现的。

第一，就国家与市场的关系来看，市场既接受国家的调节，同时市场对国家的调节也会发生反作用。一般来说，国家运用与市场机制有着内在联系但又高于市场机制的宏观调节机制调节市场，可以克服市场机制的缺陷和弥补市场机制的不足，保证市场机制的有序运行，因而，国家与市场的相互作用过程首先表现为国家对市场的调节。但是，国家对市场的调节也有可能失误。这是由国家的自身利益偏好、国家调节市场的操作水平不高、政府的有关部门或领导的主观武断等原因造成的。首先，社会主义条件下的商品经济，是一种具有多层次经济利益关系的经济，客观上存在着国家、企业和劳动者个人等多元利益主体，存在着利益关系上的矛盾。正是在这种利益矛盾的运动过程中，不同的利益主体为着各自的最佳利益的实现而不懈地努力，这就是人们常说的多元利益主体各有自己的"利益偏好"。一般来说，社会主义国家是从全局利益出发调节市场运行的。但是国家并不是所有时候都能自觉地做到这一点，有时会在"自我利益偏好"作用下而忽视企业和劳动者个人利益的实现。这种偏好的具体表现，是在对市场的调节过程中，有时会向市场输入一些有利于宏观利益、忽视微观利益的经济政策，导致市场格局朝着有利于国家单方面利益的方向变动，造成市场缺陷。其次，即使在国家能够克服自身利益偏好的情况下，由于操作水平的限制，特别是像我国这样的习惯于搞行政式集权制的国家，在向间接性调节模式过渡的阶段，国家工作人员还不适应这种正在变化的新情况，因而在对市场的调节过程中难免造成失误。近几年来，曾交替地出现了"卖粮难"、"卖猪难"或"买猪难"、"吃肉难"的现象。这些不正常的市场现象发生的一个重要原因在于国家调节的失误。国家作为生猪市场和粮食市场的主宰者，即最大的购买者和销售者，并没有按照商品经济的客观规律办事，科学地预测市场供求的变动，而是"粮库满了"不收粮，"肉库满了"不收猪，以至造成市场"畸形"。最后，还应该看到，国家对市场的实际调节活动是由政府具体组织的，政府有关部门或领导的主观武断，或为了追求某种个人目标，有时会在很大程度上造成对市场调节的失误。例如，在一定条件下本应对市场实行紧缩政策，但却主观武断地搞脱离实际的高速度，盲目刺激市场，追求经济的虚假繁荣。由此可见，从抽象意义上讲，"国家调节市场"的概括，是指国家对市场的正确调节，即有科学根据的、符合经济规律的调节。但是，在现实经济生活中，国家调节市场的行为作为主观见之于客观的过程，它可能符合实际，也可能不完全符合实际或根本不符合实际。这就必然产生市场对国家调节行为的反作用的不同情况。主要表现在两个方面：一方面，当国家的调节活动符合市场的内在运行机制时，市场就会顺应国家的调节，按照国家预定的调节目标发展；另一方面，当国家的调节活动违反市场的内在运行机制时，市场就会偏离国家的调节目标，甚至向相反的方向运动（例如，由国家调节的市场价格如果违反了价值规律，就会产生市场供求的失衡，偏离国家目标），迫使国家重新修正或改变成自己的调节目标与措施。因此，市场对国家的调节并不是仅仅被动地接受，而是同时具有校正国家调节活动的作用，使得国家对市场的调节必须客观地考虑市场机制的内在运行规律，必须随时研究每一调节目标与措施的反馈信息，以便在动态中坚持、发展或修改原来的调节目标与措施。所以，国家与市场的关系是双向的，即国家调节市场、市场校正国家行为。

第二，就市场与企业的关系来看，企业既接受市场的引导，同时又对市场发生反作用。在社会主义商品经济体制下，企业作为商品生产者和经营者进入市场并通过市场建立社会经济联系，企业经营活动以市场利润为目标并把市场信号作为决策依据，从而享受市场利益和承担市场风险，企业同市场的这种内在联系决定了企业必然接受市场的引导。但是，不能把企业看成仅仅是市场的被动作用对象。实际上，企业也是市场活动的约束力量。这是由商品经济条件下企业的地位以及企业同市场的内在联系决定的。在社会主义商品经济条件下，企业作为自主经营、自负盈亏的商品生产者和经营者，是具有独立性的经济实体，构成了经济运行的主体。正由于作为市场主体的企业之间的互换信息、互换产品等活动，才形成了市场运行。企业的这种地位决定了企业并不是仅仅被动地接受市场的引导，它除了主动接受市场引导外，还要通过自我运动并对市场发生校正作用。也就是说，企业在根据市场运行安排经营活动的过程中，必然要对市场现状进行分析，以观测市场及市场信号有无失误、缺陷、虚假和扭曲，并在发现问题后，又通过自己的行为同引起市场紊乱的作用力相抗衡，以维护自身的利益。企业对非正常市场之所以能够做出能动的反映并可以消除或缓解这种不正常，是因为企业本身就是市场主体，构成了市场格局中的主动力，同市场信号变动具有内在联系。例如，有关企业的经营活动既可以通过劳动生产率的提高而减少劳动消耗，从而通过价值变动影响价格变动，又可以通过对市场供求关系的影响而引起价格变动。大家知道，在市场活动中，企业是形成市场供给的基本源泉，并且同时又以消费者（生产消费和生活消费）的身份出现，构成主要的购买力量，即需求力量。企业同市场供求的这种内在联系，使得企业的供求行为直接影响市场格局，进而影响市场信号，并制约市场价格。因此，企业经营行为既表现为接受市场引导的过程，又表现为校正市场运行的过程。一般来说，当市场信号真实地表明供求关系，符合企业对现实生产与需求关系的预测，从而市场机制能够对企业进行正确引导时，企业就会按照市场的要求安排生产，顺从市场的引导；但是，当市场信号时滞、市场信号掺假、市场信号扭曲、市场信号传递失误，从而市场机制对企业进行错误导向时，企业会偏离以至背离市场的引导，从而对市场的引导发生纠偏作用。经济学界不少人往往把纠正市场的偏差只看作是国家的任务，其实，企业也是纠正市场偏差的重要力量。当代西方国家之所以充分肯定企业家阶层的作用，一个重要的原因，就是因为企业家阶层具有对市场进行分析、透视、校正的功能，可以通过组织企业经营活动而对市场缺陷及紊乱进行补充和克服。因此，市场与企业的关系也是双向的，即市场引导企业、企业纠正市场偏差。

由上述分析可以看出，新的经济运行机制的基本内容应该是：国家调节市场、市场校正国家行为；市场引导企业、企业纠正市场偏差。由于在国家与市场的双向关系中，国家调节市场是主导的方面，在市场与企业的双向关系中，市场调节企业是主导的方面，所以用"国家调节市场、市场引导企业"的公式来概括新的经济运行机制也是可以的。我们过去正是在这种意义上论述国家计划调节市场、市场调节企业这一经济运行机制的，本文后面的论述也是在这种意义上使用这个表述的。现在的问题是，不少人在使用这个表述时，忽视了市场对国家、企业对市场的反作用，将其看作只是国家对市场、市场对企业的单向作用。正因为如此，不少人在讨论新的经济运行机制时，只是注重国家如何调节市场的机制、市场如何引导企业的机制，而并没有考虑市场如何校正国家行为的机制、企业如何纠正市场偏差的机制。这是目前在研究和设置国家、市场、企业这三者的作用机制时的一个严重不足。在建立新的经济运行机制的过程中，必须充分注意下述两点。

首先，在建立国家调节市场的机制的同时，建立市场校正国家调节行为的机制。这除了建立灵敏的市场反馈系统，以便使国家及时主动校正自身的调节偏差外，还应组织起市场力量对国家的调节偏差强行进行校正，这在国家调节失误而国家又不能或不愿进行校正时是极为重要的。校正国家调节失误靠单个市场主体的力量是不够的，应当将分散的市场力量组织起来，即建立起代表市场利益而独于政府之外的民间性市场组织。根据外国的有效经验，主要应该有：（1）设置与国家调节市场机构相并列的监督国家调节行为的市场组织，其主要任务是针对国家调节市场的偏差，进行有效的校正。例如，当国家通过货币流通量的变动调节市场时，如果国家发行货币量过多，引起物价的非正常上涨，监督国家调节的市场组织就有权批评和干预其调节活动。（2）设置功能极强的各类独立性市场协会，其主要任务是抵制和排除国家对市场的错误调节。例如，当国家通过投资调节市场时，如果其投资方向及规模不符合市场的要求，有关的市场协会就可以对国家投资政策进行抵制和校正。（3）设置一个独立于政府的市场调查组织，专门向人民代表大会反映政府调节市场的状况，从而为人民代表大会审查和校正国家调节市场的行为提供依据。例如，当国家通过财政政策调节市场时，如果财政收支的总量及结构不利于市场的有序发展，那么市场调查组织就有权向人民代表大会报告，通过对国家财政预算的审议及修改，校正国家的错误调节。（4）在条件具备时，发展独立于中央银行的民间性市场金融组织，并使其独立制度化，从而使它们内在地成为市场的有机组成部分，按照市场的内在机制运行，形成制约和校正中央银行调节失误的重要力量。

其次，在建立市场引导企业的机制的同时，建立企业纠正市场偏差的机制。其要点有：（1）通过培育和发展企业家阶层而使企业校正市场的行为人格化。企业校正市场的行为需要具有高素质的企业家能够及时、准确、灵敏地对市场行为进行判断，然后将企业运行的一些要求通过企业家行为表现出来。这一点，在现代化商品经济条件下已成为公理。我国缺少企业家，因此，抓紧培育和迅速形成企业家阶层是当务之急。同时，可建立企业家俱乐部制度以使分散的校正市场的抗衡力量形成合力。企业家阶层的形成需要环境，企业家校正市场偏差的行为需要有一个及时通报信息、畅所欲言、统一认识的场所。我们认为，建立企业家俱乐部并使它制度化能够满足这种要求，并且可以将分散的校正市场的力量统一起来，形成合力。（2）以企业的前向联系和后向联系为中心，发展行业间的协调协会，以消除因心理、投机、错误预期、竞争失常、信息误差等各种因素造成的市场导向中的虚假成分。（3）建立生产与需求的中间性协调组织，实行以生产为中心、供给和销售为两翼的直接对话制度。现代商品经济的发展使分工越来越细，部门之间的联系日益广泛，行业之间的信息交流已成为市场运行的重要条件。为此，按照企业的前向联系和后向联系成立中间性生产协调组织，做到供、产、销直接见面和及时对话，对防止市场失误具有客观必要性。（4）建立企业协调协会，协调大中小企业间的分工与协作关系，调节各企业间的利益分配关系，以防止由非正常竞争和利益关系扭曲而引起市场主体活动紊乱、导致市场导向失误。（5）成立高层次的市场咨询、诊断组织，对市场进行深层分析，把市场信号的短期失误及市场的长期发展趋势向全社会的企业通报。这个组织应比较超脱，是社会利益的代表，不具有利益偏好；它的成员以市场专家为核心，广泛吸收各方面专家，其中包括企业家及消费者协会的代表。因而这个组织具有公平性、公开性和群众性的特点，是一个高级的社会服务机构，可以成为校正市场偏差的中枢。

## 二、国家调节市场的实质及组织建设

国家调节市场有两种性质完全不同的情况：一种是国家对市场进行随机性干预，即当市场出现紊乱时，国家针对市场存在的具体问题进行被动的干预。国家对市场的这种调节属于无预先目标的非规范化的后发性调节，国家在调节中实际上处于被动地位。另一种是国家对市场的主动性调节，即国家根据预期目标的要求对市场进行自觉的计划导向。国家对市场的这种调节，是要通过市场运行来体现经济运行的计划性，因而主要表现为一种带有预见性和规范性的超前反馈调节，调节的目标是把市场运行和国家长期发展目标有机地衔接起来，国家在调节活动中始终处于主动地位。"国家调节市场、市场引导企业"的新经济运行机制中的国家调节市场，指的应是后一种调节，而并不是前一种调节。因此，我们认为那种把国家调节市场同计划调节市场截然分开，强调国家调节范围比计划调节范围大，计划调节只是国家调节的一个组成部分的观点，是不确切的。其实，国家调节市场，从其实质来看，就是计划调节市场。社会主义商品经济是公有制基础上的有计划的商品经济，因而社会主义的市场是受计划调节和影响的市场。计划作为国家调节市场的依据而贯穿于国家调节活动的始终，国家调节市场的全部活动，包括其所运用的经济手段、法律手段和行政手段都充分反映和体现着国家计划的目标与要求，计划在这里事实上是统揽全部国家调节活动的中枢。正因为计划寓于国家调节活动之中，所以计划与市场统一于国家对市场的调节过程，计划不再是孤立于市场之外并排斥市场的计划，市场也不再是无计划的盲目运行的市场。

国家调节市场作为国家对市场的主动性自觉导向活动，要求国家的调节必须以不损害市场运行的基本规则为前提，使国家的调节建立在市场自组织功能充分作用的基础上。"国家调节市场、市场引导企业"的新经济运行机制不同于以往的经济运行机制的根本特点，在于它把市场置于中心地位，市场不再被看作处于辅助和补充地位，也不再被看作社会主义经济运行的异己力量，而是作为覆盖全社会经济运行的计划意图的传播网络。在这里，市场表现为市场参数，如价格、利率、工资率、股息等的相互变动和相互作用过程，表现为市场参数对市场主体，如生产者、经营者和消费者的引导过程，表现为市场信号、市场动力、市场决策连续运动和反馈协调的自组织过程，从而市场本身总是在动态中朝着按比例分配资源的方向发挥调节作用。因此，市场绝不是一种僵化的、静态的、散乱的混合体，绝不是一个任凭外力随意拨动的算盘，而是具有内在运行规律的活发性"生命体"，它所固有的自组织功能国家不可能去替代。所以，国家无论是通过立法与执法来确定和维系市场运行的规范，保证市场运行的自我约束，使其符合经济发展的长期目标，还是通过参数对市场施加影响，调节市场主体的经济行为，使市场运行尽量平稳地达到预定目标，都必须尊重市场运行规律，把国家调节活动建立在市场自组织功能的基础上。也就是说，国家调节不能取代市场的自组织功能，而只能引导、协助、推进市场自组织功能发挥作用，使其朝着国民经济发展的计划目标运行。

国家要能够对市场进行有效的调节，不仅要在调节中按照市场的内在运行规律办事，而且还要有适合于市场运行的国民经济计划。调节市场的国家经济计划根本不同于传统体制下的国民经济计划，它所调节的对象不是听命于国家的依附性企业，而是由各种不同利益主体所组成的市场。因此，制定调节市场的国民经济计划固然无疑也需要政府领导的英明和专家的智慧，但是要使国民经济计划符合市场运行规律，特别是要使市场主体接受它，国民经济计划的制定就绝不是仅有聪明大脑和所谓科学性就能够办到的。国民经济计划的制定过程也绝不仅仅是专家利用各种先进技术手段进行科学论证的过程。它必须同时是由不同利益主体代表参加的利益协调和寻求利益共同点的过程，是各种利益主体之间进行必要的磋商的过程。最终形成的国民经济计划应该是经过相互利益妥协、求得利益共同点、参加磋商的各方在原则上共同认可的东西。调节市场的国民经济计划只有经过这样的过程，最终才会有顺利实施的可能。因此，应该尽快改变我们目前这种计划制定严重脱离市场主体，由个别领导人"拍脑袋"的做法，使国民经济计划的制定能在不同市场主体的认真讨论和协调中实现，这不仅可以保证计划的科学性，而且也为计划的顺利实施打下了坚实的基础。

国家对市场的有效调节需要由一定的国家调节主体来执行。总的来说，国家调节市场的主体是指制定调节目标的人大常委会和具体实施调节目标的政府机构。对于前者，人们的看法是一致的，但对于后者，人们则有不同的理解。有人把整个政府机构都当成了调节市场的主体。其实，调节市场的主体只是政府机构中的经济调节机构。我国政府的构成，主要包括行政管理机构、经济调节机构和国有资产管理机构。行政管理机构不能成为市场调节主体是不言自明的（这里需要指出的是，调节市场的行政方法主要是由政府经济调节机构实施的，不能因为调节市场需要行政方法，就认为整个国家的行政机构是市场调节主体。有人还把工商行政管理部门作为行政管理机构，它实际上应属于政府的经济调节机构）。国有资产管理机构也不能作为调节市场的主体，其原因在于国有资产管理机构作为国有制的代理机构，同其他性质的所有制企业一样，是市场主体并直接参与市场运行。国有资产管理机构虽然在参与市场运行中也会对市场运行有导向作用，但它并不是国家调节市场的主体。我国长期以来把国家行政机构、经济调节机构、国有资产管理机构混为一体，职能不分，窒息了国民经济的活力。因此，我们应该在实行政经分开，即行政机构同经济调节机构、国有资产管理机构分开的同时实行政企分开，即经济调节机构同国有资产管理机构分开。独立后的经济调节机构主要由四种不同的机构组成，第一种是具体组织制定和实施经济发展战略、产业政策及货币、财政和收入政策的最高经济调节机构，即国家计委。其主要任务是确定国民经济活动的总规模和结构，协调中央银行、财政部及其他经济调节机构的调节活动。第二种是中央银行及财政部等具体调节机构。第三种是各专业部，其主要任务是确定行业规划、实施行业管理、提供信息和技术服务。第四种是经济监督、信息和综合管理部门，包括审计、海关、商检、工商行政管理等部门。在这里需要特别指出的是，各级地方政府虽然是国家实体的构成者，但并不是市场的调节者。各级地方政府及其附属机构不宜拥有对货币供应量、供求总量、国际收支平衡和全国性税收的调节权，不宜将自己的财政收入用于生产性、盈利性企业的投资。地方政府的经济功能不是调节市场而是服务，即通过改善基础设施、提供优质服务来促进地区经济发展。有些人强调要建立多层次的市场调节系统，并把地方政府作为一个重要的层次。实践已证明这是行不通的。在建立新的经济运行机制的过程中，必须力求避免地方政府凭借权力对市场进行地方性干预，特别是要防止它基于地方利益考虑而搞各自为政、地方封锁，割裂统一市场的内在联系。在当前实行地方财政包干、外贸承包的情况下，更应该注意这种问题。可以通过制定地区反封锁法、加强行业管理和地区间企业的横向联合等途径，弱化地方政府对市场运行的非正常干预。

国家经济调节机构作为国家调节市场的主体，其行为必须规范化。从我国目前的状况来看，这种规范化的首要问题是保证国家工作人员行为的规范化。这不仅要求政府领导人尊重经济规律，不搞主观、随意的瞎指挥和"首长工程"，而且还要求政府工作人员严守法规，廉洁奉公。国家调节市场的出发点是维护社会整体利益，因而作为国家调节市场的具体执行者的国家工作人员，必须是社会利益的维护者。这就要求国家工作人员不仅不能同时以二重身份出现，即既是市场调节者又是市场参与者（如经商或从事其他经济活动），更不能贪污受贿、弄权渎职、敲诈勒索。否则，国家对市场的调节只能造成市场运行紊乱。因此，我们必须从克服政府领导人员的主观主义和保持政府工作人员的廉洁性这两个方面，以校正政府调节行为，使其行为规范化。实践表明，具有坚强的现代意识的廉洁政府，是国家有效调节市场的重要保证。

国家有效调节市场还需要有一定的组织建设，特别是需要有建立于国家与市场之间的中间性民间组织。我国经济学界在论述国家调节市场问题时，大都忽视了这种中间性组织的作用。其实，要使国家能够有效地调节市场，需要在国家与市场之间建立起一定的中间性组织。日本在这方面的经验值得我们很好地借鉴。日本社会中有许多代表社会中某一部分人利益的经济团体，这些经济团体虽然既无钱又无权，并且成员的联系非常松散，但它在国家调节与市场之间起到了有效的联系作用，使政府的调节措施得以贯彻，防止了国家调节与市场之间的硬碰硬。日本这些经济团体的主要任务是达成官民共识，沟通信息，促进对话和协调利益关系。例如，当国家的某一调节措施公布后，各种经济团体会组织各种讨论会，通过对调节措施各个方面的问题进行探讨而对它们的共同利益取得共识，即使对政府调节措施持有不同看法的反对者，也会在讨论中达成对政府调节措施的充分理解，这种共识和理解会体现在贯彻政府调节措施的协调行动中。又例如，经济团体把民间的各种意见集中成为各团体的意见，据此同政府进行各种形式的对话，在对话中求同存异，寻求达成一致的意见。有些人把日本这种处于国家与市场之间的经济团体称为"软组织"，认为这种软组织可以使国家调节"软着陆"，减少摩擦和震幅。这是有道理的。因此，我们在建立新经济运行机制的格局时，应该促进协调国家调节与市场关系的经济团体的形成，为国家有效调节市场提供组织基础。

### 三、市场引导企业的实现过程

市场引导企业这个机制能够运行的必备条件是：第一，市场具有引导企业的能力；第二，企业能够接受市场的引导。因此，研究市场引导企业问题需要考察两个层次的内容：第一是市场如何才能引导企业，第二是企业怎样才能接受市场引导。

#### （一）第一层次考察：市场怎样才能引导企业

市场引导企业是通过价格、利率、工资等市场信号的变化而实现的。例如，价格信号的变化可以引起企业经营方向、经营规模和经营结构的变化，利率信号的变化可以引起企业投资方向和投资规模的变化，工资信号的变化可以引起企业用工规模及生产要素选择方向的变化。既然市场是靠市场信号引导企业的，那么在市场引导企业过程中就必须保证市场信号有秩序。一般来说，在规范的发达商品经济中，在没有非正常的非经济因素的干扰下，市场信号是有秩序的。但目前我国的商品经济既不发达也不规范，并且非正常的非经济因素对市场的正常运行干扰极大，所以市场信号的秩序性较差，从而使得市场还难以有效地引导企业。因此，我们要真正实现市场对企业的引导，就必须建立起良好的市场信号秩序。

市场信号秩序是指价格、利率、工资等市场信号形成及变动的内在规范性，其要求是各种市场信号都必须形成于市场机制之中，并且它们之间具有相互联动的内在关系。市场信号秩序的具体内容包括：

第一，市场信号形成主体明确，即市场信号不能由市场中的任何一方利益主体单独决定，而只能在市场机制运行中内在地形成。市场上的利益主体主要是国家、企业和消费者，这三个利益主体都不可能单独成为市场信号形成主体：如果让国家规定市场信号，那么国家就必须在市场活动中既不具有自我利益，又能够对市场信号形成具有高超的操作水平，而实际上这两者都是难以达到的；如果让企业规定市场信号，企业必然会从自我利益偏好出发，任意制定价格，使国家利益及消费者利益无法得到保障；如果让消费者制定市场信号，消费者必然会极大地压低商品市场价格，提高工资水平，使市场信号失去科学性。由此可见，市场上的三方面利益体都不可能单方面成为市场信号的形成主体，市场信号只能形成于市场机制之中。但目前我国市场信号的形成恰恰违反了市场信号形成的这种内在要求，市场信号实际上分别由国家和企业这两方面的利益主体决定，形成了市场信号形成的双轨制。一方面，国家还控制着一部分价格信号，基本上垄断着利率信号，其结果是市场信号紊乱无序；另一方面，国家放开的一部分价格信号决定权又由企业所掌握，作为商品生产者和经营者的企业出于利润最大化的动因，利用市场短缺之机漫天要价，轮番攀比抬价，使市场信号形成严重失真。因此，要建立良好的市场信号秩序，就必须最终取消双轨制，使国家完全放开对市场信号的控制，让市场信号内在地形成于市场机制之中。在这里需要明确一个问题，即取消双轨制并不是要让市场信号由国家或企业某一方面单独来决定，而是要让市场机制这个单轨来形成市场信号。

第二，市场信号形成过程客观化，即市场信号不是由主观因素决定，而是由供求规律、价值规律及竞争规律等客观经济规律综合决定。但目前我国市场信号的形成还不是一个客观化的过程，价值规律及竞争规律等还难以发挥其应有的作用，主观因素在其中起很大的作用。某原因如下：一是市场体系及市场机制还不完善，从而使价值规律难以在市场信号形成过程中起应有的作用；二是国家以市场主体及市场调节者的双重身份进入市场，严重影响了市场秩序的形成，使得供求规律对市场信号形成的作用并不明显；三是国家对不同地区的市场实行不同的市场规则，使地区之间的市场矛盾加剧，从而难以形成统一的市场环境，结果是竞争规律在市场信号形成过程中无法有效地发挥作用。由此可见，市场信号形成过程客观化的关键，是在条件成熟时，放开市场。在市场信号形成的客观化过程中，我们遇到的并不是国家培育市场信号形成的问题，而是国家退出市场信号形成过程的问题。国家不退出，主观因素就很强烈，容易使得市场信号的变化失真。

第三，市场信号形成机体健全，即在卖方市场和买方市场这两种市场机体中，只有买方市场才是市场信号形成的健全机体。卖方市场下的市场信号长期强化会造成市场信号扭曲。只有在买方市场条件下，各种市场信号才能趋于正常形成。因此，为了保证市场信号的有序形成，就必须建立起买方市场。但目前我国的情况是：国家超经济货币发行及盲目追求高速度等行为引起通货膨胀，造成了卖方市场长久不衰的局面，使买方市场格局难以形成。因此，在目前条件下，建立和健全市场信号形成机制的首要任务，是消除通货膨胀。通过治理通货膨胀，力求由卖方市场机制向买方市场机制转化，从而使形成市场信号的机制健全起来，保证市场信号的正常形成。

第四，市场信号诸内容之间具有制约联动关系，即市场信号变动有序，价格、利率和工资等相互联动制约。市场信号充分发挥功能的必需条件是各种市场信号之间保持相互制约关系。比如：总价格水平上涨，生活费用提高，工资就应随之增长；总价格水平上涨，通货膨胀加重，银行借贷款利率就应随之变动。如果市场信号之间不联动制约，就必然会导致有的市场信号失灵，有的市场信号会不合实际地放大功能，从而难以有效地引导企业的生产经营活动。因此，市场信号之间的联动制约，是市场信号有序作用的前提条件。但我国目前的情况是市场信号之间缺乏联动制约关系，例如：价格信号失控不断强化，而工资信号却没有随之变化；价格信号的强化失度，造成货币贬值，导致消费者储蓄心理变动，大量提款购物，为了抗衡这种逆反因素对经济运行的冲击，应提高利率，并使其略高于通货膨胀率，而我们的利率却没有相应变动，只是靠增加货币投放量去应付，结果形成了恶性循环。因此，为了保证市场信号的有序性，必须使市场信号之间形成联动制约关系。从我国目前的状况来看，市场信号之间缺乏联动制约关系的主要原因，是国家直接控制着利率信号和一定部分的工资信号，而价格信号的50%已经放开，国家难以控制，从而阻碍了市场信号之间的联动制约关系的形成。随着经济体制改革的进行，国家应在条件成熟时，放开对市场信号的控制，以便使它们形成相互联动的制约关系。

第五，市场信号变动灵敏和准确化，即市场信号能自动和灵敏地反映各种商品及要素的供求关系。市场信号不是一个静态的范畴，各种商品及各要素的供求变化会引起市场信号的经常变动，并且诸市场信号之间的联动制约关系也影响着市场信号的不断变化，所以市场信号变化是商品经济的常态。市场信号变化是绝对的，稳定只是相对的，长期不动是违背经济规律的。因此，市场信号要能够有效地引导企业的生产经营活动，就必须灵敏地反映供求变动，及时而准确地发生相应变化。但我国目前的市场信号变动既不及时，又不准确，成为市场信号秩序紊乱的一个重要方面。正因为没有市场信号的自动涨落，所以市场处于一种扑朔迷离的状态，其"透明度"大大减弱，供给规模和需求规模、供给结构和需求结构得不到很好地协调，使得市场信号难以有效引导企业。改变这种状况的途径如下：一是使价格、利率等市场信号真正成为市场的内在变量而不是外生变量（这里且不谈少部分商品价格继续由国家控制的问题）。也就是说，要使其变动方向和变动幅度真正由市场决定而不是由行政部门规定，从而使价格、利率等成为市场信号而不是行政信号①。这就要求必须改变目前的直接性行政管理体制，形成间接的宏观调节体系。二是使供求关系成为决定市场信号变动的最基本要素，从而使市场信号的自动涨落同市场供求关系发生内在的调节和制约作用，成为真正反映供求状况的市场引导信号。这要求消除供求变动同市场信号之间的障碍，特别是要消除阻碍市场信号同供求关系协调变化的行政障碍。

---

① 工资机制形成能否完全市场化，特别是政府机关工作人员、科教文卫系统的工作人员，其工资水平的变化能否完全取决于市场，是一个需要单独讨论的问题，但工资信号应与其他市场信号相联系而变动则是肯定的。

## （二）第二层次考察：企业怎样才能接受市场引导

在市场信号具有引导企业生产经营活动的能力的条件下，市场能否有效引导企业的关键，就取决于企业是否能够接受市场信号的引导。企业接受市场信号引导的必备条件是：

第一，企业经营活动全面地依赖于市场。因为只有企业全面地依赖于市场，把眼睛紧紧地盯住市场，才能使企业对市场信号的任何细微变动都会做出积极的反应，接受市场的引导。这就要求我们必须割断企业对国家的各种依赖，消除目前严重存在的既依赖市场又依赖国家的双重依赖关系以及与此相联系的双轨制所带来的种种弊端，把企业的经营活动全部推入市场，使之与市场建立起内在的有机联系。这主要包括：一是割断企业同国家行政机构的行政隶属关系，消除上级主管机构从自身利益出发干预企业日常经营活动的状况，使企业真正摆脱作为行政机构的附属的地位，能够自主地根据市场信号的导向安排生产经营活动。二是割断企业在资金上对国家的依赖关系，使企业所需要的资金主要是靠自行积累和通过金融市场筹措，从而使企业受到利率等市场信号的较强刺激和制约作用，把企业的资金活动纳入市场运行之中。三是割断企业在生产要素来源和产品销售上对国家的依赖关系，使企业所必需的各种生产要素逐步从市场上获取，产品销售也通过市场而实现，从而使企业的生产过程和交换过程同市场内在地联系在一起，完全感受市场信号的作用。四是割断企业在收入分配上对国家的依赖关系，国家对企业及企业职工的收入不再采取一包到底的办法，而是把企业及企业职工的经济利益同市场实现成果直接联系起来，把企业的工资总额同市场效益挂钩。总之，使企业的收入分配过程同市场紧密地联系起来。五是割断国家与企业的"父爱"关系，把市场作为检验和评价企业活动的场所，企业由于市场决策失误和劳动生产率低下等主观原因引起的亏损，不能通过减免税收、增加补贴等手段从国家那里得到补偿，而应该使其在经济利益上接受市场的惩罚，从而增强企业的市场责任和充分发挥市场的奖惩鞭策作用，使企业在市场的强大压力下，把生产什么、生产多少和为谁生产的生产经营决策根植于市场信号的引导之中。总之，只有从上述各方面割断了企业对国家的依赖关系，并使企业生产经营活动全面地依赖于市场之后，企业才能够有效地接受市场引导。

第二，企业对市场信号的变动具有灵敏的反应能力和良好的应变能力。企业对市场信号的反应能力和应变能力主要取决于以下几个方面：一是企业具有反应和应变市场信号的动力。这种动力来源于企业对市场利益的追求。因为，企业之所以接受市场信号，并根据市场信号的变动而调整自己的生产规模和方向，其根本原因就在于市场信号变动决定着企业利益的增减。因此，我们要把同市场信号变动具有内在联系的市场利润作为企业的追求目标，并依此建立企业内部劳动者之间、企业与企业之间、企业与国家之间在利益上的钳制关系，形成企业反应和应变市场信号的强大利益动力。二是企业具有对市场信号做出反应和应变的权力。这就要求把企业应有的这种权力交给企业。首先，把生产方向和生产规模的决策权、经营方式的选择权交给企业，逐渐减少指令性计划任务，给企业在产供销等方面以较大的权力，政府部门不能随便干涉企业的生产经营活动。其次，把安排生产要素的决策权交给企业，企业既可以根据自己的生产需要自由地吸收职工和生产资料，也可以把自己生产上不需要的职工和生产资料排出。再次，把竞争权交给企业，特别是要为各类企业创造比较平等的竞争条件，使企业能够在市场信号引导下开展有效的竞争。最后，把投资决策权交给企业，使企业能够根据对市场信号变动的预期，调整生产的方向和规模，从而主动地接受市场信号的引导。三是企业具有对市场信号做出反应和应变的物质基础。这种物质基础就是企业能够根据市场信号的变动而调整生产方向和规模的资金。企业对市场信号的反应和应变，如没有资金做保证，就会成为一句空话。因此，企业的税负不能过重，要消除企业的不合理经济负担，而且还应允许企业自主灵活地筹措社会资金，包括向银行贷款、在政策许可范围内引进外资，以及向集体和职工集资等，从而使企业能够有效地利用各种经济成分的资金，以适应市场信号的变动。

企业接受市场信号引导所必需的上述两个条件，只有在企业成为完全自主经营、自负盈亏的独立商品生产者和经营者的基础上，才能真正形成。没有企业的真正独立，是解决不了企业接受市场引导这个问题的。实践已表明，如果"相对独立论"变成抹杀企业独立性的借口，便会使企业陷入"两难"的境地，即：一方面企业想摆脱国家行政机构的束缚，但又摆脱不掉，尚存在很强的纵向依赖；另一方面企业试图面向市场，加入市场竞争，接受市场引导，但由于没有接受市场引导所应有的能力和权力，又无法真正接受市场引导。这正如匈牙利著名经济学家科尔奈所说的，这必然使企业一只眼睛面向政府，另一只眼睛面向市场。在此条件下，企业是不可能完全或真正接受市场信号引导的。企业只有真正成为独立的商品生产者和经营者，才能成为具有独立经济利益和经济责任的经济实体，才能对市场信号的变动做出及时的反应和决策，从而接受市场信号的引导。如果企业独立地位不确立，或者仅仅在有限程度上"独立"，预算约束软化，仍在纵向上依赖于国家，就必然不能对市场信号做出灵敏的反应和应变。因此，从企业这一方面看，企业能否接受市场信号引导的关键，在于企业是否是真正独立的商品生产者和经营者。

怎样才能使企业成为真正独立的商品生产者和经营者？学术界有许多种思路，并且有较大的争论和分歧。看来主要应从两个方面推进经济体制改革：一是深化宏观经济管理体制改革，使直接宏观管理体制转化为间接宏观管理体制。因为目前企业不能接受市场信号引导的重要原因，是直接宏观管理体制的行政束缚捆住了企业进入市场的手脚，看得见的"脚"踩住了看不见的"手"。这种强制性行政束缚不打破，企业是无法接受市场信号引导的。因此，我们必须加快宏观经济管理体制的改革。二是深化所有制体制改革，建立符合市场引导企业机制要求的所有制体制。因为企业能否接受市场信号引导的重要因素，是取决于企业制度的合理化，而后者又取决于企业产权明晰化，并且最终取决于所有制的状况。因此，使企业接受市场信号引导的重要一环，是改革全民所有制形式，使全民所有制企业具有接受市场信号引导所必需的产权。

# 计划经济与市场调节相结合的根据和形式*

卫兴华

正确认识和处理计划经济与市场调节的相互关系，是社会主义经济体制改革中的一个根本问题。经济体制改革的成效如何，在很大程度上取决于这个问题解决得如何，取决于能否有效地建立起两者有机结合的社会主义商品经济运行机制。

## 一、对"计划经济与市场调节相结合"提法的辨析

人们常常提出问题：计划经济与市场调节不是同一层次或同一序列的范畴，两者在概念上是不对称的，为什么要讲计划经济与市场调节相结合？如果讲计划经济与商品经济相结合，或计划与市场相结合，或计划调节与市场调节相结合，岂不是要对称一些吗？

不能只从概念的对称与否的角度去把握新的经济运行机制，因为这不是问题的实质所在。新的经济运行机制概念，既要反映经济运行机制自身的新特点，又要反映社会主义经济制度固有的特点。

社会主义经济，作为公有制基础上的有计划的商品经济，意味着计划经济与商品经济的结合或统一，这是进行改革、建立新的社会主义经济运行机制的理论基础之一。但是，单讲计划经济与商品经济相结合，不能突出新的经济运行机制的特点，特别是不能突出其中调节机制的特点。而且，商品经济有个发展程度问题，市场机制有个是否发育和健全从而能否或在多大程度

* 原载《中国社会科学》1990 年第 5 期。

上发挥调节作用的问题。有的同志认为，"既然是商品经济，那就说明市场调节无时无刻不存在"[1]，"有商品经济，市场调节就要发挥作用"，"商品经济是与市场调节共存的"[2]。这种观点较为普遍。他们认为，商品经济既然是通过市场交换的经济，自然市场调节就要发挥作用。其实，商品经济虽与市场共存，但并不一定与市场调节共存。在市场机制不健全、市场功能微弱的条件下，市场机制就难以发挥调节企业经营活动、调节生产、调节供求的作用。

从新中国成立到党的十一届三中全会的 30 年中，中国大地上并没有消灭商品经济。早在我国还处于国民经济恢复时期的 1952 年，斯大林就发表了在当时对我国影响甚大的著作《苏联社会主义经济问题》，从理论上肯定了社会主义制度下商品生产存在的必要性。我国当时的中央有关文件也曾一再强调保持和发展商品生产的重要意义。尽管在"左"的错误流行的年代，曾有把商品经济同资本主义混同的倾向，并因而限制了商品经济的发展，但在我国商品经济还是始终存在的。

在原有的传统体制下，我国存在商品经济，存在市场。但是否存在市场调节呢？1979 年，陈云同志在指出社会主义计划工作的缺点、强调提出要发挥市场调节的作用的《计划与市场问题》提纲中这样写道："六十年来无论苏联或中国的计划工作制度中出现的缺点：只有有计划按比例这一条，没有在社会主义制度下还必须有市场调节这一条。"[3] 就是说，他认为在传统的计划体制中，不存在市场调节的作用。

在集中过多、统得过死的单一的指令性计划经济中，市场机制很不健全。企业没有产供销和人财物的自主权，决定企业生产什么、生产多少、为谁生产的不是市场机制，而是国家的指令性计划指标。商品价格也不是在市场机制的作用中形成的，而是由国家统一规定的，是一种表现为固定价格的计划价格。这种价格不反映市场供求关系的变化，而不受供求影响的固定价格，难以发挥市场调节的作用。而且在传统体制下，企业的利益与市场供求没有直接联系，甚至企业没有自己的特殊利益。在这种情况下，市场机制怎么能起调节作用呢？传统的经济体制，恰恰是排斥市场调节的体制，而改革

---

① 厉以宁：《第二次调节沦》，载《财贸经济》1987 年第 1 期。
② 《坚持计划经济和市场调节相结合的方针》，载《求是》1989 年第 23 期。
③ 《三中全会以来重要文献选编》上，人民出版社 1982 年版，第 69 页。

正是要发挥市场调节的积极作用。因此，提计划经济与市场调节相结合，能够显示出区别于传统体制的新的经济运行机制的特点。

把新的经济运行机制概括为计划与市场相结合或计划调节与市场调节相结合是否更好呢？否。计划与市场的关系，在传统体制下就存在，在当代资本主义国家也存在。因此，计划与市场的结合问题，既不能显示社会主义经济制度的特点，也不能显示新的经济运行机制的特点。计划的存在，不等于计划调节的实现。对社会主义经济来说，计划调节是要实现社会总劳动时间按社会需要合比例地分配于不同部门。或如马克思所说："劳动时间的社会的有计划的分配，调节着各种劳动职能同各种需要的适当的比例。"① 社会主义的计划调节，就是要实现国民经济有计划按比例地发展。主观主义的、缺乏科学根据的计划，不但不能实现计划调节，反而会造成国民经济的严重比例失调。计划调节是计划经济的核心，但不等于计划经济。因为计划调节侧重于调节社会再生产的比例关系，即国民经济的协调发展，而计划经济则不仅要求物质再生产过程的协调发展，而且要求社会主义经济关系及其再生产的协调发展和自觉实现。当然，后者要以前者的实现为条件。因此，单讲计划与市场的关系是不够的。

至于讲计划调节与市场调节相结合，虽然从概念的对称性来看更顺当一些，而且作为社会主义经济运行机制的调节机制，确实需要把计划调节机制与市场调节机制很好地结合起来，但是计划调节与市场调节的结合问题，在当代某些发达的资本主义国家也存在。对资本主义国家来说，计划调节虽然不能实现国民经济有计划按比例地发展，但在一定范围和一定程度上可以对经济运行发挥其积极作用，而市场调节则在资本主义市场经济中发挥着广泛的作用。因此，单讲计划调节与市场调节相结合，也不能表明社会主义经济运行机制的特点。

提出"坚持计划经济与市场调节相结合"，首先表明，我们实行市场取向的改革，并不是要一味削弱乃至否定和放弃计划经济。计划经济是社会主义经济制度的本质特征之一，也是借以发挥社会主义经济优越性的重要基础。正如《中共中央关于经济体制改革的决定》中所指出的："社会主义社会在生产资料公有制的基础上实行计划经济，可以避免资本主义社会生产的

---

① 《马克思恩格斯全集》第 23 卷，人民出版社 1972 年版，第 96 页。

无政府状态和周期性危机，使生产符合不断满足人民日益增长的物质文化生活需要的目的，这是社会主义经济优越于资本主义经济的根本标志之一。"①计划经济意味着计划管理和计划调节，也意味着社会主义经济制度各个方面的发展、完善和实现的计划性、自觉性。如果在改革中不坚持计划经济，片面强调和强化市场调节的作用，有计划的商品经济就会蜕变成完全的市场经济，最终改变社会主义经济的性质，从而意味着改革离开了社会主义方向而走向歧路。我们只能在坚持计划经济的条件下发挥市场调节的作用。坚持计划经济与市场调节相结合，就是要在社会主义计划经济中，将计划机制与市场机制、计划调节与市场调节结合起来，也就是要在计划经济中引进市场机制，发挥市场调节的作用。这是问题的一方面。另一方面，坚持计划经济与市场调节相结合，也意味着不再是坚持传统体制下的那种计划经济。如果只坚持计划经济而不同时坚持发挥市场机制和市场调节的作用，就不能适应有计划商品经济发展的要求，经济体制改革就难以获得成功。

由此可见，计划经济与市场调节相结合的提法，一方面反映了社会主义经济制度的特点，只有在社会主义公有制基础上才必然会实行计划经济。计划经济运行机制构成社会主义经济运行机制的（区别于资本主义的）重要内容。另一方面，也反映了新的、社会主义商品经济运行机制的特点：作为商品经济调节机制的市场调节，同时成为社会主义经济运行机制的有机组成部分。

在1984年党的十二届三中全会以前，关于计划经济与市场调节的关系，曾有另外的提法。1979年提出："在我们的整个国民经济中，以计划经济为主，同时充分重视市场调节的辅助作用。"② 1981年中共中央通过的《关于建国以来党的若干历史问题的决议》中讲："必须在公有制基础上实行计划经济，同时发挥市场调节的辅助作用。"③ 后来又在党的十二大报告中概括为计划经济为主、市场调节为辅的原则，并解释说："有计划的生产和流通，是我国国民经济的主体。同时，允许对于部分产品的生产和流通不作计划，由市场来调节，也就是说，根据不同时期的具体情况，由国家统一计划

---

① 《中共中央关于经济体制改革的决定》，人民出版社1984年版，第15页。
② 《三中全会以来重要文献选编》（上），人民出版社1982年版，第141页。
③ 《中国共产党中央委员会关于建国以来党的若干历史问题的决议》，人民出版社1981年版，第55页。

划出一定的范围，由价值规律自发地起调节作用。这一部分是有计划生产和流通的补充，是从属的、次要的，但又是必需的、有益的。"① 显然这是一种所谓板块式结合的观点。党的十二届三中全会以后，"为主""为辅"的提法被放弃。现在需要弄清的问题是：就其实际内容来说，目前所讲的"计划经济与市场调节相结合"，同过去讲的"计划经济为主，市场调节为辅"，是完全不同的提法呢还是有其衔接点？

有的学者批评"板块结合"的观点说："过去相当长的时间内，某些书刊上流行着一种不正确的看法，即把计划经济同价值规律割裂开来，……并且认为计划经济正是作为价值规律起作用的部分的对立面而存在的。简单地说，这种观点把社会主义经济分为两块，一块是计划调节部分，另一块是市场调节部分，前一块是'一大块'，后一块是'一小块'。这就被看成是'计划经济为主'。实践证明这种观点在理论上站不住脚，在社会主义建设中是有害的。"② 究竟怎么"站不住脚"，怎么"有害"，没有解释。

我认为，对"计划经济为主，市场调节为辅"进行这样的批评，是缺乏说服力的。第一，"为主""为辅"实际上是指社会主义公有制经济的主体部分是计划经济，另外也可以划出一小部分不作计划，即计划经济为主，计划外经济为辅。公有制经济内部这两部分的并存，是改革以来的客观现实。无论改革怎样进行，只要存在指令性计划经济、指导性计划经济和计划外经济三部分，这种主辅关系就存在。随意批评和否定是没有根据的。第二，把计划外经济为辅称为市场调节为辅，是从原有的、典型意义上理解"市场调节"含义的结果，即认为市场调节就是市场机制的自发调节或价值规律自发调节。在公有制经济中由价值规律自发调节的部分，自然只能是辅助的部分。的确，在几千年的私有制商品经济中，市场调节就是市场机制的自发调节。特别是资本主义的自由市场经济，完全由市场自发调节。但在社会主义公有制经济中，市场调节可以有两种不同的形式：一种是计划外经济中市场机制的自发调节；另一种是计划经济中由计划调节导向和计划指导的市场调节。而后一种形式的作用范围更大。如果把这两种作用形式的市场调节考虑在内，就不好讲计划经济为主、市场调节为辅了（应把它同计划经

---

① 《中国共产党第十二次全国代表大会文件汇编》，人民出版社 1982 年版，第 28～29 页。
② 厉以宁：《第二次调节论》，载《财贸经济》1987 年第 1 期。

济为主、计划外经济为辅区别开来）。因而现在讲计划经济与市场调节相结合，就有更大的包容性。但是上述两种提法的实际内容还是相衔接的。而且，如果从改革的历史的角度来评价，针对传统体制下单一的指令性计划经济，从理论和实践上提出在实行计划经济的同时，重视发挥市场调节的辅助作用，是一种改革思路上的推进，市场取向的改革正是以此为起点的。批评它"在理论上站不住脚，在社会主义建设中是有害的"，显然是不公允的。第三，从"一大块""一小块"的划分中，并不能得出"把计划经济同价值规律割裂开来，……认为计划经济正是作为价值规律起作用的部分的对立面而存在"的结论。即使在传统的计划体制中，也曾强调要利用价值规律，并没有把计划经济同价值规律割裂开来。在党的十二大报告阐述"计划经济为主、市场调节为辅"的原则时，就同时强调指出："无论是实行指令性计划还是指导性计划，都要力求符合客观实际，经常研究市场供需状况的变化，自觉利用价值规律。"这里强调的恰是把计划经济同价值规律统一起来。自觉利用价值规律是一回事，价值规律自发起调节作用是另一回事，应当将二者严格区分开来。

## 二、计划经济与市场调节相结合的理论和实际根据

在我国社会主义初级阶段，存在着以公有制为主体的多种经济成分。公有制经济从总体上说要实行计划经济，而非公有制经济如个体经济、私营经济、外资企业等则实行市场经济。后一种经济，再加上中外合资和合作企业，固然也要受国家计划的指导和制约，但由于它们不属于计划经济范围，因而在它们内部不存在计划经济与市场调节相结合的关系。它们是由市场自发调节的。如果说这里也有计划经济与市场调节的关系的话，那只能是公有制为基础的计划经济与私有制为基础的市场经济之间的外在关系。

我们研究的对象是社会主义公有制经济中计划经济与市场调节的关系。传统的经济体制和传统的观念把计划经济同市场调节看成相互排斥的异己物，而改革却从理论和实践上提出了二者相互结合的问题，这就需要阐明二者相结合的理论和实际根据是什么。

### （一）相结合的共同基础

生产和消费及其相互关系，是人类社会经济活动中最基础性的和最基本的经济行为和关系。任何社会为获得用以满足消费需要的产品，都需要将社会总劳动（包括物化劳动和活劳动）按社会需要的比例分配于不同的生产部门。这与社会经济制度的性质无关。不过，在不同的社会制度下按比例分配社会劳动的实现形式可以有所不同。正如马克思所说："这种按一定比例分配社会劳动的必要性，决不可能被社会生产的一定形式所取消，而可能改变的只是它的表现形式，这是不言而喻的。自然规律是根本不能取消的。……而在社会劳动的联系体现为个人劳动产品的私人交换的社会制度下，这种劳动按比例分配所借以实现的形式，正是这些产品的交换价值。"① 就是说，在私有制商品经济中，社会劳动按一定比例分配的实现形式是交换价值。而以货币形式存在的交换价值，就是价格。于是，通过反映供求关系变化的价格的涨落，它调节着生产与消费、供给与需求的关系，从而从较长时期看调节着社会劳动的按比例分配。这也就是我们所说的市场调节。

马克思主义创始人曾经预计：在消灭了私有制的社会主义制度下，商品生产和商品交换消失了，从而社会劳动的按比例分配规律不再通过交换价值或市场调节来实现，而是通过反映社会需求的计划即通过计划调节来实现。我们所说的社会主义国民经济有计划按比例地发展，正是社会劳动按比例分配这一社会经济发展一般规律在社会主义经济中的实现形式。

传统的观念认为，市场调节是私有制商品经济特别是资本主义商品经济中的调节机制，而计划调节则是社会主义公有制经济中的调节机制。市场调节完全是自发的，其调节作用是事后的，而计划调节则是完全自觉的，其调节作用是事前的。基于这种认识，就把计划经济和计划调节同市场调节看作是相互排斥的东西。

社会主义的实践证明，在社会主义公有制经济中也必然存在和发展商品经济，市场调节也在社会主义的公有制商品经济中发挥作用。这样，在社会主义公有制经济的运行中，就存在着两种调节机制：计划调节和市场调节。二者都是社会劳动按比例分配规律的具体实现形式。按一定比例分配社会劳

---

① 《马克思恩格斯选集》第 4 卷，人民出版社 1974 年版，第 368 页。

动的一般规律，是计划经济与市场调节相结合的共同基础。不过，在计划经济中的市场调节，不再是完全自发的调节，而是计划调节导向和约束的市场调节，是由"看得见的手"引导和约束着的"看不见的手"的调节。至于在计划外经济中的市场调节，则仍然主要采取自发调节的形式。

这里有必要讲一下市场调节同价值规律调节的关系。理论界一般认为，市场调节就是价值规律调节。其实，两者是既相联系又有区别的不同概念。市场调节的诸市场信号首先是价格信号随市场供求关系和竞争关系的变化而相应变化，而价格的涨落反过来会调节供求关系的变动。每次反映供求变化的价格的涨落以及每次价格涨落对供求的调节，都是市场调节。然而市场机制的每次调节，并不意味着实现了社会劳动的按比例分配。当某些商品供不应求、价格上涨时，生产者可能一哄而上地去扩大生产该种商品，结果转向供过于求；反之，当某种商品因供过于求而价格跌落时，生产者又可能一哄而下地缩减该种商品的生产。如果社会经济单由市场自发调节，那么，社会劳动的按比例分配，或生产与消费、供求总量和结构的平衡，就只能是在一个较长时期的市场调节总和中的趋势，是比例不断偏离中的平均。而价值规律的调节，是指通过价格的运动并趋于同价值相一致而实现第二含义的社会必要劳动时间，即实现社会劳动的按比例分配。随价格涨落而引起的生产的每次增减和需求的相反变化，是市场调节，但不等于是价值规律调节。价值规律调节需要通过市场调节去实现，但每次市场调节只是价值规律调节通过的分支点，只是在较长时期的市场调节的总和中实现着价值规律的调节。

### （二）相结合的经济原因

社会经济运行中的任何调节机制包括计划经济中的计划调节和商品经济中的市场调节，都是既调节物质生产过程中生产与消费、供给与需求的比例，调节资源的配置，或者说，调节国民经济的正常运行，又调节经济活动参与者的多方面的经济利益关系。在资本主义市场经济中，市场自发调节着企业的经营活动，调节着市场供求关系，并通过市场调节实现价值规律对社会生产的调节；同时又调节着利润率（包括平均利润率）、利息率、地租率、工资率等，从而调节着产业资本家之间、产业资本家集团和其他资本家集团及土地所有者之间、资本家与雇佣工人之间的经济利益关系。在社会主义公有制经济中，实行计划经济与市场调节相结合，是由社会主义国民经济有计划按比例发展的要求和社会主义经济利益关系的自我实现的需要所决定的。就是说，它也对这两个方面起着调节作用。

社会主义实行计划经济的必然性在于，社会化生产要求各经济部门和经济过程之间建立计划联系，而社会主义公有制经济则只有实行自觉的计划调节才能有效地发展。而公有制经济又使在全社会范围内从总体上实行计划经济成为可能。社会主义国民经济不可能在生产无政府发展中自发发展，像以往的社会特别是资本主义社会那样。在私有制的自然经济或商品经济中，各个私有者都是自己经济活动的决策者，因而决策高度分散。自然经济不要求整个社会的计划调节，各个经济主体从私人利益出发的经济行为总体，会形成社会经济的自发发展，这种微观和宏观的自发发展，不会给私人和社会造成严重损害。私有制商品经济在其几千年的发展过程中，也不要求全社会范围的计划调节，它可以在自发性和盲目性中发展起来。在资本主义以前，生产社会化的程度很低，简单商品经济的自发发展不会造成社会经济生活的震荡和混乱。在资本主义制度下，由于生产的社会化，由市场机制自发调节的社会经济必然导致生产的无政府状态，并且生产社会化的程度越高，经济运行的自发性和盲目性造成的经济震荡和社会混乱会越大。这正是现代一些资本主义国家也需要实行一定范围的经济计划的原因所在，但是这并不能消除资本主义社会生产的无政府状态和社会经济生活的紊乱。由于私人企业中的激励机制和约束机制是完全统一的，各个企业主会在致富与破产的鞭策下拼搏和竞争，资本主义经济依然能够在市场自发调节中发展起来。

社会主义公有制经济同经济运行和发展的自发性和盲目性，同生产的无政府状态，从总体和本质上说是不相容的。用自觉性和计划性代替自发性和盲目性是社会主义经济的要求。而且，如果社会主义经济离开了自觉性和计划性，完全靠市场机制去自发调节，那么，所导致的生产无政府状态和社会经济生活的混乱，必将超过资本主义，并给社会经济造成更为严重的破坏性后果。这是因为，在社会主义公有制特别是全民所有制经济中，自负盈亏、自我约束的机制不可能像资本主义私有制经济中那样强。无论怎样改革，全民所有制经济中"亏"的大头最后还会落在国家身上，企业破产主要还是破国家的产。例如，在治理整顿中，即使那些经营不善、亏损严重的企业停产或半停产所造成的损失，主要还是由国家承担，而"投资饥渴"和投资需求膨胀这种在资本主义经济中少有的现象，在社会主义经济中却成为常态。如果没有计划调节而单有市场调节，在企业、地方和部门的各自利益驱动下，这种情况会更为严重。单有利益驱动而无风险约束的无计划的公有制经济，会给社会经济生活带来更大的自发性和盲目性，破坏国民经济的正常运行。

从经济运行的角度看，社会主义公有制经济必须实行计划经济，这是事情的一方面；另一方面，计划经济在运行中又必须同市场调节相结合。这是因为：第一，社会主义实行和发展有计划的商品经济，就应发挥市场调节的作用，没有市场调节的商品经济，不是完全意义上的或能够充分发展的商品经济。第二，在社会主义阶段特别是初级阶段，人们对复杂的经济生活和客观经济规律自觉认识和把握的水平还很低，因而计划工作的水平也不会高，不可能把复杂多变的社会需要和千差万别品种繁多的社会产品统统纳入一个包罗万象的计划中去，不纳入计划的经济部分，应放给市场去调节。而且，国家的计划也不应是过去那种集中过多、统得过死的单一的指令性计划，那样会使企业没有任何自主权，失去应有的活力。国家对企业的管理，要从直接计划管理为主，转向间接计划管理为主。直接计划管理就是实行指令性计划，间接计划管理就是实行指导性计划，而离开计划调节导向的市场调节，间接计划管理就不可能实现。市场调节是实行对企业间接管理的纽带，是实现指导性计划的传导机制。第三，在目前条件下，只有将计划经济与市场调节相结合，才能有效地实现对国民经济的计划调节。排斥市场机制作用的传统的计划经济，缺乏灵敏的、有时效的信息传递系统，因为在单一的指令性计划中，信息只沿着行政管理组织的渠道传输，行政管理的组织结构层次越多，信息传递的渠道便越长，速度便越慢，远不能适应迅速反映变化的市场关系并做出反馈的要求。而且完全靠行政组织渠道的信息传递，容易发生扭曲和失真。由于各行政层次出于其特殊利益（包括政治、经济方面的利益）的考虑，会对传递过程中的信息进行非科学的"处理"，如加水分或打折扣等。再者，由于目前条件下计划工作的水平不高，计划决策部门对社会经济生活中复杂多变的信息的过滤、加工和处理能力不足，计划调节的有效性被削弱。而利用市场机制，发挥市场调节的作用，市场信号就能较为灵敏和迅速地把有关的信息传递给企业和计划决策部门。这有利于国家计划很好地考虑市场供求关系，增加计划的科学性和准确性。第四，在旧的计划体制下，如果计划具有随意性，违反客观规律，又缺乏及时的信息反馈，会发生重大失误。这种情况下，没有任何其他的经济机制能起校正或缓解的作用，只有当计划失误造成的严重后果在社会经济生活中明显暴露出来时，决策部门才又运用行政强制手段对国民经济运行的偏离进行调整和纠正，但由于时间的延误，已经造成了重大损失。而在实行计划经济的同时，发挥市场机制和市场调节的作用，将计划机制与市场机制结合起来，计划的偏离就会受到市场的检验与校正，失误会得到缓解，发现和纠正偏差的时间可以缩短，因而造成的损失可以减少。

总之，国家只有通过计划经济的综合平衡和市场调节的积极作用，才能保证国民经济按比例地协调发展。

对计划经济与市场调节相结合的客观必要性，还需进一步从社会主义经济利益关系实现的角度予以说明。社会主义经济利益关系是多层次的复杂的关系。从公有制经济内部来说，存在国家、企业和职工个人三者之间的纵向层次的经济利益关系，这是最重要的方面。也存在企业之间、部门之间、地区之间的横向层次利益关系。多种经济利益关系之间，从根本利益来看，是一致的和共同的，而从具体利益看，又是有差别和有矛盾的。社会主义经济制度的本质，要求在保证实现国家和社会整体利益的一致性和统一性的前提下，实现和调节企业利益的差别性、矛盾性。国家和社会的整体利益，离开计划经济的统一管理、监督和调节，是没有实现的保证的。计划经济同商品经济、计划调节同市场调节既有统一性，又有矛盾性，如其中自觉性和计划性同自发性和盲目性的矛盾、首先保证国家和社会的利益同一味追求企业本位利益和个人利益的矛盾等。企业的自主权扩大后，如果宏观调控和计划管理措施跟不上，自发性和盲目性就会膨胀，如在私有制商品经济中不会有或很少有的滥发奖金和实物、消费基金持续膨胀等类事情，在我国全民所有制经济改革中却普遍出现。如果没有计划经济的调控和制约，任凭企业和个人去一味追求各自的利益，那么，侵蚀、损害国家和社会利益，以及化公为私、损公肥私等现象必然会泛滥成灾，公有制经济特别是全民所有制经济最终会被瓦解，社会主义经济将不复存在。在资本主义私有制商品经济中，商品生产者和经营者，企业和个人，都追求各自的私利，又都保护自己的私利不受别人侵犯，这不会改变资本主义既有的经济利益关系格局。亚当·斯密在《国民财富的性质和原因的研究》中曾提出：在分工和商品交换中，需要刺激人们的利己心，"我们不说唤起他们利他心的话，而说唤起他们利己心的话"。资本主义社会必然是利己主义盛行，而利己主义促进资本主义的发展，其基础就在于资本主义私有制。

一方面，公有制经济以及以此为基础的整体利益或根本利益的一致性和统一性，需要计划经济来保证和调节；另一方面，人们的具体经济利益的差别性和矛盾性，固然也需要有计划地加以调节、承认和实现，但更需要通过市场机制和市场调节的作用来联结和实现。用市场机制去调节不同利益的矛盾关系，比计划调节更及时、更客观和更有效。市场调节最能灵敏地反映企业的经营管理好坏和经济效益的高低，并相应地实现其差别利益。

## 三、计划经济与市场调节相结合的形式

### （一）市场调节的类型

探讨计划经济与市场调节相结合的形式，有必要先弄清市场调节的类型。如果认为市场调节就是完全由市场自发调节或完全由价值规律自发调节，不再有其他的市场调节类型，那么，由于在社会主义公有制经济中，不做计划完全由市场自发调节的经济，只能是有计划生产和流通的补充，是从属的、次要的部分，因而必然会引出"计划经济为主、市场调节为辅"的唯一结合形式来。反之，如果把市场调节的含义理解得很宽，即认为制定指令性计划时只要考虑市场供求关系，自觉利用价值规律，就都是市场调节，则会得出即使在改革前的企业没有任何经营自主权时，那也是指令性计划与市场调节有机结合的一种形式。

我认为，在社会主义公有制经济中，既不宜把市场调节的含义理解得过窄，也不宜理解得过宽。事实上，存在两种类型的市场调节形式：一种是主要由市场自发调节；另一种是计划调节导向的市场调节。由于计划经济同这两种类型的市场调节可以有不同的组合方式，便会存在计划经济与市场调节相结合的不同形式。

在公有制经济中，不宜实行完全由市场自发调节或完全由价值规律自发调节的形式，即使不做计划的那部分经济，也只能主要由市场自发调节。因为从总体上说我国实行的是计划经济，不做计划的经济部分也受计划经济的影响和指导。例如，国家有关部门可以及时地向其传递市场预测和其他经济

信息；有计划地解决某些短缺的由国家掌握的原材料的供应问题；通过政策法令和工商管理部门对其加强管理工作；通过税收、信贷等经济杠杆进行计划引导；在商品短缺时要控制其乱涨价，在一时销售疲软、价格下跌过多时根据需要实行最低保护价予以收购；等等。但由于企业具有较完全的经营自主权，可根据市场供求关系安排生产与经营，因而直接调节企业生产的是市场机制，而不是计划机制。这类企业基本上或主要是由市场自发调节的。

由计划调节导向的市场调节，是社会主义经济中市场调节的一种主要类型，也是区别于私有制商品经济中市场自发调节的重要特点。由计划调节导向的市场调节，会减弱市场调节的自发性，但并不能完全消除其自发性。这种一定程度的、受限制的自发性，并没有什么危害，因为是受计划导向和受自觉性所制约和引导的自发性，是由"看得见的手"引导"看不见的手"。这种自发性如果引导得好，会在经济运行中起积极作用。

有的学者还主张有另一种类型的市场调节，即所谓广义的市场调节。其含义是：市场调节要包括国家指令性计划在内，因为指令性计划要考虑市场供求关系，自觉利用价值规律，国家统一规定的计划价格，会对生产的发展产生有利或不利的作用。我认为，不应把这种情况称为广义的市场调节。第一，考虑市场供求关系，自觉利用价值规律，这是经济计划应有之义。制定计划时应考虑各种经济因素的变化状况和趋势，应自觉利用诸多客观经济规律，包括社会主义特有的和商品经济共有的经济规律。这样，计划才有科学根据，这并没有超出计划经济的范围。考虑供求关系，利用价值规律，这同市场机制的运行和调节过程是不同的两回事情。前者是主观认识和把握客观的过程，后者是客观自在和自行起作用的过程。不管主观是否认识和把握客观，价值规律都会自行发挥作用。第二，考虑市场供求关系，自觉利用价值规律，只是对计划工作的一种要求，是一种努力的方向，并不等于客观现实就是这样。考虑市场供求关系，可能符合实际，也可能不符合实际。自觉利用价值规律，可能利用得好，也可能利用得不好，甚至违反了价值规律。这样，究竟是上述各种情况都属于市场调节，还是只有某种情况才是市场调节？无论怎样回答都有矛盾。市场调节或价值规律调节，都是一种客观规律的作用过程。它们存在与否以一定的经济条件为转移，而不以主观认识和利用与否为转移。第三，国家统一规定的计划价格，无论是否合理，是否符合价值规律的要求，都会影响生产和需求。不合理的计划价格，不利于生产的发展和供求的平衡。合理的、符合价值规律要求的计划价格，有利于促进生产的发展和供求的平衡。人们常常以此作为市场调节或价值规律调节的根据，然而这种"根据"的理由是不足的。在指令性计划经济中，企业没有产供销的自主权，企业的生产方向、规模和结构，取决于国家的指令性指标任务，而非取决于市场信号。这怎么能说是受市场调节呢？计划价格会影响生产，但这并非市场机制的调节作用或价值规律的调节作用。市场信号调节的效应是短期的，又是灵敏的。因为市场信号随市场竞争状况和供求关系的变化而变化，是在市场机制的作用过程中形成的，而指令性计划价格却不具有这种特点，它的效应是较长期的。即使它不反映供求关系，违反价值规律，造成了比例失调等消极后果，市场机制也难以对其发挥调节作用。而且比例失调也不能证明是价值规律的调节作用，价值规律从根本上说是要调节国民经济趋于平衡，而不是相反。计划调节需要很好地考虑供求关系和自觉利用价值规律才能实现其功能，但即使做到了这一点，也属于计划调节而非市场调节。

## （二）结合的形式问题

关于计划经济与市场调节的结合形式问题，曾提出过"国家调节市场、市场引导企业"的模式。事实上结合形式是多种多样的，难以用一个统一的模式加以概括。我国的计划体制需要保留一部分指令性计划，这种计划带有强制性，国家用以直接调节企业。因此，对实行指令性计划的企业来说，不适用"国家调节市场、市场引导企业"的模式。问题在于，实行指令性计划的这部分计划经济，是否存在与市场调节有机结合的问题？存在的话又是怎样结合的？

根据前面的说明，在指令性计划经济中，考虑供求关系、自觉利用价值规律，不能作为计划经济与市场调节有机结合的形式。但在改革过程中，实行指令性计划的企业也有了一定的自主权，如计划内产品的一部分可以自销，计划外的产品可完全自销。有了部分自销权，就有了局部范围的市场调节。实行指令性计划，产量指标是硬性的，按道理企业所需物资国家应保证供应，但实际上往往留有缺口，而超产所需物资更全靠自筹。企业有了部分自销权，就可以进入市场进行商品交换，一方面换回自己所需物资，另一方面根据市场需要的品种和数量安排生产，以更好地满足用户的需要。此外，实行指令性计划的企业，还可以把自己留利的一部分，投资于主要由市场调节的计划外的生产和流通。这样，同一企业内部，就出现了生产和流通的主要部分由计划调节，而另有一部分由市场调节的情况。也可以说，这里存在以计划调节为主、市场调节为辅的情况。由市场调节的部分，可以是由计划导向的，如计划内产品的自销部分，其产量是由计划规定的；有的自销的部分，如属紧缺产品，国家可规定其销售去向。有的是无国家计划导向的，如有的计划外生产，完全根据市场需要销售，只受企业计划的约束，但这种企业的计划不属于计划经济或计划调节的范畴。

有的论著论述计划经济与市场调节相结合问题时，大讲企业内部的计划性："供求双方作为市场行为的主体，其活动也必须具有计划性。就拿一个企业来讲，生产什么，生产多少，产品有无销路，原材料、能源、资金等资源从哪里来，价格如何确定或调整，都应该有计划。"① 企业的计划性，属于企业管理的问题。即使资本主义私人企业，也有严格的计划性，但整个社会生产是无政府状态的，不能用企业的计划性来论证社会主义计划经济与市场调节相结合的问题或"计划与市场的内在统一"问题。那样的话，任何一个私人企业都自然而然地存在两者的结合和"内在统一"了。我们讲计划经济、计划调节和计划，都是从社会范围来说的，不包括企业的计划。企业的计划性，从社会经济运行的角度看，可以是一种自发性。某些企业采用不正当的手段追求利润最大化的行为，也是有计划地去干的。

在指令性计划经济中，如果企业的产供销环节全由国家控制，价格也由国家统一规定，企业没有自主权，市场调节就没有发挥作用的条件。市场调节能否发挥作用或在多大程度上发挥作用，要取决于指令性计划体制的改革情况。如果将一部分指令性计划改为国家和企业之间、企业相互之间按等价交换原则签订订货合同的办法，而且是按协商的原则达成协议，协议价格接近市场价格，那么，计划调节与市场调节就会有机地结合在一起发挥作用。这种结合方式，是同一层次的、内在的有机结合方式，计划和市场都直接对企业发挥调节作用。既不同于所谓板块式结合，也不存在"为主""为辅"的关系，又不同于二层次的结合方式（计划调节市场，市场调节企业）。订货合同制介于指令性计划与指导性计划之间。这里，计划调节的力度低于指

---

① 《坚持计划与市场的内在统一》，载《经济日报》1990 年 5 月 24 日。

令性计划而高于指导性计划，市场调节的力度则高于指令性计划而低于指导性计划。而且在订货合同制经济内部，计划与市场的调节力度也会因外部环境的不同而不同。某种产品及其所需原材料越是短缺，计划调节的力度就要越高一些；反之，计划调节的力度就可低一些。改革的成效不能用哪种调节机制的作用大小来评断。在一定情况下，完善和提高计划调节的作用，也是改革。

在公有制经济中不做计划的一小部分经济，虽然会受到计划经济的影响和指导，但它自身不是计划经济。因此，在这部分经济内部，不存在计划经济与市场调节相结合的问题。它主要是由市场自发地进行调节。这里的问题是：这部分经济是否也受到国家计划的调节。一般的市场管理和收税等是任何国家对私人企业也要实行的最普通的措施，不等于计划调节。但有些措施属于计划调节的范围，如根据计划规定最高限价和最低保护价，根据产业政策调整税种税率等。国家计划部门还可以对某种产品的生产进行定点控制。可见，对于不做计划的这部分经济，也要进行某种方式的计划调节。这里是市场调节为主，计划调节为辅，这是从作用大小讲的主辅关系，不是从板块含义上讲的主辅关系。

计划经济与市场调节有机结合的一个重要领域，是指导性计划经济部分。市场取向的经济体制改革的成效和成败，主要看这部分经济中的计划经济和市场调节结合是否成功。原因如下：第一，国家对企业的管理由直接管理为主转向间接管理为主，实际上就是要转向指导性计划为主。指导性计划经济将是计划经济的主要形式。因此，这部分是关系到改革僵化的计划体制全局的大问题。第二，真正能把计划经济与市场调节有机地内在地结合起来的也主要是这个部分。在完全的指令性计划经济中，不可能有计划经济与市场调节的内在结合，只能是一种外在的结合，而在指导性计划经济中可以把二者内在地又是有机地结合起来。第三，实行指导性计划在理论上和实践上的难度较大。我们搞指导性计划多年了，但究竟该怎样搞好，还缺乏有效的措施。

在指导性计划经济中，计划经济与市场调节的有机结合形式，是计划调节导向的市场调节，也可以说是二层次调节的纵向结合方式，即计划调节是宏观层次的，它直接调节的对象主要是市场，而市场调节是基础层次的，它直接调节的对象是企业。这里形成了国家计划—市场—企业三者之间的纵向调节关系。市场处于中介或轴心的地位。计划调节市场，主要是运用经济杠杆和经济政策，同时辅之以行政和法律手段。有的论著认为，计划调节只是一种经济调节即只运用经济手段，至于行政手段和法律手段则是非计划手段，提出政府调节同计划调节的区别，即政府调节包括计划调节，还包括运用行政和法律手段的非计划调节。这种见解未必适当。无论政府调节还是国家调节，实质上都是计划调节，因为无论采取什么手段进行调节，都是有意识地根据计划目标进行的，宏观调控的基础是国家既有的计划。因此，不能把行政和法律手段的调节视为"非计划调节"，将其与计划调节对立起来。

在指导性计划经济中，计划除主要直接调节市场外，也部分地直接调节企业，如国家运用信贷、利率、税收等手段，直接引导和调节企业的经营活动。必要时，还可运用非经济手段直接干预。

由计划调节的市场，渗入了国家发展战略和具体计划的意图，因而使市场具有了计划性。再由市场调节企业，就不再是市场自发地、盲目地起调节作用。市场调节成为实现计划经济的手段之一。这种计划经济与市场调节的结合关系，有利于社会主义国民经济持续、稳定、协调地发展。在这种结合关系中，不存在何者为主何者为辅的问题，计划调节的导向或主导作用，不是"为主"的作用。

在指导性计划经济中，"国家调节市场、市场引导企业"的模式是基本适用的。国家调节市场，是必要的，否则市场会是完全自发和盲目的。另外，讲市场调节，如果不允许市场引导企业，市场调节便失去了对象，市场调节的作用也就不存在了。

搞好指导性计划，一是需要完善宏观调控措施，提高间接调控能力，二是需要完善和健全市场机制和市场体系。这里，计划调节与市场调节的结合部是市场机制。而完善市场机制、健全市场体系不是一蹴而就的事情，是一个较长期的过程。因此，这方面的改革既要积极进行，又不能急于求成。

在计划调节与市场调节的关系上，有一种观点比较流行，即计划调节宏观经济，市场调节微观经济。的确，在社会主义制度下，宏观经济应由计划调节，但不能说计划调节就不涉及微观经济领域，指令性计划就直接调节微观经济，指导性计划间接调节微观经济，并有部分的直接调节。即使对计划外经济，国家的某些计划措施，也会对微观经济起调节作用。这正是社会主义商品经济中的调节机制同资本主义商品经济中的调节机制的不同之处。

# 对《论作为资源配置方式的
# 计划与市场》一文的商榷<sup>*</sup>

## 卫兴华

　　拜读了《中国社会科学》1991 年第 6 期刊载的《论作为资源配置方式的计划与市场》（以下简称《市场》）一文后，感到该文不指名批评拙文的观点，明显地不符合甚至完全违反了我的原意。为了正确地开展学术讨论和争鸣，特做如下辨析。

　　《市场》一文的作者是主张我国实行市场经济的，主张由市场代替计划来配置资源。谁不赞同这种观点，谁就是主张让指令性计划配置资源论者，谁就是"反对实行社会主义商品经济"。为了证明自己所论是有针对性的，文中特别引证了两段话，第一段是："在 1981～1982 年计划与市场关系问题的讨论中，反对说社会主义经济是商品经济的同志们已经这样提出过问题：'实行指令性计划是社会主义计划经济的基本标志，是我国社会主义全民所有制在组织和管理上的重要体现。完全取消指令性计划……取消国家对骨干企业的直接指挥，……就无法避免社会经济生活的紊乱，就不能保证我们的整个经济沿着社会主义方向前进。'"① 第二段是："在新近的讨论中，我们也读到：如果我们……让市场成为资源的主要配置者，不重视乃至削弱和否定计划经济的重要作用，必然会导致社会主义公有制经济的瓦解。"之后，作者在脚注中指出，第二段话引自《光明日报》1989 年 10 月 28 日发表的《中国不能完全实行市场经济》一文，和《北京日报》1990 年 11 月 3 日发表的《中国的改革决不是完全实行市场经济》一文。这两文的作者都是鄙

---

　　＊　原载《中国社会科学》1992 年第 3 期。
　　①　红旗出版社编辑部：《计划经济与市场调节文集·前言》，红旗出版社 1982 年版，第 3 页。

人。不过，需要说明一下，这第二段话在《光明日报》发表的那篇文章中并不存在。

令人迷惑不解的是，《市场》一文的作者在引证了上述两段话后，接着便得出结论说："这两段论述表明，反对实行社会主义商品经济或市场经济的论者，其主张的要旨在于让指令性计划成为'资源的主要配置者'。"我仔细阅读了作者所引用的第一段话，并翻阅了作为这段话出处的整个《前言》，都没有发现其中讲过"反对实行社会主义商品经济"的话，也未见到主张让指令性计划成为"资源的主要配置者"的表述，行文中也悟不出有上述两方面的意思。那个《前言》写于1982年，强调的是不能"完全取消指令性计划"。当然，有的提法现在看来不适当地夸大了指令性计划的作用，这在当时同党的十二大报告中的有关论述是吻合的，但不能说它"反对实行社会主义商品经济"，也不意味着它就是主张让指令性计划成为"资源的主要配置者"。别人不论，就以《市场》一文作者自己来说，就在他引证第一段话的那个《文集》中，也曾表明过同样的甚至更进一步的观点，强调"社会主义经济是公有制基础上的计划经济"，提出"国民经济的主体部分的指令性计划调节同国民经济的次要部分的市场调节的外部结合"是多种结合方式中的一种。强调必须保证在整个运行机制中计划调节的主导作用，使市场调节只是在计划的指导下和在计划所规定的总范围内发挥它的辅助作用。[①]《市场》一文的作者当时既未提社会主义经济是商品经济，更未提是市场经济。这就让人摸不着头脑了：持这种论点的作者自己是否应属于"反对实行社会主义商品经济论者"之列呢，是否应该承认自己原是主张"让指令性计划成为资源主要配置者"呢？看来《市场》一文的作者不顾自己曾讲过的话，而是把这样的结论加在了别人的头上。这就使人觉得在真理面前有失公正而难以令人信服了。

我在《北京日报》发表的《中国的改革决不是完全实行市场经济》一文中是这样讲的："如果我们真的完全去实行市场经济，让市场机制去决定和支配我们的一切经济活动，让市场成为资源的主要配置者，不重视乃至削弱和否定计划经济的重要作用，必然会导致社会主义公有制经济的瓦解。"认真地看一下这段话就会明白，我所反对的是：否定计划经济，主张在我国

---

① 红旗出版社编辑部：《计划经济与市场调节文集》，红旗出版社1982年版，第315～316页。

完全实行市场经济，否定或轻视计划在资源配置中的作用，而让市场成为资源的主要配置者。这绝不等于我是"反对实行社会主义商品经济论者"，是主张"让指令性计划成为资源的主要配置者"。这两者是性质上完全不同的问题，无论如何不能画等号。现在我想强调说明以下两点：

第一，我一贯主张大力发展社会主义商品经济，并发表过 20 多篇直接或间接论述这一问题的文章。我编著的书籍也一贯肯定社会主义商品经济。从 20 世纪 50 年代起，我就不赞成全民所有制内部非商品关系的论点和生产资料非商品的论点。近些年来，我一再批评在社会主义商品经济理论研究和教学中的缺点和脱离实际的倾向①。但是，我不赞成在我国全面推行市场经济，否定计划经济，不赞成把社会主义商品经济与市场经济混同起来。这是因为：（1）西方经济学著作、重要文献、新闻媒介、政界要人一般都把市场经济与私有制乃至资本主义联系起来，在经济思想史上，市场经济一词是作为与社会主义或计划经济相对立的概念提出和流行起来的。（2）在一些已发生演变的原社会主义国家，凡是坚持马克思主义和社会主义的一些领导人都曾反对实行市场经济。我国的中央有关文件及领导人的公开正式讲话，都否定社会主义经济是市场经济，而西方对社会主义国家搞和平演变却鼓励、支持这些国家实行市场经济。（3）如果认为市场经济没有超出商品经济和市场调节的内容，则没有必要另提市场经济，如果强调市场经济的要旨在于否定计划经济与市场调节相结合，排斥计划调节在经济运行和资源配置中的重要作用，单纯依赖市场的作用，那在我国是行不通的。（4）市场经济是一个已经约定俗成的概念，其含义不仅仅是资源配置方式，也是一种经济制度。我国经济体制改革不能照搬西方市场经济的一套，指导社会主义经济体制改革的经济理论也不宜套用市场经济这个已有其特定含义的范畴。（5）凡转向市场经济的一些原社会主义国家，都最终背离了社会主义，而其社会经济则变得趋于恶化。

《市场》一文把现代商品经济等同于市场经济，并由此推论，把不赞同"社会主义市场经济"观点的人，统统说成是"反对社会主义商品经济论者"。这种推论显然是不合逻辑的，问题就出在作者把市场经济、现代商品

---

① 卫兴华：《社会主义制度下商品生产的研究方法问题》，载《学术月刊》1959 年第 11 期；《政治经济学教材需要改革》，载《红旗》1985 年第 6 期。

经济和社会主义商品经济这些不同的概念完全等量齐观了。这样一来，连作者自己认为在计划与市场关系上取得了重大突破，因而是代表"当代认识"的中共中央《关于经济体制改革的决定》，也该是社会主义商品经济的反对论了。因为该决定明确指出："就总体说，我国实行的是计划经济，即有计划的商品经济，而不是那种完全由市场调节的市场经济。"这里已经把有计划的商品经济同市场经济区别开来，肯定前者而否定后者。

第二，单从资源配置来讲，我不赞同把市场配置与计划配置对立起来，完全用市场配置取代计划配置，"让市场作为资源的主要配置者"，但这并不意味着我主张让计划作为资源的主要配置者，忽视市场在资源配置中的重要作用，更不意味着我主张让指令性计划成为资源的主要配置者。我认为，计划与市场都是社会主义经济的调节机制，从而都是资源配置的方式。计划配置与市场配置怎样结合，不同地区、不同部门的结合方式有什么区别，在宏观经济层次和微观经济层次二者各自发挥怎样的作用，这是需要深入探讨和解决的问题。不过，有一点不应忽略，这就是我们讲计划经济和计划调节，并不单指指令性计划，指导性计划要成为新的计划体制的主要形式。可以说，这已是经济学界大多数人的共识。然而《市场》一文却从计划经济就是"命令经济"、就是指令性计划、就是"行政配置资源"的成见出发，去批评反对否定计划经济、全面实行市场经济的观点，好像他所批评的对象同他的《市场》一文一样，根本没有指导性计划的观念似的。我不但从未讲过《市场》作者曾经讲过的"国民经济的主体部分"由"指令性计划调节"一类话，也从未发表过《市场》作者曾宣传过的计划调节为主、市场调节为辅一类的文章。不知作者对我的批评所据何来。

《市场》一文反对"行政配置方式与市场配置方式可以平起平坐地'结合'"，主张让市场配置完全取代行政配置即计划配置，这就不但排除了还需要保留的少量指令性计划经济中计划配置的作用，也排除了指导性计划经济中计划与市场共同作为资源配置者的作用。乍看上去，此文作者没有否定计划经济，只是认为计划经济不应是从资源配置方式或运行方式上讲的，而应是从运行状态（按比例发展的经济）上讲的，并断言在我国只要通过市场经济即市场配置资源就可以实现经济的按比例发展。就是说，计划经济是作为实行市场经济的结果和状态存在的。为了证明这种推断是可信的，文章特别指出这"已为本世纪经济发展的实践所证明"，"第二次世界大战后一系列国家在后一种体制（指市场经济——引者）的基础上实现了持续、稳定的高速度发展"等等。不言而喻，这里讲的实际上是资本主义国家的情况。我认为这种看法与资本主义国家的历史事实不相符合，至于说"东欧某些国家"采取"一跃而进入市场"（即市场经济）的"战略"，"却相对地比较容易取得成功"就更令人费解了。东欧国家实行市场经济的结果，究竟情况如何，是有目共睹的，这里不必多说。而《市场》一文的作者竟说东欧国家推行市场经济"取得成功"。究竟取得了什么样的"成功"，我希望作者举出事实来。不管怎么说，人们从这些议论里可以看出，作者主张在我国推行的市场经济，就是西方国家和东欧国家所实行的市场经济。因此，"分歧的实质"或"问题的焦点"，不是什么"让指令性计划成为稀缺资源的主要配置者"还是"以市场机制作为资源的主要配置者"之争，而是实行计划经济与市场调节相结合、在经济运行和资源配置上走出一条有中国特色的社会主义道路呢，还是实行西方早已实行、东欧和苏联正在开始实行的那种市场经济。事情难道不是这样吗？

《市场》一文把运行方式和运行状态区别开来，主张市场经济是"从运行方式角度讲的""资源配置是由市场导向的"经济，而计划经济则只是"从运行状态的角度讲的""按比例发展的经济"。这里存在几个问题需要商讨：首先，抽象意义上的按比例分配社会劳动或按比例发展经济，是存在于一切社会形态的客观规律。但这不是计划经济。在 20 世纪 30 年代以前，在资本主义发展的几百年中，都是由价值规律通过市场机制自发调节经济的，存在着生产无政府状态和周期性经济危机，但在经济运行中，也会通过国民经济比例的不断失衡和破坏，实现一种按比例发展的趋势。当时，资本主义国家连国家的经济计划甚至凯恩斯主义的国家干预都不存在。因而谈不上计划经济。其次，如果"按比例发展的经济"是指经济运行中的协调、持续、稳定、高速发展状态，那么，市场经济不能带来这种结果，以往几百年的资本主义自由市场经济没有也不可能实现这种状态，即使二次大战以后所谓宏观调控或计划调节的资本主义市场经济，也没有和不能实现这种状态。几次经济危机的出现，20 世纪 70 年代的"滞胀"局面，目前美国持续的经济衰退，以及实行市场经济的许多发展中国家的经济困境，都说明了这一点。如果说二次大战后发达资本主义国家的经济发展比以往增加了一定的有序性，那不是由于单靠市场配置资源、实行市场经济的结果，恰恰是由于实行国家干预和在一定范围一定程度上实行计划调节、弥补市场经济缺陷的结果。最后，运行方式与运行状态是不能分割的经济运行过程的两个方面，不同的运行方式会导致不同的运行状态。全社会范围的完全自发的市场调节即纯粹的市场经济运行方式，必然导致社会生产和整个经济运行的无政府状态；现代西方国家实行市场经济与国家干预及一定的计划调节相结合，虽可减轻社会经济生活的混乱和震荡，但不能实现国民经济经常的按比例协调发展。我国实行计划经济与市场调节相结合，发挥计划与市场两种调节机制的积极作用和各自的长处，就能够实现国民经济持续、稳定、协调地发展或有计划按比例地发展。《市场》一文排斥计划经济在运行方式中的调节作用，要求用市场配置资源完全取代计划配置，实行市场经济，认为这样就可以实现"自觉保持平衡的计划经济这种运行状态"。这样的"计划经济"，是不可能有的。计划经济的计划性和自觉性，要求计划和计划调节的事先性，没有这种事先性，哪会有作为结果的运行状态的计划经济或"自觉保持平衡"？即使西方国家搞经济计划，也是事先的，是在运行方式中起调节作用的，怎么能排斥计划在社会主义经济运行方式中的作用呢？

我的观点是：在社会主义有计划商品经济中，计划与市场通过各种结合方式，共同调节经济运行和资源配置。撇开指令性计划经济部分不说，在作为计划经济的主要形式的指导性计划经济中，应实行"计划调节市场，市场调节企业"的纵向的、二层次的结合方式，即市场为企业导向，是基础层次的调节机制；计划为市场导向，是高层次的调节机制。这里不存在二者之间谁为主谁为辅的关系。相对于排斥市场调节作用的传统体制说，这是一种市场取向的改革，但并不是要取向到全面推行市场经济去。

最后，有必要讲一下，我对《市场》一文的作者一向是尊重和友好的。我认为他是我国的一位有思想、有见地的经济学家。但在有关市场经济的问题上，我们存在着意见分歧，特别是对他摘引我的论文中的某段话进行违反我原意的批评，更是不能同意和沉默的。

# 关于建立社会主义市场经济体制的几个问题[*]

卫兴华

## 一、抓住建立社会主义市场经济体制的中心环节

党的十四大报告提出我国经济体制改革的目标是建立社会主义市场经济体制，并指出：转换国有企业特别是大中型企业的经营机制，把企业推向市场，增强它们的活力，提高它们的素质。这是建立社会主义市场经济体制的中心环节。显然，建立社会主义市场经济体制，必然要求把企业推向市场。把企业推向市场，就是要让企业的生产和经营活动由市场机制去直接调节，让企业在市场竞争中求生存、求发展。总的来说，是要变国家政府对企业的直接调控体制为通过市场的间接调控体制，国家不再直接管理、干预和保护企业，企业的生产和经营方向、规模、结构，直接受市场供求、竞争、利率和价格等机制的导向和调节。而政府的职能则是按照发展战略、产业政策及经济计划和规划的要求，主要运用经济手段并辅之以其他手段，调节和规范市场机制，完善和规范市场秩序和市场法规。

计划和市场，共同作为经济手段或资源配置方式，是现代商品经济发展的要求。计划多一点或市场多一点，不涉及经济制度问题。在目前深化改革、加快改革步伐的新形势下，需要进一步在更大范围和更深层次上充分发挥市场调节的积极作用。计划作为经济手段，已不再是传统的高度集中的计划体制，而是以指导性计划为主要形式。这种计划为市场导向，即以市场为

\* 原载《高校理论战线》1993 年第 1 期。

调节对象；而市场则为企业导向，即以企业为调节对象，由于市场直接调节微观经济活动，首先是在基础层次上充分发挥其作用，因而也可以说市场是基础性调节手段，或者说，在经济运行中，市场调节是基础。

把企业推向市场，是建立以市场为枢纽的新的经济运行机制和新的经济体制的关键性环节，它是一个不断推进的过程，而不是通过一次行动就能完成的事情。把企业推向市场的目的，是要通过割断政府对企业的直接支配、干预和"父爱主义"，使企业摆脱对政府的依附与依赖，真正成为自主经营、自负盈亏、自我发展、自我约束的商品生产和经营单位，以搞活企业，解放和发展生产力。

把企业推向市场不是齐头并进的一次行动，因为要充分发挥市场对企业的调节作用，需要做好相互联系的四方面的工作，也可以说应积极创建四方面的条件。

第一，要积极转变政府职能。政企职责要真正分开，政府要由直接干预企业的经营活动，转向依法对企业进行协调和监督，为企业提供有关信息和其他必要的服务。政府要全面落实《全民所有制工业企业转换经营机制条例》所赋予企业的 14 项经营自主权。在旧体制下，这些经营权在政府手中，是政府的职能范围，现在要交权和还权给企业。因此，落实企业经营自主权，既是转变企业经营机制的过程，也是转变政府职能的过程。没有这种转变，把企业推向市场就是一句空话。

第二，企业通过全面转换经营机制，成为接受市场调节的经济主体和微观基础。把企业推向市场，不是政府的单方面责任和行为。企业能否真正和全面转向市场、参与市场竞争，及其进入市场海洋的远近和深浅，首先取决于政府职能的转换和"放权"行为，也在一定程度上取决于企业的市场行为。企业由传统体制转向市场体制，需要转变观念和经营方针，有一个对市场适应、驾驭和开拓的过程。在传统体制下，企业没有经营自主权，不负经营和盈亏责任，因而经营管理关系也比较简单。企业吃国家的大锅饭，也是吃省心饭。而现在，要把企业推向或逼向市场竞争中去拼搏，企业固然摆脱了"婆婆"的干预和管束，同时也失去了"婆婆"的保护，失去了依靠。在新旧体制转换过程中，企业存在对政府和市场的双重依赖，因而它们一只眼盯着市场，一只眼又盯着政府，既想从市场行为中获得利益，又怕承担市场风险，想从国家政府得到保护和照顾。平时嫌"婆婆"干预多，而遇到困难又要找"婆婆"。不少企业独立承受作为商品经济单位的责任和风险的能力还较弱，需要一个增强其承受能力的过程。企业需要适应市场的变化而不断提高其应变能力，需要善于及时捕捉市场信息和把握对市场的预测而适时调整自己的经营活动，调整产品结构和组织结构。企业为了在市场竞争中站住脚、取得优胜，需要不断完善经营管理，提高产品质量，采用先进技术，提高劳动生产率和经济效益。这一切，都不是一次简单的行动可以奏效的。

把企业推向市场，首先是但又不仅是推向国内市场，同时也要促使更多的企业走向国际市场。而企业要打入国际市场并能长期占领和扩大市场阵地，更不是一件容易的事情，需要学会一套涉外的本领。这同样需要有一个过程。

即使国家把经营自主权完全放给了企业，即使企业的自主权都得到落实，也不等于企业就一定很好地进入了市场。如果企业缺少自我约束机制和自我发展机制，负盈而不负亏，倾向于多分配、多消费、少积累，搞短期行为，那么它就不可能有效地进行市场竞争。企业的软预算约束问题到现在还没有很好解决；滥发奖金和实物、乱提工资、相互攀比等在私有制企业中不会存在的现象，在国有企业中则较普遍地发生；在私有制企业中，自主经营、自负盈亏、自我约束、自我发展的机制是天然统一为一体的，而在社会主义国有企业中则缺乏这种统一，需要在国家指导和监督下建立起这种四"自"机制。正因为如此，《全民所有制工业企业转换经营机制条例》规定了有关企业自负盈亏、建立分配约束机制和监督机制、企业应负的各项责任等条文。如果企业只有经营自主权而不负其他责任，没有约束机制，那么就会在本位利益驱动下，不顾乃至损害全民的利益，国有资产和利润会流失和被侵蚀。这样国有企业依然不会有活力和竞争力，便难以在市场中进行拼搏。

第三，要不断完善市场机制和健全市场体系。残缺不全的市场机制和市场体系，扭曲的市场信号，不能发挥调节企业、调节供求的作用。市场机制越完善，市场体系越健全，市场范围越统一，市场调节的作用便越充分，从而把企业推向市场的效应也就越显著。为此，首先需要转换价格形成机制，放开价格。形式上是由企业定价，实际上是由市场形成价格。然而，放开价格的改革需要依据条件逐步推进。早在1984年《中共中央关于经济体制改革的决定》中就指出，"价格体系的改革是整个经济体制改革成败的关键"，要求建立合理的价格体系。时间已过了 8 年，价格体系的改革虽获得重大成就，但还没有完成。1988 年曾想搞价格改革"闯关"，并未闯过去，是一个教训。近年来，出现了进行价格改革的有利时机。转换价格形成机制，建立起合理的价格体系，是建立新经济体制的必要条件。其次，需要打破地区封锁和市场割据这种违反商品经济要求的格局，形成统一的国内市场。否则，会出现既无市场调节又无计划调节的调节真空和无序状态。例如，几年前，作为纺织业原料的棉花供应紧张，产棉区小土纺织厂林立，由地方利益驱动，封锁棉花运出，结果，有的大城市中担负出口创汇任务的大型现代化纺织厂因原料短缺而开工不足，陷于严重困难境地。这必然劣化资源配置，损害社会经济效益。这种扭曲的市场怎能成为企业有效的调节者？再次，要培育各类市场，建立和完善市场体系。除消费品市场外，还要培育和完善生产资料市场、"劳务市场"、金融市场、技术市场、信息市场、房地产市场和企业产权转让市场等。比如，把企业推向市场，就应允许企业真正具有劳动用工权，允许它们卸掉相当多的富余人员的包袱，轻装进入市场竞争。在市场竞争中，要落实《破产法》，允许经营不善、亏损严重的企业破产。然而，在目前社会保障制度尚待建立和完善、"劳务市场"还缺乏和不健全、职工正常流动的经济机制未建立的情况下，还只能在有限的范围内辞退职工和实行企业破产。其他各类市场不发育和不健全，也会影响市场调节作用的发挥。再如，在资金、原材料、铁路运输短缺的情况下如果政府不予协调和帮助，只让企业找市场解决，企业就会呼喊："市场在哪里？"因此，为了把企业推向市场，需要政府加快培育和健全市场体系，建立和完善社会保障制度，促进把企业推向市场的条件的形成。最后，还要规范和健全市场秩序和市场规则。在假冒伪劣商品泛滥、靠吃回扣和行贿的诱导而"买贫不买贱，买次不买好"这种市场机制扭曲和市场秩序混乱的情况下，缺乏平等的竞争环境，假李逵打败真李逵。行为合法的企业进入这样市场，难以解决其原有的困难，市场也难以正常发挥其调节企业的作用。

第四，建立和健全宏观调控体系。越是把企业推向市场，越是放开微观经济，越是充分地发挥市场调节的作用，就越需要健全和加强宏观调控体系。宏观调控同计划调节是相联系的。现在讲计划调节，不再是过去那种高度集权的计划经济体制。那种体制经过改革已经和正在被打破。现在的调控体系和计划机制，需要进一步改革与完善。要真正实现决策的科学化民主化，消除主观随意性和长官意志的干扰。宏观调控离不开计划调控。当代一些资本主义国家为弥补市场经济的弱点和缺陷，也实行经济计划。我们是社会主义国家，更要发挥计划的调节作用。

我们既要认识到把企业推向市场的必要性和紧迫性，又要认识其复杂性和制约因素。因此，要把企业推向市场，就要积极创造条件，缩短把企业推向市场的过程，而不能是等待条件完全具备时再开始这个过程。我国各个地区和部门的环境与条件不同，把企业推向市场的过程可以有先有后。随着各项条件的逐步成熟，企业走向商场可以是由近及远、由浅入深的过程。

我们之所以要强调把企业推向市场不是一次行动，而是一个不断推进的改革过程，既是为了表明我们应当为此而努力创造条件和加快改革的必要，也是为了提醒要防止一种可能的简单化的理解和倾向。似乎只要国家政府两手一推，把自主权交给企业，企业就会自然地、轻易地进入市场。似乎只要一放权，就能"放"出一个市场来，就能"放"出一个新的经济体制来。把企业推向市场的过程，同社会主义市场经济体制的建立过程是一致的。党的十四大报告中指出："建立和完善社会主义市场经济体制，是一个长期发展的过程，是一项艰巨复杂的系统工程。"把企业推向市场应当先行，但也是一个艰巨而复杂的系统工程。

## 二、"国家调节市场，市场引导企业"是社会主义市场经济体制的运行机制

社会主义市场经济体制的运行机制，离不开"国家调节市场，市场引导企业"这一模式。

1987年10月，党的十三大报告提出："新的经济运行机制，总体上来说应是'国家调节市场，市场引导企业'的机制。国家运用经济手段、法律手段和必要的行政手段，调节市场供求关系，创造适宜的经济和社会环境，以此引导企业正确地进行经营决策。实行这个目标是一个渐进过程，必须为此积极创造条件。"

我始终认为，关于新的经济运行机制的这个提法是正确的。第一，经济体制改革要求把国有企业推向市场，充分发挥市场调节的积极作用。国家对

企业的管理要由原来的直接管理为主转向间接管理为主。而国家对企业的间接管理，就只能是国家主要通过经济手段并辅之以其他手段，将经济发展战略和计划目标传递给市场，并规范和调节市场机制，然后再由市场机制直接调节企业的经营活动。就是说国家是通过市场中介去间接管理企业的。如果离开了"国家调节市场，市场引导企业"的运行机制，国家转向对企业的间接管理也就会成为一句空话。第二，要发挥市场调节的作用，就要让市场去直接调节和引导企业。市场调节的对象，主要是企业。否定"市场引导企业"，就等于否定市场调节。这是问题的一方面。另一方面，如前所述，我国越是充分发挥市场调节的作用，就越需要建立和完善国家的宏观调控体系。离开了宏观调控，市场会乱，企业也会乱。即使就资本主义国家来说，它们实行了几百年的自由市场经济，1929～1933年的经济大危机以后，也不得不实行国家干预。二次大战后，不少国家又实行经济计划化，把国家干预与计划化统一起来，搞宏观调控，我们是社会主义国家，更需要搞好宏观调控。宏观调控、搞活企业、搞活市场，是统一的，缺一不可。而实行宏观调控，就要求由国家调节市场机制，否则，市场就会是完全自发的、盲目的。过去曾把市场调节理解为完全由市场自发调节，或完全由价值规律自发调节，因而只允许市场调节起辅助作用。其实，在我国社会主义条件下，由于存在以公有制为主体的多种经济成分，市场调节的情况不是采用单一的形式。非公有制经济成分是由市场自发调节的。而公有制经济中，市场调节有两种形式：一种是市场自发调节，另一种是由宏观调控和计划为市场导向的市场调节。后一种应是主要形式。不管是哪一种市场——是自发的，还是计划导向的，都需要宏观调控，需要国家调节市场。

现在的报刊上宣传社会主义市场经济时，把它同"国家调节市场，市场引导企业"的运行机制完全对立起来。有的论文中讲："现在，用'社会主义市场经济'来取代'计划调控市场，市场引导企业'……是改革目标的重大进展。"就是说，把后者看作是应被抛弃的东西。其实，十四大报告提出的社会主义市场经济，是一种总的经济体制。其具体运行机制是什么？在这种运行机制中计划与市场的关系是什么？我看只能是"国家调节市场，市场引导企业"，也可以说是"计划调控市场，市场引导企业"。在这个具体模式中，由于市场直接调节企业的经营活动，因而它是基础性的调节机制。或如党的十四大报告中所说："要使市场在社会主义国家宏观调控下对资源配置起基础性作用。"此外，国家调节市场是国家经济宏观调控的重要内容。宏观调控的重要手段之一，就是国家计划，而计划作为宏观调控手段，具有导向或指导作用。我过去讲过市场调节是基础，计划调节是主导，并且说明"主导"不是"为主"，而是导向、指导之意。至于计划与市场两种手段的具体结合方式，可以多种多样。党的十四大报告中说："在建立社会主义市场经济体制的过程中，计划与市场两种手段相结合的范围、程度和形式，在不同时期、不同领域和不同地区可以有所不同。要大胆探索，敢于试验。"因此，计划与市场究竟如何具体结合，还需要理论工作者和实际工作者进行探索。但总的结合方式应是明确的。计划作为宏观调控的重要手段，一是调控宏观经济，重点是确定国民经济和社会发展的战略目标，搞好经济发展预测，搞好总供给与总需求的平衡、重大经济结构与生产力布局的规划等；二是调节市场机制，并通过调节市场来间接调控企业的活动。

在我们所著的《社会主义经济运行机制》（人民出版社 1986 年版）一书中，曾提出并论述过国家调节市场、市场引导企业的模式及其内容。书中讲到："国家以参数调节市场机制"。"在这样的调节过程中，价格和利率等都是在市场供求关系变动的制约下形成的，国家并不直接规定它们，而主要是通过自己掌握的经济杠杆来调节市场机制"。并且说明：国家掌握的经济杠杆（参数）分属两大系统：一是属于财政系统的杠杆，如税收、财政分配等；二是属于中央银行系统的各种杠杆，如中央银行利率、法定存款准备金、货币发行等。在参数调节市场机制的过程中，市场机制的输入值是货币发行量、税收结构、中央银行利率等，它的输出值是市场价格和利率。

关于市场引导和调节企业的问题，我们在上述著作中提出了"以市场为轴心的经济运行机制"，"市场信号调节企业活动"，并做了具体说明：企业进入市场，并通过市场建立社会联系。无论是生产什么、生产多少和为谁生产的生产经营决策，还是固定资产投资规模的决策，归根到底都是由企业根据市场价格和利率信号来决定。企业以利润为经营目标，以市场实现成果为收入分配依据。企业的生产过程和交换过程的实现都受市场机制的调节。

1989 年 9 月，我同另一位同志在中国财政经济出版社出版了《从无序走向有序的经济——论社会主义商品经济新秩序》的小册子，其中专门设一篇分析"国家调节市场，市场引导企业"问题。在这本书中，我们分别论述了"国家调节市场，市场引导企业"的双向作用；国家调节市场的实质及组织建设，国家调节市场的总体调节模式；市场引导企业的实现过程；"国家调节市场，市场引导企业"的经济运行机制的形成等。

我之所以这样讲问题，不仅是为了说明我自己在计划与市场问题上的观点，而且是为了澄清某些学者对我的观点的误解。近来，有的学者在介绍我国经济学界关于计划与市场问题的不同观点并进行排队时，不准确地、断章取义地引用我的一些话，把我的观点同"国家调节市场，市场引导企业"的观点对立起来，似乎我是主张计划经济为主、市场调节为辅的一派，不重视市场调节的作用。其实，即使在 1979～1984 年的这个时期，中央领导人和中央文件（包括党的十二大报告）提出和一再强调"计划经济为主、市场调节为辅"，经济学界也广泛论证和宣传这个模式时，我也从来没有写过一篇这方面的文章，在我的论著中，也找不出一处宣传这个观点。但在 1984 年以后，当中央文件中改换了提法，先后提出"计划经济即有计划的商品经济""国家调节市场、市场引导企业""计划经济与市场调节相结合"的论断时，我不赞同有的学者对过去讲的"计划经济为主，市场调节为辅"的提法采取简单骂倒的态度。我认为应采取历史分析的方法。"为主""为辅"的结合，是一种板块式的结合方式，之所以出现这种提法，是同把市场调节仅仅理解为完全由市场自发调节或价值规律自发调节有关。这样，计划经济内部由计划调节，不做计划的那块经济，由市场自发调节。前者为主，后者为辅。然而，改革的实践前进了，改革的理论也需要发展。十二届三中全会后"为主""为辅"的提法被放弃，是改革深化的结果。邓小平同志 1989 年 6 月 9 日的讲话中提出："我们要继续坚持计划经济与市场调节相结合，这个不能改。"以后有关中央文件以及江泽民同志和中央其他同志也一再讲"坚持计划经济与市场调节相结合"。我理解，这不是恢复"计划经济为主，市场调节为辅"的提法，后者是用一种具体结合方式概括全部结合关系，而前者只是提出一个二者要结合的原则。我原来的观点是：在这个总的原则下，作为计划的主要形式的指导性计划经济中，"计划经济与市场调节的有机结合形式，是计划调节导向的市场调节，也可以说是二层次的纵向结合方式，即计划调节是宏观层次的，它直接调节的对象主要是市场，而市场调节是基础层次的，它直接调节的对象是企业，这里形成了国家计划—市场—企业三者之间的纵向调节关系，市场处于中介或轴心的地位"。并说明：在指导性计划中"国家调节市场，市场引导企业的模式是基本适用的"

（见拙文：《计划经济与市场调节相结合的根据和形式》，《中国社会科学》1990 年第 5 期）。在同一论文中，我针对简单批评和完全否定过去"为主""为辅"的提法观点，提出"如果从改革的历史的角度来评价，针对传统体制下单一的指令性计划经济，从理论和实践上提出在实行计划经济的同时，重视和发挥市场调节的辅助作用，是一种改革思路上的推进，市场取向的改革正是以此为起点的"。（同上）事实上，"为主""为辅"的模式，是我们改革的理论与实践所经历的一个阶段。正是从这个意义上看，我认为中央后来提出的"计划经济与市场调节相结合"，同过去提出的"计划经济为主，市场调节为辅"是有衔接点的，是理论与实践发展历史阶段的衔接，而且都涉及计划经济与市场调节的关系。邓小平同志讲"要继续坚持计划经济与市场调节相结合"，这里用了"继续坚持"，就表示与过去提法的历史衔接关系。我这种历史分析的方法是否符合实际，可以探讨，可是有的学者，离开我分析问题的基点和方法，声称有些经济学家论证这一提法的科学性时说，"这个提法同以前的'计划经济为主，市场调节为辅'的提法衔接起来了"。似乎我把中央后来提出的"计划经济与市场调节相结合"解释成过去的"为主""为辅"的提法了。这完全违反了我的原意。一方面，把我从来没有在任何报刊上讲的"为主""为辅"的提法加之于我；另一方面又赞成和肯定"国家调控市场，市场引导企业"的公式，说它"实际上重点放在市场方面"，而无视这个公式正是自 1986 年以来，我们所一直坚持的。

# 计划经济与市场调节相结合的制约因素和实现途径<sup>*</sup>

卫兴华　黄泰岩

实现计划经济与市场调节相结合，是我国经济体制改革中的一个重大的理论问题和实践问题。这个问题解决得如何，在一定意义上决定着我国经济体制改革的成败。经济学界经过多年的热烈讨论，虽然取得了很大进展，但仍有许多问题和分歧有待进一步研究解决。

## 一、制约计划经济与市场调节相结合的制度因素

经济运行机制，作为一定社会经济制度的具体实现形式，必然反映该制度的要求和特点，从而受该制度的制约。计划经济与市场调节相结合，作为社会主义商品经济的运行机制，除了必然反映商品经济运行的一般特点外，还必然要体现社会主义经济制度自身的特征，受社会主义经济制度的制约。这具体表现在以下几个方面：

第一，它要求不仅实行计划调节，而且还要表现社会主义计划经济的特点。计划调节作为调节社会总劳动时间在不同部门合比例分配的手段，是社会化大生产的一般要求。生产的社会化，使国民经济各部门、各企业在分工协作的基础上，形成了一个相互制约、相互依存的有机整体。这在客观上就要求通过社会的宏观计划管理来协调社会再生产的正常运转。从这个意义上说，计划作为调节手段，不仅仅属于社会主义，不能将其同社会主义画等号，当代资本主义同样可以在某种程度上和某种范围内以某种方式实行计划

* 原载《中国社会科学》1992 年第 1 期。

调节，因为在当代资本主义制度下，生产已经高度社会化了。而且可以说，一些发达的资本主义国家，由于拥有许多比较现代化的经济分析手段和设备，因而计划的制定还可以达到较高的水平。既然在社会主义经济中和当代资本主义经济中都存在计划和计划调节，那么，计划和计划调节也就不能反映资本主义经济和社会主义经济的本质区别，从而它就不能成为区别资本主义经济和社会主义经济的标志。

显然，作为社会主义经济的运行机制，既然要体现社会主义经济制度的要求和特征，就不能仅仅只有计划和计划调节，而且要实行计划经济。计划经济不仅要求实行计划和计划调节，而且要求社会主义经济关系体系的各个重要方面的建立、发展、调整及完善，都是一个自觉的、有计划的实现过程。因而计划经济是社会主义经济制度的本质特征之一，它从经济关系体系内部的本质联系方面表明社会主义经济制度的特征。自然，它同时也表明了在计划经济制度中经济运行和经济行为的自觉性和计划性特征。

实行计划调节和计划经济，对社会主义来说，不仅是生产社会化的客观要求，而且也是生产资料社会主义公有制的客观要求。而对资本主义来说，实行计划调节，是生产社会化高度发展的要求，是生产高度社会化与资本主义私有制矛盾的产物，它并不是资本主义私有制的内在要求。二次大战后，虽然实行了经济计划，但计划调节的作用是有限的，并不能保证国民经济有计划按比例发展，不能消除经济震荡和周期性的经济危机。资本主义尽管存在着生产无政府状态，但它依然能够发展过来和发展起来，原因在于资本主义实行私有制，每个生产者和经营者在商品经济中既追求私人利益，又各自保护自己的私利，不允许受到别人的损害。资本家作为资本的人格化，维护和实现着资本的运动和增殖。因此，对资本主义来说，它要求实行的是市场经济，是决策的分散化，而非计划化。而且，资本主义的计划主要是调节国民经济的运行，它只能在有限的范围内作为市场调节的补充，是在市场经济制度中引进计划因素，因而不可能实行计划经济。而社会主义经济，由于实行生产资料公有制，就不可能像资本主义经济那样在自发的状态中发展起来，它从建立时起，就内在地需要实行计划经济。因为如果没有或否定了计划经济，让自发性占了统治地位，生产者和经营者必然都去追求本位利益和私人利益，公有制经济将没有人格化的代表，得不到有效的保护，社会的利益、整体的利益和长远的利益就会受到严重损害，因而公有制经济最终就会被瓦解，社会主义经济制度也就不可能存在。

既然计划经济不仅包括计划调节，而且还是一种经济制度，那么就不能把计划经济同经济计划混为一谈。否则，就会把资本主义国家实行经济计划和一定范围、一定程度的计划调节也看作是实行计划经济，从而否定计划经济是社会主义经济的本质特征。实际上，在西方经济学文献中，经济计划和计划经济这两个概念，也是被大多数西方学者严格区别开来的。如日本学者百百和等就认为："为了区别经济计划和计划经济的不同，特别是考虑到人们把计划经济往往同社会主义或集体主义联系在一起，所以各资本主义国家或发展中国家一般都用经济计划这一用语来表示有计划地发展国民经济。"[①]此外，如果把经济计划同计划经济混同起来，还会在理论上产生否定计划经济的偏颇，因为这样就会把过去我国计划工作中的失误所造成的弊端和损失，全归咎于计划经济，从而误认为改革计划管理体制就是改变计划经济制度。

第二，它要求积极发挥市场机制的调节作用，但不是完全实行市场经济。市场是与商品经济相联系的范畴，是与商品经济同生死的。商品经济作为社会分工条件下劳动联系和经济运行的一种社会形式，不属于经济制度的范畴，因而作为商品经济范畴的市场和市场调节也就自然不具有内在的经济制度的特征和规定。这就使市场和市场调节既可以存在于资本主义经济中，也可以存在于社会主义经济中。由于市场和市场调节自身不具有经济制度的规定，因而在社会主义计划经济中引入市场机制，充分发挥市场机制的调节作用，不但不否定计划经济，反而会更有效地实现计划经济。而且市场机制的引入，也使社会主义经济运行机制具有了不同于旧运行机制的新特点。这表现在：一是社会总劳动时间在不同部门的分配，不再单纯依靠计划调节手段，而是依靠计划调节和市场调节两种手段，从而更有利于资源的合理配置；二是计划调节手段也发生了重大变化，即不再是过去那种主要依靠指令性计划实现计划经济，而是主要运用经济手段，通过市场来实现。

但是，社会主义社会要发展商品经济，充分发挥市场调节的作用，并不等于要实行市场经济。市场经济作为一个比较规范的、有其特定内涵的概念，是首先在西方经济学中形成的。它通常在以下两种含义上被西方学者所

---

① ［日］百百和等：《经济计划论》，魏杰、王浩清译，陕西人民出版社1986年版，第7页。

使用。第一个含义是指私有制下比较发达的商品交换经济，一般作为资本主义经济的同义语。这是西方经济学界比较权威的和占统治地位的看法，例如，权威性的《简明不列颠百科全书》在给"资本主义"下定义时说，资本主义"亦称自由市场经济或自由企业经济"。这就是说，市场经济是指"生产资料大多为私人所有，主要是通过市场的作用来指导生产和分配收入的"。① 《现代日本经济事典》也把市场经济看作是经济制度范畴，并提出了市场经济制度的三个基本原则："（1）私有财产制度；（2）契约自由的原则；（3）自我负责的原则。"其中第一个原则是最基本的，因为"私有财产制度是市场经济制度中最具有代表性的制度"。② 在世界银行的《世界发展报告》中，也把发达资本主义国家称作"工业化市场经济国家"，并且强调"在工业化国家的市场经济中，（市场）经济法则已经演变为一种法律制度，这里私有制和个人处理财产的自由得到保障，"③ 而把中国等社会主义国家称作"非市场经济国家"。西方新闻媒介和政治家也一般是在这种含义上使用市场经济概念的。既然西方把典型的市场经济定义为私有制的商品交换经济或资本主义经济，因而他们便把市场经济同社会主义或计划经济直接对立起来。如米塞斯就认为，社会主义不可能解决资源的最优配置问题，因为社会主义用生产资料公有制取代了私有制，用计划制度取代了竞争制度和市场价格制度。只有以生产资料私有制为基础的市场经济，才是合理配置资源的唯一形式。因而他得出结论说："问题仍然是二者必居其一，要么是社会主义，要么是市场经济。"④ 可见，他认为市场经济和社会主义是根本不相容的。二次大战后许多资本主义国家采用了经济计划，从而使现代资本主义经济已不再是纯粹的、完全意义上的市场经济。西方学者就把这种有政府干预和计划调节的资本主义称作"基本上是市场经济"，或"经过政府调节的市场经济"，或"社会市场经济"等。他们之所以把资本主义仍称作是市场经济，是因为他们认为国家干预和计划调节，"并没有破坏市场经济的主要前提"⑤，资本主义并没有因此而迈向社会主义。显然，根据以上含义界定的

---

① 《简明不列颠百科全书》第9卷，中国大百科全书出版社1986年版，第557页。
② 《现代日本经济事典》，中国社会科学出版社1982年版，第149页。
③ 《1987年世界发展报告》，中国财政经济出版社1987年版，第61页。
④ 米塞斯："社会主义制度下的经济计算"，载《现代国外经济学论文选》第9辑第67页。
⑤ 雷诺兹：《经济学的三个世界》，商务印书馆1990年版，第53页。

市场经济，是同社会主义经济制度和经济运行机制根本对立的。

西方学者使用市场经济的另一个含义是指完全由市场调节或主要由市场调节的经济。他们从市场经济的这种含义出发，根据所有制的不同，把市场经济区分为资本主义市场经济和社会主义市场经济。这是一种非主流的、非规范意义的看法。例如，莫里斯·博恩斯坦主编的《比较经济体制》一书中的第二部分的标题是"资本主义市场经济"，第三部分的标题是"社会主义市场经济"。并分别简括地解说了资本主义市场经济和社会主义市场经济的基本内容。他说："资本主义制度有三个基本特征是：（1）生产资料的私人所有制和具有生产资料的私人企业；（2）经济利润作为生产和投资决策中的指导力量而居于支配地位；（3）依靠市场和价格以分配资源和分配收入。"而市场社会主义试图把下述社会主义原则中的前两项和第三项结合起来，即"（1）集体所有制；（2）收入分配中有限的不平等；（3）利用市场和价格分配资源和产品"。① 这里，计划经济消失了。他没有讲这三项是社会主义市场经济的基本特征，而只是说市场社会主义，"试图"把这三项结合起来。"试图"不等于很好实现。不过可以看出，他认为资本主义市场经济和社会主义市场经济有一个共同点，那就是市场的作用范围和作用强度是一样的，即社会主义应像资本主义那样，经济活动完全或主要由市场调节，市场是资源和产品（或收入）的唯一的或主要的配置者，否则就不成其为市场经济。即使从这个含义上理解市场经济，也不能认为发展商品经济、利用市场机制的作用就是要实行市场经济。

根据以上分析可以看出，在我国经济体制改革中，建立和健全市场体系，充分发挥市场机制的作用，绝不等于是要实行市场经济。那种认为发展有计划的商品经济就是发展有计划的市场经济的看法，是直接混同了市场、市场调节与市场经济的区别。因而，关于发展有计划的商品经济还是发展有计划的市场经济之争，不是一个无意义的概念之争，而是一个关系到我国经济体制改革方向和目标选择的重大原则问题，因为如果把我国引入市场机制、充分发挥市场机制作用的经济体制改革，理解成就是全面推行市场经济，而且付诸实践，那就会改变我国改革的基本方向和基本目标，最终走向否定计划经济，否定公有制和整个社会主义的道路。目前，这已不是一个纯

---

① ［美］莫里斯·博恩斯坦：《比较经济体制》，中国财政经济出版社1988年版，第39、115页。

理论性的争论，而是一个严峻的现实。一系列宣称并实践向市场经济转变的原社会主义国家，已经沿着这条道路走向私有化，从而已经放弃了社会主义，转向资本主义。即使西方学者也正确地看到了这一点，如日本学者本原正雄就认为，社会主义国家"向违反社会发展规律的市场经济过渡，孕育着是走社会主义道路，还是走资本主义化道路这一重要歧途的危险。"①

应当特别指出的是，在中共中央文件中，从来没有把市场和市场经济混同起来。并且一再申明，中国的改革不是要推行完全的市场经济。例如在1981 年的中共中央《政治工作报告》中就指出：我国改革后的"这样一种管理体制，既不同于过去我们那种统得过死的体制，更不同于资本主义那样的市场经济"。1984 年 9 月，在《关于经济体制改革中三个问题的意见》中又明确说："中国实行计划经济，不是市场经济。"② 在同年 10 月十二届三中全会通过的《关于经济体制改革的决定》中，又以中央改革纲领的形式规定："就总体说，我国实行的是计划经济，……而不是那种完全由市场调节的市场经济。"自改革以来中央的这一指导思想是一贯的。可见，在"市场经济"问题上，正如同对"资本主义"概念的运用和理解西方和东方基本一样那样，我国的占主导地位的指导思想的理解，也是同西方相统一的。

当然，也应说明，我国不能推行完全的市场经济，是就公有制经济范围而言的，或者说是从总体上讲的。这并不排除我国可以在一定范围内如非公有制经济中搞一点市场经济。另外，对于那些经营不善，本来就不适合国有化的小型企业，有的可以转让给私人经营，由公有变为私有，从而转入市场经济轨道。如果从第二种含义上理解市场经济概念，即将在经济运行中完全由市场自发调节的经济也看作是市场经济，那么，在社会主义公有制经济中，完全由市场自发调节的那一小部分经济，也可以看作是一种市场经济。

第三，它要求在计划调节和市场调节的关系上必须以计划调节为主导。这里所说的以计划调节为主导，不是指在运行机制中以计划调节为主，而是指计划调节要为市场调节导向，从而矫正和规范市场调节，以实现计划经济目标。在社会主义经济运行机制中，计划调节之所以要居于主导地位，是因为社会主义公有制所要求的利益的整体性是和计划的统一性相一致的，而且

---

① 《现代经济译丛》1991 年第 3 期，第 47 页。
② 《坚持改革、开放、搞活》，人民出版社 1987 年版，第 224 页。

公有制经济中的整体利益、社会利益和长远利益，也只有实行计划调节和计划经济，才能得到保证和实现。社会主义公有制虽然并不排斥商品经济，二者可以相容，而且在社会主义初级阶段还要大力发展商品经济，充分发挥市场调节的作用，但公有制与商品经济，从而与市场调节又存在着矛盾的一面。这种矛盾从最根本上说就是利益目标和利益实现过程的差别。社会主义经济利益关系的原则和要求是在实现总的利益一致的前提下，实现利益的差别。而商品经济则不同，它要求首先保证和实现商品生产者和经营者的局部利益和特殊利益，使企业以追求自身利益的最大化为目标。因此，在社会主义经济运行中，从总体上说，市场调节要受到计划调节的约束和规范，以保证企业在追求自身利益的同时实现社会利益。

关于经济制度对计划调节和市场调节的地位的制约作用，许多西方学者也都给予了充分的肯定。他们不仅承认计划调节在社会主义经济运行机制中居于主导地位，而且还强调市场调节是社会主义经济运行的基本调节机制。例如，百百和等认为，社会主义经济体制中计划机制与市场机制的基本关系完全不同于资本主义经济体制中计划机制与市场机制的基本关系，因为社会主义经济是计划经济，"在计划经济形态下，计划机制对经济的调节是先于其他所有经济调节机制的"。而"在资本主义经济体制中，调节经济运行的基本机制，是以自由竞争为基础的市场"①。政府制定经济计划，实行计划调节，只是为了保证市场有效地发挥作用和弥补市场调节留下的空白，因而计划调节只能处于辅助的补充的地位。而资本主义经济计划只是预测性、诱导性计划，"对于私营部门政府没有有效的计划指导手段。从这一点来说，资本主义的各种长期计划的夭折是理所当然的事"②。这就是说，计划调节与资本主义私有制是有矛盾的，这也就决定了计划调节不能成为资本主义经济运行的基本调节机制，也限制了计划调节的有效性。

可见，计划调节和市场调节虽然是社会化商品经济共有的一般调节手段，自身并不反映特定的社会性质，但它们相互的基本关系却不是可以任意组合的，这要受到经济制度的制约，反映特定经济制度的特征和要求。

---

①② ［日］百百和等：《经济计划论》，魏杰、王浩清译，陕西人民出版社1986年版，第6、3、27页。

## 二、计划经济与市场调节相结合的自身制约因素

经济制度的制约因素，只是确定了计划经济与市场调节相结合的基本关系和基本框架，而它们相结合的具体形式将受到计划和市场自身功能与失灵的制约。就是说，在社会主义现阶段，计划和市场都不是万能的，它们各自都具有不可替代的调节功能，同时又存在着一定程度的失灵，单纯依靠哪一种调节机制都不可能使国民经济实现合理的运行。因此，社会主义经济运行机制就需要集计划和市场之长，补二者之短，以达到资源的合理配置。

计划和市场的功能与失灵，对计划经济与市场调节相结合的制约作用主要有两方面：（1）计划和市场各自能干什么和不能干什么直接制约着计划和市场各自作用的范围。计划干不了的事情就不能硬要计划去干，同样，市场做不来的事情也不能硬要市场去做。否则，就会导致盲目性和经济秩序的混乱。这样，就需要根据计划和市场的功能与失灵设计计划和市场的结合，从而做到"计划干不了的事可由市场去做，而市场做不了的事可由计划完成"，实现扬二者之长、补二者之短之目的。（2）计划和市场各自能干好什么和不能干好什么，会对计划和市场各自的作用范围做出进一步的规范。仅仅根据计划和市场能干什么和不能干什么还不能最终确定计划和市场的作用范围，因为有些事情计划和市场都能做，有些事情计划和市场都难做，需要根据计划和市场能干好什么和不能干好什么来规范计划和市场的作用范围。也就是说，要对计划和市场的作用进行效用—成本分析。在以上两种情况下，就应选择那种成本低、效用大的调节机制，从而使计划经济与市场调节相结合的调节机制获得最佳的调节效果。

根据计划和市场功能与失灵的长短异同，我们认为，计划和市场的互补关系主要表现在以下几个方面：

首先，从计划调节机制看，它的实现离不开市场机制。我国旧的计划体制，由于排斥市场机制的作用，使计划经济的优越性没有很好地体现出来。违反客观规律包括价值规律的计划，造成国民经济严重的比例失调。市场机制对实现计划调节和计划经济的积极作用主要有：（1）市场是宏观计划管理的接受和实现机制。我国的宏观计划管理体制将由过去的直接控制为主转向间接控制为主，即国家运用价格、利率、税收等经济手段，通过市场这一

中间环节来实现对企业活动合理协调的宏观管理计划。在这里，市场作为中间环节，一方面调节企业的日常生产经营活动，并割断了企业对国家的直接依赖，从而有助于使企业成为自主经营、自负盈亏的商品生产者和经营者；另一方面，它使计划管理失去能直接调节企业的作用，而只是通过市场将计划意图传导给企业，使企业活动最终符合计划目标。因而宏观计划管理，不但不否定企业的独立性、特殊的经济利益和特殊的经营目标，反而要以它们为实现自己的基础。（2）市场为计划调节提供了灵活、准确的信息传递系统，从而有利于提高计划的准确性、科学性和预见性。传统集中计划体制的信息系统具有两大弊端，一是计划机关不能及时收集足够的信息并进行加工处理，二是依靠各级行政组织传输的信息会受到特殊经济利益的干扰而发生失真。市场机制的作用可以有效地克服以上缺陷。第一，在市场机制作用下，每个企业都与市场直接建立起信息联系，根据市场的供求信息安排生产经营活动，并根据市场的反馈信息不断调整生产经营决策，这就可以保证信息传输的时效性、准确性。同时，由于大量的微观经济信息的收集和处理交给企业完成，就可以使国家集中精力收集和处理宏观经济信息，从而可以大大减少宏观计划决策的不确定性。第二，市场作为国民经济运行的晴雨表，能够直接反映国民经济运行各个方面的实际状况，因而国家就可以直接借助市场这面镜子，把握国民经济运行的情况，并据此迅速做出决策。而且在市场竞争能够充分展开的情况下，市场信号的变动是各个经济主体共同活动的结果，不受某个经济主体的操纵，这就有助于避免市场信号的扭曲和失真，保证信息传递的准确性。（3）市场机制的作用有助于提高计划工作的效率。在市场机制充分发挥作用的条件下，特别在指导性计划经济中，企业的日常生产经营活动将主要由市场直接调节。这样，市场直接调节微观经济决策，一方面可以避免在微观领域脱离实际的计划调节的无效性，另一方面可以使中央计划从大量的琐碎的微观经济决策中解脱出来，集中精力分析和解决基本的宏观经济决策，从而使计划善于解决宏观问题和长远的发展等问题的优势得到充分有效地发挥。（4）市场是计划得以不断完善的矫正器。计划的制定毕竟是一个主观的过程，计划是否符合客观实际，要受市场的检验和校正。这样，市场就为计划系统提供了必要的反馈机制。如果计划不符合实际，市场的不均衡状态就会发出信号，计划部门就可以根据这些信号矫正计划决策，从而使计划不断趋于合理。

其次，从市场调节机制来看，它必须由计划调节导向和规范。这是因为，市场调节存在着以下三种形式的市场失灵：（1）理想条件下的市场失灵。所谓理想条件，是指完全自由竞争的市场条件。市场理论通常假定，在完全竞争市场条件下，市场机制可以完全地发挥作用，使资源配置达到最佳状态。但是，即使在这种最佳状态下，市场机制仍不是万能的。它的失灵包括两种情况：第一，它不能解决全部经济问题。就是说，对一些问题，市场是完全无能为力的。例如，市场调节不能决定社会生产发展的基本方向，因为市场信号反映的只是过去的国民经济运行状况，而不能说明未来的生产结构、需求结构等问题。又如，市场调节还不利于公用事业的发展和不能解决外部效应问题。因为公用事业每人都能享用，所以没有人愿为发展公用事业而支付其全部费用。市场机制调节生产往往会忽视外部经济效应，导致产生对河流、湖泊和空气的污染等外部负效应，阻碍那些能够为社会带来很大效益即带来外部正效应的事业如教育事业等的发展。第二，在理想条件下，市场调节还会发生一些消极作用，从而成为理想条件下市场失灵的另一层含义。例如，市场调节会引起经济活动的自发性和盲目性，因为市场机制的作用，意味着经济主体多元化和经济决策分散化，意味着每个生产者和经营者都从自己的利益出发，根据价格的波动制定决策。这样，在经济主体并不了解全部市场情况和其他经济主体决策的情况下，它的决策就不可避免地带有盲目性。（2）偏离理想条件下的市场失灵。当市场条件达不到完全竞争程度时，一般认为市场偏离了理想条件。当市场在以下两种情况下偏离理想条件时，我们称之为正常偏离。一是完全竞争的市场条件是一个抽象的理想模式，现实的市场条件不可能达到那样高的纯粹度；二是社会化大生产的发展使现实的市场条件更加远离理想条件。因为在社会化大生产条件下，规模经济所要求的生产集中化和专业化，必然会产生一批大企业，这就会形成企业垄断倾向。而且生产的社会化要求建立一些公共部门，这些部门通常就其自然性质来说，本身适合于垄断经营。由于这些垄断是社会经济发展的必然结果，因而要想回到完全竞争市场条件已是不可能的。市场对理想条件的正常偏离，必然使市场机制在一定程度上和一定范围内发生失灵。例如，垄断因素的存在，就使得垄断企业可以凭借其优势地位操纵市场和价格，获取垄断利润。又如，消费者和生产者不具有完整的信息，就会加剧市场调节的盲目性，不利于资源的有效配置。（3）非正常偏离理想条件下的市场失灵。所谓非正常偏离，是指不是市场运行过程中必然存在的，并对社会经济发展不利的，从而能够通过完善市场机制加以克服的那些偏离。例如，相互竞争的企业通过达成一定的协议而放弃与对方的竞争，彼此确定产量、销售量或销售地区而形成的垄断；企业为牟取非法高额利润，采用不正当的竞争手段如假商标、假广告等造成的对竞争秩序的破坏等。又如，社会总供给与总需求失衡形成的通货膨胀对市场机制的破坏；政府过多地运用行政手段直接干预经济活动造成的对市场机制的破坏；市场自身的不发育而造成的调节功能不全等。

以上市场失灵的存在，就必然限制了市场调节机制的作用范围和作用强度。为了保证国民经济的正常运行，就需要国家运用计划等手段进行必要的干预和调节。当然，这种干预和调节要根据市场失灵的不同形式采取不同的方式。通常可采取两种方式：一是替代市场机制。如对于市场机制无能为力的那些问题，就只能由计划机制加以解决；为了克服正常偏离理想条件下的市场失灵，国家可以直接经营那些就其自然性质适合垄断经营的部门如交通、通信、电力等。二是矫正和完善市场机制。如对于那些与市场调节的积极作用相伴而生的消极作用，就不能采取计划取代市场的方式，而只能采取及时传递信息和矫正的方式，否则，就会同时取消市场的积极作用，甚至取消市场调节；对于那些由非正常偏离而产生的市场失灵则可以通过完善市场机制和加强与完善市场管理加以克服。

可见，计划和市场的功能与失灵，直接制约着计划和市场各自的作用范围和作用强度。因此，正确地把握计划和市场各自的功能与失灵，就成为建立我国计划经济与市场调节相结合新经济运行机制的必要前提。可以说，对计划和市场各自功能与失灵的认识和把握不同，就必然会导致对计划和市场具体结合方式的不同选择。

## 三、计划经济与市场调节相结合的实现途径

计划经济与市场调节相结合的新经济运行机制，与传统体制的运行机制的根本区别是在计划经济中引入了市场机制，充分利用了市场调节的积极作用。而且由于引入市场机制，计划经济已不再是过去那种主要依靠指令性计划实现的经济，而是主要依靠指导性计划、主要运用经济手段来实现。可

见，传统体制的运行机制与新体制的运行机制的区别具体表现在两个方面：
（1）在传统体制中没有或基本上没有市场调节，在有计划商品经济新体制
中却要使市场调节的作用得到充分地发挥。（2）传统体制和有计划商品经
济新体制中都有计划调节，都实行计划经济，但二者在内容、调节手段等方
面存在着重大的差别。前者主要是指令性计划，以行政手段为主，后者主要
是指导性计划，以经济手段为主。因此，我国要建立适应有计划商品经济发
展的计划经济与市场调节相结合的新经济运行机制，就必须完成两方面的任
务。第一，培育和健全市场体系，发育市场机制，以便不仅能够在计划经济
中引入市场机制，而且能使市场调节的功能得到充分发挥。第二，改革传统
的高度集中的计划体制。这包括两层含义：一是逐步缩小指令性计划的作用
范围，使其保持在小而适度的范围内，相应地逐步扩大指导性计划的作用范
围，使其成为计划调节的主要形式；二是通过完善计划的制定方法、程序、
规则等来完善计划机制，尤其是需要完善尚保留的指令性计划机制，使计划
的制定更加民主、科学和准确。否则，计划的失误会给国民经济带来巨大的
损失。

在发育市场和改革计划体制这两大任务中，发育市场是主要的。原因如
下：首先，我国计划体制改革的主要任务就是从过去单一的指令性计划体制
转向以指导性计划为主的体制。而指导性计划的实行是不可能离开市场机制
的，或者说，市场发育的程度直接制约着指导性计划的实现程度，没有市场
的发育，也就不可能实行指导性计划，从而也就不存在计划体制的转轨。其
次，从计划体制转轨的次序来看，若要适当缩小指令性计划的作用范围，即
在某些范围内取消指令性计划，必须要具备一个前提条件，即市场机制的存
在并能有效地发挥作用。也就是说，只有首先引入市场机制，才能相应地减
少指令性计划调节，市场机制引入到什么程度和市场调节的功能发挥到什么
程度，指令性计划才能相应地减少到什么程度。而不能反过来说，指令性计
划废除到什么程度，市场机制的调节作用就可以引入和发挥到什么程度。因
为如果在市场机制尚未发育，市场机制还不能有效发挥其功能的情况下，就
贸然大范围地减少指令性计划，那会造成在取消了指令性计划以后，还不能
建立起新的宏观调控系统，使社会生产处于"调节真空"状态，从而导致
社会生产的混乱。因此，没有市场的发育，计划体制的有效和成功的改革是
不可能的。由于我国经济运行机制转换的主要方面和主要任务，就是在计划

经济中引入市场机制，并充分发挥市场调节的作用，因而我们可以认为，我国从传统体制向新体制的转变过程，就是市场不断发育、市场的作用不断增强的过程。从这个含义上说，我国的经济体制改革也就是以市场为取向的改革。

经过历时 12 年的经济体制改革，市场调节在我国经济运行机制中已经占有重要地位。市场机制的存在及其作用的增强，使我国的计划经济与市场调节相结合已不再仅仅是一种理论，而且已成为实践。

另外，还必须认识到，目前我国市场发育的程度仍然很低、很不健全和很不完善。如市场体系尚未建立和健全，价格体系严重不合理，市场垄断的严重存在和竞争秩序的混乱等，在很大程度上弱化了市场调节机制的应有功能，使我国还不可能充分发挥市场调节的积极作用，由此也就限制了指导性计划调节机制的建立和发挥作用。因此，在我国现阶段，计划经济与市场调节相结合只能是初步的，很不完善的。这具体表现在：（1）市场机制尚未达到它应有的作用范围和作用强度，因而使一些本应由市场调节的经济活动不得不由计划调节。例如，由于我国没有建立起完善的要素市场，因而国家就不得不在不同程度上承担那些本应由市场调节的企业日常生产经营活动，这也是企业依赖于国家而不依赖于市场的一个重要原因。（2）计划和市场的结合在很大程度上还是板块的结合，计划和市场彼此处于相互割裂的状态，因而不可避免地会出现摩擦和矛盾。（3）计划目标的实现还要依靠过多的行政控制，这不仅表现在过多的直接行政控制，而且即使运用经济参数实现计划目标也带有很强的行政性。因为市场机制不完善，使国家不得不采取直接规定市场信号的办法贯彻计划目标，如国家通过提高价格或降低利率的办法，鼓励生产那些市场上短缺的商品。

因此，我国要建立起完善的计划经济与市场调节相结合的新经济运行机制，还必须要进一步培育市场，以消除非正常偏离理想条件的市场失灵，从而使市场的应有功能得到充分的发挥。在我国现阶段，进一步培育市场需要开展以下两方面的工作：第一，深化经济体制改革，建立起有计划商品经济的新体制。这包括建立和健全市场体系；改革不合理的价格体系，建立新的价格形成机制；制定市场交易法则，形成合理的市场竞争秩序；改革企业制度，使其成为自主经营、自负盈亏的商品生产者和经营者；改革宏观管理体制，逐步由直接控制为主转向间接控制为主；等等。第二，大力发展社会生产力。这一点往往容易被人们忽略，从而把市场的发育看作仅仅取决于体制改革，似乎只要推进体制改革，就可以达到培育市场的目的。这是一种片面的观点。在生产力落后、社会分工不发达的情况下，商品经济就不会替代自然经济和半自然经济而发展起来，与此相适应，市场也就不可能充分发育和完善。因此，只有大力发展生产力，使商品经济得以充分发展，才能促进我国市场的发育和完善。实际上，生产力的发展水平也制约着经济体制转轨的进程，因为在生产力落后，从而商品经济不发达的基础上，不可能建立起有计划商品经济的新体制。因此，我国市场的发育和完善，归根到底还要取决于生产力的发展。

由于我国计划经济与市场调节相结合的运行机制是随着市场的发育和计划体制改革的深化而逐步发展和演变，因而计划经济与市场调节相结合的具体形式绝不可能是固定不变的单一形式。在社会主义经济制度所限定的基本框架内，计划经济与市场调节相结合的具体形式将会根据不同时期计划和市场的功能与失灵形成不同的结合方式。因此，计划经济与市场调节相结合的包容性很大。而以往讲"计划经济为主、市场调节为辅"或"国家调节市场、市场引导企业"，都是以一种具体结合形式概括全部。事实上，它们只能是计划经济与市场调节相结合关系中多种具体形式中的形式之一。当然，计划经济与市场调节具体结合形式的变化绝不是任意的，其基本趋势是随着市场的不断发育成熟而逐步走向完善的形态。当计划经济与市场调节相结合的新的经济运行机制建立并逐步完善后，它就成为一种客观的经济运行过程，是不可以根据主观愿望随意改变的。但是，即使在计划经济与市场调节相结合达到完善的形态下，其具体的结合形式也不是单一的。不同地区、不同部门、不同产品可以有不同的结合形式。从目前计划体制的三部分来看，它至少要包括以下三种具体形式：（1）指令性计划与市场的结合。在这里，计划和市场的总的关系是：计划要考虑市场供求关系，并直接调节市场机制，而市场则反馈于计划，检验和矫正计划。但是，这里有个理解上的差别。指令性计划自觉考虑市场供求关系，遵循价值规律，是否属于计划经济与市场调节相结合的一种形式。我们认为，这里虽然存在计划与市场的关系，但不等于实行了市场调节。市场调节是市场机制调节价格、调节企业经营活动、调节市场需求的客观过程。计划考虑市场供求关系和遵循价值规律，是计划制定中应有之义，是主观认识客观的关系，还没有经过现实的市场，更没有发挥市场机制调节的客观作用。（2）指导性计划与市场调节的结合，这是新经济运行机制的主要结合形式。这种结合形式的基本关系是：计划机制调节市场机制，市场机制调节企业经营。在这里，计划调节与市场调节在整个经济运行过程中始终是有机地结合起来。这种结合关系，不存在谁是主体、谁是补充或辅助的问题，因为二者是在同一经济领域中共同起作用，不存在块块的关系。（3）对不列入计划，由市场机制自发调节的经济部分，国家计划也应在某些环节予以指导。如提供市场信息、制定有关市场法规、对某些产品必要时制定保护价格等，以调节非计划市场使之规范化和有序化。

可见，"计划经济与市场调节相结合"只是我国有计划商品经济新运行机制的一般原则和要求，它并不等同于某种具体的结合形式，可以根据不同的情况和条件采取不同的具体结合形式。

# "国家调节市场，市场引导企业"评析<sup>*</sup>

卫兴华

  今年，是党的十一届三中全会以来实行改革开放的 20 年。从经济体制改革的理论和实践的发展来看，是经历了一些曲折的。对某种改革的思路或模式做一些探讨式的评析，谈一点个人的见解，也许不是多余的。

  我国的经济体制改革，是改变传统计划经济体制的市场取向改革。所谓市场取向，就是逐步缩小乃至最后取消原有的高度集权的指令性计划经济体制，引入并逐步扩大和加强市场调节的作用。市场取向改革的目标模式，经历了不断探索的曲折的前进过程。由"计划经济为主，市场调节为辅"，到有计划的商品经济体制，到计划与市场都是覆盖全社会的，"国家调节市场，市场引导企业"，到"计划经济与市场调节相结合"，到社会主义市场经济体制，无论选择何种新经济体制模式，都离不开计划与市场的关系，也就是说，市场取向的改革不是排斥计划和计划调节的作用，而是要探求计划与市场的最优结合模式。党的十四大报告在提出建立社会主义市场经济体制的同时，强调指出："我国经济体制改革确定什么样的目标模式，……这个问题的核心，是正确认识和处理计划与市场的关系。"

  怎样正确认识和处理计划与市场的关系，到现在也还是需要在理论和实践上继续探求和逐步解决的问题。尽管党的十四大将其作为核心问题提了出来，但 5 年多来，理论界和实际部门似乎没有循此对其下功夫认真进行研究。在全盘批判计划经济的同时，连计划调节都避讳讲了。计划与市场的关系，很少提或不再提了。应该说，这并不符合邓小平理论中的有关思想。

---

* 原载《东南学术》1998 年第 3 期。

近些年来强调加强和完善"宏观调控"，这是必要的和正确的。宏观调控实际上是政府调控。宏观调控或政府调控，并不是盲目地随意进行的，而是有目标、有计划地进行的，因此离不开计划调节。或者说，政府调控是以计划调节为基础的。

在评析市场取向改革的理论进展时，党的十三大提出的"国家调节市场，市场引导企业"的新的经济运行机制应当受到应有的重视。它用两句话概括说明了国家、市场、企业三者之间的关系，也是说明了计划与市场有机结合的新体制模式的运行机制。它突破了"计划经济为主，市场调节为辅"的模式，又把计划与市场相结合的关系具体化和规范化了。即使在今天实行社会主义市场经济体制的模式下，"国家调节市场，市场引导企业"的运行机制依然是适用的。关于这个问题，党的十三大报告是这样讲的："国家运用经济手段、法律手段和必要的行政手段，调节市场供求关系，创造适宜的经济和社会环境，以此引导企业正确地进行经营决策。"

然而，1989年6月政治风波以后，"国家调节市场，市场引导企业"的运行机制模式不再提了，甚至成了理论禁区。有人传说邓小平同志认为这两句话是错的。其实，这里存在着误解。邓小平同志在1989年的一次讲话中涉及这两句话时是这样讲的："十三大报告中那两句话'国家调节市场，市场引导企业'我就没有看出有问题。当时可能有人看出问题，但也没有人明确提出来。那两句话究竟怎么样，我也没有研究。如果错了，就不讲了。"显然，是有人提出那两句话错了时，邓小平才有针对性地讲到这一问题的。但他始终没有讲那两句话有错，他的意思很清楚：第一，党的十三大报告提出这一新的运行模式时，他并没有认为有问题。第二，这两句话究竟是对是错，他"没有研究"。第三，"如果错了，就不讲了"。他用的是假定语气"如果"，并没有直接说以后不要再讲了。"如果"不错呢？当然还可以讲。

我始终认为，党的十三大提出的新的经济运行机制模式并没有错。北京政治风波以后，我在自己的论著中，继续论述这一观点。因为从市场取向改革的要求来看，应肯定其正确胜。第一，经济体制改革要求把国有企业推向市场，充分发挥市场调节的积极作用。国家对企业的管理要由原来的直接管理为主转向间接管理为主。而国家对企业的间接管理，就只能是国家主要通过经济手段并辅之以其他手段，将经济发展战略和计划目标传递给市场，并规范和调节市场机制，然后再由市场机制直接调节企业的经营活动。就是说，国家是通过市场中介去间接管理企业的。如果离开了"国家调节市场，市场引导企业"的运行机制，国家转向对企业的间接管理也就会成为一句空话。第二，要发挥市场调节的作用，就要让市场去直接调节和引导企业。市场调节的对象，主要是企业。否定"市场引导企业"，就等于否定市场调节。这是问题的一方面。另一方面，如前所述，我国越是充分发挥市场调节的作用，就越需要建立和完善国家的宏观调控体制。离开了宏观调控，市场会乱，企业也会乱。即使就资本主义国家来说，它们实行了几百年的自由市场经济，1929～1933 年的经济大危机以后，也不得不实行国家干预，二战后，许多国家又实行经济计划化，把国家干预与计划化统一起来，搞政府调控，我们是社会主义国家，更需要搞好宏观调控。宏观调控、搞活企业、搞活市场，是统一的，缺一不可。而实行宏观调控，就包括由国家调节市场机制。否则，市场就会是完全自发的、盲目的。过去曾把市场调节理解为完全由市场自发调节，或完全由价值规律自发调节，因而只允许市场调节起辅助作用。其实，在我国社会主义条件下，由于存在以公有制为主体的多种所有制经济，市场调节不是采用单一的形式。非公有制经济成分，是由市场自发调节的。而公有制经济中，市场调节有两种形式：一种是市场自发调节，即主要由"看不见的手"去调节；另一种是由计划为市场导向的市场调节，即用"看得见的手"去引导"看不见的手"，用自觉性和计划性去引导自发性和盲目性。后一种应是主要形式。不管是哪一种市场——是自发的，还是计划导向的，都需要宏观调控，需要"国家调节市场"。

在报刊上宣传社会主义市场经济的论著中，有的把市场经济体制同"国家调节市场，市场引导企业"的运行机制完全对立起来。有的论文中讲："现在，用'社会主义市场经济'来取代'计划调控市场，市场引导企业'……是改革目标的重大进展。"就是说，把后者看作是应被抛弃的东西。其实，党的十四大报告提出的社会主义市场经济，是一种总的经济体制，其运行机制是什么，在这种运行机制中计划与市场的关系是什么，并没有具体说明，而是提出"要大胆探索"。我认为，实行社会主义市场经济体制，其运行机制也只能是"国家调节市场，市场引导企业"，也可以说是"计划调节市场，市场调节企业"。在这种运行机制中，由于市场直接调节企业的经营活动，因而它是基础性的调节机制。或如党的十四大报告中所说："要使市场在社会主义国家宏观调控下对资源配置起基础性作用。"另外，国家调节市场，是国家对经济进行宏观调控的重要内容。党的十四大报告中说，"国家计划是宏观调控的重要手段之一"。而计划作为宏观调控手段，具有导向或指导作用。我过去讲过市场调节是基础，计划调节是主导，并且说明，"主导"不是"为主"，而是导向、指导之意。至于计划与市场两种手段的具体结合方式，可以有多种形式。党的十四大报告中说："在建立社会主义市场经济体制的过程中，计划与市场两种手段相结合的范围、程度和形式，在不同时期、不同领域和不同地区可以有所不同。要大胆探索，敢于试验。"因此，计划与市场究竟如何具体结合的问题，还需要理论工作者和实际工作者进行探索。但总的结合方式应是明确的。计划作为宏观调控的重要手段，一是调控宏观经济，重点是确定国民经济和社会发展的战略目标；搞好经济发展预测；搞好总供给与总需求的平衡；搞好重大经济结构与生产力布局的规划与调整；集中财力物力，部署和进行重点建设；促进和实现国民经济持续、快速、健康地发展等。二是调节市场机制，并通过调节市场来间接调控企业的活动。新经济体制下的计划和计划调节，不是传统计划经济体制的指令性计划与计划调节。新体制下的计划，主要是指导性的计划。

"国家计划调节市场，市场引导企业"，是一种二层次的调节机制。国家从宏观层次上调节市场；市场在基础层次上调节企业。"市场调节企业"，是通过市场信号即由市场供求机制、竞争机制、利率机制等形成的商品价格机制，去调节企业的生产和经营活动。就是说，企业生产什么，生产多少，为谁生产，要按市场需求和反映供求关系的市场价格的高低来安排，而不再像指令性计划体制下那样，由国家下达的指令性计划指标来决定。"国家调节市场"，是主要通过经济手段，并辅之以行政、法律手段去调节市场机制。国家放开了价格，除极少数重要商品的价格由国家定价外，绝大部分商品价格由市场调节。1993年，我国社会商品零售价由市场调节的比重已达93.8%。因此，国家调节市场，不是国家直接调节市场价格，而是主要通过经济杠杆去间接调节。国家掌握的经济杠杆分属两大系统：一是属于财政系统的，如税收、财政分配等；二是属于中央银行系统的，如中央银行利率、法定存款准备金、货币发行等。在政府调节市场机制的过程中，市场机制的输入值是货币发行量、税收结构、中央银行利率等，它的输出值则是市场价格和利率。而市场价格和利率又是调节企业经营活动的市场信号。

国家调节市场，总体上说是主要通过经济杠杆间接调节市场信号，但也不排除在特定情况下，在某些方面，直接运用经济和行政手段进行调节。比如，我国从 1988 年起，开始了"菜篮子"工程建设。中央财政拿出几个亿的资金扶持畜禽生产和安排市场建设。1994 年后，又专门设立了中央副食品风险基金，用以支持"菜篮子"工程。各省市地方财政也拿出资金建立了副食品风险基金，建立大型蔬菜批发市场，以带动蔬菜生产的发展。十年来取得了明显成效。在"菜篮子"工程建设上，国家不仅直接调节市场，也调节了生产。但国家调节生产，不是搞指令性计划，不搞统购包销，而是价格随行就市，充分发挥市场机制的作用。就农民来说，他们依然是按照市场信号经营蔬菜和其他副食品生产的。又如，1997 年，在粮食丰收后粮价下跌幅度较大。为避免谷贱伤农，国家用高于市场调节价格的保护价格敞开收购粮食，以利于农业生产的继续发展。这里，粮食收购价是国家直接规定的，即国家直接调节价格，而不是间接调节。

在社会主义市场经济体制下，市场直接调节企业的生产和经营活动。也不排除在特定情况下，政府对某一企业或某种产品，运用经济和行政手段进行直接调节。如我国目前已决定要淘汰 1000 万锭落后的棉纺锭，同时政府给予财政补偿。如果政府不采取直接调控手段，光靠市场去调节，1000 万锭棉纺锭是很难被淘汰的。那样，纺织行业存在的技术落后、产品供过于求、全行业亏损等问题，也难以解决得了。

最后，我想讲一下经济市场化和经济计划化的问题。经济体制的市场取向改革，也就是经济市场化的改革。在生产和流通中，充分发挥市场调节的作用，通过市场调节使市场在资源配置中起基础性作用，这就是市场化，就是实行市场经济。因此，"市场引导企业"或市场调节企业，同经济市场化是分不开的。问题是：过去实行传统计划经济时，大讲经济计划化。现在实行社会主义市场经济体制，还要不要和能不能讲经济计划化？西方资本主义国家一贯实行市场经济，但二战后许多国家根据社会经济发展和整体利益的需要，又在市场经济基础上实行经济计划，把"国家干预"推向了新的阶段。有些国家如日本的经济学著作乃至其官方文献中，把实行经济计划称作经济计划化。我国是社会主义国家，过去只能讲计划化，否定市场化，把市场化与资本主义化相等同。现在一实行社会主义市场经济体制，经济计划化就再不能讲了。不能只讲市场化而讳言计划化，邓小平同志一贯主张计划与市场相结合、计划与市场都得要。在他的论述中，计划、计划调节、计划经济的含义是统一的。如果认同我们还需要把市场调节与计划调节结合起来，需要处理好计划与市场的关系，那么，可不可以说，应把市场化与计划化结合起来呢？政府实行宏观调控，是否与计划化相联系呢？

一讲"化"，人们就会想到关于"化"的一个权威定义："'化'者，彻头彻尾彻里彻外之谓也。"于是，直到现在，还有人著文反对社会主义搞经济市场化，也反对"市场化"的提法。而更多的人则避讳或否定再提计划化，似乎尚可以讲"计划"而绝不可以讲"计划化"。其实，那个"化"的权威定义值得斟酌。比如，实行工业化，难道能把商业、文教等一切行业都"化"到工业中去？讲干部年轻化，怎么能年轻到"彻头彻尾彻里彻外"呢？"化"，其实指的是一种达到目标的趋势和过程。市场调节也好，计划调节也好，都是要实现一定目标的，这种实现目标的趋势和过程，就是"化"的过程。因此，正确认识和处理计划与市场的关系，也可以说是正确认识和处理好计划化与市场化的关系。这都离不开"国家调节市场，市场引导企业"的经济运行机制。

国家调节市场，属于国家宏观调控的内容。现在，往往把"宏观调控"与"宏观经济调控"当作相同的概念使用。其实，宏观调控是指国家在宏观层次上调节国民经济运行，既调节宏观经济，也调节微观经济。因此，宏观调控，实际上是指政府调控。西方国家一般不讲宏观调控，而讲政府调节或国家调节。应把"宏观调控"与"宏观经济调控"两个概念区别开来。否则，容易产生误解，以为两个概念都是讲对宏观经济进行调控。

# 论社会主义商品经济的
# 调节机制及其杠杆*

## 洪银兴

党的十二届三中全会做出的体制改革决定，根据所有权同经营权可以适当分开的原理，提出国家机构原则上不再直接经营企业，企业将成为自主经营、自负盈亏的社会主义商品生产者和经营者；并根据社会主义经济是有计划的商品经济这一质的规定性，提出我国的计划体制将是自觉运用价值规律的体制，指导性计划将是计划管理的主要形式。所有这些，明确指出了经济体制改革的方向和原则。至于自觉运用价值规律的计划体制如何建立、指导性计划如何调节、经济杠杆如何运用等问题，党的决定没有束缚人们的思想和手脚，有待于理论和实际工作者在实践中探索。

## 一、调节机制及其杠杆

各个社会都有自己的运行规律和调节机制。在研究某个特定社会的调节机制前，首先要寻求该社会机体运行的结构，据此确定调节内容。

平衡总是以有什么东西要平衡为前提，经济调节的内容服从社会经济机体平衡的要求。社会经济机体的平衡究竟指什么呢？迄今研究经济调节理论的文章大都认为，经济运行机体的平衡是指社会生产各部门之间保持一定的比例。这样，经济调节的内容就被单纯规定为调节社会劳动在各生产部门之间的分配比例。

如果深入研究一下马克思的经济调节理论，就可发现，社会生产各部门

---

　*　原载《经济科学》1985 年第 6 期。

之间的平衡只是经济运行机体平衡的一个层次，而不是其全部内容，它只反映各种个别产品的供求平衡。经济运行机体更高层次的平衡是社会产品总量的供求平衡，即总供给与总需求的平衡。宏观平衡的一般含义就在于此。

社会经济运行机体的两个层次平衡相互联系，但不能混为一谈。与此相适应，在这两个层次上的经济调节，也各有特定的内容和机制。不同生产部门之间的平衡，所要解决的是个别商品的供求平衡、社会劳动的最佳分配。它可以依靠调节社会劳动在各部门的分配比例来实现。而总供给和总需求的平衡所要解决的是全社会供求的总量平衡，显然不能靠社会劳动在各部门的按比例分配来解决。它有自己的运行规律和调节机制。有人以为只要做到了劳动时间在各部门的按比例分配，各种商品供求平衡，也就能实现其总量平衡，即总供给和总需求的平衡。若果真如此，马克思在《剩余价值理论》中就没有必要花很大篇幅批判李嘉图所坚持的生产创造需求的观点了。马克思认为，个别商品的供求之所以平衡，本质上是因为，"社会购买这些物品的方法，就是把它所能利用的劳动时间的一部分用来生产这些物品"。① 同样，作为社会产品总和的总供给与总需求本质上必然统一于社会总劳动时间，即总供给 = 总需求 = 社会总劳动时间。问题是货币加入经济运行，需求表现为有支付能力的需求以后，正如货币插入商品流通以后会产生买卖两个阶段分离一样，总供给与总需求之间出现了矛盾和失衡。因此，即使部门间比例恰当，也难以保证总供给与总需求平衡。

实践也表明，解决了企业生产什么、生产多少、为谁生产问题，并不等于实现了总供给和总需求的平衡。根据其内容，两者的平衡只能靠调节国民收入在积累和消费之间的分配比例来解决。

长期以来，社会主义经济调节理论研究存在的一大偏差是将两层次的经济调节混为一谈，把按比例分配社会劳动视为经济调节的全部内容，从而丢掉了宏观平衡和调节的真谛，忽视了对总供给、总需求、货币流通总量、价格总水平等总量的研究和调节，以至在微观放开后，宏观失控。

调节经济运动的各种手段相互联系相互制约所构成的有机整体就是调节机制。根据上述两层次的调节内容，调节社会生产各部门平衡的机制，客观地包含在社会劳动按比例分配的经济联系中，调节总供给与总需求平衡的机

---

① 马克思：《资本论》第 3 卷，人民出版社 1975 年版，第 209 页。

制，客观地包含在国民收入在积累和消费间按比例分配的经济联系中。

经济杠杆是经济机制的要素。它们在经济运动中之所以能起杠杆作用，就是因为它们能作为经济参数（控制变量）加入被调节系统，使其按控制目标要求运行。调节经济过程的杠杆分为两大类：一类是价格、信贷、利率等，它们处于市场机制的内部联系中，是市场机制的杠杆，起自动调节作用；另一类是税收、财政分配、货币发行等，是国家直接掌握的杠杆，被用于自觉的宏观调节过程。这两类杠杆各有不同的功能和运行原理，不能混为一谈。

## 二、企业活动放开后的调节机制

以增强企业活力为中心环节的经济体制改革，赋予了企业自主经营、自负盈亏的权力。这是商品生产者性质的经营权。与此相适应，实际调节企业经济活动的，只能是市场及其杠杆，不可能是任何超市场的力量。尽管指导性计划调节系统中的市场调节和完全的市场调节，存在着自觉性程度的差别，但不能讳言市场调节对整个社会主义商品生产的适应性。随着指令性计划范围逐步缩小，市场调节无论如何不可能是现实经济运动的辅助性调节者。

只要是商品生产，它同市场调节就存在着客观的内在的联系。市场是商品交换关系的总和，其中包括价格、供给、需求、信贷、利息、竞争等要素。这些要素之间互为条件、相互制约的联系和运动就是市场机制。它包括两个客观过程：一是市场竞争过程中，市场价格变动与市场供求变动之间相互制约的联系和运动；二是利息率变动与信贷资金供求变动之间的相互制约的联系和运动。社会生产变动本身体现商品供求变动及信贷资金的供求变动，因而客观地包含在市场机制之中。现实中没有离开市场机制的社会生产变动，也不存在离开社会生产变动的市场机制。这是价值规律作用的客观过程。如果价格、信贷、利率等市场机制的杠杆对企业决策不起直接的自动调节作用。这个经济就不是商品经济，也谈不上价值规律的作用。

传统的理论把市场调节定义为价值规律的自发调节，看来不完全科学。市场调节作为客观的经济过程，实质是价值规律作用的调节。微观放开的真正目的，在于充分发挥价值规律在调节社会劳动按比例分配中的积极作用，使社会生产各部门的比例建立在社会必要劳动的基础上，达到资源最佳分配、市场需要最大限度满足的目标。因此，对这样的市场调节绝无排斥限制的必要。

在经济调节过程中，价值规律不能孤立地起作用。它的充分作用及功能的发挥，依赖于一定的经济环境及它所加入的经济规律体系。在社会主义经济中，价值规律充分作用，从而市场调节充分展开的程度与企业对市场调节信息的应变能力成正比。企业的应变能力取决于以下三个条件：

一是企业的决策权限。这包括两个层次：第一层次是企业日常活动（资金量的简单再生产）受市场调节；第二层次是企业扩大再生产的投资决策（包括自有资金的支配及自筹资金）受市场调节。现在人们对第一层次活动放给市场调节似无争议，但对第二层次活动放给市场调节顾虑重重。实际上没有第二层次活动的放开，企业应变能力有限，市场调节作用也有限。当然，企业扩大再生产的投资决策放给市场调节后，基本建设规模可能会膨胀，但这是宏观控制的新课题，绝不能成为限制企业权力、压抑企业积极性和进取性的理由。

二是企业与市场的直接经济利害关系。企业活力 = 权力 + 动力 + 压力。企业权利由国家赋予，动力和压力则由市场机制提供。过去，企业利益同市场实现成果无关，个别劳动消耗超过社会必要劳动消耗部分，最终均由国家和消费者承担，企业不负任何经济责任，因此微观经济效益很差。为此，国家必须运用经济杠杆，将企业推入市场，并为之创造充分竞争的环境，迫使每个企业面临 W—G 的致命跳跃。如果跳不过去，摔坏的不是国家，而是生产企业自己。实行利改税新体制就为之创造了条件：一方面，自主经营的企业缴纳税收后，自负盈亏，企业收入就同市场实现成果密切联系，另一方面，企业不再按行政隶属关系上缴利润，也就在一定程度上打破了部门、地区的保护政策，有利于竞争的充分展开。与此同时，国家又通过资金税、资源税等杠杆，消除企业利润增长的非主观努力因素造成的差别，从而将各企业置于同一起跑线上，在同等条件下展开竞争，以充分发挥市场调节作用。

三是生产要素市场的完备。前一时期部分价格放开后，某些供不应求的产品价格居高不下，很大一部分的原因就在于生产要素市场不完备，缺乏通过资金和劳动力的自由流动平衡供求的机制。

充分发挥市场调节作用，不等于国家对社会生产各部门的平衡放弃计划调节。国家必须从宏观角度通过指导性计划（在一定时期一定范围保留指令性计划）和经济杠杆对企业活动自觉调节。但其目的是通过"看得见的手"来避免和克服"看不见的手"在实现市场调节要求时所带有的盲目性和自发性。这一自觉过程不但不能排斥和取代市场调节，相反还必须在充分认识市场调节要求的基础上顺应商品经济的运动规律。否则市场调节会自发作用，强制地为实现自己的要求开辟道路，从而损害有计划的经济运动。

### 三、市场机制放开后的调节机制

放手让市场机制调节企业经济活动，涉及微观经济效益目标的实现问题。调节企业经济活动，不单纯是解决企业生产什么和生产多少的问题，更重要的是要求各个企业按照社会必要劳动时间的要求组织生产经营，以尽可能少的劳动消耗生产尽可能多的适合社会需要的产品。这一要求的实现，只能靠价值规律的作用。市场机制是价值规律的作用机制。市场机制需不需要放开，取决于价值规律的要求能否有效地实现。

现实中人们主观确定的价格往往背离价值。如果市场机制不放开，价格的制定和调整控制在国家手中，价格同社会生产变动及社会需求变动没有横向联系，这种价格不但缺少灵活性，更主要的是不能反映社会必要劳动要求，从而成为主观价格、垄断价格。以此来调节经济运动所带来的破坏性，绝不会比自由波动的价格轻。

至于说国家模拟市场机制，目前也很难行得通。试想，全国有这么多商品，有这么多企业，有这么复杂多变的社会需求，国家机构怎么可能随时根据需求调整产品价格和调整利率呢？更不用说国家对各种产品的生产能力及社会需求难以做出准确计算了。如果真要这么做，国家不又要陷入繁重的日常事务，重犯官僚主义、主观意志、束缚企业手脚的错误吗？

市场机制放开的实质，是要保证价值规律充分作用。竞争的波动、价格的波动，正是市场机制的内容。

市场机制的放开也包括信贷机制的放开。信贷机制也就是货币资金市场机制。信贷本身是商品经济的范畴，它具有还本付息的特征，是客观的经济机制，信贷资金市场与企业本来就处于横向联系中，信贷的作用是价值规律作用的进一步展开和补充。可是，长期以来，信贷包含在国家的垂直系统中，作为国家的附属物，成为国家调节经济的行政手段。信贷、利率所固有的经济杠杆作用没有发挥出来。我们必须将信贷机制放开，使其同生产企业处于横向联系中，允许各个专业银行和地方银行参加市场活动，自主地决定贷款流向，并允许利息率在一定范围内浮动。

当然，在有计划的商品经济中，市场机制不可能自由放任，市场机制的放开是有限度的。这个限度怎么确定呢？许多人主张按产品对国民经济的重要性程度来确定：有关国计民生的产品价格由国家直接确定；重要产品实行浮动价格，小商品价格完全由市场确定。这种主张在改革初期有合理性，但不是改革的目标，因为我们是讨论客观规律的作用机制是否需要放开的问题，放开的限度只能服从于人们对客观经济规律的认识和掌握的程度。因此市场机制放开的限度应放在自觉实现价值规律要求的过程：第一，国家不能捉摸其社会必要劳动时间的产品的价格完全放开，由市场机制决定。第二，一部分产品，国家只能大体上近似地捉摸其社会必要劳动时间，这部分产品的价格应适当放开，国家对这些产品规定的价格只是粗线条和有弹性的，允许其在一定范围内波动，并在市场机制的作用下不断校正。第三，国家能较为准确地确定其社会必要劳动时间的产品价格，由国家直接确定，没有放开的必要。如果社会上大部分产品达到这一程度，商品经济也就走到尽头了。根据目前人们对价值规律的认识和掌握程度，国家统一定价的范围应逐步缩小，相当一部分产品的价格要放开。

在市场机制适当放开的条件下，市场价格、利息率在一定程度上自由波动，信贷资金自由流动。国家对价格围绕价值波动的过程，如不加以调节，必然会出现资金（社会劳动）在各个部门盲目流动，从而导致社会劳动的极大浪费。国家运用经济杠杆，就是要在保障市场机制适当放开的同时，克服这种盲目性，避免由此产生的对经济运动的危害性。为此，国家必须运用经济杠杆自觉推动价格体系趋向合理，促进供给结构与需求结构平衡。具体运用的杠杆有：一是运用浮动价格的中准价调节浮动的市场价格体系。中准价是由国家规定的，市场价格与中准价的差距变化，给国家及时反馈价值变化和供求变化的信息，国家据此调整中准价，则可自觉地推动价格与价值趋向一致。二是运用税收杠杆调节自由波动的市场价格体系。对于价格明显高于价值的产品，国家课征较高的税，对于价格明显低于价值的产品，国家减免税收，则可有效地促使价格趋向价值，实现供求平衡。

## 四、宏观计划控制机制

社会主义计划经济区别于市场经济的标志在于自觉地实现宏观经济的计划性。市场机制作为商品经济的机制，是各个企业追求局部利益的汇合。正如商品经济的广泛发展会产生盲目性一样，市场机制本身不能自动地解决宏观范围的计划性。因此，调节社会生产各部门之间平衡的任务主要交给市场机制后，国家必须将自觉控制总供给与总需求平衡的重任担负好。

宏观控制总供给与总需求的平衡，主要是根据计划经济增长目标要求，调节国民收入在积累和消费之间的分配比例。这种自觉调节是否有效，取决于它能否顺应包括价值规律在内的社会主义经济规律的要求。因此，国家运用经济杠杆不能随心所欲，必须遵守以下规则：

第一，在微观经济领域，价格、信贷、利率等市场机制的杠杆自动调节企业经济活动，国家运用经济杠杆这一自觉行为不能取代或妨碍客观经济过程中的自动调节机制，否则难以保证微观经济活动的放开和搞活。

第二，价格、信贷、利率等在适当放开的市场机制内确定，国家运用经济杠杆不能取代或妨碍客观经济过程对市场杠杆的自动调节机制，否则不能保证价值规律的充分利用。

在商品经济条件下，宏观的计划控制机制不能完全排斥对市场机制的利用。宏观计划控制机制包括两个层次：一是企业的自我抑制机制；二是国家的自觉控制机制。两者都离不开市场机制的自动调节。

首先，市场机制通过其价格总水平和利率总水平的变动给企业经营活动造成市场约束条件。在商品经济中，市场价格水平和利率水平是总供给与总需求的自动控制机制，总供给大于总需求时，价格总水平下降，一方面刺激需求，另一方面引起利率下降，鼓励增加投资，总需求大于总供给时，价格总水平提高，一方面抵销膨胀的需求，另一方面引起利率提高，降低投资需求。市场机制对企业总体活动的这种调节功能显然是不可缺少的。

其次，市场机制通过其价格总水平和利率总水平的变动给国家反馈宏观控制成效的信息。国家宏观控制本身需要自动检验、自动校正的系统，现实中只有市场机制具有这种功能。

国家在进行宏观控制时，虽然要致力于价格总水平的稳定，但对价格总水平的变动不能进行行政管制，否则市场机制的上述功能就难以发挥。

宏观的计划控制应该从何处入手？总的说来，在一定时期总供给是一定的，但总需求关系却非常复杂。目前存在多元的投资结构，各地区各部门各企业一般都有扩张自己事业的冲动和强烈的投资欲望，与此同时又有强烈的扩大消费的欲望。微观放开后，从某种意义上说，这两种欲望的满足有了实现的条件。显然，现阶段宏观失控的主要矛盾是总需求膨胀。社会主义国家的需求管理和调节一般通过两大系统进行：

首先，中央银行系统的调节机制，控制市场价格总水平。其主要途径是控制货币发行，调节货币流通量。一般说来，货币发行量应同商品流通量相适应，货币发行增长率应同国民净产值增长率相适应。目前货币发行主要通过银行信贷系统发放。在专业银行放开、银行逐步企业化的条件下，中央银行必须通过法定准备金、中央银行对专业银行的贷款利率变动等杠杆控制货币发行，从而调节价格总水平。由于目前投资缺乏利率弹性，单靠利率调节投资需求效果不大，中央银行对信贷资金的发放还必须进行总额控制，以免信用膨胀。

其次，财政系统的调节机制，通过国民收入的分配和再分配，控制积累和消费的比例，控制积累内部结构，给企业活动造成较硬的预算约束条件。其主要杠杆有国民收入分配计划、税收结构、预算支出结构、工资基金和企业留利比例控制等。其运行机制是，先根据宏观计划目标（经济增长速度和发展方向）制定国民收入分配计划，然后根据国民收入分配计划要求运用各种经济杠杆：一是运用财政分配杠杆将归国家支配的国民收入按宏观计划目标要求在投资和社会性消费之间进行分配，调节社会对两大部类产品的需求结构。二是运用国家投资杠杆，对两大部类以及各个部门间的比例关系施加决定性影响。三是运用税收、工资总额控制等杠杆，调节企业支配的那部分国民收入的分配。

综上所述，社会主义商品生产的调节机制，是国家运用经济杠杆调节市场机制、市场机制调节企业活动的有机结合。这是调节社会主义商品生产的主观过程和客观过程的统一，也是自觉利用价值规律的集中体现。这可以说是我国计划调节体制的目标模式。

# 论社会主义商品生产的调节机制<sup>*</sup>

## ——兼论经济杠杆的类型及其功能

### 洪银兴

党的十二届三中全会关于经济体制改革的决定明确指出了按照有计划的商品经济模式改革经济体制的方向和原则。但是自觉运用价值规律的计划体制如何建立、指导性计划如何调节、经济杠杆如何运用等问题，都还有待于在实践中不断探索。

## 一、调节机制及其模式

社会主义经济中调节经济运动的实质是马克思讲的："劳动时间的社会的有计划的分配，调节着各种劳动职能同各种需要的适当的比例。"① 其现实内容是决定企业生产什么，生产多少，怎样生产。至于调节目标，过去人们一般认为只是宏观计划目标。现在看来不只如此。调节社会主义经济运动必须达到三大目标：第一，宏观计划目标；第二，社会需要的最大限度满足；第三，社会劳动尽可能节约。与此相适应，社会主义经济的调节机制必须具有三个功能：一是能促进宏观计划目标实现；二是能促使企业灵活地根据社会需要调整生产；三是能迫使企业按社会必要劳动时间的要求组织生产和经营。过去我们实行的指令性计划调节方式是单功能的，后两个目标难以保证。现在需要寻求的是同时具有上述三个功能的调节机制，以保证调节目标的全面实现。

* 原载《经济研究》1985 年第 5 期。
① 马克思：《资本论》第 1 卷，人民出版社 1975 年版，第 96 页。

调节经济运动的各种手段相互联系相互制约所构成的有机整体就是调节机制，调节机制一般分为行政机制和经济机制。我们过去实行的指令性计划基本上是行政机制，主观意志起决定作用。经济机制是指经济运动中各种经济调节手段合乎规律的联系。经济杠杆是经济机制的要素，因为它能作为经济参数，成为宏观经济过程中的要素加入经济运行。经济杠杆的名称不能滥用，那些不能作为经济参数加入经济运行的经济手段就不是经济杠杆，如一些惩罚性质的经济手段实际上是经济的行政手段，它们的运用同经济杠杆的运用有不同的规则。经济杠杆本身也各有不同的功能和运行原理，不能混为一谈。在有计划的商品经济中起调节作用的经济杠杆大致可分为两部分：一部分是客观经济过程中起自动调节作用的杠杆，如价格、信贷、利率等包含于市场机制的杠杆；另一部分是在主观见之于客观的经济过程中人们自觉调节经济的杠杆，如税收、财政分配、货币发行、中央银行利率等国家直接掌握的杠杆。

调节手段的不同类型及不同的调节规则形成不同的调节机制模式。选择调节机制模式必须考虑企业的地位及经济运动的性质，注重调节目标的有效实现。具体涉及下述三方面。

第一，在有计划的商品经济中，企业经济活动的调节者是谁？是国家，还是市场？实践证明，国家直接参与企业经营，束缚了企业手脚，使其不能真正获得商品生产者和自主经营者的地位，企业活动的灵活性、高效率就难以保障。只有当市场起调节作用时，企业商品生产者的地位才能得到体现，企业才有活力。因此，探讨市场调节在社会主义经济调节机制中的应有地位，有重要的理论和实践意义。

第二，调节企业活动的市场杠杆（价格、信贷、利率等）由谁确定？是国家直接确定，是在国家模拟的市场机制中确定，还是放给市场机制确定？这里的关键是通过何种途径保证价格、信贷、利率等反映价值规律的要求和作用，充分体现在全社会规模上自觉地运用价值规律。因此市场机制是否放开应该取决于人们对价值规律认识和自觉利用的程度。

第三，单纯的市场调节不具有自觉实现宏观计划性的功能，社会主义国家在放手让市场机制调节微观经济活动的同时不能放弃宏观的计划调节。但是，宏观调节的对象是什么？过去人们总是把国家计划与企业计划连在一起，以为企业分摊国家计划便可保证宏观计划性，注重个量平衡就能保证国民经济综合平衡。实践表明，这是僵化的低效率的计划调节，并不能达到宏观调节目标。为此需要做出新的选择：在企业活动放开的条件下，国家对企业的总体活动进行宏观调节，注重总量平衡。

根据以上分析，大致有两种调节模式供我们选择。

模式Ⅰ：国家对企业下达指导性计划，企业的经济活动直接受价格、信贷、利率等市场杠杆调节。这些杠杆均由国家直接掌握，国家可根据需要随时调整价格、利率等，用以鼓励或限制生产。这可以说是国家模拟市场机制的模式。

模式Ⅱ：国家对企业下达指导性计划，企业的经济活动直接受价格、信贷、利率等市场杠杆调节。价格、信贷、利率等市场量均在国家适当放开的市场机制内确定，国家主要通过经济杠杆调节市场机制，从而调节企业的总体运动以保证宏观平衡。可以说这是国家调节市场机制的模式。

上述两种模式均考虑了企业商品生产者的地位，但模式Ⅱ优于模式Ⅰ的地方在于，它正视了现阶段人们对价值规律的认识和自觉利用程度还很低，比模式Ⅰ更有利于解决企业活动的灵活性和高效率问题，因此模式Ⅱ可作为改革的目标模式。当然绝不排除在改革过程中采取近似模式Ⅰ的过渡形式。因为目前价格体系很不合理，许多经济杠杆不能充分运用，市场机制还不能一下子放开。但是，适应社会主义商品经济的要求和现阶段计划经济的水平，市场机制最终还是要适当放开，进而实现模式Ⅰ向模式Ⅱ的过渡。

## 二、企业活动的充分放开和市场调节

以增强企业活力为中心环节的经济体制改革，将所有权与经营权适当分开，赋予了企业自主经营、自负盈亏的权利。与此相适应，国家计划与个别企业的计划也应适当分开。这样一来，调节企业经济活动的实际是市场及其杠杆，而不可能是超市场的力量。有人以为，市场一旦成为调节经济运动的主体，整个经济便会转向市场经济。其实不然，市场调节是商品经济的特征，它不仅在无计划商品经济（市场经济）中起作用，而且在有计划商品经济中也有广泛的活动范围。

有商品生产就有市场调节，这是客观经济过程的内在联系，是市场机制所固有的功能。何谓市场机制？目前解释不一。我理解一般是指市场机体内各要素之间相互制约的联系和互为因果的运动。具体地说，市场机体包括供给、需求、竞争、价格、信贷、利率等要素，它们之间互为因果，相互制约的联系和运动就是市场机制。其中包括：第一，竞争过程中市场价格变动与市场供求变动之间相互制约的联系和运动；第二，利息率变动与信贷资金供求变动之间相互制约的联系和运动。社会生产变动本身体现商品供求变动及信贷资金的供求变动，因而客观地包含在市场机制之中。现实中没有离开市场机制的社会生产变动，也不存在离开社会生产变动的市场机制。这是价值规律作用的客观过程。

传统理论把市场调节定义为价值规律的自发调节，把市场调节限制在计划经济范围以外。按此观点，计划调节范围内是有计划按比例发展规律起调节作用，而市场调节范围内是价值规律起调节作用。事实上，这两个规律在调节社会劳动分配时各有千秋：一个反映社会劳动分配的自觉性，一个反映社会劳动分配的比例性。两者统一于按比例分配社会劳动的规律，共同调节社会劳动的分配。两者的关系就如孙冶方所说："两者不是相互排斥的，同时也不是两个各行其是的并行规律。国民经济的有计划按比例发展必须是建立在价值规律的基础上实现的。"因此应当认为，直接调节社会劳动分配的是价值规律，有计划按比例发展规律则是在价值规律作用充分展开的基础上制约价值规律的作用。这是客观经济过程中的内部联系，反映这种联系的调节机制便是市场调节以及在市场调节充分展开基础上的宏观调节。

市场调节作用的程度与企业对市场反馈的信息的应变能力成正比。企业的应变能力包括两个层次：第一层次是企业日常活动（资金量的简单再生产）受市场调节；第二层次是企业扩大再生产的投资决策（包括自有资金的支配及自筹资金）受市场调节。现在人们对第一层次活动放给市场调节似无争议，但对第二层次活动放给市场调节顾虑重重。实际上没有第二层次活动的放开，企业应变能力有限，市场调节作用也会有限，价值规律作用也就不可能充分展开。当然，企业扩大再生产的投资决策放给市场调节后，社会资金的使用可能会分散，基本建设的规模也可能膨胀，但这不能成为限制企业权利、压抑企业积极性和进取性的理由，而正应该是在企业活动充分放开基础上进行宏观计划调节的新课题。

现阶段对商品生产的调节有三种方式：指令性计划、指导性计划和完全的市场调节。这三种方式存在的客观性是什么，各自同市场调节是什么关系？总的说来，无论何种方式都必须建立在价值规律的基础上，都不能排斥市场调节。宏观的计划调节只有在同商品经济的机制（市场调节）结合在一起时，才能起到必要的调节作用，三种调节方式只是分别体现人们对价值规律认识和利用的程度。人们之所以要把一部分产品的生产完全交给市场调节而不规定任何计划，是因为人们对这部分产品的生产和需求不能把握，只能依靠市场这只"看不见的手"。指导性计划是在人们对某种产品的市场调节要求有所认识但不准确的条件下运用的，因而这种计划对企业不能有约束性，需要通过市场调节不断校正。指令性计划则是在人们比较准确地认识和掌握市场调节要求时运用的，可以对企业有约束性。可见指令性计划和指导性计划的实质是自觉地实现价值规律从而实现市场调节的要求，目的是通过"看得见的手"的调节来避免和克服"看不见的手"在实现市场调节要求时所带来的盲目性和自发性。因此我们在运用这两种计划形式时必须清醒地意识到，市场调节是客观经济过程的内在联系，指令性计划和指导性计划作为自觉调节只是从外部影响经济过程，它们不但不能取代市场调节，相反还必须在充分认识市场调节要求的基础上顺应商品经济的运动规律。否则，市场调节会自发地发生作用，强制地为实现自己的要求开辟道路，从而损害有计划的经济运动。因此，三种调节方式的划分范围不能按主观意志确定，不能简单地按产品重要性确定，而应该以人们对价值规律要求、对市场调节要求的认识程度科学地确定。当前进行的逐步缩小指令性计划范围、扩大指导性计划范围的改革，也应以此为标准。

### 三、市场机制的适当放开和调节

市场机制是价值规律的作用机制，市场机制需不需要放开，取决于价值规律的要求能否有效地实现，具体表现为价格、信贷、利率等市场机制的杠杆调节企业活动时能否体现价值规律的作用。

人们往往把自觉利用价值规律解释为国家直接规定价格，或者自觉地使价格背离价值。这是误解。其实，正因为社会必要劳动时间不能直接计算和确定，才有价值范畴；正因为价值本身看不见摸不着，才需要价格；正因为价格围绕价值波动，价格才与价值趋向一致。如果人们能直接确定与价值一致的价格，价格也就没有存在的必要。现实中人们主观确定的价格往往背离价值，如果市场机制不放开，价格的制定和调整完全控制在国家手中，价格同社会生产变动及社会需求变动没有横向联系，则这种价格不但缺少灵活性，更主要的是不能反映社会必要劳动要求，成为主观价格、垄断价格。以此来调节经济运动所带来的破坏性，绝不会比价格自由波动来得轻。现在价格体系很不合理，一系列经济杠杆不能充分运用，成为改革的拦路虎，这正是长期以来市场机制不放开结出的苦果。

至于说国家模拟市场机制，目前也很难行得通。我国幅员广大，交通不便，信息不灵，经济文化发展很不平衡，商品经济不发达，计划管理水平低。因此，国家不可能模拟好市场机制。试想，全国有这么多商品，有这么多企业，有这么复杂多变的社会需求，国家机构有多大能耐随时根据需求调整产品价格和利率呢？更不用说国家对各种产品的生产能力及社会需求本来就难以进行准确计算了。如果真要这么做，国家不又要陷入繁重的日常事务，重犯限制经济活力、束缚企业手脚的错误吗？

市场机制放开的实质是要保证价值规律充分作用。在价格背离价值的情况下，价值规律怎么实现自己的要求呢？恩格斯明确指出："只有通过竞争的波动从而通过商品价格的波动，商品生产的价值规律才能得到贯彻，社会必要劳动时间决定商品价值这一点才能成为现实。"[①] 竞争的波动，价格的波动，正是市场机制的运动形式。过去人们把它解释为私有制条件下价值规律的作用形式，现在看来不完全如此。只要价格与价值相背离的状况存在，就要允许竞争的波动和价格的波动，就要有市场机制的充分展开。不论是私有制商品生产还是公有制商品生产，都需要这一客观的实现价值规律要求的经济机制。舍此不会有价格与价值的一致，也谈不上对价值规律的自觉利用。

针对目前我国价格体系不合理、价格严重背离价值的状况，解决的途径是什么？是由国家直接调整价格体系，还是有步骤地将价格放开，由客观经济过程调节？前一途径比较温和，但终究未突破过去高度集中的体制，事实上不可能建立合理的反映价值比例的价格体系。后一途径尽管尚有许多实际问题需要研究，但应当说是一个方向。党中央关于经济体制改革的决定指出：我国现阶段的国民经济计划就总体来说只能是粗线条的和有弹性的。这

---

① 恩格斯：《马克思和洛贝尔图斯》，引自《马克思恩格斯全集》第 21 卷，人民出版社 1972 年版，第 215 页。

里讲的粗线条和有弹性，也应包括价格、信贷和利率。当前的改革不仅要给企业松绑，还要给市场机制松绑，放开竞争机制，允许价格波动，将价格、信贷、利率的确定过程放还给市场机制。

当然，在有计划的商品经济中，市场机制不可能自由放任，其放开应是有限度的。这个度怎么确定呢？就价格来说，同国民经济计划管理形式一样，许多人主张按产品对国民经济的重要程度来确定：有关国计民生的产品价格由国家直接确定；重要产品实行浮动价格；小商品价格完全由市场确定。这种主张在改革初期有它的合理性，但不能以为这是改革的目标，因为我们是讨论客观规律的作用机制是否需要放开的问题，放开的限度只能服从于人们对客观经济规律的认识和掌握的程度。具体来说：第一，难以捉摸其社会必要劳动时间的产品的价格完全放开，由市场机制决定。第二，只能大体上捉摸其社会必要劳动时间的产品的价格适当放开，国家对这些产品规定的价格只是粗线条和有弹性的，允许其在一定范围内波动，并在市场机制作用下不断校正。第三，能较为准确地确定其社会必要劳动时间的产品的价格由国家直接确定，没有放开的必要。如果社会上大部分产品达到这一程度，商品经济也就走到尽头了。根据目前人们对价值规律的认识和掌握程度，国家统一定价的范围应逐步缩小，相当一部分产品的价格要放开。这里要摒弃计划经济范围内不允许有自由波动价格的传统观念。当人们意识到自己不能靠主观行为实现价值规律要求时，自觉地把价格确定放给客观经济过程，借助客观的经济力量来实现价值规律要求，本身就是一种自觉性。这样做形式上是无所作为，实际是大有所为。相反，在这种场合硬是主观地确定价格，排斥市场机制的校正，恰恰是一种盲目性，不但劳而无功，还要受到经济规律的惩罚。

市场机制放开也包括信贷机制放开。信贷机制即货币资金市场机制。企业有了扩大再生产投资决策权后，信贷机制的放开就显得格外重要。信贷本身是商品经济的范畴。信贷机制的放开就是要使信贷资金市场与企业处于横向联系中，保证信贷资金在社会生产各部门间顺畅地流动，允许利息率在一定范围内自动地随货币资金供求状况波动。这是价值规律作用的进一步展开和补充。在产品供求不平衡、价格背离价值的情况下，信贷资金自动流动能灵活地促进供求平衡，推动价格接近价值的运动。前段时间部分价格放开后，某些供不应求产品价格居高不下的重要原因，就是信贷机制没有放开，缺乏通过资金流动促进供求平衡的机制。

在商品经济中，利息率也不可能固定不变。利息率要起到经济杠杆的作用，就必须反映信贷资金的供求变化，从而灵敏地向国家和企业反馈扩大或紧缩信用、扩大或缩减生产的信息。这是客观的经济机制对经济运动的制约性，任何主观过程都难以取代。

### 四、宏观计划性和经济杠杆的综合运用

企业活动充分放开后，宏观计划性怎么体现？马克思在谈到个别资本运动和社会总资本运动的区别时曾指出，社会总资本运动不是个别资本运动的简单相加，而是各个个别资本之间互为条件、相互交错的运动的总和，这一运动集中表现为社会总产品的实现过程。据此可以认为，社会主义生产总过程指的是企业的总体活动，社会生产的计划性不是企业计划的简单相加，而是企业总体活动的计划性。宏观范围计划调节的任务是根据国民经济计划目标调节社会供应总量和需求总量，调节积累和消费等重大比例关系，调节物力、财力和人力流向，调节产业结构和生产力布局等。所有这些均属于对企业总体活动的调节，而无需直接下达计划到个别企业。在商品经济中，流通领域是商品生产者相互关系的总和，企业总体活动只能在市场上通过市场机制表现出来。因此，只要对流通领域进行计划调节，市场机制按宏观计划目标要求运行，就能保证社会生产总过程的计划性。

社会主义国家调节市场机制，从而将企业总体活动纳入宏观计划轨道的主要途径是运用经济杠杆。这种自觉调节是主观见之于客观的行为，其效果取决于经济杠杆的运用能否顺应客观经济规律的要求。因此，国家运用经济杠杆不能随心所欲，必须遵守以下规则：

第一，在微观经济领域，价格、信贷、利率等市场机制的杠杆自动调节企业经济活动，国家运用经济杠杆这一自觉行为不能取代或妨碍客观经济过程中的自动调节机制，否则难以保证微观经济活动的放开和搞活。

第二，价格、信贷、利率等在适当放开的市场机制内确定，国家运用经济杠杆不能取代或妨碍客观经济过程对市场杠杆的自动调节机制，否则不能保证价值规律的充分利用。

第三，经济杠杆作为主观见之于客观的工具，本身也需要有一个自动检

验、自动校正的系统，现实中只有市场机制具有这种功能。国家必须随时根据市场机制反馈的信息调整经济参数（杠杆），努力克服运用经济杠杆时的主观随意性。

依据上述规则，国家运用经济杠杆的职能限于两方面：一是调节企业总体活动，以实现宏观调节目标；二是克服价值规律作用过程中的自发性。具体包括三方面过程：

第一，将企业活动推入市场，保障市场对企业活动的充分调节。市场调节的充分展开，依赖于商品经济的高度发展及企业对市场的高度依赖性。长期以来我国的经济体制以自然经济论为基础，缺乏市场竞争的机制，相当一部分企业凭借地区和部门的保护，凭借占用的国家资源和资金的优势在市场上占据垄断地位，从而大大限制了市场的调节作用。通过近期的改革，企业自主权扩大了，但国家与企业的脐带并没有完全割断，企业间的优胜劣汰还没能充分展开。因而出现了消费靠企业、积累靠国家的状况，企业片面增加职工收入，不求积累，造成消费基金严重失控。在这种情况下，为了引导企业主动地将储蓄（企业留利）转为积累，正确的途径是打破各种保护政策，打破各种垄断，迫使企业作为经济实体、作为竞争者进入市场。例如，企业规模的扩大今后应主要靠自身积累及银行贷款；国家集中使用的投资不能用于保护落后企业；企业在 W—G 的"致命跳跃"中，如果跳不过去，摔坏的应是企业自己，国家不再承担损失（国家决策错误造成的损失除外）。此外，国家有必要运用资金税、资源税等杠杆，消除企业利润增长中非主观努力因素造成的差别，保障企业机会均等地参加市场竞争，以充分发挥市场调节的积极功能。

第二，直接调节市场机制的运行，克服其盲目性。在市场机制适当放开的条件下，市场价格在一定程度上自由波动。国家对这一过程如不自觉加以调节，价格趋向价值的运动必然伴有社会劳动的盲目流动，造成极大浪费。国家运用经济杠杆就是要克服这种盲目性，避免由此产生的危害。为此而运用的经济杠杆可以包括两个方面：其一是运用浮动价格的中准价调节浮动的市场价格体系。中准价是由国家规定的，市场价格与中准价的差距变化能及时反馈价值变化和供求变化的信息，国家据此调整中准价就可以自觉地推动价格与价值趋向一致。其二是运用税收杠杆调节自由波动的市场价格体系。对于价格明显高于价值的产品课征较高的税，对于价格明显低于价值的产品适当减免税收，可以有效地促使价格趋向价值，实现供求平衡。

第三，调节企业总体活动，弥补市场调节的缺陷。一般来说，在自主经营中企业不可能预先洞察国民经济全局，从国民经济综合平衡角度安排自己的活动，很有可能自发地做出背离宏观计划目标的决策。同时，信贷机制放开后，各级专业银行的信用投放也可能与宏观计划目标相左。为了克服这种盲目性，国家必须充分运用分别属于中央银行调节系统和国民收入分配计划实现系统的杠杆，调节企业总体活动。

中央银行的宏观调节主要从资金分配方面进行。马克思指出："银行制度造成了社会范围的公共簿记和生产资料的公共的分配的形式。"① 银行的这一功能在社会主义国家的宏观调节中更为重要。中央银行的宏观调节主要应包括：第一，运用货币发行杠杆，调节价格总水平，避免通货膨胀。第二，运用中央银行利息率和规定专业银行在中央银行的存款比例等杠杆，调节市场利息率和各专业银行的信用投放，平衡信贷资金的总供给和总需求，避免信用膨胀。第三，制定信贷计划和信贷政策，引导投资方向，促使专业银行的贷款方向同宏观计划目标吻合。

国民收入分配计划根据宏观计划目标（增长速度和发展方向）制定，服从于国民收入分配计划的经济杠杆通过调节国家和企业支配的国民收入的比例来调节企业总体活动。包括：第一，运用财政分配杠杆将归国家支配的国民收入按宏观计划目标要求在投资和社会性消费之间进行分配，以调节社会对两大部类产品的需求结构。第二，运用国家投资杠杆对两大部类以及各个部门间的比例关系施加决定性影响。第三，运用税收、工资总额控制等杠杆调节企业支配的那部分国民收入的分配。如规定企业工资总额增长与上缴税利增长的比例、征收超限额奖金税、征收基本建设税等，直接或间接地调节积累和消费的比例，调节市场总需求和需求结构，从而调节市场总供给和供给结构，有效地保证企业总体活动符合宏观计划目标。

以上经济杠杆的三个调节过程，可以说是对市场机制的立体式调节：第一个过程将企业推入市场机制的作用下，第二个过程进入市场机制内部调节，第三个过程则是在市场调节企业活动的过程中进行。各种经济杠杆各司其职，互相配合，综合运用，有效地将市场机制乃至整个微观经济活动纳入

---

① 马克思：《资本论》第 3 卷，人民出版社 1975 年版，第 686 页。

宏观计划轨道。

综上所述，社会主义商品生产的调节机制，是国家运用经济杠杆调节市场机制、市场机制调节企业活动的有机结合。这是调节社会主义商品生产的主观过程和客观过程的统一，也是自觉利用价值规律的集中体现。这可以说是我国计划调节体制的目标模式。当然，由传统模式向目标模式的过渡不能一蹴而就，需要一个过程和采取一系列的改革措施，如企业活动放开、市场机制逐步放开、指导性计划范围逐步扩大等。人们也需要一个学习和掌握市场规律的过程，如企业学会在市场上经营、国家机关学会运用经济杠杆等。但是只要目标明确，步骤稳妥，一个充满活力的高效率的计划管理体制不久就会出现在社会主义中国的大地上。

# 社会主义经济机制与经济改革的系统设计<sup>*</sup>

洪银兴

经济体制改革是一项伟大的社会系统工程。经济体制的目标模式需要依据社会主义的经济机制,进行全面的系统设计。

## 一、计划机制和市场机制

社会主义经济是计划经济和商品经济的有机体,其经济机制必然是计划机制和市场机制的结合体。两者如何结合?关键是寻求社会经济机制的本体。

经济机制运行的基本内容是:将个别劳动还原为社会劳动,在社会生产和社会需要之间建立平衡关系,实现资源的最佳配置。显然,经济机制所包含的基本经济联系形式是个别劳动和社会劳动、社会生产和社会需要的经济联系形式。它规定经济机制运行的本体。

社会主义经济虽然实行了计划经济,但是,由于企业具有相对独立的经济利益,企业经营具有相对独立性,因此,产品中的社会必要劳动时间不能直接计算,社会生产和社会需要的关系不透明。个别劳动必须迂回地通过价值形式还原为社会劳动,生产的社会性,只是由于产品变成交换价值并通过交换才事后确定下来。显然,现阶段的经济机制是以价值关系为基本联系形式的,其运行必须遵循价值规律。

市场机制是价值规律作用过程中的经济联系。市场机制虽未囊括社会主

---

* 原载《经济理论与经济管理》1986 年第 1 期。

义经济机制的全过程，但它对整个经济机制有很强的渗透性。

先看微观经济运行机制。如果企业经营以利润为目标，那么其生产什么、生产多少、为谁生产的决策就客观地包含在市场机制之中。因为，商品供求变动及信贷资金供求变动本身就包含社会生产变动。除了企业的生产过程和交换过程外，其分配过程也与市场机制相联系。职工收入采取货币形式，职工必须持货币到市场购买消费品，市场价格机制会再分配企业和职工的收入。这样，微观经济运行机制就与市场机制内在地联系在一起。

再看宏观控制机制。宏观控制的对象是企业总体活动。企业总体活动不是其个体活动的简单相加，而是各个企业之间互为条件、相互交错运动的总和。这一过程体现于市场机制。国家必须通过调节市场机制来实现宏观控制。这样一来，宏观控制机制就必须与市场机制相适应：第一，要有共同的"语言"，这一功能只有价格所具有。第二，推动和调节市场机制乃至整个经济机制运行的"主动轮"是货币。这样，宏观控制机制的某些构成要素，如税收、财政等虽不直接是市场机制的要素，不直接是价值范畴，但也必须采取货币形式。中央银行机制则是市场机制在宏观控制机制中的延伸。可见，离开市场机制的宏观控制机制，只能是空中楼阁。

上述分析充分表明，现阶段的社会主义经济机制，就其本体来说，是商品经济的运行机制，或者说是商品经济的生理机制。

承认社会主义经济机制的本体是商品经济的机制，绝不等于允许市场机制自由放任。单纯的市场机制运行不能自动地实现预期的计划目标。这是因为，市场机制是以承认企业局部利益为出发点的经济联系，它给企业和国家提供或反馈的信息是短期的、局部的。它的运行很难统观全局，瞻前顾后。如果说单纯的市场机制的自动调节能实现经济平衡，那是从最终意义上说的，而且需要付出很大的代价（较长时期的波动和社会劳动的浪费）。这就提出了对市场机制导向，将计划经济要求贯彻到市场机制运行过程，从而将市场机制变成计划机制的要求。

计划机制和市场机制分别是有计划按比例发展规律和价值规律的作用机制。两者如何结合，就看这两个规律共同作用的形式。有计划按比例发展规律与价值规律都是按比例分配社会劳动的规律，这是两者结合作用的基础。在有计划商品经济条件下，这两个规律均不能孤立地单独作用。有计划按比例发展规律中的比例是什么？显然是社会必要劳动比例。现阶段离开价值规律作用何来社会必要劳动的比例呢？再看价值规律，它的自发调节同社会主义经济的自觉性要求往往相悖，这就需要有计划按比例发展规律制约。这样，在调节社会劳动按比例分配时，这两个规律是相互制约共同作用的，前者的作用解决自觉性，后者的作用解决比例性。反映这两个规律共同作用的机制便是计划机制与市场机制的渗透性结合。

既然社会主义经济机制的本体是商品经济机制，计划机制与市场机制的结合就表现为计划机制渗入（嵌入）市场机制。具体过程是，计划机制要素加入市场机制，调节市场机制，使市场机制内部各个要素之间形成合乎计划目标的联系，从而使市场机制作为计划机制发挥功能。这时，计划机制与市场机制融为一体，难舍难分，成为有计划商品经济的机制。单纯的计划机制和单纯的市场机制只是在考察时才能分开。

计划机制渗入市场机制是极为复杂的操作过程。其调节杠杆是国家直接掌握的分属财政和中央银行两大系统的可控变量。如税收结构、财政分配、中央银行利率、法定存款准备金、货币发行等。国家将这些可控变量作为参数输入市场机制，经过市场内部变换，输出合乎计划目标要求的价格和利率，从而使价格、市场利率间接地成为计划调节的经济杠杆。对于国家来说，市场机制是"黑箱"，计划机制渗入市场机制不可能一次完成。国家必须反复比较市场机制的输入（调节参数）和输出（价格和利率），不断地调整调节参数，以保障市场机制的充分运行，自觉地顺应价值规律。

计划机制渗入市场机制还包括打开"黑箱"，变"黑箱"为"白箱"，将"看不见的手"变为"看得见的手"的过程。具体包括以下两方面：

一是直接确定计划价格，其中包括统一价格和浮动价格。哪些价格可直接规定，哪些价格国家只能规定其波动范围，哪些价格应放给市场确定，这不应取决于人们对产品的主观评价，也不应取决于该产品的重要程度。只能取决于"黑箱"打开的程度，即人们对价值规律认识和掌握的程度。据此，大致可划这么一个杠杠：难以捉摸其社会必要劳动时间及其供求关系的产品的价格，由市场机制自动决定；能大体上捉摸其社会必要劳动时间及供求关系的产品的价格，国家可指出其大致变化的范围，允许其浮动，由市场机制自动校正；确实可把握其社会必要劳动时间及供求关系的产品价格，则可由国家直接规定，如果大部分产品达到这一程度，商品经济也就走到尽头了。根据人们目前的自觉性程度，市场基本上还是"黑箱"，国家统一定价的范围需逐步缩小。

二是以指令性计划和指导性计划直接调节企业生产。企业的生产包含在市场机制之中，直接受市场机制调节。指令性计划和指导性计划并未取代这一过程，而是依据人们对价值规律认识和掌握的程度，自觉地实现市场调节要求，用"看得见的手"来避免和克服"看不见的手"调节生产的盲目性和自发性，据此，指令性计划和指导性计划的划分标准，只能是人们认识和掌握市场调节要求的程度：完全不能把握其生产和需求的产品的生产，应完全放给市场调节；人们对某种产品的市场调节要求认识不准确时，可下达指导性计划，允许通过市场调节不断校正；人们比较准确地认识和掌握其市场调节要求的产品的生产后，可下达指令性计划。根据人们的自觉性程度，当前的改革应逐步缩小指令性计划范围，扩大指导性计划范围。

## 二、企业活动放开后的运行机制

企业是社会主义经济肌体的细胞，社会主义经济体制充满活力的中心问题，是使作为细胞的企业充满活力。

增强企业活力的重要途径是给企业松绑，将企业活动放开。企业活动放开的标志是什么？根本的标志是企业能作为生命体运动：有自我改造自我发展的能力，对外界的刺激有自动反应的机能，对自己的生存条件有适应性和选择性。归根到底，是要在企业内部形成自我调节机制。按此要求，放开企业活动，需解决以下三方面问题：

第一，企业资金运动范围内的一切活动都应由企业自行决策。这是所有权与经营权适当分开的具体体现。企业资金是企业占用的用于企业再生产的社会劳动，其中不仅包括国家投入企业的资金，还包括企业在留利中积累的资金。企业对这部分资金的自主经营表现在自行决定资金运动三个阶段的一切活动，自主地决定投资方向，自主地开展供产销活动，自主地进行技术改造和研制新产品，自主地选择灵活多样的经营方式、用工办法和工资奖励办法等。

第二，企业的自主经营必须有财力保证。有权力而无财力，企业活力就会落空。财力保证包括两个方面：一是保证企业自我改造、自我发展的资金。为此，国家对企业资金不能平调，并允许企业自主地筹措资金（包括向银行借款、集股等）。二是保证企业根据按劳分配原则鼓励和奖励职工的必要基金，以贯彻社会主义的物质利益原则。为此，国家对企业的税负不能过重，同时要杜绝四面八方向企业伸手的各种不合理摊派，努力减轻企业的经济负担。

第三，企业自主经营需要生产要素市场的保证。企业成为自主经营者后，必然要根据市场变化随时调整生产规模，改变生产方向，这时需要劳动力和资金有较大的流动性，并能及时购买到生产资料，获得新产品和技术，这就需要开放生产要素市场，包括生产资料市场及资金、技术和劳动力市场。如果没有这些市场，样样都统配，企业对市场变化便没有自动反应的能力，也难以保证其作为生命体的运动。

从经济机制的内部联系看，企业活动放开不是孤立的，至少需要两个机制与之配套，一是激励机制，二是企业行为约束机制，否则，难以达到活而不乱、管而不死的目标。

激励机制即动力机制，其基本功能是：激发企业的主动性和创造性，充分挖掘企业潜力，将潜在的生产力完全变成现实的生产力，主动地完善使用价值，提高产品质最，充分满足社会需要。形成这种激励机制的根本途径是，切断企业对国家的各种期待（依赖）联系，建立企业对市场的期待联系。企业有了自主经营权后，企业对国家在资金来源和收入分配方面，如果仍有期待联系，企业的注意力就会集中在从国家的计划指标中寻求对策，甚至出现钻国家计划指标空子谋求收入的状况。而当企业的期待转向市场，企业的经济利益同其市场实现成果直接联系，企业的全部活动就会被推入市场。市场的等价交换关系客观地承认不同企业之间因劳动成果不同而产生的经济利益差别，默认不同企业间不同等的经营管理水平和技术水平是天然特权，默认不同等的企业积累水平是天然特权。只要国家通过调节税等形式，消除了影响企业间利润差别的客观因素（如国家资金分配不均等、价格不合理、自然条件有差别等），外在的经济压力会变成企业的内在动力，企业的主动性、积极性和创造性会充分发挥出来。与此同时，四面八方伸手、不合理摊派也就失去了存在的基础。

企业行为约束机制要从企业行为目标讲起。企业作为基本经济单位，是多重经济关系的组合，因此其行为目标不是单一的，而是多重的。各种经济关系的矛盾性还会产生目标与目标的二律背反。

第一个行为目标是利润最大化目标。企业具有社会主义企业和商品生产者两重身份。作为前者，它必须以满足全体劳动者的需要为己任；作为后者，它必须谋求自身的商品生产者利益。这双重目的可以概括为利润最大化目标，两者的冲突也包含在其中。一方面，利润最大化意味着企业提供剩余劳动最大化，同最大限度满足社会需要相吻合。另一方面，企业走歪门邪道谋求最大利润，则会损害社会利益。

第二个行为目标是提高企业劳动者收入目标。企业利益是结合在企业内的劳动者个人利益的汇合。个人利益需要在企业行为中得到满足，因此最大限度提高职工收入也是企业的行为目标，它同利润最大化目标既相一致又相冲突。一方面，职工利益同企业经营成果相联系，能推动利润最大化目标实现；另一方面，企业不顾生产发展，将利润分光用光，片面追求增加职工收入，则同利润最大化目标相冲突。如果这时企业仍想追求利润，则需向财政争投资，向银行争借款，造成国民收入超分配，破坏宏观经济平衡，损害劳动者整体利益。

第三个行为目标是争取社会赞誉。这是非经济目标，但对企业经济运行有影响。这一目标同利润最大化目标既相一致又相矛盾。一方面，企业通过改进经营管理，提供优质产品、优质服务等途径获取先进称号和社会赞扬，同社会主义经济总目标相一致；另一方面，企业为沽名钓誉而不切实际地好大喜功、弄虚作假，则会损害劳动者利益，破坏经济比例。

企业行为目标的多重性及目标与目标的二律背反，客观上要求协调其行为的经济机制，其中首先是企业的自我约束和控制的机制。企业成为自主经营者后，其行为约束主要来自以下三方面：一是与之处于横向联系的市场约束；二是与之处于纵向联系的国家对企业的预算约束；三是经济过程外部的法律约束。在立体式约束下，企业内部便会滋生出自我约束的机制。

市场约束即市场实现条件约束。这是企业在 W—G 的致命跳跃中的风险。利润最大化目标总是同市场风险结合在一起的。企业进入市场后会遇到三个方面的竞争：一是同消费者竞争，其产品经受消费者的检验和选择；二是同生产同种产品的生产者竞争，争夺销售市场；三是同生产不同商品的生产者竞争，在替代关系方面争夺市场。这些竞争集中表现为市场价格和利率的变动。两者直接影响销售收入，从而影响企业利润，这样，企业的自主经营便不能随心所欲，必须自动地服从市场价格信号和利率信号的调节，按照价格比例和差别利率变动决定自己的投资方向和生产方向，按照价格总水平和利率总水平变动决定自己的投资规模。形成这种市场约束的经济条件便是充分竞争的环境：一没有垄断，各企业机会均等；二没有任何保护落后的政策，优胜劣汰。在 W—G 的致命跳跃中，跳不过去的损失不应由国家和消费者承担，而应由企业自己负责。

预算约束，即以预期收入控制支出。对企业来说，这种供给（收入）对需求（支出）的约束，不是事后的结算，而是事前的行为约束。在企业活动放开以后，国家对企业只要有较硬的预算约束，企业的扩张冲动和增加职工收入的消费欲望，便会受到预算的约束。哪种商品该买，哪种不该买，扩大投资规模，还是缩小投资规模，哪些钱该发，哪些钱不该发，均取决于企业自己支配收入的大小、价格和利率的信号，以及自己对借款的偿还能力，由此便形成企业行为自我约束和控制的机制。需要指出，较硬的预算约束不是指企业可支配收入越少越好，而是以较硬的税收、财政、银行信贷制度，保证企业严格按照自己的资金和收入安排支出，有多少钱办多少事。我们过去的体制实际是软预算约束。企业支出即使超过预算收入，也无关紧要，有国家财政和银行这两家"保险公司"兜着。企业扩张欲望没有约束，固定资产投资规模失控便在所难免。企业活动放开后，这种软预算约束不硬化，不仅固定资产投资失控的旧病会复发，还会产生由消费欲望无法遏制所引起的消费基金失控的新病。

法律约束是保证社会主义经济正常运行的条件。企业活动越是放开，越要强化法律约束，法律约束大致包括下述几方面：一是通过经济法规惩办企业弄虚作假、以次充好、坑害消费者的经济行为，保证企业的社会主义经营方向；二是通过经济法规保证经济机制运行无法解决的公共利益问题，如环境保护法等；三是通过经济法规保证社会主义经济单位之间的正常联系，如经济合同法等；四是通过经济法规保证对企业较强的预算约束，如成本法、会计法、统计法、银行法等。

综上所述，在将企业活动放开的同时，在企业激励机制和行为约束机制方面实行配套改革，相互间协调运行，最终可突破困扰我们几十年的"一放就乱，一管就死"的循环。

### 三、从宏观上控制总供给与总需求平衡的机制

宏观控制的内容包括两个层次：一是从宏观角度调节企业的微观决策，实现社会劳动按比例分配；二是根据宏观计划目标控制宏观经济运行，实现总供给与总需求的平衡。

调节社会生产各部门的平衡，是通过社会劳动在各部门的分配比例实现的。这一过程的直接调节对象是企业的微观决策。在企业活动放开后，企业自行决定生产什么、生产多少。因此，对这一过程的调节依然只能依靠价值规律及其作用机制——市场机制。国家对这一过程的宏观调节主要采取间接控制方法：以指导性计划指导企业活动，以经济杠杆调节市场价格比例和利率差别，以差别税率和国家投资方向来诱导企业活动。国家宏观控制的重点应是总供给与总需求的平衡。在旧的体制中，宏观控制的主要精力放在以指令性计划管企业生产决策上，结果不但捆住了企业手脚，还丢掉了宏观控制的真谛。

总供给与总需求的平衡包括两方面：一是总供给与总需求价值量的平衡；二是总供给与总需求实物量的平衡，涉及两大部类产品的供求平衡。总供给与总需求本来统一于社会总劳动时间，货币加入经济运行后，总供给与总需求都采取了货币形式，前者表现为货币计算的各种收入之和（v + m），后者表现为各种支出之和（积累基金 + 消费基金）。于是孕育了两方面的矛盾和失衡：一方面是价值总量上失衡，总需求超过总供给；另一方面是结构上的失衡，即总需求结构（积累基金 + 消费基金）和总供给结构（生产资料产品和消费资料产品）的失衡。

总供给与总需求的平衡总是与一定的经济发展目标相联系的。经济发展目标包括经济增长速度指标和经济发展方向。它由投资总量和投资方向保证。预期的增长速度过高，在积累效果不变时，必须提高积累率。这时，即使起初国民收入没有超分配，运行结果仍会出现超分配。原因是基本建设投资中一般有40%左右要转为消费基金，再加上投资乘数效应，消费基金随之膨胀，扩大的基建规模挤占本应用于生活消费的产品，这不但使膨胀起来的消费基金没有物质保证，就连原有的生活水平也难以维持，引起整个经济的紊乱。显然，控制总供给与总需求平衡的关键是控制经济发展目标。

一般说来，经济发展目标的控制包括下列过程：在积累效果已定时，控制积累率，以实现预定的经济增长速度指标；控制投资方向和投资重点，以实现预定的经济发展方向；这两方面控制过程同时也调节社会生产两大部类的平衡。显然，宏观控制机制应建立在调节国民收入在积累和消费之间分配比例的经济联系中，它不是单纯的社会劳动在生产部门之间的分配问题。

宏观控制面对的是多元投资结构，是有相对独立利益并有强烈扩张冲动的自主经营者，因此宏观控制必然是个复杂的经济过程。与此相适应，宏观控制机制也必然是个复杂的系统，既需要预先控制机制，将控制目标贯彻到各个投资主体，又要有反馈机制和随动控制机制，保证宏观控制机制具有自组织能力，成为一个活系统。

预先控制机制是宏观范围的预算约束机制，它主要通过国家财政系统进行调节。预先控制的基础是国家根据国民经济发展目标制定的宏观收入分配计划。宏观收入分配计划分两个层次贯彻：

第一层次是运用财政分配杠杆分配国家财政集中的收入，包括确定投资和社会性消费的比例，确定国家投资的方向和重点，确定投资在两大部类的比例。以此对整个经济的积累和消费的比例及两大部类比例施加决定性影响。

第二层次是利用税收杠杆调节企业收入的分配。企业活动放开后，一般都有扩张自己事业的冲动和提高消费水平的欲望。宏观调节企业收入分配的重心，在于控制其消费基金的膨胀和固定资产投资的膨胀，以保证宏观经济平衡。企业活动放开后的宏观收入调节主要应是相对量控制，不应是绝对量控制，否则又会束缚企业手脚。具体调节过程是：第一，以累进所得税形式控制企业可支配收入的增长水平，从而自动地控制整个经济的膨胀和紧缩；第二，以同劳动生产率增长指标相联系的工资基金增长税和超限额奖金税，控制企业消费基金形成，使其增长速度低于劳动生产率的增长速度；第三，以基本建设税控制企业的扩张冲动，控制固定资产投资规模。这些预先控制措施得以实施的先决条件有两个：一是企业对国家的期待联系已切断，企业已作为商品生产者完全进入市场竞争。否则企业在达到超额累进税和超限额奖金税的一定限额时会止步，企业潜力不能充分发挥。二是企业行为有较硬的预算约束，在软预算面前，任何调节措施都会失效。

信息反馈和自动调节机制是宏观控制体系成为开放系统的必要条件。宏观控制作为主观见之于客观的行为，本身也需要有一个自动检验、自动校正的过程。现实中市场机制就有这种功能。它与国家决策及企业总体活动处于横向联系中，一方面给宏观决策反馈信息，另一方面对企业总体活动自动调节。市场机制的这种功能是通过价格总水平和利率总水平变动显示的。价格总水平的上涨，一方面给宏观控制系统发出调整经济增长目标的信号，另一方面又由于货币供给价值的下降而推动市场利率提高。在高利率的刺激下，投资者减少投资，消费者增加银行储蓄，最终恢复总供给与总需求的平衡。市场机制的这一功能在有计划商品经济下不可多得，但要把它引入宏观控制系统需要解决下述三个方面问题。

第一，取消对价格水平的行政管制。在抑制性通货膨胀下，价格信号失真，国家宏观决策不能得到准确的信息反馈，决策中的错误就得不到及时的纠正。

第二，利率总水平必须随价格总水平升降，只有这样，才能有效地控制总需求。如单有价格水平上升，利率不动或轻微提高，会使信号不断加强，起到"正反馈"作用。生产者在虚假的社会需求刺激下，继续增加投资；消费者持币抢购，力图尽快将货币转为商品，使上涨的价格水平持续不衰，最终将招致整个经济机制的灾变。

第三，提高利率的投资弹性。现在，利率偏低，在企业利润中占的比重很小，再加上企业以税前利润支付利息，实际由国家财政代企业付息。利率对企业活动的制约性很小。这种状况不改变，市场机制的自动调节功能便不能充分发挥。

随动控制机制的机能是随时根据市场机制发出的价格和利率信号，调整宏观控制参数、校正经济增长目标，保证总供给与总需求的动态平衡。这一机制一般由中央银行系统承担。这是由银行本身的机能决定的。银行可说是宏观经济的神经系统，中央银行则是它的中枢神经。

一般说来，取消价格行政管制后，价格总水平的稳定标志着总供给与总需求的平衡。中央银行的随动控制就在于，以价格总水平为跟踪目标，致力于稳定价格水平。根据马克思的提示，纸币流通规律表现为纸币流通量决定商品价格水平。随动控制的主要手段则是调节市场货币流通量（包括存款和现金）。当价格总水平上涨时，中央银行通过各种手段减少货币发行量，从而强制地压缩总需求，直至价格水平趋于稳定。其主要杠杆有：一是中央银行对各专业银行的贷款利率；二是专业银行在中央银行的存款准备金比例；三是必要时中央银行直接控制专业银行的信贷基金规模。四是随着银行债券、国库券、股票等证券的发行，在条件具备时，公开市场业务也是调节货币流通量的一个杠杆。

中央银行的随动控制功能得以充分发挥，需要解决好三个问题：第一，随着专业银行的企业化，各银行在参加市场活动时必须有较硬的预算约束。有多少可支配信贷资金，发多少贷款。第二，银行对贷款的发放必须承担风险。第三，中央银行贷款利率对各专业银行要有足够的弹性，过低的利率起不到杠杆作用。

上述对财政和中央银行调节功能的分工是就其主要作用而言的，绝不排除它们的交叉功能，如财政支出的紧缩和扩大也能起随动控制作用，中央银行预先规定信贷基金的规模和投向也能起预先控制作用。

# 宏观控制的微观基础<sup>*</sup>

## 魏　杰

  我国的经济体制目前正处于从直接行政管理开始向间接宏观控制转换的时期，在这个转换中，我们不仅要使间接宏观控制机制本身不断健全和完善，而且要重视间接宏观控制的微观基础问题，建立起能保证间接宏观控制机制很好运行的微观基础。只有这样，才能使间接宏观控制机制和它的微观基础相协调，从而使间接宏观控制具有较高的效率。

一

  间接宏观控制是以国民经济的总体活动为调控对象的，它所涉及的只是国民经济活动的总量及其变化，所以又称"总量控制"或"整体控制"。相对于微观经济管理，它是一种高层次的国民经济管理活动。由于国民经济的总体活动是由微观经济单位的个别经济活动构成的，国民经济活动的总量及其变化最终要取决于微观经济活动的个量及其变化，所以宏观控制不可能脱离微观经济活动，微观经济活动是它赖以发挥作用的微观基础。目前，人们在讨论宏观控制问题时往往偏重于研究宏观控制机制如何发出调节信号、怎样实施控制等问题，而忽视分析如何使调节对象准确领会宏观控制意图并做出灵敏反馈等问题，也就是对宏观控制的微观基础问题缺乏应有的重视和研究。其实，宏观控制的微观基础如何，是宏观控制能否很好发挥作用的重要前提。一个国家的宏观控制效应状况，不仅取决于宏观控制机制本身是否科学合理、控制措施是否得当，而且也取决于微观经济活动对宏观控制能否做

  * 原载《财贸经济》1986 年第 6 期。

出及时和灵活的反应，即取决于微观基础的状况。实践表明，一些国家宏观控制效率低下的原因，在很大程度上是由于缺乏宏观控制得以发挥作用的微观基础。例如，这几年我国所采取的基本建设投资拨款改贷款、提高固定资产投资利率等宏观控制措施收效不大的重要原因是微观基础不配套，作为微观经济活动主体的企业在资金上吃国家"大锅饭"的状况还没有真正被消除，它们对于投资不承担任何风险，只负其盈而不负其亏，从而使贷款付息和提高利率的控制措施对它们失去了任何约束力。为了确保宏观控制，我们必须建立有效的宏观控制的微观基础。

问题是，既然我们正在把过去那种直接行政管理转变为间接宏观控制，而其重要特征是在搞活微观经济的基础之上，国家着重于调控国民经济活动的总量及其变化，不直接涉及微观经营活动，那么为什么把微观经济活动作为宏观控制的微观基础，强调建立有效的宏观控制的微观基础？

首先，宏观控制是根植于微观经济活动之中的。宏观经济和微观经济是整个国民经济机体不可缺少的两大组成部分，它们共同构成了整个国民经济的有机统一体；宏观经济运行与微观经济行为有着密切的联系，它们实际上是有机统一的整个国民经济活动在社会经济生活的不同层次和不同方面的具体表现。宏观经济和微观经济的这种内在联系，既决定了微观经济只有在一定的宏观控制下才能正常运行，又决定了宏观控制也只有在一定的微观经济运动基础上才能发挥作用，它的机能效力不仅不可能脱离微观经济活动，而且在很大程度上取决于微观经济活动。我国目前宏观控制效率不高的重要原因是在我国微观经济活动中普遍存在着下述一些不良现象：重视产值而忽视经济效益的提高；重视价格而忽视成本，力图通过提高价格而不是努力降低成本来增加利润；片面重视扩大基本建设而忽视技术改造，等等。因此，微观经济活动本身就是宏观控制活动的有机构成部分，并且在宏观控制过程中占有重要的地位，会影响宏观控制的全过程，成为宏观控制的基础性制约力量。

其次，微观经济活动的个量是形成宏观控制总量的基础元素。间接宏观控制与直接行政管理不同，它并不直接控制微观经济活动的个量，它所直接涉及的只是国民经济活动总量及具有总量意义的重大宏观经济比例，这一切都是以微观经济活动的个量为基础的。第一，宏观控制着重调控的国民经济活动总量及其变化，最终还是由微观经济的个量及其变化组成的。例如，国民经济总产值和国民收入总量来源于各个企业的产值和利润，国民消费总水平最终依赖于各个企业向劳动者支付的工资报酬以及它们所提供的消费品的数量和质量，社会劳动就业总水平基本上取决于各个企业吸收劳动者的能力和数量，等等。第二，宏观控制着重协调的具有总量意义的重大宏观经济比例，是由微观经济活动形成的。从动态上看，实际上就是微观经济活动在国民经济各个部门的分布，其结果表现为微观经济活动的按比例运行。它的各种结构关系，如产业结构、就业结构、国民收入分配结构、技术结构等，最终都要落实到微观经济活动的各个部分。总之，以国民经济活动总量及重大宏观经济比例为主要控制对象的间接宏观控制，是建立在微观经济活动的基础之上的。

再次，微观经济活动为宏观控制提供了物质基础。宏观控制是从总体上对全社会的物质生产活动进行合理的调控，它所调节的经济运行过程是以物质资料生产为内容的，因而它的调节活动离不开微观经济活动提供的物质基础。例如，作为宏观控制过程重要因素的国民经济发展速度，体现为整个社会物质财富的日益丰富程度，而这些物质财富正是微观经济的主体即企业创造出来的，它最终要依赖于微观经济单位的物质生产活动，取决于企业活力、企业劳动生产率等微观经济活动要素。没有微观经济单位的物质资料生产活动，国民经济发展的一切宏观目标都不可能实现。因此，宏观控制离不开为它提供物质基础的微观经济活动。

最后，微观经济活动是宏观控制目标的实现主体。宏观控制实际上是一种目标控制，即根据国民经济总体发展趋势提出宏观发展目标，并通过引导微观经济单位的生产经营活动而使这个目标得以实现。这种目标控制要求微观经济行为必须与国民经济总体发展规划相一致。当微观经济运行背离国民经济总体发展要求时，宏观控制机制就要对其加以调节，以保证国民经济宏观发展目标的实现。在这里，微观经济活动不仅仅是宏观控制的客体和最终对象，更重要的还是宏观控制目标的执行者和完成者。宏观控制意图只有通过微观经济活动才能实现，离开了微观经济单位的生产经营活动，宏观控制目标就无从实现。例如，"七五"期间我国的宏观消费目标是使人均消费增长要保持在每年递增 4% ~ 5% 的速度上，实现这个目标的根本保证是微观经济单位能够努力发展生产并适当发放消费基金，使消费基金的增长速度不超过劳动生产率和经济效益的提高速度。如果微观经济单位不是这样，而是像 1984 年下半年那样通过乱提成本、虚增利润等非法手段而搞过头消费，使消费基金的增长速度远远超过国民收入和劳动生产率的增长速度，那么"七五"期间的宏观消费目标就难以实现。

上述几个方面的分析表明，微观经济活动作为宏观控制的微观基础，对于宏观控制的效率有着很大的制约作用，我们应当充分认识这个问题的极端重要性。目前我国经济易于出现紊乱的一个重要原因，是经济管理体制不配套，其中最重要的是宏观控制的微观基础和宏观控制机体本身不相协调，微观经济活动对宏观控制措施反映极为迟钝，宏观控制的微观基础很不健全。为此，我们必须尽快完善宏观控制的微观基础。

## 二

以什么为原则来健全和完善宏观控制的微观基础？根据宏观控制的内在要求及社会主义商品经济运行规律，宏观控制的微观基础应具有下述几个方面的特征，我们应该将它们作为健全和完善宏观控制的微观基础的目标。

### （一）微观经济活动主要依赖于市场

在间接宏观控制条件下，国家宏观控制的主要对象是价值形态的商品货币活动即市场活动，国家通过控制市场而调节微观经济活动。微观经济活动在这里虽然是宏观控制的微观基础，但却并不直接受制于宏观控制措施的调节，而是直接感受市场信号的调节。国家在进行间接宏观控制时，不是直接控制微观经济主体的经营活动，对微观经济主体直接下达宏观控制指令，而是直接调控市场，通过市场这个中介环节来贯彻宏观控制意图。因此，宏观控制效应在很大程度上取决于微观经济主体即企业对市场的依赖性。企业只有主要地依赖于市场，把眼睛紧紧地盯住市场，才有可能对市场活动甚至是细微的变动做出积极的反应，从而使宏观控制意图通过市场而得以贯彻。如果企业对市场变动不能做出积极的反应，那么国家就不可能通过市场而使自己的宏观控制措施发挥作用，宏观控制必然失去效应。

要使企业依赖于市场，从而保证宏观控制有效地实现，首先就要把企业和企业职工的经济利益同市场利润挂钩。市场能使企业依赖于它，并根据它的变动而调整生产规模和方向，根本原因在于市场决定着企业利润的增减。

例如，当企业根据市场需要安排自己的经营活动，并按照市场价值的要求而尽力节约劳动消耗时，它就能够获得较高的利润；反之，则会获得较少的利润，甚至发生亏损。因此，要使企业依赖于市场，并接受市场调节，那就必须承认市场利润是企业的追求目标。只有这样，企业才能在市场利润规律的作用下，根据市场状况来安排自己的经营活动。当市场上某种商品供不应求，能给企业带来较多利润时，企业就把资金和劳动投向这种商品的生产中，尽力扩大这种商品的生产规模；当市场上某种商品供过于求，不能给企业带来较多利润或根本不提供利润时，企业就会尽力缩小这种商品的生产，把资金和劳动转向利润较多的生产部门。必须指出，利润作为企业的追求目标，不仅同社会主义生产目的并不矛盾，而且它还是社会主义生产目的在商品经济条件下的实现形式。如果不承认市场利润是企业的追求目标，那么市场就没有力量来调节企业的经营活动，从而宏观控制也就不可能通过市场来实现，国家的宏观控制目标就会成为一纸空文。但是，只承认市场利润是企业的追求目标还是很不够的，仅此还不能使企业依赖于市场，根据市场状况调整自己的经营活动。因为，如果市场利润不和企业及企业职工的经济利益挂钩，利润的增减和企业及企业职工的经济利益无关，那么利润就不会迫使企业主要地依赖于市场。在传统体制下，国家虽然也为企业规定了利润指标，但利润并不能使企业的经营活动同市场建立起直接联系，因为利润要全部上缴，企业不能从利润的增长中得到实际的利益，企业职工也不能从中得到实际的利益。因此，只有当企业及企业职工的经济利益同市场利润建立起直接联系时，才能通过企业及企业职工对经济利益的关心，使企业主动地依赖于市场，根据市场变动调整生产规模和方向。总之，承认市场利润是企业的追求目标，并使企业及企业职工的经济利益同市场利润挂钩，是企业主动地依赖于市场，从而使国家通过市场而实现宏观控制的重要条件。

为了使企业密切地依赖于市场，从而保证宏观控制能通过市场有效地实现，必须彻底割断企业对国家的各种依赖，消除目前存在的双重依赖以及双轨制带来的种种弊端，把企业的全部活动都推入市场，使之与市场建立起内在的有机联系，经营活动的选择主要是依赖于市场。目前国家虽然把一定的经营管理权已下放到企业，从而使企业能够在一定范围内根据市场信息和动向选择生产规模和方向，选择原材料的来源和种类，选择有利的销售价格和销售对象，但是由于企业在原料和资金来源及收入分配等方面仍然依赖于国家，因而企业的注意力还在很大程度上集中于从国家的计划指标中寻找对象，试图通过钻国家计划指标的空子而谋求收入，从而使国家通过市场而采取的宏观控制措施难以实现。因此，企业对国家的依赖关系必须彻底割断。这包括：第一，割断企业和国家行政机构的行政隶属关系，消除上级主管机构从自身利益出发，干预企业日常经营活动的状况，使企业真正摆脱作为行政机构的附属物的地位，能够自主地根据市场需要而安排生产经营活动。国家管理经济是必要的，但这种管理不应该干预企业的日常经营活动，使企业的经营活动脱离市场，而应该是在企业主要地依赖于市场的基础上，确定企业的市场行为准则，对它们的市场活动进行引导和调节。第二，割断企业在资金上对国家的依赖关系，使企业所需要的资金主要是靠自行积累和通过金融市场筹措，从而使信贷、利率等市场机制对企业具有较强的刺激和制约作用，把企业的资金活动纳入市场运行之中。第三，割断企业在生产要素来源和产品销售上对国家的依赖关系，使企业所必需的各种生产要素逐步从市场上获取，产品销售也通过市场实现，从而使企业的生产过程和交换过程同市场内在地联系在一起。第四，割断企业在收入分配上对国家的依赖关系，国家对企业及企业职工的收入不能再采取一包到底的办法，而应当是把企业及企业职工的经济利益同其市场实现成果直接联系起来，把企业的工资总额与市场实现利润挂钩，使企业的收入分配过程同市场紧密地联系起来。第五，割断国家与企业的"父爱"关系，把市场作为检验和评价企业活动的唯一标准。企业由于市场决策失误和劳动生产率低下等主观原因而引起的亏损，不能通过减免税收、增加补贴等手段从国家那里得到补偿，只能使其在经济利益上接受市场的惩罚，充分发挥市场的惩罚鞭策作用，使企业在市场的强大压力下，把生产什么、生产多少和为谁生产的生产经营决策根植于市场机制之中。总之，只有在各方面割断了企业对国家的依赖关系，才能使企业主要地依赖于市场，从而使国家能够通过市场而实现对企业的有效控制。

## （二）微观经济具有内在的活力

在我们过去那种以直接行政管理为特征的经济体制下，微观经济单位实际上只是国家政权机构的附属物，一切都要听命于上级主管部门，唯一的任务就是被动地执行国家下达的指令性计划，因而整个微观经济运行都是由国家来推动的，微观经济单位不可能也不必要具有灵活性和自主选择性。这就是说，直接行政管理的微观基础，是以微观经济单位只具有听命于上级主管部门指示的被动性，而不具有内在的灵活性和自主选择性为特征的。间接宏观控制则与此相反。它是在微观搞活的基础上所实行的一种控制方式，其全部内容是正确处理和协调微观经济活动的灵活性、自主选择性与宏观经济运行的整体性之间的关系，因而它存在的前提是微观经济具有灵活性和自主选择性。只有在微观经济单位具有灵活的自主选择权，并且这种灵活的自主选择所形成的微观经济行为对国民经济整体运行有着直接影响的条件下，才会出现微观经济运行和宏观经济总体目标不相一致的矛盾，从而才需要国家从宏观上按照国民经济发展的总体要求调控微观经济活动。因此，宏观控制的全部含义是：首先增强微观经济单位自我改造和发展技术与工艺的活力、自我更新和发展职工技能的活力、自我更新和发展产品与劳务的活力、高效益运用资金和增殖资金的活力、自我提高劳动生产率和增进经济效益的活力、自我创造环境和适应市场的活力，然后通过宏观控制措施将增强起来的微观活力纳入国民经济的总体运行轨道之中，使其同宏观经济目标相协调，符合国民经济发展的总体要求；如果微观经济活力违背宏观经济目标和脱离国民经济发展的整体运行轨道，那么国家就要从宏观上对其加以引导和调节。这表明，宏观控制赖以存在的前提是微观经济充满活力，它的主要任务就是增强微观经济活力和协调微观经济活力同宏观经济目标的矛盾，使其同国民经济发展的总体要求保持一致。由此可见，微观经济充满活力，是宏观控制的微观基础的一个重要特征。

如何使微观经济充满活力，从而有效地实现国民经济的宏观控制？关键是要使企业具有激励机制和刺激机制。激励机制和刺激机制有联系，但又有本质的不同：刺激机制是外界的影响，而激励机制则是内在的动力。企业要活起来，首先就要有内在动力即"激励机制"。健全和完善企业激励机制的途径如下：（1）完善多种形式的经济责任制，普遍推行严格的定额管理、质量管理和相应的奖惩制度，特别是要搞好以全面质量管理为基础、全面技术进步为核心、全面经济效益增进为目标的分层经营承包，使每级承包者都根据商品生产的特点，用经济办法进行经营管理，一切按照价值法则和经济合同办事。（2）划小企业内部的核算单位，使那些条件具备的车间变成专业厂，并给予相应的自主经营权，使其成为企业内部的经营者；那些不具备独立条件的车间和班组，也应在承担一定的经济责任和享受一定利益的基础上有较大的自主性，从而具有经营者的特点。（3）要完善厂长责任制，试行厂长任期目标负责制，充分调动经营管理者的积极性。（4）实行经济民主管理制，使生产者的主人翁地位在企业的各项制度中得到切实的保障，从而激发生产者的主人翁责任感和创新精神。

为了增强企业的活力，除在企业内部建立激励机制外，还必须在企业外部建立刺激机制。刺激机制包括两种。一种是顺刺激，即为企业创造良好的外部条件，使企业有一个较好的经营环境。其中包括：进一步简政放权，整顿行政性公司，把应该给企业的微观经营决策权直接放给企业，不致使之卡在中间环节；对管理好、贡献大、留利少的大中型企业适当减免调节税，为各类企业创造比较平等的竞争条件；逐步减少指令性计划任务，给予企业在产供销等方面较大的自主权。另一种是逆刺激，即在给企业下放权力和进行奖励的基础上，还要在外部环境上给企业以压力，例如，当企业不按照市场需求和社会必要劳动时间要求进行生产经营时，就会受到利益上的惩罚。刺激机制形成的压力和激励机制形成的动力紧密结合起来，就会使企业真正活起来。在企业充满活力的基础上，宏观控制机制也就能够充分地发挥作用。

### （三）微观经济具有高度灵敏性和效应性

宏观控制意图最终是通过微观经济活动来贯彻和实现的，因此，微观经济主体对宏观控制措施能否做出及时和灵敏的反应，是宏观控制措施能否奏效的关键。我国近几年所采取的一些宏观控制措施没有能取得预期的控制效果，其主要原因就是微观经济活动对这些宏观控制措施反应迟钝，效应太差。因此，必须尽快改变这种状况，使微观经济活动能够对宏观控制措施做出及时和灵敏的反应。

如何才能使微观经济活动对国家的宏观控制措施具有高度的灵敏性和效应性？从我国的实践来看，必须做到三点。

首先，要改变原有体制下国家对企业的软预算约束关系。因为在软预算条件下，企业吃国家"大锅饭"的状况并没有真正改变，企业财务活动不是以量入定出为原则，而是收支之间根本没有直接的利害关系，当企业由于经营管理不善而收支出现亏损时，国家就会伸出援助之手，使企业的亏损通过减免税赋、增加补贴、调整产出任务、调整价格等方式而得到补偿，甚至负债企业还可以完全赖掉到期应付的款项，从而使宏观调节手段如税率、利率、汇率等的变化都不会使企业真正在经营活动乃至决策上做出反应，国家的宏观控制统统会成为幻想。宏观控制和软预算约束是根本对立的：宏观控制是给微观经济活动施加调节力，而软预算约束则使这种调节力失去了作用。因此，要提高宏观控制效应，就必须彻底割除旧体制下形成的软预算约束这个赘瘤。

其次，要实行企业破产制度。因为只有在可以破产的条件下，企业才会主动地重视国家的宏观控制意图，以免自己的经营决策和国家的宏观目标发生冲突，最终导致破产。如果没有破产制度，企业即使没有按照国家的宏观控制意图办事而到了破产的地步，国家必然采取各种补助措施使企业免遭破产，企业则不会产生不按国家宏观控制意图行事就要破产的忧虑，从而也不可能重视国家宏观控制措施并对其做出积极的反应。因此，实行企业破产制度，是搞好宏观控制的一个重要条件。

最后，消除企业垄断。企业对于国家宏观控制措施的反应与其是否处于垄断地位具有直接的联系。处于垄断地位的企业往往对国家的经济参数调节和信息引导反应不积极，因为处于垄断地位的企业即使不按照国家宏观控制意图行事也能获得较高利润。为了使宏观控制具有较高的效率，必须消除垄断现象。目前我国经济生活中的非经济垄断现象还很严重，存在着因行政分割而形成的市场垄断，因资源分配不合理而形成的资源垄断，因资金不能横向流动而形成的资金垄断，因人才及技术使用上的不合理制度而形成的人才和技术垄断，等等。所有这些，都阻碍了宏观控制的顺利进行，必须坚决消除。

### （四）微观经济单位是利益主体

间接宏观控制是通过对各个微观经济单位的经济利益的调节而实现的。调控微观经济单位的经济利益，是国家从宏观上制约和引导微观经济活动最基本的方式。在国家的宏观控制活动中，微观经济单位的相对独立的自身经济利益的存在，是国家宏观控制能够发挥作用最基本的前提。因此，只有当微观经济单位具有相对独立的经济利益时，间接宏观控制才能从经济利益上引导微观经济单位的生产经营活动，使之符合宏观经济运行的要求。反之，国家宏观控制的调节作用也就无从发挥。所以，要使宏观控制能够正常运行，就必须要使微观经济单位真正具有相对独立的经济利益。这是宏观控制的微观基础的又一个重要特征。

要使微观经济单位具有相对独立的经济利益，从而使宏观控制能够顺利实现，在经济利益关系上必须打破两个"大锅饭"。一是打破企业之间在经济利益关系上的"大锅饭"。关键是要承认企业之间因下述三种情况而引起的经济利益差别：第一，企业之间因劳动技能和劳动强度所引起的经济利益差别，劳动技能高和劳动强度大的企业所获得的较多经济利益，应归企业自行支配和享受。第二，企业之间因经营效果而引起的经济利益差别，经营好的企业所获得的较多经济利益，应由企业自行安排使用。第三，企业之间因积累能力差别所引起的经济利益差别，把税后留利用于积累，并且积累搞得好的企业所获得的较多经济利益，应该大部分由企业自己享受。企业通过自身积累所形成的固定资产的最终所有权虽然是属于国家的，但企业必须具有完全的使用权，并且在一定时期内有一定程度的所有权，是这些固定资产所带来的经济利益的主要享受者。只有承认上述差别，才能打破企业之间的"大锅饭"，使企业真正具有相对独立的经济利益。二是打破企业同国家在经济利益关系上的"大锅饭"。因为在企业还吃国家"大锅饭"的条件下，企业必然是只负盈不负亏，即使不按照国家宏观控制要求经营，自身的经济利益也不会受损失，从而使国家从宏观上所采取的利益制约措施丧失了效力。这已为我国近几年的实践所充分证明。由此可见，使企业具有相对独立的经济利益，表面上好像是使企业脱离了国家的宏观控制，国家不易于控制企业的运行，而实际上是国家更易于调节企业的活动。因为，在直接行政管理的条件下，企业没有相对独立的经济利益，因而对国家的调节反应迟钝，而在企业具有相对独立的经济利益条件下，国家只要触动经济利益这个企业的中枢神经，就会使企业对国家的调节活动产生积极的反应。

### （五）微观经济主体具有商品生产者的地位

社会主义国民经济管理方式是同社会主义经济体制模式相联系的。宏观控制同有计划的商品经济相联系，是以企业成为相对独立的商品生产者和经营者为前提的，所以，宏观控制能否奏效，在很大程度上取决于企业是否是相对独立的商品生产者和经营者。为此，在加强宏观控制的过程中，我们特别强调要确保企业的商品生产者地位，把使企业成为真正的商品生产者作为建立有效的宏观控制的微观基础的重要一环。企业只有有了商品生产者所应有的权力，才能维护自己作为商品生产者所应有的利益，才能自主经营，承担作为商品生产者而应承担的责任。因此，我们必须把商品生产者所应有的权力交给企业。具体是：第一，把生产方向和生产规模决策权、经营方式选择权交给企业，逐渐减少指令性计划任务，给企业在产供销等方面以较大的权力，政府部门不能随便干涉企业的生产经营活动。第二，把生产要素决策权交给企业，企业既可以根据自己的生产需要自由地吸收职工和生产要素，也可以把自己生产上不需要的职工和生产资料排出；国家既不能强行把企业不需要的职工和生产资料硬性配给企业，也不能强行抽走企业所需要的人力和物力。第三，把竞争权交给企业，特别是要为各类企业创造比较平等的竞争条件。第四，使企业具有一定的投资决策权。企业如果没有一定的投资决策权，就不仅不能使前面的那几种权力得以实现，而且也无法适应市场变化。因此，使企业具有一定的投资决策权，是企业真正成为相对独立的商品生产者和经营者的关键。当然，企业有了投资决策权也会产生某种盲目性，但这可以通过一系列措施加以纠正，不能因此而把应交给企业的那部分投资权抓住不放。我们不能把近几年出现的投资盲目性归罪于企业有了部分投资权。近几年出现的投资盲目性主要是由价格信号扭曲、没有由企业承担投资风险的机制、国家未能很好利用经济杠杆引导企业投资等原因造成的。只要我们将一定的投资权交给企业，并同时加强监督和引导，问题就会得到解决。第五，给企业以相应的财权。有经营自主权而无财力保证，经营自主权就会落空。

总之，只要做到了上述五个方面，宏观控制的微观基础就会同宏观控制机制相协调，相互配合，共同作用，使宏观控制保持高效率，促进国民经济的按比例发展。

# 宏观控制机制的属性及其构成<sup>*</sup>

魏 杰

间接宏观控制体制由微观基础、市场中介、宏观控制机制这三个层次的内容组成，其作用过程表现为：宏观控制机制调节市场机制运行，市场机制调节微观经济活动。本文着重探讨宏观控制机制问题。

## 一、宏观控制机制的特征与构成层次

宏观控制机制近几年虽然已成为我国经济学界普遍使用的经济范畴，但不少人对于宏观控制机制的真正内涵不清楚。有的人把价格、利率等宏观控制机制的直接调节对象当成宏观控制机制，有的人则把财政、金融等宏观控制机制的具体作用形式当成宏观控制机制，还有的人把国民经济计划、宏观经济政策等宏观控制机制的内在构成要素当成宏观控制机制。这些都是不正确的。宏观控制机制是指宏观经济要素通过相互联系和作用而对市场机制形成制约关系及调节效应的内在必然联系，它在实践中表现为能够对市场机制发生积极调节作用并有机联结在一起的宏观经济要素综合体。就是说，宏观控制机制就其实质来说，是指各宏观经济要素的综合作用同市场机制所形成的内在调节机理，就其具体表现形式来说，是指相互联系和相互作用的各宏观经济要素所形成的有机统一体。因此，宏观控制机制不是指某个孤立的具体宏观经济要素。

宏观控制机制作为调节市场机制运行的高层次调节机制，要在市场机制放开的条件下，能够对市场机制产生充分的调节作用，就必须具有三个特点：

* 原载《改革与战略》1987 年第 3 期。

第一，运行原则必须充分体现和反映国民经济计划的要求与偏好。因为，宏观控制机制发生调节作用的目标，是依据国民经济计划，规定市场运行方向，纠正市场运行偏差，补充市场调节不足，完善市场运行条件，使市场机制反映社会对经济活动的自觉能动作用，最终使市场机制能在自动作用的过程中从趋势上保证国民经济的有计划发展。因此，宏观控制机制的中枢是国民经济计划。

第二，运行形式，或者说具体作用形式，必须同市场机制的运行形式具有同一性，能在充分利用市场机制和不损害市场机制的前提下对市场机制运行起到调节作用，使它的变动能同市场机制的变化成为一种函数关系。或者说，宏观控制机制要同市场机制有共同的经济联系形式，要有共同的"语言"，即信息与能量互换的媒介，好似发报机只有同收报机具有相同的频率才能工作一样。由于宏观控制机制不是像传统的直接计划管理那样，通过强制、破坏或者排斥市场机制来发挥调节作用，而是通过诱导和利用市场机制本身的作用来实现自己的调节作用，所以它必须在运行形式上能与市场机制融为一体，同市场机制的运行有内在的相互作用的机理，它发出的信号能被市场机制灵敏地接收。如果宏观控制机制的作用形式主要是采取使用价值范畴，那么它就和以价值为主要作用形式的市场机制对不上号，当然也就不可能通过利用市场机制而对经济运行起到有计划的调节作用。

第三，在计划与具体作用形式之间存在着一个能动的传导者。宏观控制机制虽然反映和体现计划的要求与偏好，但并不是直接地具体执行计划，而是按照体现计划的经济政策发生调节作用。在现阶段商品经济条件下，由于计划只能是大体上规定国民经济发展方向并把这种发展方向通过各种宏观经济总量的变动趋势粗略地反映出来的弹性计划，因而展现在人们面前的计划仅仅是一个大致揭示国民经济发展过程的数量体系，并且这些数量还都不是有关各个企业的生产和消费的具体数量，而只是反映有关国民经济总量的绝对量与相对量。因此，要使宏观控制机制能够贯彻计划，还必须把计划进一步分解。但是，这种分解并不是把国民经济总量具体分解为有关各个企业的生产与消费的个量。因为，宏观控制机制的直接调节对象是市场机制，而不是企业的具体生产过程。因此，计划只能是分解为衡量与调节各种市场经济变量的宏观经济政策。这表明，宏观经济政策是处于宏观控制机制的中枢即国民经济计划与宏观控制机制的具体作用形式这两者之间的传导机制，或者说，是宏观控制机制的具体作用形式的直接导向者。

从宏观控制机制应具有的上述三个特点来看，宏观控制机制应该包括三个组成部分：第一，国民经济计划。这是宏观控制机制的最高层次的构成要素，属于宏观控制机制的中枢部分。第二，宏观经济政策。其中包括财政政策、货币政策、收入分配政策等，其功能是传导计划的要求，属于宏观控制机制的中介层次。第三，宏观控制机制的具体作用形式。其中包括财政调节手段、金融调节手段、经营性调节手段等，其功能是在宏观经济政策的直接导向下具体发挥调节作用，属于宏观控制机制连接市场机制的媒介层次。上述三个层次的构成要素，组成了宏观控制机制的有机统一体。我们所说的宏观控制机制，就是指这样的有机统一体，而不是这个有机统一体中的任何一个构成要素。

## 二、宏观控制机制中枢

宏观控制机制的作用实质，就是要使市场机制内部各要素之间形成合乎计划目标的联系，以保证国民经济的有计划发展。因此，宏观控制机制最重要的核心构成要素，只能是国民经济计划。计划实际上是形成宏观控制机制本体的基因。更确切地说，计划是宏观控制机制的中枢和运行轴心，是宏观控制机制发挥调节作用的依据和原则。这表明，宏观控制机制最集中地体现和反映了计划性。对于计划在宏观控制机制中的这种地位和作用，并不是所有主张实行间接宏观控制的人都承认的。不少人对于计划在宏观控制机制中的地位和作用，是认识不够的，甚至是错误的。

有的人在阐述宏观控制机制时，不强调甚至不提及计划在宏观控制机制中的地位和作用，事实上完全忽视了计划对于宏观控制机制的极端重要性。例如科尔纳在说明他所提出的宏观控制目标模式时，对于计划在宏观控制机制中的地位和作用就没有给予明确的肯定。有的人则甚至直接否认了计划在宏观控制机制中的重要地位和作用，认为宏观控制机制并不是反映和体现计划的要求，从纵向上使计划进入市场机制运行并主动调节市场机制的计划性高层次调节机制，而只是一种弥补市场机制不足和失误的随机性调节机制，它只是在市场机制的调节出现问题时才发生纠正市场运行偏差的作用，在一般情况下它无须向市场机制贯彻计划意图，因而它的作用不是由计划科学地规定的，而只是由市场机制的不足和失误随机引起的，并无计划性可言。有的人虽然注意到了计划在宏观控制机制中的作用，但却不是把计划看作为宏观控制机制的中枢和运行轴心，而是仅仅看作是同财政调节手段、金融调节手段等相并列的宏观控制机制的一种具体作用形式。其实，在间接宏观控制体制完善的情况下，计划并不是同财政调节手段和金融调节手段等一起直接作用于市场机制的，而是通过财政调节手段、金融调节手段等宏观控制机制的具体作用形式对市场机制发挥调节作用的。还有的人只是把计划作为宏观控制机制的部分运行原则，认为宏观控制机制并不全都体现计划性，它除了反映计划调节的要求外，还包括临时的、应急的、相机处置的调节，这些都不一定是事先计划安排的，因此，不能把宏观控制机制等同于计划调节，宏观控制机制是包括计划调节，但又比计划调节更为广泛的调节机制。实际上，宏观控制机制作为计划的实现机制，在任何条件下都体现着计划的要求，虽然有些临时的、应急的、相机处置的调节并不是由计划事先安排的，但宏观控制机制在发挥调节作用的过程中必然是以计划目标为原则的。因此，宏观控制机制完全体现着计划性。

我认为，我们现在应该讨论的并不是宏观控制机制要不要体现计划原则的问题，而是如何有效地使宏观控制机制充分反映科学的国民经济计划的问题。在间接宏观控制体制下，如果说市场机制的运行只有在计划的导向下才具有计划性的话，那么宏观控制机制本身就直接体现着计划，直接属于计划范畴。无论从哪方面讲，计划都应当成为宏观控制机制的中枢和运行轴心。

社会主义实行的是计划经济，不仅社会主义经济关系从它开始建立到最终实现都是有计划的自觉行动，而且社会主义经济关系就其本质来说，也反映着各种经济活动的有计划自觉联系。因此，社会主义经济的整个运行在宏观上完全是有计划的。作为反映社会主义经济关系本质规定的计划，体现着以生产资料公有制为基础并同有计划按比例发展规律要求相适应的社会主义经济的内在联系，是宏观控制机制的作用原则和方向的最集中体现。尽管宏观控制机制要充分地利用市场机制的调节功能，但社会主义国民经济各部门之间的比例协调，生产和需要的相互适应，总供给与总需求的平衡，以及经济发展目标的实现等，总体上都是在宏观控制机制的有计划调节下实现的，而并不是通过自发过程或者经济危机的盲目强制达到的。也就是说，由于现在的计划经济处于市场机制充分作用的有计划的商品经济阶段，即借助于商品经济的各种机制特别是市场机制而实现计划的初级计划经济阶段，因而计划不可能通过直接地强制下达给企业并由企业全部完成的方式实现，而只能是借助于高于市场机制并能充分利用市场机制的宏观控制机制，把计划导入市场机制的运行过程中，通过市场机制的作用而有弹性地实现计划。这表明，正是因为在现阶段的商品经济条件下，市场机制的充分作用使得计划不可能通过直接的形式实现，所以才需要建立宏观控制机制来贯彻计划的意图，以保证国民经济的有计划发展。因此，宏观控制机制存在的必要性就在于它能够在市场机制充分作用的条件下，将计划目标贯彻到市场机制的运行中去，使市场机制为计划经济服务，最终使市场机制运行成为被人们自觉驾驭的经济过程。正是由于这样，所以在一定程度上可以说，宏观控制机制就是以计划原则调节市场机制运行的计划机制。

社会主义的根本任务和我国的基本国情以及国际环境等方面的因素，决定了我国经济发展在现阶段的核心任务是推进整个国民经济的现代化，把传统农业部门占主导地位的不发达国民经济体系，转变为现代产业占绝对优势的现代化国民经济体系，因而经济发展的目标就不应只局限于满足当前已形成的市场需求，而应当在注重市场有效需求的引导和充分发挥市场需求对经济发展的拉动力的同时，更注重通过宏观控制机制发挥计划在国民经济现代化中的主导作用，通过计划实现经济发展的长远目标。特别是应该清楚地看到，市场机制是以承认企业局部利益为出发点的经济联系，它是局部利益的汇合，它给企业和国家提供或反馈的信息在时间上是短期的，在空间上是局部的，因而很难统观全局，瞻前顾后，如果没有体现计划意图的宏观控制机制的调节，是不可能快速地实现国民经济现代化的。

我国的经济发展水平同那些处于世界经济发展前沿的先进工业国相比，还是很落后的，可以说，我国的经济发展现在还处于"追赶阶段"。这就决定了我们的经济发展不可能走那种通过市场机制的随机作用而把一般供给逐渐转化为有效供给的道路，因为仅靠市场机制的作用实现有效供给，需要很长时间，对我们这样一个处于国际竞争日益激烈、国内要求提高生活水平的期望日益高涨的压力下的国家来说，是不可能获得那么多时间的。唯一能够选择的途径，是通过体现计划要求的宏观控制机制的作用，使生产有计划地直接形成有效的供给或缩短形成有效供给的时间。例如，许多重要产品的型号的发展和工艺技术的创新，应当充分注重计划的指导，可以通过借鉴和集中研究的方式事先加以确定，不必都从头经过市场的筛选，耗费很长的时间和付出巨大的代价。

在现阶段条件下，国民经济的高效益快速发展，只有在现代产业占绝对优势并且各产业、各部门协调增长的条件下才能实现。这就要求社会生产必须在规模和结构两个方面不断适应社会需求的动态演变，以促进国民经济结构的优化。但我们要快速地实现这一点，仅靠纯粹的市场机制调节是不可能的。因为市场机制在左右长期生产规模和结构方面的功能有限，并且我国的市场关系要发展到可以积聚巨额资金，对能够影响国民经济结构优化的重要项目进行建设，需要很长的时间。如果把经济发展的长期结构交给纯粹的市场机制，那就只会加剧结构性矛盾，造成以加工工业过快发展为标志的暂时繁荣，埋下基础设施、基础工业日益短缺的隐患，发展到一定程度，就会使经济建设遇到巨大的困难。因此，有效的途径是由国家集中统一计划，并通过宏观控制机制把计划要求传导到市场，使体现计划意图的市场机制调节长期资金的配置和基本结构的发展。

经济发展主要以提高经济效益为核心，在供给不断跟上需求的过程中保持适当的发展速度，因而需要充分发挥市场机制的刺激功能。但市场机制的这种刺激功能的充分发挥，在社会主义条件下一点也离不开计划。因为市场机制在发挥这种刺激功能时不仅要有计划的调节，而且市场机制的形成和发育本身也不可能是一个盲目自发的过程，而是需要有计划地稳步实现。对于我们这样一个商品经济不发达的国家来说，这一点尤为重要。特别是在新的经济体制的建立过程中，我们面临着把产品和要素有计划地推入市场的繁重任务，市场机制的建立和完善是计划的重要内容。因此，对于市场机制的完善和调节，只能由宏观控制机制有计划地进行。

总之，计划是宏观控制机制的核心，是指导宏观控制机制运行的最高原则。计划对于宏观控制机制的这种作用，主要利用两个途径来实现。第一，计划通过调节和指导宏观控制机制的各种具体作用形式，使宏观控制机制发挥计划调节的功能。第二，计划通过向企业展示全国经济的发展趋势和方向以及国家的意图，为企业提供权威性信息，有助于企业权衡自己在整个国民经济及长远性经济变动背景下的地位，从指导思想上建立宏观经济概念，从而可以保证宏观控制机制的计划调节作用的有效实现。由此可见，计划使宏观控制机制完全具有了计划的属性。从这一点上来看，社会主义的宏观控制机制同资本主义的宏观干预措施有着本质的区别。

我们强调计划在宏观控制机制中的核心作用，是以计划符合我国国情和宏观经济规律为前提的。也就是说，指导宏观控制机制运行的计划应该是科学的计划。这就要求我们改进计划决策的观念、体制和方法，使计划决策民主化和科学化，提高计划决策的水平。同时，计划应该以中长期计划为主，把重点放在科学预测计划期总产值的水平及其增长率和依据产业结构合理分配预期总产值这两个方面。就是说，计划首先应当根据劳动者素质提高、技术创新等影响国民经济增长的因素，科学地规定出计划期总产值的增长率及可能达到的总水平，然后按照消费、就业、技术结构变化等在计划期内对产品结构及产业结构可能发生的影响，判断出计划期内产品结构及产业结构的变化趋势，把预期产值按产品结构及产业结构的发展要求进行分配。因此，国民经济计划实际上是一个参数计划，即由各种总量数值表现国民经济发展趋势的计划，并且着重于宏观分配活动。考虑到国内外经济活动变化多端、某些经济因素变动难以预料的情况，计划应该富有弹性，实行"滑动式计划"，即在计划期内，对于那些与经济发展的实际情况不相符合的计划内容，根据客观形势重新调整，使整个计划随经济的发展向前滑动。

## 三、宏观控制机制的中介层次

国民经济计划实际上表现为一个以各种宏观经济变量反映经济发展趋势的数量体系，仅仅是一种参数计划，因而不可能直接通过财政调节手段、金融调节手段等宏观控制机制的具体作用形式导入市场机制。国民经济计划只有在分解为宏观经济政策后，才能通过财政调节手段、金融调节手段等宏观控制机制的具体作用形式对市场机制发生调节作用。因此，宏观经济政策是连接国民经济计划和宏观控制机制的各种具体作用形式的媒介，属于宏观控制机制的中介层次。

所谓宏观经济政策，就是国家根据国民经济计划调节各种宏观经济变量（包括国民收入量、货币供应量和财政收支量等）的基本原则和方针。宏观经济政策的直接调节对象，是内在地联结市场运行变量但又高于市场运行变量的宏观经济变量，因而它是通过利用宏观经济变量与市场运行变量之间的内在联系而使计划得以贯彻到市场机制的运行之中的，而并不是通过外在的强制或者破坏市场机制运行来实施计划的，这就使得它能够充分地借助于市场机制而有效地实现计划调节目标。也就是说，宏观经济政策可以使宏观经济变量的变动体现计划的要求，并通过宏观控制机制的具体作用形式同市场机制的运行发生函数关系，从而依据体现计划要求的宏观经济变量的变动，对市场机制进行有效的计划调节，以保证预期调节目标的实现。

因此，宏观经济政策实质上是量化的国家调节经济的行为准则。国家在调节宏观经济运行中主要注意着两种总量：一种是反映国民经济发展趋势的预期总量，即计划期内国民经济的预期总产值、国民收入量、投资量、消费量、财政收支量、货币供应量和各产业的发展规模等；另一种是宏观经济的实际运行总量，包括总产值、国民总收入及投资规模和消费总额等。根据计划期内宏观经济的各种预期总量与宏观经济的实际运行总量的平衡或偏离的状况，国家规定出宏观经济的实际运行总量的变动方向及程度，并作为国家调节经济的基本方针和行为准则，以经济政策的形式发生作用，从而使宏观经济的实际运行总量与预期总量相协调，保证国民经济的有计划发展。国家对于宏观经济总量的这种调节，会通过宏观经济总量与市场机制运行的函数关系传导到市场机制运行中，对市场机制产生有计划的调节作用，使市场机制朝着有利于计划目标实现的方向运行。

宏观经济政策作为量化了的国家调节经济的基本方针和行为准则，对于市场机制运行具有较强的调节效应。宏观经济政策的直接调节对象是各种宏观经济变量，但最终的目的是为了调节市场运行机制，协调整个国民经济的发展。由于宏观经济政策是以国家强制的形式规定各宏观经济变量的变动，而各宏观经济变量又与市场运行机制之间有着一种内在的函数关系，如货币供应量的增加会引起价格及利率等市场机制的变动，因而宏观经济政策的调节作用特别强烈和灵敏。它比国家的直接行政强制和宏观经济本身的自发调节都要优越得多。因为，国家的直接行政强制虽然借用了国家的强制力量，但却不是通过宏观经济变量与市场运行机制之间的函数关系贯彻调节意图的，因而往往难以有效地利用经济变量之间的相互制约关系对市场机制进行内在的调节，结果是调节效应极差；宏观经济本身的自发调节虽然是通过宏观经济变量与市场机制之间的内在联系而实现的，但却没有借助于国家的强制力量，因而调节过程延续得比较长，易于引进经济动荡和造成资源浪费。宏观经济政策则充分吸取了它们各自的优点，既借用了国家的强制力量，又利用了宏观经济变量与市场机制运行之间的内在制约关系，通过国家的强制力量加速宏观经济变量对于市场机制的内在调节过程，从而有效地实现预期调节目标。

当然，并不是说宏观经济政策在任何条件下都具有较强的调节效应。宏观经济政策的调节效应要取决于下述三个方面的因素。第一，宏观经济政策是否被正确使用。例如，假定某一个时期内的基本建设投资过快引起了总需求膨胀，而这种过快的基本建设投资又主要是由预算内投资造成的，那么要抑制这种总需求膨胀就必须采取财政政策，通过削减预算内的基本建设投资支出来弱化总需求的过猛增长。但是我们在实际中却采取了货币政策，试图通过货币供应量的变动抑制这种需求膨胀，货币政策对于这种需求膨胀局势的控制显然是难以奏效的，其结果必然是调节效应不佳。第二，经济制度的性质。例如，资本主义宏观经济政策的调节目标，一般都是试图在解决失业和通货膨胀问题的同时，维持适度的经济增长，但资本主义生产方式所固有的特殊性质使得这三者中的任何一个问题都不能解决，更不用说三个问题同时都得到解决。要降低失业率必然伴随一个高通货膨胀率，而要降低通货膨胀率则又必然带来更多的失业后备军，这二者的替换关系使得资本主义经济增长进入了进退维谷的境地。这就是说，资本主义生产方式的特殊性质会使宏观经济政策的调节效应极度弱化。但是社会主义制度则为宏观经济政策的有效调节提供了充分的保证。第三，宏观经济政策的作用基础。例如，在经济体制改革之前，财政资金的分配范围很大，银行信贷在大多数时期只负责分配流动资金的超定额部分，货币政策几乎没有发生作用的基础，因而其调节效应就非常有限；但经过一段时间的改革之后，资金分配格局发生了重大变化，预算外资金的比重迅速上升，企业和地方都有相当一部分留成资金，银行统管流动资金分配并介入了固定资产投资分配，货币政策发挥作用的基础扩大了，因而货币政策的调节效应也就大大加强了。上述三点表明，为了使宏观经济政策很好地发挥作用，我们必须在充分利用社会主义经济制度的优越性的同时，为宏观经济政策提供广阔的作用基础，并有的放矢地正确运用宏观经济政策。

正是因为社会性质是影响宏观经济政策调节效应的重要因素，因此，宏观经济政策作为总量调节范畴，虽然在社会主义经济和资本主义经济中都能够发生作用，但社会主义宏观经济政策和资本主义宏观经济政策却有着根本的区别。首先，社会主义宏观经济政策反映着广大人民群众的利益要求，而资本主义宏观经济政策则往往是为大垄断集团的私利服务的，这在资本主义国家的收入分配政策中表现得最为明显。其次，资本主义宏观经济政策主要是为了纠正和弥补市场经济的失误和缺陷，是由市场经济的局限性引起的，属于资本主义国家对于市场经济所采取的随机性干预措施，从总体上说仍然是市场经济范畴；而社会主义宏观经济政策则是为了通过利用市场机制而对经济实行有效的计划调节，可以说它是计划的载体，完全属于计划经济的范畴。最后，由于资本主义实行的是市场经济，市场经济原则同资本主义经济的本质要求是吻合的，因而资本主义宏观经济政策的主要作用点在于调节社会总需求与总供给的矛盾，一般不涉及市场原则同资本本质要求之间的矛盾。但社会主义宏观经济政策则要把市场原则与社会主义经济的本质要求之间的矛盾作为重要的调节任务，因为社会主义经济虽然要充分利用市场机制，但并不是市场经济，市场原则同社会主义经济的本质要求有着很大的矛盾，必须要通过宏观经济政策加以调节。

宏观经济政策在现实中表现为包括各种宏观经济政策的政策体系。由于所有的宏观经济变量都是相互作用并内在地联系在一起的，而任何一个宏观经济政策又都只具有直接调节某一类宏观经济变量的功能，所以国家不可能通过某个宏观经济政策的单独作用实现预期的调节目标，宏观经济变量之间的这种内在联系及单个宏观经济政策的作用局限性，使得各种宏观经济政策只有有机地相互配合，才能有效地实现计划调节目标。各种宏观经济政策的有机配合，使得宏观经济政策在实际运动中形成相互配合、紧密联系的政策体系。其中主要包括收入分配政策、财政政策、货币政策、产业政策、投资政策和消费政策。有的人把价格政策、工资政策等也作为宏观经济政策，这是不正确的。虽然价格总水平、工资总水平等在一定程度上也可以算作宏观经济变量，但由于在间接宏观控制模式下，价格和工资等都不再由国家直接管理，属于微观机制，因而不应把价格政策和工资政策等作为宏观经济政策。

宏观经济政策体系中的各个宏观经济政策，在调节时差和作用过程等方面都各自有自己的特点，即既有优点也有不足，从这方面来说，各个宏观经济政策在实际运行中也必须相互配合。正是因为各方面的原因决定了各种宏观经济政策必然有机地联系在一起，所以由各种宏观经济政策而形成的政策体系，在实践中发挥的调节力总是一种合力，即各种宏观经济政策通过相互配合而发出的综合调节力。各种宏观经济政策相互配合的方式主要包括下述五种。

第一，政策时差配合。所谓政策时差，就是指宏观经济政策由制定到最终对经济运行产生影响的传导时间。政策时差如果具体划分，可以分为认识时差（即从经济运行出现问题到人们认为应该采取调节措施的时间）、制定时差（即政策从制定到被正式实施的时间）、作用时差（即政策从实施到真正发生效应的时间）。各个宏观经济政策的政策时差是不同的。正因为各个宏观经济政策的政策时差各有长短，所以各个宏观经济政策只有相互配合，才能避免调节时滞的出现。

第二，作用效应配合。所谓作用效应的配合，就是指宏观经济政策的松紧搭配问题。宏观经济政策的松紧搭配有四种方式：一是全部都紧，二是全部都松，三是有松有紧，四是大部分紧小部分松或大部分松小部分紧。这四种搭配方式在不同的经济情况下的调节作用是不一样的，究竟采取哪种搭配方式，关键是要看实际经济运行与计划目标的偏差状况。一般来说，如果经济运行背离计划目标太远，使得社会总需求过度膨胀或极度疲软时，可以采取全紧或全松的搭配方式；如果经济运行虽然同计划目标严重背离，但还没有形成社会总需求过度膨胀或过度疲软时，应该采取大部分紧小部分松或大部分松小部分紧的搭配方式；如果经济运行与计划目标稍有偏差或刚刚开始出现偏差，社会总需求膨胀或不足还不严重时，一般以有松有紧的搭配为宜。根据不同的情况采取不同的松紧搭配方式，既可以促使调节目标快速而有效地实现，又能避免过猛的经济振荡，消除或减轻调节过程中出现的副作用。

第三，调节功能配合。所谓调节功能配合，就是指具有不同调节功能的宏观经济政策相互配合。各个宏观经济政策在实际作用过程中的功能是不同的。有的宏观经济政策主要具有调节社会总需求的功能，着重于短期调节；有的宏观经济政策则主要具有调节社会总供给的功能，着重于长期调节；还有的宏观经济政策具有协调市场原则与社会主义经济原则的矛盾的功能；等等。因此，在运用宏观经济政策时，要特别注意使它们的功能相互配合。各个宏观经济政策的调节功能的有效配合，对于保证国民经济的有计划运行是极为重要的。

第四，主次配合。即在一定时期内以某一宏观经济政策为主而辅之以其他宏观经济政策，使它们能够有效地相互配合。不同的宏观经济政策在不同的经济运行状况下的调节力是有很大差异的。例如，在微观经济单位对市场机制反应灵敏、素质较好和活力较强，并且市场机制也较完善、具有较高效应的资源配置能力的条件下，紧的货币政策对于抑制社会总需求的过猛增长具有比较理想的作用；但在企业缺乏积累动力、有关影响生产力布局的重点投资无法靠企业自行解决，并且结构性有效需求不足的严重状况难以通过市场机制加以矫正的条件下，松的财政政策对于增加有效需求则具有比较强的作用效力；当产业结构极度不合理，整个经济结构处于紊乱状态时，从长期来看，产业政策会比其他宏观经济政策具有更为有效的协调结构矛盾的作用；在投资活动背离计划目标，固定资产投资增长过快，并且一时又很难从抑制预算外固定资产投资上压缩投资增长速度时，那么紧的财政政策通过削减预算内固定资产投资来抑制固定资产投资的过猛增长，就非常易于奏效；等等。正因为如此，所以在不同的经济状况下我们总要以某一个宏观经济政策的调节作用为主，但同时也必须辅之以其他宏观经济政策。

第五，交替配合。所谓交替配合，就是指一些宏观经济政策在实施一段时间之后，应该由另外一些宏观经济政策取代，形成一种相互交替配合的格局。任何一种宏观经济政策的调节作用都不是万能的，其有效性是同它所适应的经济状况相联系的，因此，所有宏观经济政策都应该随着经济状况的变更而相互替代。特别是任何宏观经济政策都不能较长时期地使用，较长期使用往往会使后续反应加重，反而不利于预期调节目标的实现。例如，紧的财政政策尽管可以较快地缓和经济过热的膨胀局面，但如果实施时间稍长一些，就会对生产经营者及劳动者个人形成较强烈的社会和心理冲击，放松他们促进经济增长的紧迫感，并且需求的急剧萎缩必然会产生降低社会总供给水平或经济衰退的效果，使国家难以通过提高效益而积极地增加供给，最终可能导致供给的进一步短缺和萎缩，引起国民经济增长的停滞。因此，交替配合是保证宏观经济政策有效发生作用的重要前提条件。

总之，通过上述五种方式的配合，宏观经济政策会形成一种有效的综合调节力，这种调节力体现着计划的要求，并通过宏观控制机制的具体作用形式导入市场机制运行中，使市场机制循着计划的要求调节企业经营活动，从而保证整个国民经济的有计划发展。

# 间接宏观控制模式的系统分析<sup>*</sup>

## 魏　杰

国民经济宏观控制需要解决两个层次的问题：第一个层次的问题是，从国民经济宏观控制的总体上看，我们应该实行国家直接控制企业的国民经济直接控制方式，还是实行国家通过控制市场而实现对企业控制的国民经济间接控制方式？对此，人们已越来越清楚地认识到应该通过控制市场而间接地实现对企业的控制。在这一点确立之后，紧接着需要解决的第二个层次的问题是，国家如何控制市场才能实现有效的国民经济间接宏观控制？这是能否搞好国民经济宏观控制的关键问题，但我国经济学界目前还未对此进行深入的讨论，并且认识也极不统一。本文试图通过对各种市场控制模式的对比分析来回答这个问题。

从国民经济宏观控制与市场的内在联系看，有五种国家控制市场的模式供我们选择。

## 一、国家全面地直接控制市场

这种控制模式的特征是：各企业的经营活动都和市场相联系，其产品都作为商品而通过市场实现，并且在交换中坚持计价交换的原则（当然，这种计价交换绝不是等价交换，并且往往是使等价交换严重扭曲）。但企业的市场经营活动要直接受制于国家宏观控制的约束，国家宏观控制通过指令性计划和产品收购合同制，以及在原料来源和销售方面提供优惠条件等形式，直接地全部控制企业的市场活动，甚至还可以对市场交换活动进行大包大

---

\* 原载《经济理论与经济管理》1987 年第 2 期。

揽。在这种控制模式下，企业虽然可以进行等价交换的市场活动，但不能按照市场选择来从事生产经营活动，因而这里的市场活动具有三个方面的特点：第一，市场价格等范畴主要作为技术范畴、计量筹码和核算单位，只执行核算和计量的职能，完全是为计划和统计服务的；第二，市场关系仅仅表现为个别劳动与社会劳动的联系形式，只是作为把单个商品的个别劳动时间转化为社会必要劳动时间的转换器，主要发挥核算社会劳动耗费的功能；第三，市场机制具有经济刺激的作用，在一定程度上承认了企业利益和等价交换，但没有调节社会生产比例的作用，无法做到资源的最优化分配。因此，在这种控制模式下，市场虽然存在，但并未能充分实现其功能，市场调节还没有真正形成和发挥作用。

很显然，这种控制模式存在三个严重的弊端。首先，经济活力受到限制。企业在这里显然不像在旧的经济体制下那样是国家行政机构的附属物，资金及产品等完全由国家无偿地随便调拨，而是以生产要素和产品的市场流通取代了行政调拨，企业可以在市场上按价出售自己的产品和实现自己的经济利益，但企业并没有市场的选择权，不仅不能完全根据市场上的需求规模和需求结构的变化来调整自己的生产规模和生产结构，而且也不能自由地在市场上对生产资料、资金和劳动力等生产要素进行自主选择。既然企业还没有真正的市场选择权，那么企业作为相对独立和自负盈亏的商品生产者的地位就会受到严重损害，谈不到经营自主权，其结果必然是难以调动企业的生产积极性和主动性，难以使国民经济充满活力。其次，宏观控制失去了科学依据。宏观控制决策的制定必须以市场需求状况和对市场发展趋势的了解为依据，并且它也只有在市场活动中经过检验和校正，才能使自己的缺陷和错误得到补充和矫正，真正具有科学性。但是在市场完全被国家直接宏观控制的条件下，市场成了国家宏观控制随意变动的工具，对国家宏观控制意图只有贯彻执行的职能，而没有检验和修正的职能，更没有对国家宏观控制进行制约的客观力量，因而很难起到促使国家宏观控制决策科学化的作用。实践表明，没有经过市场的充分作用而检验和修正的宏观控制，即使是间接宏观控制，也同样会和直接宏观控制一样成为一种瞎指挥，给国民经济带来巨大损失。最后，国民经济难以平衡发展。间接宏观控制充分利用市场的最主要之点，是要利用市场的调节作用，以保证国民经济的按比例平衡发展。为此，国家的宏观控制意图要通过市场活动和市场机制的充分作用来贯彻，宏观控制目标要在市场调节过程中实现，国家宏观控制最终在市场运行中达到对国民经济活动的自觉调节。但是在这种控制模式下，市场基本不发挥调节功能，市场机制也无法充分作用，因此，国家不可能通过对市场的直接控制而发挥市场的调节作用，从而保证国民经济的平衡发展。

## 二、国家部分地直接控制市场

这种控制模式的特征是：完全放开一部分企业的市场活动，让它们接受市场的自动调节，而对另一部分企业的市场活动进行直接控制。根据国家直接控制企业市场活动范围的大小，这种控制模式又可分为三种相互区别的具体形式：第一，作为国民经济主体的大部分企业的市场活动完全由国家直接控制，国家不直接控制而完全交给市场调节的只是一小部分在国民经济中处于次要地位的企业的市场活动；第二，国家只直接控制一小部分骨干企业的市场活动，大部分企业的市场活动交给市场自动调节；第三，这里重要的不在于两种控制模式谁占的范围大，而在于两者不能截然分开：完全由国家直接控制的那部分企业的市场活动要考虑市场机制的要求和作用，在国家直接控制的同时渗入市场调节；而国家不直接控制，完全交给市场自动调节的那部分企业市场活动，则要加强国家的宏观指导，在市场调节过程中渗入宏观控制目标。

国家不直接控制全部市场活动而只直接控制部分市场活动，这对放活市场有一定的作用，可以使市场机制的功能得到进一步的发挥。但是，这种控制模式仍然不能保证国民经济的平衡发展。第一，按照前两种具体形式，国家直接控制的那一部分企业市场活动排斥利用市场调节，而国家不直接控制的那一部分企业的自由市场活动又排斥宏观指导，其结果必然是单纯由国家直接控制的那一块市场活动难以使企业具有活力，无法保证经济效益的提高；单纯市场调节的那一块自由市场活动的盲目性不可能得到克服，会在一定程度上造成经济震荡。特别是单纯由国家直接控制的那一块市场活动和单纯市场调节的那一块市场活动之间往往会发生矛盾和冲突。第二，按照后一种具体形式，宏观控制和市场调节处于完全等同的地位，并无层次高低地在两块市场活动之间相互进行渗透，这就必然使宏观控制与市场调节相比居于高层次地位的特征显示不出来，从而使整个市场运行失去了调节的核心机制和导向机制，难以保证国民经济的良性循环。第三，这几种具体形式实际上都是把整个市场活动分为两大块，但实质上市场活动是相互联系和相互作用、互为条件和相互耦合的有机统一整体，人为地将它分为两大块，势必损伤其内部机理，使市场无法发挥其应有的作用。例如，在国家直接控制的农副产品市场活动中，大部分农副产品的价格要比国家不直接控制的自由市场活动中的农副产品价格低，按照价格的内在要求来说这种状况是不合理的，其结果是不仅不能使价格很好地调节农副产品生产，而且还为某些人利用特殊地位在两种市场之间搞转手倒卖提供了便利条件，粮票、副食券等无价证券也作为货币进入流通，给市场带来了许多不稳定因素。可以说，我国市场中目前出现的混乱状态在很大程度上是因为现在我国的市场被分割为两块，并且两块市场各有不同的运行原则，从而破坏了市场机制的内在统一性。双重价格、双重利率等双重市场信号的形成，也都是市场被分为两块并相互对立的结果。所有这些，都不利于国民经济的平衡发展。

## 三、国家随机干预市场

这种控制模式和上述两种控制模式的不同点在于，上述两种控制模式是从市场活动的空间上考虑如何控制市场，强调的是对市场应进行全部控制还是部分控制，在控制范围的大小上进行选择；而这种控制模式则是从市场活动的时序上考虑如何控制市场，根据市场活动的有序化程度来决定对市场是否进行控制。其主要特征是：市场活动在一般情况下全部由市场的内在机理进行自我协调，国家宏观控制平时并不对市场活动施加任何影响，而只有当市场的自我协调难以保证市场本身及国民经济平衡运行时，国家宏观控制才随机干预市场活动。

这种控制模式虽然比上述两种控制模式更加放活了市场，但它却过分地强调了市场的自我协调能力，忽视了宏观控制对于保证市场正常运行所起的重要作用。宏观控制不仅为市场运行导向，规定市场的发展方向，克服市场在利益关系上的局限性和调节活动中的短期性行为，而且还可以纠正市场运行的偏差，使市场机制能够迅速地摆脱调节功能紊乱的境地。特别是宏观控制能补充市场调节的不足，担当市场机制功能难以达到的或者作用力微弱的经济活动的调节任务。在市场还不完善的情况下，宏观控制还可以完善市场运行条件，为市场机制发挥积极功能提供必需的条件。但是，在这种控制模式中，宏观控制的这些作用却并不能充分发挥。正由于此，这种控制模式存在着难以解决的问题：首先，市场活动在一般情况下没有宏观控制的导向，没有宏观控制机制的渗入和宏观控制目标的约束，实际上是一种单纯的自发市场，这种单纯的自发市场本身不可能提出国民经济的发展方向和目标，也不具有消除它本身所固有的盲目性的力量，如何能保证国民经济有计划按比例地平衡发展呢？其次，国家宏观控制只有当市场运行出现失衡后才调节市场活动，这样的经济调节过程难道不是必然要伴随经济运行的紊乱和社会劳动的巨大浪费，和单纯的市场机制自发调节有什么两样呢？再次，在市场运行出现紊乱的情况下，国家宏观控制为了尽快理顺市场关系，必然要对市场采取见效快的直接行政控制方式；并且从市场的内在机理活动来看，当国家平时不对市场进行必要的控制而在市场失衡后才对市场进行临时控制时，所采取的宏观控制方式也只能是行政干预。这种临时性的行政干预，其结果必然是一控就死、一控就偏，容易造成经济运行的大起大落。

## 四、国家直接规定市场信号

这种控制模式与上述三种控制模式有着重大的区别。上述三种控制模式无论是全部地控制市场，还是部分地或者随机性地控制市场，都是对市场进行直接的控制，是在企业未进入市场之前就直接规定企业的市场活动，干预的对象是各企业的具体市场活动，因而实际上是控制市场的微观活动。而这种控制模式则不再规定各个企业的具体市场活动，是让企业自由进入市场并形成市场的总体活动，把市场的总体活动作为控制对象。市场总体活动的集中反映是市场信号，因而这种控制模式对市场的控制就集中表现为对市场信号的直接规定，如直接规定价格、利率等。这种对市场的控制方式已具有半直接的性质。

这种控制模式在20世纪30年代就被波兰经济学家兰格提出来了。其基本思想是：中央计划机关给企业规定两个规则，一是选择平均生产成本最小的生产方法，二是按边际成本等于产品价格的要求决定生产规模，并以此为基础而直接确定价格和利率等市场信号，在模拟的竞争市场上随时根据市场变化校正价格和利率等，最终形成实现市场供求均衡的市场信息。在我国经济体制改革过程中，有些同志也提出了这种控制模式，认为：微观经济活动放开后，国家不直接规定企业生产什么和生产多少，但国家直接掌握价格和利率等市场信号，随时根据需要，通过直接调整价格和利率等市场信号来调节企业生产活动。现在需要考虑的是，这种控制模式在我国现阶段的经济条件下是否可行。对此要做具体分析。

首先必须肯定这种控制模式较之上述三种控制模式是一个重要进步。它不像上述三种控制模式那样以行政方式控制企业的具体市场活动，而是注意到利用价格、利率等经济杠杆调节市场的总体活动。在这种控制模式下，如果国家能科学地直接规定市场信号，那么市场关系就不仅可以客观地衡量单个商品的社会必要劳动时间，而且还可以实现从不同部门整体来看的第二种含义的社会必要劳动时间，这就使市场机制既能起到核算社会劳动的作用，又能发挥调节社会劳动在不同部门之间按比例分配的功能。因此，这种控制模式较之上述三种控制模式的最大优点在于它可以使市场调节能够发生作用。但问题是，在我国现阶段，国家还不可能科学地直接规定价格、利率等市场信号。我国目前的现状是：幅员广大，交通不便，信息不灵，经济文化发展不平衡，商品经济不发达，计划管理水平低。试想，我国企业如此之多，社会需求复杂多变，生产条件千差万别，国家宏观控制机关有多大的能力能随时根据市场变化和经济发展的要求直接调整价格和利率等市场信号？更不用说国家宏观控制机关通过对各种生产能力和社会需求的确切计算来直接规定价格和利率等市场信号了。如果硬要这样去做，国家岂不又要陷入繁重的日常事务，重犯限制经济活力、束缚企业手脚的错误。事实上，市场信号作为市场活动的内在机理是无法人为地凭主观评估就能直接规定的。市场目前对我们来说还基本上是个"黑箱"。正因为社会生产和社会需要在商品经济条件下没有直接联系，才需要通过市场信号的自动变化而建立起反馈式的间接联系；正因为社会必要劳动时间还不能确切地计算和直接分配，才需要通过价格、利率等市场信号的作用来实现。如果市场信号能够直接规定，那岂不就可以不需要市场而能够简单地解决一切问题了吗？那何必还要采取利用市场机制的复杂形式呢？显然，我们现在必须利用市场机制的现实说明我们还不可能直接地科学规定市场信号。下面仅以利率和价格这两个市场信号为例加以说明。

利率信号反映利息率和信贷资金供求之间的内在联系与相互作用的状

况。利率的波动是金融企业以及所有经济主体之间开展竞争的一个重要前提。利率掌握在国家手中，一方面会使中央银行与专业银行之间的行政隶属关系不能完全割断，中央银行不能站在全局的角度，通过货币政策来调节利率的变动，从而调节投资和储蓄的规模；另一方面，又使得各个专业银行不能真正地建立起自主经营、自负盈亏制度，从而使专业银行之间、专业银行与工商企业之间不能进行正常的竞争。近年来，在工商企业的预算约束随着改革的进行而逐步硬化的同时，银行企业的预算约束却出现逐渐软化的事实，就从反面印证了我们上面的论点。

价格是市场的核心信号，其他市场信号都与它紧密相关并在很大程度上受制于它，因而人们往往主张通过直接掌握价格而直接规定整个市场信号。但价格这个市场信号同利率信号一样，也是无法直接由国家规定的。如果价格由国家统一直接规定，就会导致两个不良后果：一是企业把获利的希望寄托在国家的提价上，而不是把着眼点放在改善自身的生产和经营上面，这样，企业与国家之间的"脐带"联系就不能完全割断，企业预算软化的状况就不可能得到根本的改变。二是企业之间会出现人为的苦乐不均。当国家为了刺激某种产品的发展而提高该产品的价格时，生产这种产品的企业就可能轻而易举地获得较多的利润；当国家为了限制某种产品的生产而降低该产品的价格时，生产这种产品的企业即使付出了较大的努力也无法获得利润甚至还要亏本。这样，企业的自负盈亏制度就很难建立起来。而且，由于价格的作用具有双向性的特点，它一方面影响生产，一方面影响消费，因此，当国家对价格进行直接调整时，价格的畸高畸低总要损害一方的利益，这样，国家就必须对受损失的一方负责，给予减免税、让利或补贴，从而形成国家与企业之间的讨价还价关系。另外，价格作为商品供求关系的最灵敏反映，在社会经济运行比较正常的情况下，产品价格的涨落意味着社会对该产品的供给和需求的变化。如果产品的价格由国家直接规定，国家就必须既能准确地把握产品的供给，又能精确地预测产品的需求。但在我国目前情况下这一点是根本做不到的。什么时候能够做到这一点，那么商品经济也就走到了尽头，市场范畴和市场机制也就失去了存在的意义。在条件还不具备的情况下勉强去做，不但会使国家把大量的人力、时间和精力都投到对微观经济活动的具体组织和调度之中，无法腾出更多的时间和精力来研究国民经济的战略问题，而且还会造成市场信号的失真，给企业传递错误的信息，从而导致市场需求结构和供给结构的失调，造成巨大的损失和浪费。实践已充分表明，如果市场机制不充分展开，价格的制定和调整完全由国家直接掌握，价格同生产和需要变动没有横向联系，这种价格就不但缺乏灵活性，而且更主要的是不能反映社会劳动耗费，成为主观价格和垄断价格，由这种价格信号调节经济运行所带来的破坏性，绝不比价格自由波动来得轻。

## 五、国家通过参数控制市场

我们这里所讲的参数，是指国家为了使市场输出一个预期目标值而向它输入的可控变量。其特征是：第一，参数的运用主体是国家的控制系统，参数是国家控制系统的输出值。第二，参数与市场活动中的其他经济变量及市场信号之间有一种函数关系，参数值的变化会引起其他经济变量和市场信号的相应变化；参数的运用过程本身同时也受到其他经济变量和市场信号变化的影响，从而反映国家所定的参数值是否符合客观经济运行过程的要求，给国家校正参数提供信息。第三，市场本身是一个复杂的系统，它包含着错综复杂的经济过程，因此，国家对市场活动的参数调节不可能是静态的、一次完成的，而只能是依据客观经济规律进行跟踪调节，这就决定了参数也要随机变动。第四，参数不是单一的，而是一系列参数构成的完整体系，大体可分为四类：第一类是财政性参数，如税率、税种和财政分配等；第二类是银行性参数，如中央银行利率、法定存款准备金、货币发行等；第三类是物资性参数，如国营商业用于平抑物价的物资等；第四类是资金性参数，如国家用于调节生产结构的直接投资资金等。在这个参数体系中，每个参数都有其特点、功能、作用范围和方向，各种参数又相互影响、相互制约形成一种函数关系。国家运用参数不是为了实现某一个单项目标，如某一种价格的水平及走向，而是要实现总量目标，如实现一定的价格总水平、利率总水平和工资总水平。因此，我们必须从系统的观点出发，把参数作为一个整体来协调运用。

在这种控制模式下，国家并不直接规定市场信号，而是根据国民经济发展目标的要求，通过自己直接掌握的参数调节它们，使它们在市场活动中发生内部机理变换，最终输出符合国民经济发展目标要求的市场信号，对企业经营活动进行调节。在这里，国家宏观控制机关向市场输入的是保证国民经济发展目标预期值实现的参数，市场向各企业输出的是在参数作用下经过市场内部机理变换所形成的符合国民经济发展目标要求的市场信号。例如，国家宏观控制为了使市场输出合乎国民经济发展目标要求的价格信号，就可以对市场进行这样的参数调节：第一，国家在财政上通过增加或紧缩财政支出的办法，通过增税或减税的办法扩大或减少市场供求，进而调节市场价格；第二，中央银行通过存款准备金制度、规定再贴现率和进行公开市场业务等形式调节市场货币流通量，通过对市场货币流通量的变动而影响市场价格；第三，国家通过国营商业在市场上的购销活动调节市场供求关系，进而抑制和调节市场价格；第四，国家通过直接的投资活动影响市场供求关系，从而对市场价格进行调节。经过上述的参数调节，就能够使市场输出符合国民经济发展目标要求的价格信号。

很显然，国家对市场的这种参数调节，是国家在保障市场机制独立运行的基础上参与对市场的调节活动。这种调节，没有割断市场信号同产品、资金和劳动力供求之间的互为因果的联系和运动，因而保证了各种市场信号合乎规律地形成。而且，国家调节市场的参数是顺应市场规律的方向起作用的，它们作为国家的可控变量在市场内部同其他有关变量和市场信号形成函数联系。一方面，通过参数的调整调节市场机制的变量，使之输出合乎宏观控制目标要求的市场信号；另一方面，市场机制的运行又会检验和校正宏观控制参数，给国家反馈修正宏观计划、调整参数的信息，从而使宏观控制系统不断完善，提高其自适应和自组织的能力。因此，国家通过参数调节市场，既可以保障企业对市场的选择权，发挥经营的主动性和积极性，使国民经济充满活力，又可以使宏观控制意图通过市场活动得到贯彻，从而使国民经济发展目标得以实现，保证社会主义经济的计划性。

上述全部分析表明，第五种控制模式是国家控制市场即间接宏观控制的理想模式。建立这样的模式需要有一系列的经济条件。

首先，有与参数控制相适应的微观基础。由于国民经济的总体活动是由微观经济单位的个别经济活动构成的，国民经济活动的总量及其变化最终要取决于微观经济活动的个量及其变化，所以，参数的宏观控制不可能脱离微观经济活动，微观经济活动是它赖以发挥作用的微观基础。目前人们在讨论参数控制问题时往往偏重于研究参数控制如何发出调节信号、怎样实施控制等问题，而忽视分析如何使调节对象准确领会参数控制的意图并做出灵敏反馈等问题，也就是对参数控制的微观基础缺乏应有的重视和研究。其实，参数控制的微观基础如何，是参数控制能否很好发挥作用的重要前提。因此，我们应该根据参数控制的要求建立起与之相应的微观基础。其中包括：第一，微观经济活动主要地依赖于市场。因为企业只有主要地依赖于市场，才有可能对市场的变动做出积极的反应，从而使参数控制意图通过市场而得以贯彻。第二，微观经济具有内在的活力。参数控制是在微观搞活的基础上所实行的一种控制方式，其全部内容是正确处理和协调微观经济活动的灵活性、自主性与宏观经济运行的整体性之间的关系，因而它存在的前提是微观经济具有灵活性和自主选择性。第三，微观经济具有高度灵敏性和效应性。参数控制意图最终是通过微观经济活动来贯彻和实现的，因此微观经济主体对参数控制能否做出及时和灵敏的反应，是参数控制能否奏效的关键。我国近几年也搞了一些参数控制，但却并未能取得预期的控制效果，其主要原因是微观经济活动对这些参数控制反应迟钝，效应太差。因此，必须尽快改变这种状况，使微观经济活动能够对参数控制作出及时和灵敏的反应。第四，微观经济单位是利益主体。参数控制是通过对各个微观经济单位的经济利益的调节而实现控制功能的，调控微观经济单位的经济利益是参数控制制约和引导微观经济活动最基本的方式。只有当微观经济单位具有相对独立的经济利益时，参数控制才能从经济利益上引导微观经济单位的生产经营活动符合宏观经济运行的要求。反之，参数控制的作用就无从发挥。所以，要使参数控制能够正常运行，就必须要使微观经济单位真正具有相对独立的经济利益。

其次，有与参数控制相适应的市场环境。参数控制实际上就是国家将符合国民经济发展要求的参数输入市场，通过市场的内部机理的变化而使市场向企业输出经营信号，从而使国民经济协调地发展。在这里，参数控制链表现为参数—市场—企业，即：参数调控市场，市场调节企业。市场在整个控制链中具有双重身份：对参数来说它是被控制者，对企业来说它又是控制者。正因为市场是介于参数与企业之间的中间环节，是参数控制功能的传导体，所以，没有高效能的市场做传导，参数控制是无法实现自己的控制功能的。这就要求我们必须建立起高效能的市场。建立高效能的市场需要从四个方面入手：第一，完善市场体系。参数控制通过市场而实现对国民经济的调控，意味着在国民经济各个方面和各个层次的广阔视野里把全部社会经济活动纳入市场的轨道，从而建立起广泛的多层次和多方面的市场系统，因此，我们应该使生产资料市场、消费品市场、劳动力市场、金融市场等都能得到发育，并且使它们之间能相互配套和协调。第二，完善市场机制。参数控制通过市场实现对经济的有效控制，实际上就是利用市场机制来贯彻自己的控制意图，因此，我们应该逐步将价格、利率、工资等市场机制放活，使它们能够灵活地运行，充分发挥调节功能。第三，完善市场格局。在参数控制中，市场是参数控制措施的载体和参数控制意图的导体，因此，市场格局的状况对参数控制效益影响很大。这要求我们必须要完善市场格局，创造出一个供给略大于需求的买方市场格局。第四，完善市场组织。市场传导参数控制意图的前提是市场活动正常化，如果市场处于紊乱的无序状态，参数控制就无法通过市场而有效地实现。这就要求我们必须完善市场组织，以保证市场活动的正常化。

最后，有与参数控制相适应的宏观控制机构。参数不是自发形成的，它的形成依赖于宏观控制机构的状况。例如，金融参数依赖于银行机构的状况，在大一统的银行体制下，再贴现率、公开市场业务等中央银行的控制参数就无法形成或无法发挥作用。因此，我们应该建立起与参数控制相适应的宏观控制机构。其中主要是财政和金融控制机构。就财政来说，目前主要的问题是使财政在职能上以宏观经济调节为主，成为宏观经济的有力调节机构，改变过去那种只把财政当作分配机构的状况，从而使财政能够以自己的基本职能即宏观经济调节职能为出发点，形成预算、税收、补贴等财政性参数。就金融来说，当前最主要的是使中央银行和专业银行真正分开，使中央银行专门执行宏观控制功能，制定科学的金融控制参数，如货币发行量、存款准备金率等参数，从而使参数控制能够顺利地正常运行。

# 企业行为和社会主义商品生产的动力机制*

洪银兴

随着经济体制改革的深化，人们开始寻求企业行为合理化的途径，构造宏观间接控制的微观基础，这两方面问题的正确解决涉及对社会主义商品生产动力机制的结构和功能的认识。

## 一、动力机制及其模式

最一般地说，需要和利益是人们参加经济活动的原动力，因此社会生产的动力机制是指参加社会生产的经济主体的利益同社会生产目的（需要）之间的联系。它包括两方面功能，一方面是各个经济主体对自身利益的追求，由它产生的行为，好比宇宙中各个行星的"自转"；另一方面是各个经济主体的"自转"进入实现社会生产目的轨道，这种经济行为好比太阳系中各个行星围绕太阳的"公转"。其中，各经济主体的"自转"，是动力机制的基础，"公转"则是动力机制的归宿。研究社会主义生产的动力机制时，这两方面都不能偏废。

社会生产的动力机制不是主观臆造的，它客观地由社会经济运行机体的性质决定。生产资料公有制建立以后，消灭了剥削关系，社会生产的动机和目标便是"保证而且是以不断增长的规模来保证全体社会成员都有生存和自由发展其才能的手段"。① 实现这一目标的动力机制有不同的模式。

---

\* 原载《中国工业经济研究》1987 年第 1 期。

① 《马克思恩格斯选集》第 3 卷，人民出版社 1972 年版，第 190 页。

传统的社会主义生产的动力机制模式可概括为：生产者的按劳分配利益与满足社会全体劳动者需要的直接联系。它与整个社会是一座工厂的模式相适应。其基本思路包括两个方面：

第一，社会主义经济是非商品经济，生产者的劳动具有直接社会性。这样，按劳分配与满足社会需要的目的之间的联系在于，作为分配个人消费品尺度的劳动时间同时又是适合社会需要的社会必要劳动时间。这就是马克思在《资本论》中讲的："每个生产者在生活资料中得到的份额是由他的劳动时间决定的。这样，劳动时间就会起双重作用。劳动时间的社会的有计划的分配，调节着各种劳动职能同各种需要的适当比例。另一方面，劳动时间又是计量生产者个人在共同劳动中所占份额的尺度。因而也是计量生产者个人在共同劳动中所占份额的尺度。"① 这样，在按劳分配中默认不同等劳动造成的收入差别便成为推动各个生产者向社会提供社会必要劳动，充分满足社会需要的动力。

第二，马克思当时设想的按劳分配关系的特点是，生产者与社会直接联系，其间没有中介。"每一个生产者，在作了各项扣除之后，从社会方面正好领回他所给予社会的一切。……他以一种形式给予社会的劳动量，又以另一种形式全部领回来。"② 这种生产者与社会直接的等劳交换形式完全适合整个社会成为一座工厂的计划经济模式。在这里生产者"自转"的动力同时也是进入"公转"轨道的动力。

现实的社会主义经济运行比马克思当时的设想复杂得多，其动力机制模式会有新的特点。

首先，全民所有制内部生产者个人同社会之间隔了一个生产资料占有和经营主体（企业）。全民所有制的每个成员，如果以生产者的身份出现，他首先是和企业直接发生关系，而且只有通过企业才和社会发生关系。生产者个人不独立地生产产品，也不可能单独向社会提供劳动。其劳动只可能体现在企业总体劳动中，凝结在企业共同的劳动产品中。这样，社会主义生产的动力机制中单有生产者对按劳分配利益的关心已远远不够了，必须寻求推动整个企业自转的动力（利益）。

---

① 《马克思思格斯全集》第 23 卷，人民出版社 1972 年版，第 96 页。
② 《马克思恩格斯选集》第 3 卷，人民出版社 1974 年版，第 11 页。

其次，在现实的商品生产中，企业的劳动具有非直接社会性，企业向社会提供的劳动并不直接是社会必要劳动，即使企业按国家计划生产也是如此。传统的计划体制中产需脱节。生产成本高昂就足以说明这点。这样，即使企业内部实行完全的按劳分配，它与满足社会需要的社会主义生产目的也不可能有直接的联系，其间必须包含一个企业个别劳动还原为社会必要劳动的价值实现过程。也就是说，在企业内部实现按劳分配以前，企业的总体劳动首先要作为价值来实现。企业总体劳动者一旦以实现价值为目标，谋求利润最大化便成为企业经济利益所在，从而成为推动企业"自转"的动力，而且，企业谋求利润最大化同时可以成为社会得益最大化的过程，从而实现社会主义生产目的。

这样，社会主义商品生产的动力机制模式便表现为按劳分配—企业利润—社会得益的有机联系。企业的利润冲动便成为动力机制的轴心。于是，企业行为目标分解为三大目标：职工收入最大化目标、企业利润最大化目标和社会得益最大化目标。企业利润的增长包含着三大目标的实现，从而表明生产者个人、企业和社会利益在企业利润目的上的统一性。但是，在企业行为中同时孕育着三大目标之间的矛盾和摩擦。首先，在企业内部由生产者个人利益萌发的收入最大化目标会妨碍利润最大化目标的实现，表现为职工的短期行为吞噬企业利润，导致企业行为短期化；其次，由利润最大化冲动产生的企业行为并不总是符合社会主义生产目的要求，甚至会妨碍社会得益最大化目标的实现，于是在经济运行中出现三大目标之间的摩擦和碰撞。面对这些矛盾，为了寻求企业行为长期化、合理化的途径，人们对动力机制的模式便有进一步的选择。

一种选择是试图从财产关系上寻求国家、企业和个人利益的代表者，也就是利益主体人格化，按照这种思路便产生了国营企业股份化之类的设想。这种模式在现阶段的中国是否可行，在利益关系上涉及一系列的问题。主要是：第一，只要企业没有由公有制变为私有制，工资和利润之间便不可能存在阶级对抗关系。企业经营者也是企业总体劳动的一分子，他与企业职工有共同的经济利益。因此不可能在企业总体劳动者中分出处于职工利益对立面的某个个人来抗衡职工的短期行为，更何况企业领导人的任期制本身也会限制企业领导人行为的长期性。第二，企业中谁代表国家和社会的利益？事实上，在商品生产条件下，社会的利益、国家的利益不可能人格化在某个人身上，它只可能寓于各个谋求利润最大化的过程之中。如果能人格化的话，不论是谁作为国家或企业的代表，只要他是作为有自身利益的经济人进入企业，最终会同职工利益同化。因此利益主体人格化的模式在现阶段很难行得通，需要做另一种选择。

另一种选择是试图从经济机制上寻求国家、企业、个人利益的钳制关系，也就是利益关系机制化。这种模式的基本思路是：在职工谋求收入最大化的过程中，寻求实现利润最大化、解决企业长期行为的经济机制；在企业谋求利润最大化过程中寻求实现社会得益最大化，解决企业行为合理化的经济机制。

现在人们一讲到企业的利润目的，就把它视为企业行为扭曲的根源，而看不到它对社会、企业和职工个人行为的功能。实际上钳制社会、企业和个人三者利益，解决企业行为长期合理化的机制就存在于利润的实现和分配过程。

首先从利润的分配所体现的经济关系看，利润经过分配大体上分解为税金（$m_1$）、企业积累基金（$m_2$）和职工奖励及福利基金（$m_3$）三部分，三者分别体现国家、企业和职工的利益，三者利益的矛盾和摩擦体现在利润在$m_1$、$m_2$、$m_3$的分割比例上。显然，利润不仅体现企业利益，也体现职工利益和社会利益，它是三者利益实现的相互制约机制。

其次，利润的生产和实现与产品价值的生产和实现过程结合在一起。企业利润的多寡不仅取决于自己的努力，还取决于一定的外部条件，例如市场需要的约束、产品的价格水平、资源技术约束、预算约束等。这些外部条件呈什么状态，企业就会有什么样的谋求利润的行为。因此，谋求利润不是孤立的过程，它包含于整个经济机制中。我们可以从中求得约束企业谋求利润最大化行为，使之适合社会主义生产目的要求的经济机制。

## 二、企业行为长期化和市场机制

企业的长期行为是指企业具有企业家精神，具有引进新产品、采用新技术、开辟新市场的创新动力，具体可归结为企业税后利润积累的积极性，这可说是企业自转的核心内容。我国现阶段的国民经济从总体上来说是资源约束型经济，国家资金奇缺，企业发展必须主要依靠其内部积累。这是在国家宏观控制总需求膨胀的同时，增加社会产品总供给、保证经济长期稳定增长的重要途径。因此，研究企业长期行为的动力机制具有宏观意义。

在传统的计划经济体制中，国家对企业统收统支，国家通过行政手段直接控制工资总额，不存在职工利益吞噬积累问题，但它并没有保证企业的长期行为，原因是新增利润的大部分被抽去铺新摊子了。现在，微观放开了，企业的留利增加了，又出现了企业片面追求增加职工收入的状况。企业的这种短期行为，反映了新旧体制交替过程中收入最大化目标同利润最大化目标的摩擦，也反映了企业生产的利润目的扭曲。

本来，单纯以增加本单位劳动者收入为目的的生产绝非社会化商品生产的特征，充其量不过是小商品生产的特征。资本主义商品生产中利润最大化目标之所以得以实现，就在于劳动者收入与利润之间存在着阶级对抗关系。利润的增长以劳动者收入的相对减少为前提。在社会主义公有制条件下，劳动者收入不应该也不可能存在阶级对抗关系，相反还应该随着企业利润的增长而不断提高。这是社会主义生产目的的重要体现。但是，企业内部职工收入与利润之间缺乏制约机制又会成为企业短期行为的根源。企业领导人往往会顺从职工尽快增加近期收入的要求，牺牲企业积累来增加职工收入，甚至会同本企业职工联合起来对付国家对积累与消费比例的宏观控制。

在公有制企业中，职工收入与利润不存在利益对抗，它否定了以企业利益人格化解决企业行为长期化的途径。但它没有堵塞以经济机制制约企业行为，使之长期化的道路。我们据此可以寻求使企业职工人人关心企业发展、人人关心企业积累的机制。这里依靠的不是个人主义的动力，而是集体主义的动力。形成这种机制的基本途径是将职工谋求收入最大化过程与市场机制联系起来。具体包括两个方面：

首先，提高职工总收入中利润分红的比重，从而使职工直接从利润的增长中得到好处；与此同时，职工也直接承担企业亏损的损失，甚至在企业破产后，其债务责任也由本企业职工共同承担，职工同企业一荣俱荣，一损俱损。

其次，将企业整个推入市场，使每个职工都感受到来自市场机制的竞争、风险、破产的经济压力，在激烈的市场竞争中，职工同企业风雨同舟，企业破产与职工失业相伴，企业领导人作为总体劳动者的代表，对企业的共同利益负责。

这样的机制一旦形成，职工谋求收入最大化过程便包含在企业利润最大化过程之中，职工在市场机制的制约下，会从自身利益上关心企业积累，从而实现职工的短期目标长期化。

职工谋求收入最大化过程与市场机制相联系，是由商品生产条件下按劳分配的特点决定的。职工向社会提供的劳动包含在企业总体劳动中，企业总体劳动成为联合在企业范围内的劳动者共同的谋生手段。总体劳动不仅包括企业中各个劳动者提供的活劳动量，也包括组织和协调企业内生产的经营和管理的劳动，还包括由积累水平决定的物化劳动（生产资料）的数量和效能。这样，不同企业向社会提供的并据以作为个人消费品分配尺度的劳动量差别，不仅取决于各自的活劳动差别，也取决于各自的经营水平和技术水平的差别，还取决于各自的积累水平差别。社会在核算各个企业向社会提供的劳动量，并据此确定各自分配个人消费品的数量时，要承认这种差别，就必须以同一尺度（社会必要劳动量）衡量各个企业的劳动量。在商品生产中，这一尺度由体现价值规律作用的等价交换关系提供。等价交换关系，不仅默认不同等的工作力是天然特权，也默认不同等的经营管理水平和技术水平是天然特权，还默认不同等的积累水平是天然特权。经营管理好、技术水平高、积累水平高的企业的个别劳动还原为较高的社会劳动，该企业的劳动者由此得到较高的收入。这是一种平等的权利，是企业总体劳动者在商品关系中取得的平等的权利。在此前提下，才可能有在企业内以同一尺度（活劳动）分配个人消费品的过程中体现的平等的权利。在分配个人消费品的过程中，等价交换体现的平等权利和按劳分配体现的平等权利结合作用，企业内部会滋生出人人关心企业发展的动力。

将职工谋求收入最大化的过程与市场机制联系起来，是企业行为长期化的必要条件，社会主义动力机制具有压力和激励功能则是企业行为长期化的充分条件。这两个功能由作用于企业活动的经济环境提供。

动力机制的压力的功能包括纵向和横向两个方面。

纵向压力主要是在资金供应上割断企业对国家的期待联系。这里有两方面的问题：一方面是消除国家投资差别对企业劳动成果差别的影响，人们通常主张以征收资金占用费的形式解决这方面的问题，但资金占用费缺乏时间约束，对企业积累无刺激性。因此必须寻求更大的刺激。可以设想这样一种办法：国家投入企业的资金在形成生产能力后，必须由企业盈利在一定期限内分批归还，最终使企业中流转的资金均是企业自己积累的资金。另一方面是硬化银行信贷约束。目前的银行信贷条件对企业约束力很弱，表现在：第一，企业以税前利润还贷，实际是国家财政为企业还贷。第二，贷款利率低微，不反映资金供求，对企业借款行为没有制约力。这样，企业使用信贷资金毫无顾忌，完全可以用银行信贷来实现积累，企业由此便失去内部积累的必要。因此硬化信贷约束条件是企业行为长期化的必要前提。

横向压力主要是指企业利益的实现对市场机制的期待联系。市场机制的基本功能是按社会必要劳动消耗补偿企业的个别消耗，一旦企业期待联系转向市场，企业便处于市场竞争环境中，外在的竞争压力变成企业的内在动力，企业便会自动地采用新技术，进行积累，追求企业的发展。但是，这样的功能只有发育成熟的、完善的市场机制才具有。目前我国即使将企业推入市场，也不可能产生企业行为长期化的效应。原因就在于我国目前的市场机制不完善不发达，主要表现在缺乏公平竞争的环境、市场信号扭曲等。创造公平竞争环境的关键在于消除人为垄断和自然垄断的影响。消除人为垄断的主要途径是解除国家与企业的父子关系，在 W—G 的惊险跳跃中，如不成功，摔坏的应是企业自己，国家不能为之承担损失。只有这样，企业才会立足于开发新产品；采用新技术，寻求新的发展机会。消除自然条件垄断的主要途径是征收资源税、房地产税等，从而扣除由自然条件垄断因素产生的级差收入，以保证各企业在同一起跑线上参加市场竞争，唯有依靠自己的努力，才能获取较高的收入。

动力机制对企业行为长期化的激励功能在于促使企业及其职工从企业积累中得到富有刺激力的好处。农村的改革中，为鼓励农民向土地投资，克服掠夺性经营的短期行为，国家采取了延长土地承包期、由土地投资改良土壤产生的级差收入Ⅱ归农民自己的政策，农民的经营行为由此趋于长期化。根据农村经验，在设计企业长期行为的动力机制时必须注意解决下述两个问题：

一是减轻企业负担。企业如果负担过重，利润大部被抽走，所剩无几，必然会影响企业自我积累自我发展的积极性和能力，最终会影响国家财政收入的增长。因此，根据"欲将取之，必先予之"的原则，国家有必要减轻企业税赋，同时杜绝四面八方对企业的乱摊派，从而使企业从积累中得到看得见的利益。除此以外还必须注意到，像企业间退休金负担不同之类的问题，使同等积累水平得不到相应的收入，从而挫伤企业积累的积极性。因此，妥善解决企业间平等负担问题，也是刺激企业积累的重要环节。

二是稳定国家税收政策和收入分配政策。企业积累是长期行为，企业对投资收益有预期心理，如果税制不稳定，收入分配政策朝令夕改，预期收益是个未知数，企业对投资便有不安全感，从而会失去积累的动力。

总之，只要动力机制对企业具有足够的压力和激励的功能，职工谋求收入最大化过程与企业谋求利润最大化过程结合在一起，便可形成企业行为长期化的动力机制。

### 三、社会主义生产目的与宏观调节机制

利润最大化目标不但能解决企业"自转"的动力，同时也可以成为企业进入实现社会主义生产目的"公转"轨道的动力。这是由利润本身的功能决定的。

利润是价值范畴，以利润为目的看起来似乎同以使用价值满足社会需要的社会主义生产目的相去甚远。其实不然。企业以利润为目的，会从自身利益上关心自己的市场实现成果，关心自己的个别劳动有多少被社会承认，从而还原为多大的社会劳动。企业在利润最大化目标驱使下，一方面具有降低劳动消耗的动力，另一方面具有满足市场需要的动力，最终可为满足社会需要提供更多的剩余劳动和相应的剩余产品。因此，企业利润的增大意味着社会需要满足程度的提高和社会利益的增进。可见，企业的利润冲动与社会主义生产目的不但不相悖，还可成为其有效的实现形式。鼓励企业在市场竞争中谋求利润最大化，也就在实际上赋予企业内在的经济动力和外在的经济压力，使其从自身利益上关心社会主义生产目的的实现。

在现实的商品经济运行中，价值规律作用通过市场价格和利率的变动，调节生产比例，使之适合社会需要的比例。市场机制的这种调节功能得以实现的前提，是企业对市场信号能灵敏、及时地做出反应。企业以利润为目的，则可有效地解决对市场信号灵敏地做出反应的动力问题，从而形成谋求利润最大化和社会得益最大化相结合的机制。

但是，在现实的经济运行中，利润目的与社会主义生产目的不可能自动重合，两者会发生偏离并出现碰撞和摩擦。偏离和摩擦起因于两个方面：一方面是企业谋求利润最大化的行为发生扭曲，例如卖假药之类的弄虚作假、

损人利己的行为；另一方面，利润作为商品经济范畴，自身不可能引出社会主义生产目的，于是出现一哄而上、盲目生产、重复建设等自发性行为。对这些偏差，必须通过健全和加强经济法规来堵塞各种漏洞，打击各种坑害国家和消费者利益、以不法手段获取暴利的经济犯罪行为，使这类行为得不偿失，从而形成这样一种动力机制：每个人在不妨碍别人利益的条件下追求自身利益，最终实现社会利益。

企业谋求利润最大化行为的自发性分别会从产品的供给和企业的扩张两个方面表现出来。

从产品的供给方面看，在商品生产中，企业谋求利润最大化的生产决策是随市场价格信号调整的。虽然价格比例的波动最终会与价值比例趋向一致，从而使供给与需求趋于一致，但不等于说价格的每一波动都反映价值的要求，并促使形成合乎社会主义生产目的要求的产品供给结构。人们一般说市场机制体现价值规律的调节功能，是就波动的价格与价值趋向一致的意义上讲的。它绝不排斥企业为每一暂时的市场行情所动，调整生产决策的自发性和盲目性，经济生活中出现的一哄而上，重复投资、重复建设就是这样，可见企业谋求利润最大化的每一行为，不一定都合乎社会主义生产目的要求。

而且，市场机制虽然能灵活地调节产品的供给结构，但它受自身的功能限制，不能解决合理的产业结构的形成和发展。其原因在于：第一，市场信号具有局部、短期的性质，而产业结构的形成和调整在时间跨度上具有长期性、空间上具有全局性。因此单靠市场机制来协调产业结构需要经过较长时期的自发波动过程；第二，产业结构的形成和发展与一定的经济发展目标相联系，市场机制作为客观的过程，自身不能解决计划目标的实现问题。因此市场机制调节下的企业微观选择，很有可能与宏观计划目标以及与国民经济预定的产业结构发展方向不相符。

针对企业在产品供给方面行为的自发性，国家必须对市场机制调节下企业谋求利润最大化的过程进行干预。这种干预必须在保障市场机制充分作用、不损害企业谋求利润最大化积极性的基础上进行。其基本途径大致包括三个方面：第一，给企业提供信息，其中包括两方面的信息：一是国民经济发展的计划目标，用以指导企业在国民经济计划的大框架下自主经营；二是从宏观角度汇集的与企业生产决策有关的供产销等经济技术信息，用以避免企业收集信息的局限性，减少其活动的盲目性。第二，规范和诱导企业行为。基本途径是，国家根据产业结构协调和发展的目标制定产业政策及相应的投资政策、信贷政策、税收政策，为企业的生产决策给出一定的规范和刺激，保证产业结构发展目标的实现。第三，规范市场行为，基本途径是通过价格政策、税制、经济法规等机制、限制价格波动的振幅，克服价格波动的盲目性、防止垄断、保证市场的公平竞争等。

从企业的扩张方面看，企业在利润最大化目标的驱使下，必然存在着强烈的扩张冲动，主要表现为企业热衷于利用自己的积累和筹集的社会资金扩大固定资产投资规模，从外延方面扩张企业。这种扩张从微观上看可能是有利的。但从宏观上看，全社会的投资规模超过一定量，会出现总需求膨胀，膨胀的需求没有物质保证，会拔高价格总水平，从而出现通货膨胀，引起经济的波动。这是在宏观经济范围内表现出来的企业利润目的与社会主义生产目的的摩擦。我国1984年底出现宏观失控的一个主要原因就在于此，企业一方面以自留利润来满足职工收入最大化的欲望。另一方面又千方百计通过向财政争投资、向银行争贷款来满足自己的扩张欲望，从而并发"消费饥渴症"和"投资饥饿症"。如果以后经过经济体制改革，职工收入最大化的实现过程与市场机制相联系，企业会产生自我抑制消费基金膨胀的机能的话，企业的扩张冲动则需要国家的宏观调节机制来抑制。

由于企业必须在"自转"的基础上，进入实现社会主义生产目的的"公转"轨道，国家宏观调节企业的扩张行为，绝不限制企业谋求利润最大化的长期行为，而是要限制其在扩张冲动中体现的自发性行为。其调节机制主要包括三个方面：第一，以收入分配政策规范企业的收入分配过程，可资利用的杠杆有规定工资基金与企业经济效益挂钩的适当比例，征收超限额工资基金（或奖金）税，用以保证职工收入的增长低于劳动生产率的增长速度。第二，以贯彻财政政策的税收杠杆调节企业税后利润的分配。例如累进的所得税自动调节企业的总利润水平，从而自动调节其扩张和紧缩，基本建设税则能有效地控制企业的固定资产投资规模。服从于国民经济扩张和紧缩的需要，宏观调节还可在减税或增税方面做出选择。第三，中央银行贯彻一定的货币政策，调节市场货币流通量和信贷规模，从资金量上限制企业自发的扩张冲动。上述三方面调节总的来说会形成较硬的预算约束，迫使企业自动地控制投资需求和消费需求。

综上所述，在社会主义商品生产的动力机制中存在着职工收入最大化——

企业利润最大化—社会得益最大化之间的制约关系，在一定的经济机制中三者可统一起来。为使企业行为长期化，可利用市场机制，将职工谋求收入最大化的动力引入实现利润最大化的轨道。为使社会主义生产目的得以实现，可利用宏观调节机制，将企业谋求利润最大化的动力引入实现社会得益最大化的轨道。

# 完善市场的思路[*]

### 魏 杰

　　发展社会主义商品经济的一个基本内容，就是建立和完善社会主义市场。我认为，根据目前我国的市场状况，应该着重从市场的内部构造和市场的外部协调两个方面入手，对市场进行全面的配套完善。

　　市场作为商品经济规律体系的作用机制和形式，有着自己内在的客观机理和与此相适应的内部构造。市场功能是市场内在的客观机理的作用结果，而市场内在的客观机理发生作用的前提，则是市场内部构造的完善。市场内部构造包括市场体系、市场机制、市场机体和市场体制等方面。我们要充分发挥市场的积极功能，就必须完善市场体系、市场机制、市场机体和市场体制，以建立完善的市场内部构造。

## 一、完善市场体系

　　发展社会主义商品经济，意味着在国民经济各个方面和各个层次的广阔视野里把全部社会经济活动纳入市场的轨道，从而建立起广泛的多层次和多方面的市场系统，充分利用市场的内在客观力量推动社会主义经济的发展。因此，社会主义市场应该包括金融市场、职业市场和商品市场。商品市场又由消费品市场、生产资料市场和智力商品市场组成。但我国目前的市场体系极不健全，基本上还停留在单一的商品市场阶段，金融市场和职业市场残缺，急需建立新型的金融市场和职业市场。即使是商品市场，也很不完善：一部分生产资料和智力产品还未纳入市场；许多商品价格仍由国家直接规

---

　　* 原载《中国工业经济研究》1987 年第 1 期。

定，生产者和消费者对价格的反应极不灵敏；商品在各地区之间的流动还受到许多限制，市场竞争不够充分，等等。在这种残缺不全的市场体系下，各种市场机制之间彼此割裂，互有抵触，不仅不能协调配合，而且还会发生逆调节作用。因此，我们必须尽快完善市场体系。完善市场体系的问题已引起普遍注意，需研究的问题也很多，限于篇幅，这里不再展开分析。

## 二、完善市场机制

市场机制是指由在市场上直接发生作用的价格、竞争、供求、利率、风险等诸要素所形成的有机制约体系。其中包括价格机制、利率机制、竞争机制、供求机制、风险机制等。

### 1. 价格机制

价格机制是竞争过程中市场价格与市场供求变动之间的相互制约的联系和作用，它是主要在产品市场中发挥作用的机制。价格机制对经济运行的作用是多方面的。首先，价格机制对生产同种商品的生产者来说，是竞争的工具。生产同种产品的生产者为在市场上保持较高的产品占有率，必须在价格上以廉取胜，从而会带动产品成本的降低和社会劳动消耗的节约。其次，价格机制对生产不同产品的生产者来说，是调整生产方向和生产规模的信号。价格机制决定的价格比例，是社会劳动在各部门间分配的选择条件。价格比例的变动及其与价值比例趋于一致的过程，会调节社会劳动在各部门的分配比例，从而使社会生产各部门能够有比例地平衡发展。再次，价格机制对宏观控制来说，是以其价格总水平的变动，一方面给国家反馈宏观控制的信息，另一方面自动调节企业总体活动，推动总供给与总需求的平衡。最后，价格机制对消费者（企业和居民）来说，是改变需求方向和需求规模的信号。价格水平的上升或下跌，影响消费者的购买意向，从而调节消费者的需求规模和需求结构。价格机制的这些功能能否充分发挥，取决于一系列的经济条件，其中最重要的是企业对价格信号的反应能力和价格自身的灵敏性。因此，完善价格机制最主要的措施是：第一，使价格真正成为利益范畴，使它的变动对企业利益的增减有直接影响，作为具有较强硬度的制约力量而能左右企业活动；第二，放活价格，使价格同生产和供求变动建立紧密的联系，把价格真正变为市场供求状况的指示器，从而能灵活地引导企业的生产经营活动。

2. 利率机制

利率机制是竞争过程中利息率变动与信贷资金供求变动之间的联系和作用，它是主要在金融市场发生作用的机制。利率机制对经济运行的调节功能是多方面的。第一，一定高度的存款利率和借款利率可以促使企业精打细算，讲究资金使用效果。第二，利息率提供在全社会范围内分配社会劳动（资金）的选择条件，不同部门和不同项目采取差别利息率能诱导投资方向。第三，利息率水平能配合价格水平共同调节宏观经济中总供给与总需求的平衡，控制经济增长目标。第四，在产品供求严重不平衡、价格与价值背离太大的情况下，利息率能够通过引导信贷资金的顺畅流动而灵活地促进供求平衡，从而弥补价格机制调节的不足。利率机制的这些功能的充分发挥，需要有一系列的经济条件，特别是投资对利率要有较大的弹性、利息对企业利润有较大的影响等。这就要求利息率必须是货币资金的"价格"，其变动能真正反映和调节货币资金的供求。在金融市场已经完善，并且其他改革已配套的情况下，利息率要自动地随货币资金供求状况变动，从而使信贷资金能根据利息率差别的变动顺畅地在社会生产各部门之间流动。当然，目前我们的金融市场还尚未完全形成，国家还必须控制利率的变动，这也是必要的。但是，从利率机制的内在要求来看，利率机制充分作用的最主要前提，还是要把利率变动和信贷资金供求变动直接挂钩，能使利率自行变动。这是完善利率机制的最主要之点。

3. 竞争机制

竞争机制是竞争同供求关系、价格变动、资金流动之间的有机联系和作用。竞争机制的作用不是孤立的，它同价格机制和利率机制等紧密结合并共同发生作用。竞争机制的内容包括争夺较大的销售市场、争夺资金来源、争夺先进技术、争夺技术和管理人才等。竞争机制充分发挥作用和展开的标志是优胜劣汰。竞争机制在商品市场、金融市场和职业市场上都发生作用，并且保证价格机制和利率机制等功能的充分实现。因此，竞争机制是市场机制的一个基本要素。为了使竞争机制能够充分发挥作用，我们至少应该尽快解决以下几个问题：第一，给予企业作为商品生产者和经营者应具有的权力和地位，其中包括生产方向和生产规模的决策权、经营方式决策权和相应的投资决策权。这是竞争机制得以展开的先决条件。第二，使企业能够在竞争中获得相应的经济利益，这是竞争机制充分展开的动力。第三，破除各种各样的垄断，为竞争机制创造良好的环境和条件。这包括破除企业在政治上的等级差别、打破地区限制等。

4. 风险机制

风险机制是市场活动同盈利、亏损和破产之间的相互联系和作用。在商品经济条件下，任何一个经济主体都面临着盈利、亏损、破产的多种可能性，都必须承担相应的风险。风险以利益的诱惑力和破产的压力作用于企业，从而督促和鞭策每个企业发奋经营，改善管理，更新技术。企业一旦没有利益的风险就会失去千方百计生产适销对路、价廉物美的商品的动力。因此，风险是一个极为重要的市场机制。只有在风险机制的充分作用下，各经济主体才能努力提高劳动生产率和按照市场需要安排经营活动。我国目前的市场活动中可以说没有风险机制，因此，完善市场机制最重要的任务是建立风险机制。为此，我们应该做好三个方面的工作：第一，改变原有体制下国家对企业的软预算约束关系，将企业的期待联系由国家转向市场。一旦企业的期待联系转向市场，企业的经济利益同其市场实现成果紧密联系起来，企业的全部活动就被推入市场，承担市场风险，特别是要承担在 W—G 的致命跳跃中的风险。在这种情况下，风险机制就会充分展开。第二，完善自负盈亏制度。自负盈亏意味着企业对自己的经营状况承担全部经济责任和风险，因而自负盈亏是风险机制发生作用的重要条件。第三，实行企业破产制度。破产是风险机制的最高层次的作用形式，因而也是风险机制运行的最关键条件。只有在破产制度下，才能使企业真正感到经营是风险性活动，从而使企业在风险机制的作用下努力改进技术和改善经营管理。

5. 供求机制

供求机制是商品、资金和劳动力的供求之间的内在联系和作用形式。它是一个很重要的市场机制，价格、竞争、利率等市场机制的作用都离不开它。供求机制在商品市场、金融市场和职业市场上均发生作用，其作用特点是：第一，供求关系同价格、利率和工资紧密联系并通过它们的变动实现自己的功能；第二，供求双方在市场上总是兴奋和消沉相更迭，供求关系总是处在摇摆不定的局面；第三，供求平衡是偶然的，供求矛盾是经常的。由此可见，供求机制实际上是供求双方矛盾运动的平衡机制。正由于供求机制作用于供求双方的矛盾运动之中，所以供求机制的作用强度如何与供求格局紧密相关。这要求我们把完善供求机制的重点放在完善供求格局上。完善供求格局的关键是制定以效益为中心、适当控制增长速度的中长期经济发展战略，并建立起能及时防止消费基金增长过猛和投资超常扩大的需求膨胀制约机制，这需要从计划体制、投资体制等方面进行综合配套改革。

在完善上述市场机制过程中，除了注意各市场机制本身的具体特点外，还要考虑到各市场机制的共同特点。其中主要有：第一，联系性，即任何一个市场机制的作用都会引起其他机制的连锁反应并要求其他机制的配合。第二，利益制约性，即通过对每个经济主体的经济利益的或增或损来发挥作用。第三，客观性，即在某种特定条件下，某种机制就必定会发生某种作用，而不具备这种条件时，其作用必定无从发挥。第四，内在性，即它的作用是来自内在的某种机理，而并不是外部力量的作用所造成的。根据各市场机制的这些共同特点，我们在完善市场机制时应该做到：充分注意各种机制的相互关系和相互作用，搞好市场机制的配套改革；承认各经济主体的特殊经济利益，防止市场机制作用呆滞；要特别注意完善市场机制发挥作用所必需的条件，为市场机制运行创造良好的环境；市场机制的完善，必须以不损伤市场机制的内在机理为前提。

## 三、完善市场体制

市场体制是市场上的各种管理组织和手段的有机统一体，是保证市场活动正常化和防止市场出现紊乱状态的市场自我组织系统，因而它是市场内部构造的一个重要方面。完善市场体制的重点，是完善市场管理组织和手段体系。

社会主义市场管理组织由三类市场管理机构组成。第一类是国家设置的专门市场交易活动管理机构，其中包括政府的有关职能部门、政法系统的有关机构、检查系统的有关部门，以及统计、审计、财政、税收、工商、银行、物价等管理机构。第二类是市场流通物资的技术管理机构，主要包括计量、测试、质量管理、环卫保护、物价检查等管理机构。第三类是社会性的群众管理机构，这包括质量监督协会、消费者协会等民间性监督组织。由上述三类管理机构所组成的市场管理组织目前急需完善的方面是：首先，搞好各管理机构之间的分工，加强统一协调，以防止出现无人问津的结合部，造成市场运行的紊乱。其次，加强和充实各管理机构的人力，并提高各管理机构人员的市场应变能力和管理水平，特别是应使他们掌握市场运行知识，增强市场控制能力。最后，考虑到市场的复杂性、多变性和不透明性，还要为各市场管理机构提供相应的技术手段，以加强管理的科学性，防止盲目性。

市场管理手段体系是一个包括多种市场管理手段的综合体。其中主要有：第一，政策和法律手段。政策手段是指以经济利益为内容而以行政强制为形式的经济政策，例如市场物价政策、市场税收政策、关税政策等。法律手段是指以经济行为规范为内容而以法律强制为形式的经济法规，例如市场管理法、工商管理法、竞争法等。在运用政策手段和法律手段管理市场方面，当前主要有两个问题急需解决：首先，不少经济政策和经济法规不健全、不完善，其中有些已经过时，不能适应经济改革的发展，急需充实和修改；其次，经济政策贯彻不力和执法不严的现象极为普遍，这要求我们必须尽快加强政策观念和健全法制。第二，财政和银行手段。财政和银行是代表国家从全局利益的角度出发，利用价值形式对市场的经营活动、买卖关系进行管理监督。财政在参与国民收入分配和再分配的过程中，同市场购销活动有紧密联系，因而可以通过国家与企业之间的缴、拨款活动，特别是通过对市场活动的拨款业务，对财政资金的市场活动进行管理监督，从而实现对市场的管理和监督。银行是全国资金活动的总枢纽，任何单位的市场经销活动都要以货币形式表现在银行账簿上，银行利用自己的这种特殊地位和作用，可以通过信贷、结算和现金管理等业务，对市场经销活动中所需要的信贷资金及市场货币流通状况进行管理和监督，以实现对市场的管理和监督。但是，目前财政和银行还没有能充分发挥对市场的管理和监督作用，其主要原因是财政和银行体制还不适应现在的市场活动。我国的财政目前仍然是偏重于聚财和分财，还没有把对市场经销活动的监督和管理列入主要议事日程。因此，财政和银行能否对市场起到很好的监督和管理作用的关键，是要搞好财政和银行的体制改革。第三，行政手段。行政手段主要包括城乡市场具体业务管理、工商企业开业登记管理、商标管理和经济合同管理等。市场行政管理是非常必要的。但是，目前市场行政管理还是一个薄弱环节，各种管理制度都很不完善。例如，商标管理存在着许多问题：有的非法仿制已注册的商标；有的乱用注册商标，以假充真；有的冒充名牌，有的使用未经批准的或已废止的商标；有的没有商标，优劣产品无从鉴别，消费者选购失去依据。因此，要加强市场行政管理，就必须尽快制定和完善各种市场行政管理制度，以使行政管理能起到应有的作用。

## 四、完善市场机体

市场作为买卖双方交换产品及劳务的经济过程，其活动主体包括买方和卖方，但在不同的经济条件下它们的地位却是不同的，这就使得市场机体呈现出不同的形态。因此，首先是选择适当的市场机体，然后再对所选择的市场机体进行完善。

市场机体主要有两种形态：一种是以承认买方主权为前提的总供给略大于总需求的买方型市场机体；另一种是买方主权受到损害的总需求过分大于总供给的卖方型市场机体。当市场机体表现为卖方型市场时，社会经济效益和宏观控制效益都难以保证。因为：第一，在严重供不应求的卖方型市场条件下，商品的市场价值要由劣等生产条件下的单位商品的个别价值来调节。这就使得生产者失去了改善经营管理和采用先进技术的动力和压力，失去了努力降低劳动消耗的主动性和积极性，从而阻碍了经济效益的提高。第二，卖方市场的过度需求会使价格、税率、利率、汇率等信号严重扭曲，并造成严重的分配不合理和苦乐不均的状况，结果使国家的宏观控制措施无法通过对市场的调节而对企业发生作用，宏观控制效益极差。

与卖方型市场机体不同，买方型市场机体对于促进经济效益和宏观控制效益的提高具有很大的作用。首先，在买方型市场机体中，商品的市场价值是由优等或中等生产条件下的单位商品的个别价值来调节的，这就使得那些个别价值高于市场价值的生产者的一部分劳动耗费得不到社会承认，经济利益受到很大损失，从而使商品生产者在经济利益机制的作用下，必然努力改善经营管理，积极采用先进技术和先进生产方法，尽力提高经济效益。其次，在买方型市场机体中，各种市场信号基本趋于正常：它们既能准确地为宏观控制导向，又能使宏观控制措施通过它们而调节企业经营活动，保证整个国民经济的平衡发展。因此，我们所需要的是买方型市场机体。

既然买方型市场机体是我们的追求目标，那么我们如何完善市场机体而使其成为买方型的呢？主要有两个途径。第一，控制需求。其中包括：严格控制货币发行量，以防止由于货币发行过度造成社会需求增长速度超过商品可供量的增长速度；反对脱离劳动生产率提高程度的早熟消费，以防止消费基金的过猛增长而引起需求膨胀；把国民经济发展速度适当地限制在一定范围内，以防止过快的速度使市场绷得太紧；控制基建规模，以防止投资基金的增长给市场带来超常的压力；坚决杜绝国民收入超分配，以防止需求长期居高不下。第二，指导供给。其中包括：通过各种政策措施特别是产业政策来调整生产结构，抑"长线"而拉"短线"，改善资源的地区配置，提高规模效益；有重点地协调发展国民经济，防止因片面发展重工业和直接生产能力而引起国民经济失衡；重视经济效益而反对不切实际的盲目冒进，把生产发展建立在效益的基础上；搞好内涵性扩大再生产，通过提高投入产出率来增加生产，改变靠增加投入、靠外延扩大再生产而增加产量的方针；通过利用国际分工、参与国际竞争、提高国内产业出口创汇能力等措施而促进生产的发展，绝不能以进口替代来增加供给。总之，我们应该在严格控制需求的同时，注意指导供给，从需求和供给两个方面协调市场买方和卖方的关系，保持买方市场的态势，以使市场功能和国家宏观控制措施能高效率地发挥作用。

# 应当充分注重的三种调节手段<sup>*</sup>

## 魏 杰

在最近一个时期，不少人在探讨宏观控制机制时，往往偏重于财政调节手段和金融调节手段，而对于经营性调节手段、所有权约束性调节手段和示向性调节手段有所忽视。这是不对的。本文试图对这三种调节手段做些探讨。

## 一、经营性调节手段

所谓经营性调节手段，就是指国家直接经营一定数量的服从于调节目标的非营利生产企业和流通企业，并且开展一定限度的国家订货活动，以调节社会再生产过程中的产流量，从而影响和调整宏观经济变量，使它们按照宏观经济政策的要求发生变动，对市场机制起到有效的调节作用，保证国民经济的有计划发展。经营性调节手段是很重要的。它实质上就是国家利用自己所直接掌握的物质力量对市场机制进行调节，因而可以弥补财政、金融等价值形式的调节手段的不足，同调节价值流量的财政、金融等调节手段相配合，形成实物流量调节和价值流量调节的双重有机统一调节体系。就连西方的一些国家现在也特别注重这种调节手段。具体来说，经营性调节手段主要包括三种类型。

### （一）国家直接经营的生产企业参与调节

在间接宏观控制体制下，国有企业一般都通过两权分离的形式让渡出经

---

* 原载《经济问题》1987 年第 5 期。

营权，不再由国家直接经营，但为了保证宏观控制机制的有效性，国家直接经营一定数量的社会化程度高、对国计民生影响很大的重要企业，是非常必要的。由于在各种产品及各个产业之间存在着内在的有机联系，因而国家可以通过调节这些由自己直接经营的重要企业的生产规模及生产方向，有效地影响其他企业的生产规模及方向，从而对社会总需求与总供给的总量及结构发生协调作用。在社会总需求与总供给的总量不相适应的情况下，通过调整这些企业的生产量，会对缓和总需求与总供给的矛盾起到重要的作用。当社会总需求结构与总供给结构发生矛盾时，这些企业的生产方向的调整，能够有效地促进生产比例的协调。国家通过直接经营某些重要企业而调节经济运行的方式，不仅比其他调节方式来得快，而且也是其他调节方式有效发挥作用的保证。因此，就连以私有制为基础的西方资本主义国家，也特别注重直接经营一定数量的服从于调节目标的重要企业。我们是以公有制为基础并且国有制占主导地位的社会主义国家，运用这种调节手段有着必然性和西方国家所不能比拟的优越性，更应该注重运用这种调节手段。

国家直接经营的服从于调节目标的企业，同其他一般性国有企业在经营上有着很大的区别，这些企业不可能像其他一般性国有企业那样成为相对独立的商品生产者和经营者。为了使这些企业能够充分发挥调节作用，必须使这些企业遵守这样一些原则：第一，主要地不是依据市场状况从事经营活动，而是基本上要在国家指令性计划范围内组织生产和经营活动，基本上要执行国家统一制定的产品价格，因而只能享有有限的自主权，负有有限的经营责任。第二，主要不是以经营利润为目标，而是以调节为目标，因而只能实行一定程度的自负盈亏，不仅因服从于调节目标而形成的亏损必须要由国家补贴，而且重大技术改造项目和基建项目所需要的资金也要由指令性计划贷款加以保证。第三，不能成为独立的分配单位，分配活动要由国家直接掌握。由于这些企业在稳定经济中负有特殊责任，经营活动完全服从于调节目标。把社会利益和效益放在首位，因而这些企业的职工劳动报酬显然不能由本企业的经济效益来决定，而应该由更大范围的整体经济效益或全社会的经济效益来决定，这取决于社会的一般水平。就是说，这些企业的职工劳动报酬应该由国家按照社会的一般水平制定统一的劳动报酬标准，工资增长水平至少不能低于社会一般水平。当然，上述原则是仅就这些企业的整体来说的，至于企业内部，也还应该实行有奖有惩的分配制度和严格的责任制，把不断提高劳动生产率放在重要的地位，并不断增强活力。

国家直接经营的服从于调节目标的企业，虽然不按照市场状况从事经营活动，但并不是说它们不参与市场调节，而是指它们作为计划的载体被国家自觉地用于调节市场机制的运行。因此，国家必须为这些企业参与市场调节创造良好的条件，以保证调节作用的充分发挥。从有利于调节目标出发，使这些企业在一定时期或一定范围内具有某种程度的垄断性是必要的，这样做不仅不会破坏有效的竞争，而且还会使竞争发挥具有更高层次的作用。因此，国家应该根据调节目标的要求，使这些企业具有一定的特殊性。

**（二）国家直接经营的商业企业参与调节**

国有商业企业同国有生产企业一样，虽然绝大部分一般都不再由国家直接经营，但同样也要由国家直接经营一部分，以利于计划调节目标的有效实现。国家直接经营的商业企业根据市场供求和价格变化而主动地在市场上进行物资吞吐，可以对社会总需求与总供给起到有效的协调作用，从而保证市场机制的有计划运行。

国家直接经营的商业企业主要是通过变动市场商品流量的形式参与市场调节的。就是说，当市场上的商品流通量严重超过社会总需求时，国家直接经营的商业企业可以扩大商品收购，或同时执行最低保护价，或同时执行高于市场自发价的价格，以防止价格暴跌，从而保证市场机制的正常运行；相反，当市场上的商品流通量过分地落后于社会总需求时，国家直接经营的商业企业可以增加商品供应，或同时执行最高限制价，或同时执行低于市场自发价的价格，以防止价格暴涨，引起市场机制运行紊乱。如果具体来划分，国家直接经营的商业调节经济运行的形式有三种。第一种是以丰补歉，即借助储备，在商品严重供过于求时扩大收购，在商品严重供不应求时则扩大出售。第二种是商品互补，即以甲种商品的过剩弥补乙种商品的不足，通过售价差别促进商品替代。第三种是一种比较极端的形式，即以国家财政为后盾，高价收购，然后由国家财政补贴，低价或平价出售。

国家直接经营的商业企业虽然主要是通过变动市场商品流量的形式参与市场调节的，但并不排斥它们同时也采用其他一些调节形式。例如，它们可以通过对生产企业准确反馈市场信息，对消费者进行消费引导等形式，对市场发生调节作用。特别是由于国家直接经营的商业企业有国家财力做后盾，市场调节力比较强，对于其他商业企业具有灵敏的示范和指导效应，因而它们的行为本身就是一种示向调节。

当然，由国家直接经营的服从于调节目标的商业企业，只能是国有商业企业中的极少部分，最多不能超过全部国有商业企业的 10%。有人在讲国营商业企业参与市场调节时，不区分国家直接经营的商业企业同国有商业企业的不同，把所有国有商业企业都当成了参与市场调节并服从于调节目标的商业企业，这是不对的，这样做的结果只能是又回到原有的体制上去。同时，由于国家直接经营的服从于调节目标的商业企业，同国家直接经营的服从于调节目标的生产企业一样，也不可能以营利为目标，因而国家对于它们因参与调节活动而形成的亏损要给予补贴，并且也要把它们因参与调节活动而获得的非正常高额利润收为国有。因为服从于调节目标的商业企业主要是靠物资吞吐来实现调节作用的。所以它们需要有现代化的设备及雄厚的财力支持，这就要求国家应当从财政、金融等方面给以有力的支持。当然，这些商业企业自身也需要有较强的经营素质和活力，必须坚决克服包括官商作风、吃大锅饭等在内的种种弊端，提高参与市场调节的经营能力，并同各类企业开展纵向和横向的合作与联合，建成产供销四通八达的业务网络及信息流转渠道，以保证调节作用的有效实现。

### （三）国家订货参与调节

之所以把国家订货作为经营性调节手段，是因为国家订货在发挥调节作用时，不是凭借国家权力直接命令企业必须生产什么和生产多少，而是以顾客的身份出现在市场上，通过经营关系影响企业的生产方向和生产规模，从而实现预期的调节目标。在我们这样的社会主义大国中，国家订货的总量及结构的变动，对于社会总需求与总供给的总量及结构可以产生很大的影响，因此，国家可以根据调节目标的要求，通过订货总量及品种的变更，有效地协调经济运行。例如，国家通过有选择的订货，可以鼓励某些重点部门的发展，促进经济按比例地发展。特别是由于国家订货具有规模大、价格优惠以及货物支付保证性强等其他任何购买活动都无法比拟的优点，所以国家订货对企业具有极大的吸引力，可以使调节目标通过订货规模及结构的变化而有效地实现。

为了很好地发挥国家订货的调节作用，国家在向企业购买商品时必须充分保证企业能够得到相应的物质利益，如果企业需要，还应由国家在原材料供应及产品运输等方面提供优惠服务。在订货合同生效的条件下，国家按照合同规定有要求企业完成合同任务的权利、也有保证企业外部生产条件充分满足的义务；当然，企业按照订货合同规定也有完成合同的义务和要求国家提供原材料、运输等外部生产条件的权利。这种权利和义务应当依据法律来建立，并且受法律保护，双方都要承担法律责任。只有这样，才能使国家订货通过与企业的经营性活动而有效地发挥调节作用。

## 二、所有权约束性调节手段

所谓所有权约束性调节手段，就是指国家通过所有权约束关系从宏观上调节经济运行。在社会主义生产资料公有制条件下，所有权约束能够对经济运行起到积极的调节作用。这是社会主义经济调节活动与资本主义经济调节活动的一个很重要的区别。资本主义实行的是以生产资料私有制为基础的市场经济，不存在公有制性质的生产资料所有权，国家是不可能通过所有权约束对经济运行发生积极的调节作用的。资本主义生产资料私有权只具有从极大地追求剩余价值上约束企业自身经营活动的功能，即人们通常所说的资本主义企业的硬预算约束。资本主义生产资料私有权是不可能从社会利益上约束由各个企业相互作用而形成的企业整体经营活动的。因此，资本主义企业往往都只是从各自的私利上对待国家的宏观调节，使得国家的宏观调节效应弱化甚至根本不发生作用。

与资本主义不同，社会主义实行的是以生产资料公有制为基础的经济制度，并且国有制占主导地位，普遍存在着公有制性质的生产资料所有权，因而国家能够通过所有权约束对经济实行有效的调节。就国有制企业来说，所有权约束可以通过四个方面的途径调节经济运行。

第一，经营权让渡条件。在间接宏观控制体制下，国有制企业一般都不再由国家直接经营，而是通过两权分离的形式使企业具有独立自主的经营权，成为相对独立的商品生产者和经营者。但是，国家无论是通过承包制和资产经营责任制的形式，还是通过股份制、租赁制或其他的形式让渡经营权，都是以经营者承担一定的经济责任为前提的，经营者只有承担一定的经济责任，才能获得对企业的经营权。经营者承担的经济责任，实际上就是国家让渡经营权的条件。在国家主动掌握经营权的让渡条件的情况下，国家就可以根据调节目标的要求，变动经营权的让渡条件，通过经营权让渡条件的变动调节经济运行。

第二，所有权实现形式。国有制企业在让渡了经营权之后，其所有权的实现主要通过税收来完成。根据调节目标的要求，国家可以依据所有权调整税收，通过税收的变动影响和引导企业的经营活动。在这里需要指出的是，资本主义国家虽然也可以通过税收调节企业经营活动，但它的调节效应远远比不上社会主义国家的税收调节效应，因为资本主义税收并不是一种所有权的实现形式，仅仅是由于国家政治职能引起的，调节力会受到极大的限制。因此，从经济实质上说，资本主义税收和社会主义税收并不是完全具有相同内容的经济范畴，社会主义国家通过税收变动调节经济运行，是所有权约束关系制约经济活动的具体体现。

第三，最终主动调节权。在国有制企业的经营权让渡之后，国家一般不再直接管理企业的经营活动，但这绝不是说国家对于企业的任何经营活动都不再进行必要的干预。由于国家在让渡了企业的经营权之后，还对企业具有所有权，因而国家事实上对企业的经营活动还保留着最终的主动调节权。如果企业的经营活动有损于国家预期目标的实现，国家可以依据所有权对企业实行最终的主动调节，例如国家可以按照有关法律规定，通过收回经营权，重新委派、任免或批准聘选企业的主要领导人员，决定企业的关、停、并、转、迁等形式，调节企业的经营活动。

第四，普遍监督权。国有制企业归全民所有，因此，即使国家让渡了经营权，人们也还能够依据所有关系而享有充分的监督权，从而可以通过经济监督对企业的经营活动实行有效的调节。例如，通过对企业内部分配过程的监督，可以防止弄虚作假，滥发奖金等弊端的发生，避免造成消费基金失控，引起社会总需求的盲目增长。实践已充分表明，普遍的经济监督是国家制约和矫正企业越轨行为、保证国民经济良性循环的重要调节手段。

## 三、示向性调节手段

所谓示向性调节手段，就是指国家以某些指导性方式把国家计划的要求传导给企业，使企业活动能够朝着有利于计划目标实现的方向发展。这种调节手段主要包括指导性计划示向、国家行为示向、部门和行业的规划示向、信息示向。

### （一）指导性计划示向

在间接宏观控制体制下，国家计划虽然不再以指令性形式直接下达给企业，但计划还要向全社会公布，并且还要分解为具体的指导性计划下达给企业。指导性计划虽然对企业无约束力，并且可以在经济运行中校正，但是它毕竟可以给企业的活动大致指出一个方向和运行轨道。具体来说，指导性计划的协调功能大致包括三个方面：第一，指导性计划可以供企业在决策时参考，使企业能够在国民经济计划的大框架下安排经营活动，从而起到促进生产和需要大体平衡的作用。第二，指导性计划具有从宏观角度对生产方向及产供销行情进行预测的性质，对企业来说，实际上是一种汇集各方面经济技术状况的权威性信息，因而可以使企业减少经营活动的盲目性。第三，指导性计划还可以协调企业间的供销经济联系，促进专业化协作和经济联合。例如，通过实行合同制把国民经济各部门、各企业有机地联系起来，使社会主义商品当事者之间建立起稳定的产供销关系，从而使供求矛盾得到协调。

### （二）国家行为示向

国家行为示向是指国家的经济行为会对企业产生一定程度的导向作用。国家作为宏观控制的主体，它的活动对于企业的经营活动有着巨大的影响，因而任何企业在安排经营活动时都不能不注重国家的经济行为，这就使得国家的经济行为会对企业产生示向的作用。例如，国家投资行为就是这样。国家根据国民经济宏观调节目标的要求，把对社会生产各部门的投资按轻重缓急加以排序的行为，实际上是反映整个社会投资发展趋势的信息载体，当然会对各部门及各企业投资决策起到重要的调节作用。

### （三）部门和行业的规划示向

随着间接宏观控制体制的逐步完善，各个部门及行业对于企业的直接纵向行政管理将被取消，各个部门及行业的主要职能是制定部门和行业规划。部门和行业规划是各部门及行业的具体发展规划，包括部门及行业的产品结构规划、技术结构规划、企业结构规划等。部门和行业规划可以为企业提供各部门及行业的中远期发展前景，使企业把市场信号所反映的近期需求规模与中远期发展目标结合起来，做出符合社会需求发展的科学决策，从而可以保证国民经济的有计划发展。

## （四）信息示向

在生产者主要依据市场状况进行生产决策的条件下，信息对于需求与供给的协调起着极为重要的作用。但是生产者由于人力、物力和地位等方面的局限，所搜集的信息总是有限的，对社会需求的发展变化缺乏准确的把握，不能较全面地获得市场供求动态的信息，从而往往会使生产和实际需要发生偏离。因此，国家通过各种途径向生产者发布经济信息，提供咨询服务，使生产者了解客观经济动向，了解重要产业、重要产品的生产、库存和需求情况，对于促进生产者做出正确经济决策，从而对于促进生产和需求的协调发展具有重要的作用。为了充分发挥信息在协调社会生产方面的重要作用，目前需要做好这样几个方面的工作：第一，建立多层次的信息中心和信息交流网络，以克服目前各部门独自所建立的信息机构不能产生综合信息和信息输出太弱的缺陷。第二，注意向生产者宣传国家的经济政策，公布中长期国民经济计划的详细内容，定期发布有关生产和社会需要的各种统计数字，并搜集、筛选各种信息，及时向生产者提供准确的信息。第三，经常组织力量对一些重要产品的生产、需求动向做出分析和预测，将结果告知生产者，并根据对市场预测的分析，提出哪些部门应该扩大而哪些部门应该缩小的预测意见。

# 经济运行机制的转换：无序和有序*

洪银兴

中国的经济体制改革已经走过了十年的艰难曲折的历程。十年来经济运行理论和实践的重大进展，确认了社会主义经济是有计划的商品经济，找到了计划和市场内在统一和结合的经济运行机制，即"国家调节市场、市场引导企业"的机制。改革实践中出现的双轨制在一定意义上说，是由传统的经济运行机制向新的经济运行机制转换的过渡性环节。双轨制运行中出现的新旧两种机制的摩擦、碰撞和无序状态，又催促着人们推进改革，尽快结束双轨制，实现向新的经济运行机制的转换，从而建立起社会主义商品经济的新秩序。但是，经济机制的转换又不是易事。它会碰到重重困难和阻力。清醒地估计转换过程的困难、阻力及可能出现的无序状态，采取有效的改革措施，便可保证经济机制的转换成为有秩序的过程。

## 一、新的经济运行机制的基本秩序

十年来，以经济运行机制为主轴进行的经济体制改革是以社会主义条件下商品经济理论的发展开道的。党的十二届三中全会通过的《中共中央关于经济体制改革的决定》确认，社会主义经济"是在公有制基础上的有计划的商品经济"。"实行计划经济同运用价值规律、发展商品经济，不是互相排斥的，而是统一的。"这个论断的划时代意义在于，它一举破除了长期存在的计划经济与商品经济、计划和市场的对立论，标志着中国经济改革遭遇的"坚冰"正在被打破。这样，人们可以从有计划的商品经济的规定性

* 原载《高校理论战线》1989 年第 1 期。

出发，重塑经济运行机制。经过几年的讨论，人们又进一步找到了计划和市场内在结合的经济机制。这就是党的十三大认可的"国家调节市场，市场引导企业"的机制。我国正在和将要进行的经济改革的攻坚战，就是要建立以这种新的经济运行机制为主轴的社会主义商品经济新秩序。

在新的经济运行机制中，基本的秩序是，企业作为商品生产者的活动直接受市场调节，国家以市场机制及市场调节过程为调节对象，实现对国民经济的计划管理，从总体方向上制约和协调市场调节过程。只要整个社会的经济活动都受循着计划轨道运行的市场机制的调节，计划和市场的作用便能够覆盖全社会。

按照新的经济运行机制要求建立的社会主义商品经济秩序涉及两方面的规范和规则。

首先是经济运行主体的行为规范。社会主义商品经济运行中的主体有三个：一是企业，二是市场（在市场上表现出来的企业总体活动）；三是国家。各个主体的行为规范由各自在经济运行机制中的地位和功能规定。企业作为商品生产者，必须遵守利润最大化的行为规范，真正按商品生产者的行为准则行事。市场必须遵守充分竞争的行为规范，市场价格的形成必须反映价值规律的要求。国家调节市场的行为必须规范、透明，既保证预定的宏观计划目标的实现，又不压抑市场机制的充分作用。

其次是各个层次经济运行的规范。社会经济运行分为微观运行、产业结构和宏观总量三个层次。各个层次上经济运行的规范由新的经济运行机制的调节功能规定。

在微观经济层次上，市场调节供求平衡最为直接和有效。在这一层次上国家调节市场的基本功能是：维持市场机制运行的正常秩序，透视市场机制运行的方向和态势，以指导性计划和指导性价格将市场这只"看不见的手"变为"看得见的手"，防止价格的暴涨暴跌和供求的大起大落。

在产业结构层次上，以二元结构为起点的产业结构的协调和优化是长期的过程。这个过程应是自觉的过程，应以国家调节为主。在微观开放、市场供求结构直接受市场调节的条件下，国家调节产业发展的机制是：以产业政策及相应的经济参数指导市场机制作用的方向，规范市场行为，推动市场调节下的供求结构变动进入产业结构协调和发展的计划轨道。

宏观经济的总量关系涉及国民经济的运行和发展是否稳定。这个层次的运行也应以国家调节为主。在企业投资规模和消费基金规模直接受市场调节的条件下，国家调节宏观总量平衡的机制是：以财政政策、货币政策、收入分配政策及相应的经济参数为市场机制导向，使在市场调节下形成的企业投资规模和消费基金规模符合宏观总量平衡的要求，实现预定的经济增长率。

现行的经济运行机制呈双轨制；生产和流通分计划内和计划外两块，相应地，产品价格分别由国家规定和市场形成。在这里，计划和市场两种调节机制不是有序的内在结合，而是无序的外在结合。它造成了经济生活中一系列的无序现象：投资需求和消费需求的膨胀难以遏制；供求矛盾尖锐，市场物价失控；各类"倒爷"活动猖獗；产业结构失衡状态难以克服，等等。显然，不结束这种双轨制，社会主义商品经济新秩序便难以建立，经济活动也不可能从无序走向有序。

尽管双轨制是从传统的经济机制向新的经济机制转换的过渡性经济机制，但从双轨制转向新的经济运行机制仍是艰巨的过程，它包含三个方面的机制转换：

第一，由行政性分权转向经济性分权。已有的改革，扩大了企业的决策权，但是国家对企业的行动仍然有行政性限制；国家也随时可按自己的意图收回放给企业的权力；企业在生产什么、生产多少、为谁生产方面的决策仍要受行政部门的约束。这种分权，严格地说，还只是行政性分权。新的经济运行机制要求国家与企业实行经济性分权。其特征如下：一是企业凭借所有权、经营权或法律的约束力，有真正的不可随意侵犯的独立的决策权。二是企业决策由市场而不是由行政部门调节。三是调节企业决策的市场价格等信号在市场机制中形成，而不是由国家行政部门规定。四是国家不直接控制企业的行动，而是通过影响企业活动的环境（如税收、信贷、价格等）来间接地控制企业活动。显然，经济性分权的实质是强化经济规律（特别是价值规律）对经济活动的调节作用，弱化行政部门的行政调节作用。

第二，扩大计划和市场结合作用覆盖的范围。在现行的双轨制中，计划和市场分别作用于一块经济。市场调节的一块经济不仅排斥计划的制约，还由于市场的不完全，不能体现价值规律的作用。国家直接计划的一块经济因排斥市场调节仍然缺乏活力和效率。因此双轨制的结合效应不是计划和市场积极作用的互补，而是相互摩擦和冲突，产生低效率和盲目性结合效应。人们以为市场调节的一块经济渗入计划因素、计划调节的一块经济导入市场因素便可克服上述弊病。实践已经证明，这种维持双轨制的修补不可能如愿。正确的途径只能是结束现行的双轨制。无论是现行计划内的还是计划外的企业都直接受市场调节。国家由直接调节企业转向直接调节市场，使之循计划轨道运行。这是在新的层次上扩大计划和市场作用所覆盖的范围。

第三，转换价格形成机制。在现行的双轨制中，国家确定一部分产品价格，市场确定一部分产品的价格。国家确定的价格因带有主观性和固定性，往往是扭曲的。即便是市场上形成的价格，也会因市场的不完全和市场功能的不充分而不能正确反映价值的要求。结束双轨制、转换经济机制的中心内容，便是让各种产品的价格在市场机制中形成，国家的作用不是直接规定价格，而是为市场价格的形成提供约束条件，调节形成价格的市场机制的运行。

我国传统的经济运行机制以"统"为特征：国家集中决策，统一生产和流通计划，统配生产资料，统购包销，统收统支，统负盈亏，统一价格，统一招工，统一工资标准……尽管这种机制存在着僵化而缺乏效率的弊病，但这种机制的运行还是有秩序的。作为改革目标的"国家调节市场，市场引导企业"的机制运行，正如前面所说也是有秩序的。现行的双轨制运行却是无秩序的。这时，传统经济运行机制的旧秩序已经被打破，新的经济运行机制的新秩序尚未建立起来，有计划商品经济尚不完善。低能的计划经济同不成熟的商品经济不协调的结合，便是双轨制运行无序性的根源。因此，发展商品经济、完善计划经济，是有序地实现经济运行机制转换的必要条件和途径。

改革价格、转换价格形成机制是转换经济运行机制的中心。但是，价格改革不是孤立的，它包含在经济运行机制的整体转换中。价格改革能否有序，在很大程度上取决于企业经营机制转换、市场发育及宏观控制机制转换是否有序。

## 二、企业经营机制转换的秩序

转向新的经济运行机制的一个重要方面是扩大市场引导企业的范围。市场引导企业的微观基础是企业作为商品生产者进入市场，成为市场主体：一方面企业对市场信号能灵敏反应；另一方面企业参加市场活动时能采取符合市场规律的行为。这也是公有制企业同市场调节相兼容的基础。

企业对市场信号反应的灵敏度取决于企业对市场信号反应的能力和活力。能力同企业自主经营的权力和可支配财力相关，活力则取决于企业利益同其市场实现成果的联系强度。这两者都同全民所有制内部企业预算约束的硬度相关。

几年来，为增强企业活力，全民所有制经济继利改税的改革以后，又推行了旨在完善企业经营机制的承包经营责任制。这种改革的本意是稳定国家与企业的分配关系，让企业在利润增长中得到看得见的利益。遗憾的是推行承包制的结果不尽如人意。现行承包制在一定程度上弱化了企业的市场约束。首先，现行的价格体系造成的不均等的机会在承包制中得不到克服。价格放开后，一定几年的企业承包任务便同市场价格体系的新格局发生抵触。有的企业因消化不了原材料涨价等因素而难以完成承包任务，有的企业则可能通过涨价行为轻而易举地完成承包任务。这两个方面都会阻碍价格体系的合理化。其次，在承包制中保留了企业同国家争基数、吵比例的讨价还价的机制，因而也保留了国家对企业的"父爱主义"。这样一来，企业利益的获得不只依赖市场，还依赖于同国家的讨价还价。企业对国家的依赖性势必减弱其对市场信号反应的灵敏度，造成企业的商品生产行为不受市场约束的无序状态。

在新的经济运行机制中企业必须遵循谋求利润最大化的商品生产者的行为准则：按最小成本的原则组合生产要素，按边际成本（含正常利润）等于价格的原则决定生产规模，自觉地关心并适应市场需求，自觉地积累资金。可是在目前的双轨制中，企业的行为目标是多元的，既有商品生产者的利润最大化目标，还有传统体制下的产值最大化目标，也有软性预算约束和不充分竞争条件下的职工收入最大化目标。多元的行为目标，会淡化企业的商品生产者行为目标，模糊其市场主体的地位，从而造成一系列与商品生产者相悖的无序行为：企业为了完成上级压的产值任务不惜多投入，哪怕投入要素的边际收益为零和负数，企业留利水平的增加，不是依靠自己的市场竞争能力和劳动生产率的提高，而是依靠自己同国家的讨价还价能力和涨价行为。当企业作为生产资料需求者时，对价格反应迟钝，不论投入品价格多高，都乐于更多地购买和囤积。当企业作为产品的卖者时，对价格反应灵敏，热衷于扩大价高利大产品的生产。当企业作为分配主体时，力图以减少积累来增加消费。当企业作为生产主体时，又会力图以争投资、争贷款的方式扩大生产规模。所有这些不对称行为和企业短期行为，归根到底起源于双轨制及由此产生的企业多元目标之间的碰撞。

企业的上述无序行为还会弱化供求的价格弹性，从而抵销价格的结构性改革的成效。价格改革的目标是形成反映价值比例的价格比例，从而依靠这种价格比例调节社会生产比例，实现供求结构的平衡。现行的企业经营机制阻碍这个目标的实现。在供给上，全民所有制经济中现行的产权关系、分配关系严重压抑企业和职工的积极性。价格变动对刺激生产和调整供给结构无多大的刺激力。在需求上，国家与企业的父子关系迄今尚未割断，面对疲软的预算约束，价格的提高压不下需求，面对集团消费更是无能为力。价格的提高既不能刺激供给又不能抑制需求的无序状态表明，转换价格形成机制必须与企业经营机制的转换同步。

近年来，人们把企业经营机制的完善或转换归结为两权分离，建立承包制。现在看来，光有这方面的改革不能满足新的经济运行机制的要求。要使企业真正按商品生产者的行为准则行事，就要通过改革解决好国有财产由谁负责问题，调动企业增加积累的积极性，彻底割断企业在资金和收入上对国家的期待联系。因此，转换企业经营机制的关键是改革现行的国有制，理顺以产权为核心的财产关系，将国家与企业的产权关系明晰化，从而使企业真正作为有财产关系约束的商品生产者进入市场，顺从市场调节。

理顺产权关系的一条途径是非国有化。国家可以将管不到、管了也管不好的众多的小型企业、长期经营亏损的中小型企业通过拍卖、转让等形式非国有化，让这些企业作为集体所有企业和私营企业参加市场活动。

理顺大中型国营企业的产权关系比较复杂。改革以后，企业占用的资金有两个来源：一是国家投入的资金；二是企业自行积累的资金。这样，理顺产权关系有两方面内容：一方面是理顺资金的国家所有权和企业经营权；另一方面是明确国家所有的资金和企业所有的资金的边界。企业对占用的国家资金不仅要付酬（上缴资产税或利润），还负有增值的责任。在企业资产结构中，企业对国家资金的经营权、对自己积累的资金的所有权和经营权都必须明晰，各自在收益分配上都应得到充分的实现。按照这种思路，国营企业中可以以股份形式或其他形式确定和分清国家资金和企业自行积累的资金的边界。国家不共企业积累的资产，保证企业及其职工在自己积累的资产中得到看得见的利益。在企业资产不抵债务时，国家也不承担无限的责任，让其破产。有人担心，如果承认企业对自行积累的资产的所有权，若干年后企业积累的资产超过国有资产，企业便会由全民所有制变为企业所有制。但是如果由此打破了全民所有制经济范围内资金的大锅饭，调动了企业积累的积极性，促进了整个全民所有制经济效率的提高，全民所有制经济不但不会被削弱，反而会得到大大增强。

在所有权和经营权分离的框架内理顺产权关系的重要方面是硬化所有者的财产约束，优化所有者行为。现行的全民所有制经济的所有权实际上由国家各级行政部门代理，即通常说的地区所有制和部门所有制。其弊端是，所有权同政权合一，所有者行为同国家宏观调节经济的行为、同公共财政的行为混在一起。现实中所有者行为同国家宏观调节行为和公共财政行为的目标不完全一致，各种行为交错，所有权要求和所有者行为最终会被其他方面的要求和行为所淹没，其后果是，所有者不关心资金价值增殖和资产增值，投资不讲效益，不能按照资金价值增殖最大化要求选择投资对象，实现资金的最佳配置，各级行政部门或者以所有者的身份贯彻非所有权的要求，或者以行政手段即非所有权的实现手段贯彻所有权的要求，便使所有权要求和所有者行为发生扭曲，弱化的所有权约束又导致企业预算约束的软化，企业经营行为感觉不到财产关系的约束。所有这些都表明，由行政部门代理所有权的全民所有制形式已发展到了尽头。

所有者是所有权的人格化。所有者行为体现所有权要求。所有权和经营权分离后，所有者必须贯彻所有权的要求，他不只要求向企业收取利润，还要求在资金最大限度增殖的基础上收取越来越多的利润，它不只要求企业占用的全民资产保值，还要求其在经营中增值。按此要求，所有者对经营者和投资对象必须有所选择，以保证将资金投向经济效益高的企业；所有者必须密切注视企业经营行为，视企业经营好坏和发展状况及时追加或抽走资金，所有者必须硬化企业的预算约束，不代企业承担经营风险。所有这些可以说都是优化所有者行为的起码要求。

所有权同政权分开，所有者行为同国家宏观调节行为及公共财政行为分开，从而形成独立的所有者行为。这是优化所有者行为的必要条件，但其充分条件是所有者要有优化自身行为的内在冲动和外在的竞争压力。按此要求，全民所有制形式改革的基本思路，应是由行政机构代理所有权变为由经济组织代理所有权。这种经济组织可以是按部门、按行业形成的"财团"，也可以是按地区形成的"财团"。这种经济组织有独立的利益和责任，承担投资风险，相互间开展竞争。国家（资产管理局）通过市场竞争（如计划调节下的所有者市场竞争）选择和确定代理国家资金的"财团"及其负责人。各个"财团"代理的国家资金的份额在竞争（如兼并等）中形成，这样可以保证各个代理国家资金的经济组织具有有效的财产约束。与此相应，各个"财团"也需要在市场竞争中选择投资对象（企业）和经营者，借助竞争机制淘汰濒临破产的企业，扶持有发展前途的企业。处于竞争环境中的所有者同企业发生联系，便可形成对经营行为的强大的所有权制约。

总而言之，在整个经济运行机制转换中，与企业经营机制转换相联系的所有制改革是其重要方面，这方面的改革不能滞后，否则会造成经济机制转换的无序性。

### 三、市场发育的秩序

由双轨制转向新的经济运行机制的一个重要方面是转换价格形成机制，让各种产品的价格在市场机制中形成。放开价格并不困难，难就难在放开价格必须同市场的发育程度相对称。价格改革所碰到的困难和阻力，在颇大程度上来自市场的不发育。

西方发达国家的市场从自发产生到发育成熟历经几百年。现阶段借助商品经济关系的国际传递，可以大大缩短这个过程。在社会主义条件下，要缩短这个过程，就必须顺应市场发育的规律培养市场。

培养市场包括相互联系的两个途径：一是放开；二是组织。对于高度集中的经济体制来说，放开意味着企业成为独立的经营主体进入市场，意味着打破条块分割和地区封锁，建立起统一的社会主义市场，意味着改变统购包销的流通体制，取消固定价格。但是，单纯的放开，放不出现代商品经济中的市场机制，放不出成熟的有组织的市场机制。因此在放开市场的同时必须组织市场。

总的来说，市场发育成熟一般有如下标志：一是建立起适应现代商品经济的企业制度；二是市场结构完备；三是市场调节信号完善并相互配套；四是市场竞争充分；五是市场活动有较高的组织程度。价格放开同市场发育程度不同步便会造成市场的紊乱。

市场是包括商品市场和生产要素（资金、技术、劳动力等）市场在内的有机整体。市场调节作用应该是市场的整体作用。市场的不完全、各类市场发育的不同步会破坏市场调节的正常秩序。现在我国商品市场的发育程度还很低，生产要素市场的发育程度更是低于商品市场。生产资料尚未完全进入市场，资金市场也才限于短期资金拆借，劳动力市场囿于理论上的框框而难以建立。这就造成了市场调节下的生产要素的反向流动。例如，在商品市场上，供不应求的商品价格上涨，按理说会调动生产要素投入该生产部门，扩大该种商品的供给，但在实际上没有做到。其中一个重要原因是资金、劳动力市场没完全放开。资金流动迟缓，劳动力不能流动，致使其供不应求的状况难以缓解，价格居高不下。现在需要通过计划、物资、金融、劳动等方面的体制改革，顺应商品经济的规律，促使资金、劳动力、技术、房地产、信息等市场早日形成，并同商品市场的发育程度相对称。现在的国际市场上存在着发达的商品市场、金融市场、劳动力市场和技术市场。借助外向型经济可以使国内市场体系同国际市场接轨。发达的各类国际市场便可借此传导和扩散到国内，促进国内各类市场的成长，并且为各类市场的发育提供国际标准。

各个市场都有自己所特有的自我调节、自我均衡的机制。如商品市场上价格和商品供求之间的有机联系，资金市场上利息率和资金供求之间的有机联系，劳动力市场上工资和劳动力供求的有机联系。但是，各个市场的调节机制不是互不相干的，而是彼此间相互作用和制约。这就是价格—利息率—工资之间的相互制约和相互影响的联系。这种联系是宏观经济中的自动调节机制。现阶段的各类市场之间缺乏这些联系。价格放开了，利率和工资没有同步放开；价格变动了，利率和工资不能相应变动。其结果不但会弱化价格的调节作用，还会增大价格改革的阻力。利率赶不上价格的上涨，成为负利率，便会鼓励人们减少存款，增加贷款，从而推高价格水平。企业中工资处于刚性，企业不能随自己的产品的市场需求减少而减少工人、减少工资，在通货膨胀条件下，企业工资支出的膨胀更是难以遏制。这样，价格总水平上涨后，无力借助高利率来抑制货币要求，也无力借助低工资来抑制消费需求。这就使放开后的价格失去了自动抑制上涨的约束机制。因此，培育市场的一个重要内容是建立各类市场的调节信号之间的有机联系，培育过程除了促使各类市场同步发育、相互配套外，还要促使资金"价格"（利息率）、工资同商品价格同步放开，并且要促使利息率、工资分别对资金和劳动力的供求起调节作用。

平等而充分的竞争是市场自组织有序化的内在动力，也是建立社会主义商品经济新秩序的前提条件。目前影响充分竞争的不平等因素首先是垄断：一是由部门所有制、地区所有制造成的条块分割肢解市场，直接地限制竞争、保护落后。二是区别对待的所有制政策和其他特殊政策，使一部分企业在一定范围内处于优势的地位，其他企业缺乏与之平等竞争的机会。三是一部分企业掌握有限的、优越的自然条件和其他要素条件，获得级差收益。所有这些垄断，都能在市场上形成垄断价格，造成市场价格体系和价格调节的扭曲。当前市场活动的另一个不平等因素是"官倒"。"官倒"是"私倒"在国家经济生活中的延伸，它的经济基础是现阶段仍然存在的一部分私有制商品经济和当前国有制的所有权和政权的合一。国家的政策干预和行政管制会抑制竞争，为"官倒爷"创造差价收入，产生租金。于是，走后门、找后台、行贿等"寻租"活动便大量出现。这种寻租活动是对市场规则的践踏。

面对垄断和"官倒"现象对市场秩序的干扰，培养市场的一个重要内容是创造充分竞争的市场。其途径有三：第一，通过经济体制改革，消除由经济体制的原因造成的垄断。一方面破除部门所有制、地区所有制，打破地区和部门各种形式的垄断壁垒，形成开放式的统一市场。另一方面消除由高度集中的经济管理体制造成的垄断。在同一生产部门内部要造成不同企业之间竞争的环境；在所有制结构上要给集体企业和私营企业以较大的自由，让它们与国有企业展开竞争；在政策和市场条件上，对各种所有制经济、各类企业一视同仁，以打破某种类型企业的垄断地位。第二，为消除垄断而进行的常规过程：一是以税收形式消除由自然条件和生产条件的垄断所产生的收入差别，创造公平竞争的环境。二是以反垄断法防止垄断的形式，从法律上限定企业的创办和联合。第三，深化国有制改革，清除"官倒"的经济基础。没有这个过程，即使放了价格，还会出现另一种双轨制：背离价值规律的权力交易和通过市场交换商品并存，以权力决定商品价格（国家在一定时期内遵循价值规律和政策控制某些关系国计民生的重要商品的价格，不在此列）和由市场机制形成商品价格并存。

　　培育市场主体也就是建立现代商品经济的企业制度。其途径如下：一方面是通过所有制改革放开经营，让企业成为有财产约束的自主经营的商品生产者；另一方面是对放开经营的企业进行组织。组织过程主要有两个内容。一是培养企业家，打造敢冒风险、勇于开拓创新、善于经营的企业家队伍。二是组建企业集团。现代商品经济中的竞争主要不是原子型的中小企业的竞争，而是实力雄厚的企业集团、大企业之间的竞争。这是现代化的高层次的竞争。它可避免过于分散的、盲目性过大的无序性竞争。如果国家面对的不是众多的中小企业，而是数量不多的企业集团，便可把更多的权力放给企业，建立现代企业制度的进程亦可加快。

　　培育市场还要求通过制定必要的政策和法规维护市场正常的竞争秩序，限制和防止损害社会利益的竞争，保证企业有秩序地进入市场，有秩序地参加市场竞争，有秩序地退出市场。

## 四、宏观控制机制转换的秩序

　　微观放开以后，企业的经济活动直接受市场调节。国家对企业的计划管理也就由原先的直接控制转向间接控制。现在，我国能否较快地形成"国家调节市场，市场引导企业"的机制，关键是看宏观间接调控机制能否早日建立和完善。我国近期的价格改革进程中出现的通货膨胀状况从反面证明了价格的放开必须同宏观间接调控机制的完善同步配套。

　　宏观的直接控制转为间接控制包含着宏观调控方式的三大转变：一是计划调节对象的转换，即以企业为直接对象变为以市场机制为直接对象，二是计划目标分解方式的转换，即计划目标由直接分解给企业变为直接分解给财政和中央银行等宏观控制系统。三是宏观调节手段的转换，即由数量调节变为政策调节，由行政手段调节变为经济杠杆的调节。宏观直接控制转向间接控制过程中出现断层，或者在机制转换中旧机制的作用强度仍然很大，或者宏观间接控制能力薄弱，都会引起价格改革过程中的宏观无序性。

　　现阶段的社会主义经济中总需求不用刺激便会处于亢奋状态。我国传统的经济体制中包含着膨胀总需求的机能。在现行的双轨制中，这种机能有增无减。一方面政府经济部门仍然保持着追求产值最大化的旧体制中的行为，各级政府上基建、上项目的扩张冲动难以遏制，再加上企业的扩张冲动，整个社会的固定资产投资猛增。另一方面微观放开，国家给企业放权让利后，宏观控制系统中缺乏有效的机制控制消费基金的膨胀，特别是遏制不住集团消费。面对急剧膨胀的投资需求，宏观控制机制显得软弱无力。这种状况会严重阻碍价格改革的进程。在总需求膨胀条件下放开价格就等于涨价。不仅价格低于价值的商品涨价，价格高于价值的商品也涨价。于是在提高了价格水平上的比价复归，价格改革也就失去意义。本来，因价格的结构性调整而引起的物价上涨的范围和程度是有限的，也是为大众所能承受的。若价格的结构性调整同总需求膨胀缠在一起，便会加剧通货膨胀，为大众所不能承受。每一次价格改革都会成为通货膨胀的预兆，社会上便迅速刮起抢购风和囤积风，使得本来就存在的市场供求矛盾更为尖锐。显然，总需求膨胀难以遏制是转换价格形成机制的宏观阻力。克服这个阻力的必要途径便是改善宏观控制机制。首先，作为宏观控制主体的政府要有自我约束扩张冲动的机制，政府行为目标要真正从产值最大化转向效益最大化。各级政府行为要有硬的财政预算约束，银行信贷对政府行为也要有硬的约束。其次，借助有效的财政政策、收入分配政策、金融政策及相应手段控制固定资产投资规模和消费基金规模，弥补微观放开后宏观控制的断层。只有当宏观间接控制机制具有遏制总需求膨胀的机能后，才会形成价格改革的正常的宏观秩序。

宏观控制机制需要具有控制总需求的机能，不等于宏观调控的重心要由调节供给转向需求管理。在我国的社会主义初级阶段，主要矛盾是短缺，现有的社会生产的供给能力不能满足经常增长的需求。再加上需求存在着易上不易下的刚性，单靠需求管理难以平衡总供给和总需求。因此，在我国，宏观的需求管理效应是短期的、有限的，只能起到治标作用。宏观调控的积极对策应是调节供给，从宏观上支持和扶持社会总供给能力的提高。这是从根本上平衡供求的治本措施。我国传统体制的弊端不在于以调节供给为重点，而在于以无所不包的指令性计划来调节供给。几年来的改革大大减少了国家下达给企业的指令性计划。截至 1987 年底，中央直接计划的工业品只有原来的 50%，中央统配物资也只有原来的 10%。这种改革无疑是正确的。但是在供给方面国家没有强有力的措施跟上，大大削弱了国家调节供给的能力，特别是在双轨制、投资主体多元化的条件下，关系到供给能力提高的重点建设得不到资金、物资的保证。国家既无足够的能力拉长短线产业，也无足够的能力缩短长线产业，造成机制转换过程中供给结构的无序状态。现在需要寻求在微观放开的条件下增强宏观调控供给能力的途径。首先，在宏观控制手段主要转向财政、货币、收入分配等宏观政策及相应的经济参数后，各种宏观政策的制定和调整必须以产业发展目标和相应的产业政策为中心，并与之相配套。其次，财政政策、货币政策不只是调节需求，更重要的是要用于调节供给。国家要充分而有效地利用税率结构、预算分配结构、信贷结构调节市场，从而指导和调节供给结构，以实现产业发展的计划目标。

经济运行机制转向"国家调节市场，市场引导企业"机制的一个重要前提，是提高国家调节市场的效能。其效能越高，向新的经济运行机制转换便越是顺利和迅速。相反，如果宏观调控机制不是按照提高国家调节市场的效能的方向转换，便会导致经济运行机制转换过程中的无序状态。目前宏观调控机制转换存在三大问题：第一，宏观调控机制转换具有单向性，转换单一地等同于放开。国家对放开的生产和流通在实际上放弃了宏观的间接调控，而宏观调控也仅限于没有放开的那部分生产和流通。这样，随着经济机制的转换，宏观调控的范围也就越缩越小。第二，国家调节市场的宏观政策多变，朝令夕改，既不规范又不统一。企业不仅面对捉摸不定的市场，还面对不能预期的宏观政策，无所适从，其行为难免会不合理和短期化。第三，国家的宏观调控擅长于一松一紧、一放一收的开闸和关闸式，不会微调。往往在经济出现大的波动时才注意到宏观调控，而每一次宏观调控都要付出较大的代价。所有这些问题都反映了现有的宏观调控机制的低能。这些问题同时也提出了提高宏观调控机制效能的内容。首先，国家在放弃对企业的直接控制的同时，要完善通过市场间接调控企业的机制。其次，国家调节市场的政策要规范统一，相对稳定和透明。最后，国家的宏观调控机制本身要有学习和自组织的功能，以提高宏观调控的科学性。宏观调控要致力于微调，以减轻宏观调控的代价。

总之，经济运行机制的转换不是孤立的价格改革过程。价格形成机制—企业经营机制—市场发育—宏观间接调控机制有序地、相互配套地转换，可以实现向新的经济运行机制的平滑过渡。

# 也谈国家调节市场*

## 魏 杰

"国家调节市场"有两种根本不同性质的情况：一种是国家对市场进行随机性干预，即当市场出现紊乱时，国家可以针对市场存在的具体问题进行被动干预。国家对市场的这种调节属于无预先目标的、非规范化的后发性调节，国家在这种情况的调节中实际上处于被动地位。另一种是国家对市场的有计划调节，即国家可以根据计划目标的要求对市场进行自觉的计划导向。国家对市场的这种调节，是要通过市场运行来体现经济运行的计划性，因而主要表现为一种带有预见性和规范化的超前反馈调节，调节的目标是把市场运行和国家长期发展目标有机地衔接起来，国家在调节活动中始终处于主动地位。"国家调节市场，市场引导企业"的新经济运行机制中的"国家调节市场"，指的是后一种调节，而不是前一种调节。由此，我认为那种把国家调节市场同计划调节市场截然分开，强调国家调节范围比计划调节范围大，计划调节包括于国家调节之中的观点，是不确切的。其实，国家调节市场就是计划调节市场，计划作为国家调节市场的依据而贯穿于国家调节活动的始终，国家调节市场的全部活动都充分反映和体现着国家计划的目标与要求，计划在这里事实上是统揽全部国家调节活动的中枢。正因为计划寓于国家调节活动之中，所以计划与市场统一于国家对市场的调节过程，计划不再是孤立于市场之外并排斥市场的计划，市场也不再是无计划的盲目运行的市场。

国家调节市场作为国家对市场的主动性自觉导向活动，要求国家的调节必须以不损害市场运行的基本规则为前提，使国家的调节建立在市场自己的组织功能充分作用的基础上。"国家调节市场，市场引导企业"的新经济运

---

* 原载《财经问题研究》1988 年第 10 期。

行机制不同于以往的经济运行机制的根本特点，在于它把市场置于了中心地位，市场不再被看作处于辅助和补充地位，也不再被看作成为经济运行的异己力量，而是作为覆盖全社会经济运行的计划意图的传播网络。在这里，市场表现为市场参数如价格、利率、汇率、工资率、股息等的相互变动和相互作用过程，表现为市场参数对市场主体如生产者、经营者和消费者的引导过程，表现为市场信号、市场动力、市场决策连续运动和反馈协调的自组织过程，从而市场本身总是在动态中朝着按比例分配资源的方向发挥调节作用。因此，市场绝不是一种僵化的、静态的、散乱的混合体，绝不是一个任凭外力随意拨动的算盘，而是具有内在运行规律的活的"生命体"，它所固有的自组织功能国家不可能去替代。所以，国家无论是通过立法与执法来确定和维系市场运行的规范，保证市场运行的自我约束，使其符合经济发展的长期目标，还是通过参数对市场施加影响，调节市场主体的经济行为，使市场运行尽量平稳地达到预定目标，都必须尊重市场运行规律，把国家调节活动建立在市场自组织功能的基础上。也就是说，国家调节不能取代市场的自组织功能，而只能引导、协助和推进市场自组织功能的作用，使其朝着国民经济发展目标运行。

国家要能够对市场进行有效的调节，不仅要在调节中按照市场的内在运行规律办事，而且还要有适合于市场运行的国民经济计划。调节市场的国民经济计划根本不同于传统体制下的国民经济计划，它所调节的对象不是听命于国家的依附性企业，而是由各种不同利益主体所组成的市场。因此，制定调节市场的国民经济计划固然无疑也需要政府领导的英明和专家的智慧，但是要使国民经济计划符合市场运行规律，特别是要想使市场主体接受它，那么国民经济计划的制定就绝不是仅有聪明大脑和所谓科学性就能够办到的。国民经济计划的制定过程绝不仅仅是专家利用各种先进技术手段进行科学论证的过程，它同时必须是由不同利益集团代表参加的利益协调和寻求利益共同点的过程，应该在各种利益集团之间反复进行磋商，最终形成的国民经济计划应该是经过相互利益妥协、求得利益共同点、参加磋商的各方共同认可的东西。调节市场的国民经济计划只有经过这样的过程，最终才会有顺利实施的可能。因此，我们应该尽快改变我们目前这种计划制定严重脱离市场主体的做法，使国民经济计划的制定能在不同市场主体的反复讨论中进行，这不仅可以保证计划的科学性，而且也为计划的顺利实施打下了坚实的基础。

国家对市场的有效调节需要有一定的国家调节主体来执行。总的来说，国家调节市场的主体是指制定调节目标的人大常委会和具体实施调节目标的政府机构。对于前者人们的看法是一致的，但对于后者人们则有不同的理解。有人把整个政府机构都当作了调节市场的主体。其实，调节市场的主体只是政府机构中的经济调节机构。我国政府的构成主要包括行政管理机构、经济调节机构和国有资产管理机构。行政管理机构不能成为市场调节主体是不言自明的（这里需要指出的是，调节市场的行政方法是由政府经济调节机构实施的，不能因为调节市场需要行政方法，就认为国家的行政机构也是市场调节主体。有人还把工商行政管理部门作为行政管理机构，这是不对的，它实际上属于政府的经济调节机构），国有资产管理机构也不能作为调节市场的主体，其原因在于国有资产管理机构作为国有制的代理机构，同其他性质的所有制企业一样是市场主体并直接参与市场运行（国有资产管理机构参与市场运行虽然也会对市场运行有导向作用，但它并不是国家调节市场的主体。有人把国有企业参与市场作为国家调节市场的场内引导形式，从而把国有资产管理机构当作国家调节主体，是欠妥当的）。我国长期以来把国家行政机构，经济调节机构、国有资产管理机构混为一体，职能不分，窒息了国民经济的活力。因此，我们应该在实行政经分开即行政机构同经济调节机构、国有资产管理机构分开的同时，实行政企分开即经济调节机构同国有资产管理机构分开，使国有资产的收益和使用与国家财政预算分开。独立后的经济调节机构主要由四种不同的机构组成：第一种是具体组织制定和实施经济发展战略、产业政策及货币、财政和收入政策的最高经济调节机构即国家计委，其主要任务是确定国民经济活动的总规模和结构，协调中央银行、财政部及其他经济调节机构的调节活动。第二种是中央银行及财政部等具体调节机构。第三种是各专业部，其主要是以确定行业规划、实施行业管理、提供信息和技术服务为中心。第四种是经济监督、信息和综合管理部门，包括审计、海关、商检、工商行政管理等部门。在这里需要特别指出的是，各级地方政府虽然是国家实体的构成者，但并不是市场的调节者。各级地方政府及其附属机构不宜拥有货币供应量、供求总量、国际收支平衡和全国性税收的调节权，不宜将自己的财政收入用于生产性、营利性企业的投资。地方政府的功能不是调节市场而应是服务，即通过改善基础设施、提供优质服务来促进地区经济发展。有些人强调要建立多层次的市场调节系统，并把地方政府作为一个重要的层次。实践已证明这是行不通的。在建立新的经济运行机制的过程中，必须力求避免地方政府凭借权力对市场进行地方性干预，特别是要防止它们基于地方利益考虑而搞各自为政，地方封锁，割裂统一市场的内在联系。在当前实行地方财政包干、外贸承包的情况下，更应该注重这种问题。可以通过制定地区反封锁法、加强行业管理和地区间企业的横向联合等途径，弱化地方政府对市场运行的非正常干预。

国家经济调节机构作为国家调节市场的主体，其行为必须规范化。从我国目前的状况来看，这种规范化的核心问题是保证国家工作人员行为的规范化。这不仅要求政府领导人尊重经济规律，不搞随意性瞎指挥和"首长工程"，而且还要求政府工作人员严守法规，廉洁奉公。国家调节市场的出发点是维护社会整体利益，因而作为国家调节市场的具体执行者的国家工作人员，必须是社会利益的维护者。这就要求国家工作人员不仅不能同时拥有二重身份，即既是市场调节者又是市场参与者（经商或参与其他经济活动），更不能贪污受贿、弄权渎职、敲诈勒索。否则，国家对市场的调节只能造成市场运行紊乱。因此，我们必须从克服政府领导人的主观主义和保持政府工作人员的廉洁性这两个方面，校正政府调节行为，使其行为规范化。实践表明，具有坚强的现代意识的廉洁政府，是国家有效调节市场的重要保证。

国家有效调节市场还需要有一定的组织建设，特别是需要有介于国家与市场之间的中间性民间组织。我国经济学界在论述国家调节市场问题时，大都忽视了处于国家与市场之间的中间性组织的作用，似乎国家调节机构可以直达市场并调节市场。其实，要使国家能够有效地调节市场，必须在国家与市场之间建立中间性组织。日本在这方面的经验值得我们很好地借鉴。日本社会中有许多代表社会中某一部分人的利益的经济团体，这些经济团体虽然既无钱又无权，并且成员的联系非常松散，但其在国家调节与市场之间起到了有效的联系作用，使政府的调节措施能够得以贯彻，防止了国家调节与市场之间的硬碰硬。日本这些经济团体的主要任务是达成官民共识，沟通信息，促进对话和协调利益关系。例如，当国家的某一调节措施公布后，各种经济团体会组织各种讨论会，通过对调节措施的各个方面问题的探讨研究而对其共同利益取得共识，即便对政府调节措施持有不同看法的反对者，也会在讨论中充分理解政府调节措施，这种共识和理解会体现在贯彻政府调节措施的协调行动中。又例如，经济团体把民间的各种意见集中起来，形成各团体的意见，据此同政府进行各种形式的对话，在对话中求同存异，寻求达成一致的意见。有些人把日本这种处于国家与市场之间的经济团体叫软组织，认为这种软组织可以使国家调节软着陆，减少摩擦、降低振幅。这是有道理的。因此，我们在建立新经济运行机制的过程中，应该促进协调国家调节与市场关系的经济团体的建立，为国家有效调节市场提供组织基础。

# 论市场机制运行的秩序<sup>*</sup>

## ——兼论国家调节市场的内容和途径

洪银兴

西方经济学家往往以瓦尔拉斯均衡和帕累托最优状态来描述市场的有序性。他们把市场当作一个自动调节的系统，排斥任何国家干预。当前关于社会主义国家经济改革的目标模式的讨论中，有的同志过分夸大市场机制的功能，企图取消国家计划和对经济活动的干预，全面实行市场调节。实际上这里所讲的只是古典的商品经济的特征和要求，而不是现代商品经济的特征和要求。在现代，不论在西方还是在东方，古典的市场形态和市场机制功能在总体上已不复存在。正如希克斯所分析的，在 20 世纪初，旧的自由竞争的市场形态（"原子型"市场）趋于衰落，由国家干预的新的市场形态取而代之。他把这种市场形态变化称为革命的变化，说它带来了"凯恩斯革命"。西方市场经济是如此，社会主义计划经济不更是这样吗？排斥国家干预和调节的市场，从系统论上讲，是一个封闭系统。封闭系统同外界缺乏能量和信息的交换，难免会出现从有序向无序的转化，最终成为死系统。计划经济的一个重要特征是对市场机制进行事先的、自觉的计划调节：一方面克服市场机制自身运行中可能出现的无序状态，另一方面输入目标函数，给市场机制导向，从而保证市场供求有条不紊地、有序地较少波动地趋近平衡态，并实现预定的计划目标。

---

※ 原载《管理世界》（双月刊）1988 年第 3 期。

## 一、计划经济对市场机制功能的选择

计划经济国家对市场机制的干预，首先涉及对其功能的选择。不同的经济体制对市场机制功能的选择大致有以下四种情况。

功能Ⅰ：市场价格执行计量单位的职能，主要用于计划和统计的目的。功能Ⅱ：市场执行核算社会劳动量的职能。这时，市场关系成为个别劳动与社会劳动联系的纽带和形式。功能Ⅲ：市场实现商品生产者的经济利益并成为企业经济核算的基础，因而市场执行经济刺激的功能，刺激生产者改进技术，提高劳动生产率，降低劳动消耗。功能Ⅳ：市场执行调节职能，其中包括三方面功能：一是调节消费者对消费品的选择；二是调节劳动者对职业的选择；三是调节生产者对生产方向和生产规模的选择，从而调节社会劳动在各部门的分配。

上述四个职能是完整的市场机制的职能。在以往的经济体制中，市场机制的职能很不完全。例如在苏联战时共产主义体制中，市场至多只执行第一种职能，而在我国传统体制中，市场的第二种职能得到了重视并在一定程度上有了发挥，市场的第四种职能仅限于第一方面，即调节消费者的选择，但是由于价格的长期固定，相当部分产品实行配给制，市场在这里执行的职能也是不完全的。苏联 1965 年以来的改革，在发挥市场作用方面比传统体制进了一步，即强调市场实现成果作为经济核算的基础，并注意发挥市场的经济刺激职能，但仍坚持反对市场对生产的调节。我国的经济体制改革，所选择的市场机制功能扩展到对社会主义生产的调节方面。做出这种选择的基本前提是，在商品生产条件下，耗费在一种社会物品的社会劳动总量同社会要求用这种物品来满足的社会需要的规模之间，没有任何必然的联系，根据现阶段的计划经济水平，国家对社会生产各部门的比例只能有一个大致的粗线条的计划目标，国家对企业决策只能进行弹性的计划控制。

计划经济除了选择市场机制对社会主义生产的调节职能外，对起调节作用的市场机制本身也要做出选择。这里大致包括两个方面：一是选择功能齐全的市场机制；二是选择有计划调节的市场机制。

本来，市场机制是客观的经济过程和联系，有市场就有市场机制。但是，市场的这种联系和过程可能被人为地限制和割裂，从而弱化和扭曲其调节功能。例如，在传统体制中，国家行政机构规定固定价格，下达指令性生产计划，便人为地割裂了价格与供求之间的相互制约的关系。而且，即使价格变动与供求相联系，如果市场上存在着垄断和封锁，竞争不能展开，价格和供求之间的相互制约关系也就不存在，这就造成市场机制调节功能的扭曲，由它调节的社会生产比例也必然是扭曲的，因而不能达到计划经济利用市场机制的预期目标。

虽然在现代商品经济中不能恢复古典的自由放任的市场机制，但这绝不排斥在计划经济中创造保证市场机制充分展开和充分作用的条件。市场机制的充分展开包括价格机制、利息率机制、工资机制的充分展开。国家的自觉的活动不但不能取代这些过程，还必须以此为基础。否则，不可能形成合理的价格体系，国家和生产者也难以准确及时地掌握商品供求关系变动的信息。

从一定意义上说，竞争是市场自组织、有序化的内在动力，因而也可以说是市场机制充分展开的前提条件。现实中妨碍竞争展开的主要因素有卖方市场所体现的生产者的垄断、垄断造成的竞争机会不均等、软性预算约束造成的竞争机制的弱化。这些也就规定了创造竞争环境的途径。

首先，努力创造适度的买方市场。适度买方市场的存在是市场机制正常发挥功能的重要条件。现实的社会主义经济运行在总体上经常处于卖方市场这种非平衡状态，供求平衡的市场只是偶然。尽管如此，不排斥在微观范围出现买方市场的可能性。社会主义计划经济必须努力以创造适度的买方市场为调节目标。这一目标的实现依赖于宏观经济环境的改善：一方面要加强对总需求特别是投资需求的宏观控制，使总需求适应总供给；另一方面要加强对产业结构的宏观调节，克服因结构性比例失调所造成的生产能力不足的状况。这个问题将在下面作专门论述。

其次，消除各种垄断因素。这有两个过程：第一是通过经济体制改革，消除由体制的原因造成的垄断。一方面破除部门所有制、地区所有制，打破地区和部门各种形式的垄断壁垒，组织跨地区、跨部门的商品流通、协作和联合，形成开放式的统一市场。另一方面消除由集中体制造成的垄断，为此，在同一生产部门内部不能成为某一两个企业的一统天下，要造成不同企业之间竞争的环境；在所有制结构上要给集体企业和私营企业以较大的自由，让它们与国有企业展开竞争；在政策上和市场条件上，各种所有制经济。各类企业一视同仁，以打破某种类型企业的垄断地位。第二是为消除垄断而进行的常规过程，主要有两种形式：一是以税收形式消除由自然条件和生产条件的垄断所产生的收入差别，例如征收资源税、房地产税、资金占用费等。由社会扣除因垄断了优越的生产条件和自然条件而产生的级差收入，创造公平竞争的环境，保证各企业在同一起跑线上展开竞争。二是以反垄断法防止垄断的形成，例如从法律上限定企业的创办和联合，约束企业的生产和销售行为等。

最后，在利用市场机制的范围内放开价格。价格波动、竞争波动是市场机制充分展开的标志。在计划经济中，市场机制利用到什么范围，价格也应放到什么范围，否则无利用市场机制可言。价格的计划性不在于价格的统一规定性和固定性，而在于价格波动的范围和幅度受计划的限制，价格波动的方向应由计划引导。

此外，为提高企业对市场信号反应的灵敏度，必须创造条件硬化预算约束。

计划经济不只要选择充分展开的、功能齐全的市场机制，还要选择"有调节的"市场机制。就是说，计划经济中市场机制与市场经济中的市场机制有严格的区别。现代市场经济中取代古典的自由放任的市场机制的是生产者垄断的固定价格市场形态（希克斯语），即以垄断为特征的市场机制。而在计划经济中的市场机制是"有调节的"市场机制，也就是说是经过调节循着计划经济轨道运行的市场机制，具体地说包括两方面内容。

一是国家为市场机制的运行提供宏观约束条件。锡克模式和科尔奈模式分别对此做出了说明。在锡克那里，利用市场机制是要解决生产者和消费者的矛盾，从而解决消费者的偏好问题，因此他认为价格必须根据实际的供求关系在市场上自由波动，宏观计划性是要解决宏观生产结构平衡。市场机制运行的轨道则由国家调节收入分配过程来解决，也就是说，形成市场需求的、用于消费的数量和分配方式，都是在中央建立的总框架内决定的。科尔奈的有控制的市场协调模式也提出了类似的主张。他认为，行政性控制和一个真正的市场运行不能按人为的比例搅拌在一起。行政干预的频率和强度超过了临界值，市场的朝气和活力就会让位于服从垂直依赖的被动活动，因此他主张，为防止价格信号因不必要的行政干预而扭曲，国家的重点应从微观调节移到宏观政策手段，如信贷供应、利率和汇率等综合性效应。可见，尽管在计划经济中市场价格可以自由波动，但是由于宏观调节收入分配过程的加入以及宏观经济政策的约束，市场的这种波动最终是有调节的，有约束的，它是在保证宏观计划性范围内的波动。

二是国家通过调节市场信号来规定市场机制运行的轨道。布鲁斯模式对此做了说明。在布鲁斯那里，市场机制作为计划经济的操作手段或工具导入分权模式，市场机制代替行政手段贯彻计划意图。因此，布鲁斯一方面主张价格等市场信号必须是有弹性的，另一方面又提出对企业决策起参数作用的市场信号（价格、利率、工资等）必须经国家计划调节，反映计划偏好。"这些参数必须是用符合全国偏好的标准的方式为企业提供可供选择的方案。"①

上述两个方面尽管在计划调节市场的具体对象和范围上有分歧，但有一点是共同的：计划经济中利用的市场机制不是自由放任的，也不是垄断的，而是经过计划调节的。而且调节市场的上述两方面内容也是相通的。一个国家可能基于对市场机制功能的某种选择，重点采取某一方面的调节方式，但不排斥在必要的场合采用另一方面的调节方式。例如在利用市场机制进行计划调节的模式（布鲁斯模式）中不应排斥宏观收入分配计划和宏观经济政策对市场过程的调节。

## 二、变"看不见的手"为"看得见的手"（一）：对价格形成的计划指导

现阶段的市场无论对国家，还是对企业，基本上还是"黑箱"，就是说，它具有某种功能但其内部结构又无法直接观测，而只能从外部间接认识。因此市场机制的调节好似"看不见的手"的调节。这种"看不见的手"目前不能没有。但"看不见的手"的盲目性，则必须由"看得见的手"（计划调节）来弥补。这里仅从调节市场供求平衡的角度来研究计划调节的几种方式。

虽然市场机制运行的长期趋势同价值规律的调节功能相重合，但波动着的每一时点上的价格同价值并不一致，企业为每一市场行情所动而调整的生

---

① 参见布鲁斯：《社会主义政治与经济》和《社会主义经济的运行问题》；锡克：《社会主义的计划和市场》；科尔奈：《国营企业的双重依赖》。

产决策并不一定符合价值规律要求，特别是价格的暴涨暴跌，生产的大起大落反而完全违背价值规律要求。针对这种状况，国家需要依据自己对价值规律作用趋势的认识，指导市场价格的变动，努力减弱价格波动的振幅，缩短背离价值的价格趋近价值的进程。起"看得见的手"的作用的价格，大致有国家直接规定的统一价格和国家规定价格波动范围或限度的浮动价格两种。目前在改革过程中，在新旧体制转轨过程中，为避免或减轻价格可能造成的社会震荡，国家一般按产品对国民经济的重要性程度和稀缺性程度确定统一价格和浮动价格的范围，这在一定时期有必要。但是从理论上讲，如果将计划价格的功能定义为"看得见的手"，那么，哪些产品应是统一价格，哪些产品应是浮动价格，哪些产品应是自由价格，这不应取决于人们对产品的主观评价，也不应取决于该产品的重要性程度，只能取决于市场这个"黑箱"被打开，变为"白箱"的程度。"黑箱"变为"白箱"体现人们对价值规律认识和掌握程度的深化。根据这一点，可大致确定各类价格的作用范围：难于捉摸其社会必要劳动时间和供求关系的产品的价格，由市场机制自动决定（自由价格），能大体上捉摸其社会必要劳动时间及供求关系的产品，国家可规定指导性价格，指出其大致波动的范围（浮动价格）；确实可以把握其社会必要劳动时间及供求关系的产品价格，则可由国家直接规定（统一价格）。目前相当部分产品由国家定价，是由产品的短缺决定的。随着供求状况的好转，这一意义上的国家统一定价的范围将逐步缩小，而自由价格范围的扩大也是有限的。因此，浮动价格成为计划价格的主要形式。严格地说，所谓价格改革主要不是简单的"放"或"调"的问题，而是改革计划价格的形式，将相当部分产品由统一定价改为浮动价格。

浮动价格意味着在一定程度上允许价格在市场机制中形成，从而保证价格的形成体现价值规律要求。在这里国家对价格形成的指导体现在确定价格波动的界限上，它从两个方面体现"看得见的手"的职能。

第一，依据价格的供给弹性和需求弹性确定价格波动的界限，防止价格的大起大落。根据用于分析产品供给对价格变动的反应的蛛网原理，若供给弹性小于需求弹性，价格和供给量的波动会逐渐衰减，直至恢复均衡，形成"收敛性蛛网"；若供给弹性大于需求弹性，价格和供给量的波动会逐步增大，离供求平衡态越来越远，无法恢复平衡，形成"发散性蛛网"。若供给弹性等于需求弹性，价格和供给量的波动会始终围绕一个圈循环，既不远离又不恢复平衡态。这样，国家有必要在市场预测的基础上，对供给弹性大于或等于需求弹性的产品规定价格波动的幅度，以免发生越来越大的价格振荡，并逐渐根据市场变化调整控制界限，引导价格趋近价值。

第二，自觉地调整价格浮动的控制界限，为价格波动导向。浮动价格的控制界限不是固定不变的，国家可以根据逐渐认识和掌握的价值目标（社会必要劳动时间），自觉地调整控制界限，引导波动着的价格有序地趋近价值。而且动态地看，作为价格波动目标的价值本身也是可变的。国家可以从市场价格与控制界限的差距中逐渐发现价值变动的动态过程。国家及时地调整控制界限，便能引导价格动态而稳定地趋近变动着的价值。

国家计划调节市场价格形成的参数是什么？它同市场供求平衡的目标值相联系。现阶段的商品经济中，作为目标值的社会必要劳动时间的取值范围有两方面规定。一是其取值范围不只是部门内部的平均劳动消耗，还包括社会生产各部门的平均劳动消耗和平均劳动占用。二是其取值范围不仅包括直接的资源消耗，还包括由所用资源的稀缺性造成的国民经济消耗。与此相应，计划调节价格形成的参数可从生产价格和影子价格两个方面考虑。

首先，社会必要劳动时间取值范围的第一个规定，可以在市场价格反映生产价格的条件下实现。在现代商品经济中，生产价格是在利润平均化的过程中得到贯彻的。利润平均化过程便是资本（资金）在各部门间流动的竞争过程。在资本主义经济中，利润平均化是自发的竞争过程，市场价格接近生产价格也是自发的，它需要较长的过程，并伴有社会劳动的浪费。在现阶段的社会主义经济中，允许市场价格在一定幅度内的波动，允许资金在部门间一定程度的自由流动，这意味着存在着生产价格形成的条件。计划经济对这个过程的影响在于减少市场价格波动的盲目性和自发性，加快其趋近生产价格的过程，其调节参数便是从宏观范围计算的平均利润率，用以指导价格形成。

其次，社会必要劳动时间取值范围的第二个规定，可以在影子价格修正市场价格的基础上实现。在任何一个国民经济中，无论是社会机构还是个人，在选择某个投资项目时，如果只考虑该项目的直接费用和直接效益，并在估计这些费用和收益时，只依据生产要素的市场价格，那么选中的投资项目虽然对投资者可能有利可图，但不一定符合社会范围内要素有效组合的要求。因为各要素的市场价格往往不能反映要素的稀缺性，因而不能保证稀缺性资源得到高效率的利用。为此，在核算投资项目的成本时，需要引入"影子价格"，对市场观察到的价格进行调整。就是说，在核算某投资项目的消耗或核算某种产品的社会必要劳动消耗时，不仅计算直接消耗的要素的费用，还要计算某种要素的国民经济消耗，即资源稀缺性决定的影子价格。苏联经济学家诺沃日洛夫根据康托罗维奇的思想提出了计算某种产品的完全的国民经济消耗的公式：完全的国民经济消耗等于直接耗费加上有限的资源耗费乘以国民经济中利用这些资源的标准效率系数之和，即：

$$C + \sum_{h=1}^{m} q_b u_b$$

式中，C 为直接耗费，$q_b$ 为 h 资源的耗费量，$u_h$ 表示 h 资源在国民经济中的效率标准，即直接耗费的最小节约值。这里 $q_b$、$u_b$ 便是使用 b 资源的影子价格。[①] 例如在某种生产或投资项目中使用了一定量的石油，计算该种生产的消耗时，不仅要计算这一定量石油消耗包含的劳动量，还要加上由石油的稀缺性造成的国民经济消耗，这个追加额便是石油资源使用的标准效率系数同所用石油量的乘积。这个乘积也就是该种生产使用石油后直接耗费的最小节约值。

将影子价格引入投资项目的成本—效益分析具有重大意义。影子价格可引导投资方向。只有当追加的资源的影子价格在使用该资源的产品的市场价格中得到补偿时，该资源的投入才是有效率的。只有这样，投资者才会自觉地考虑资源的稀缺性，最经济地利用资源，不致滥用和浪费它。

在有计划的商品经济中，市场价格的形成和作用包含在市场机制中。由于市场不健全等原因，实际的市场价格往往不能反映资源的稀缺性。国家尽管不能代替市场，直接规定价格，但是为了保证稀缺性资源得到最有效的利用，有必要干预和调节价格形成，调节参数便是科学计算的各种资源的影子价格。调节过程大致有：调节产品的市场价格，使之接近生产价格，以保证资金的影子价格在平均利润上得到反映，调节利用自然资源的产品（如农产品、石油、煤炭等）的市场价格，使资源的影子价格在级差收益中得到反映。总之，通过影子价格的参数调节，可以使各种资源的稀缺性得到正确估价，以利于在社会范围经济地、高效率地利用社会生产资源。

---

① 卡札凯维奇：《计划管理的经济方法》俄文版，第137页，苏联科学出版社1985年版。

### 三、变"看不见的手"为"看得见的手"（二）：对供给和需求的计划指导

在现实的经济生活中，调节市场供求平衡并不总是依赖价格变动。特别是在现代商品经济中，价格不一定富于弹性，而且，在经济处于短缺或过剩的非平衡态时，价格变动对供给和需求双方的调节作用并不是对称的。单靠价格变动不能完全实现供求平衡。因此，布鲁斯正确地指出："为了改变供给结构或需求结构，也未必总是需要改变价格。不应该把市场均衡看作是一种具有绝对准确的量的规定的状况。以致这种状况只能在一定的条件下，并且只能在一种独一无二的价格体系下才能出现。"① 显然，对市场供求平衡起调节作用的，除了价格信号外，还有非价格信号。这里先讲计划对市场需求形成的指导。

以上的分析，均假定市场需求为既定，供求平衡被归结为供给适应需要。迄今人们所讲的调节供求关系大都仅限于此，忽视了对需求本身的调节。其实，需求本身也是可变的、可调的。马克思在分析市场需求时就明确指出，"从量的规定性来说，这种需要具有很大的伸缩性和变动性。它的固定性是一种假象"。② 因此对供求平衡的调节，既要调节供给，使之适合需求，又要调节需求，使之适应供给。特别是在经常处于短缺状态的非平衡经济中，尽管调节需求与调节供给相比只有治标的意义，但对供求平衡的稳定具有特殊的意义。

市场需求，按照马克思的分析，同实际的社会需要之间存在着数量上的差别。它是指"商品的货币价格发生变化时所需要的商品量，或者说，买者的货币条件或生活条件发生变化时所需要的商品"。③ 因此调节市场需求形成的因素有商品的价格、买者收入（预算约束）。在短缺经济条件下还要增加一个要素，即商品的短缺强度。从这些因素中我们可发现调节市场需求形成的机制。撇开调节市场需求总量变动这个宏观过程，单就国家对市场需求结构的计划调节和引导来说，主要从两个方面进行。

---

① 布鲁斯：《社会主义经济的运行问题》，中国社会科学出版社 1984 年版，第 187 页。
② 马克思：《资本论》第 3 卷，人民出版社 1975 年版，第 210 页。
③ 马克思：《资本论》第 3 卷，人民出版社 1975 年版，第 211 页。

首先，对市场的投资需求及集团购买力进行计划调节和引导。需求结构，从大类分，可分为企事业单位需求和居民需求，相应地也可分为投资需求和消费需求，彼此间有着相互消长的关系。特别是一些长期投资需求，"在一年或一年以上的较长时间内不提供任何生产资料和生活资料，不提供任何有用效果，但会从全年总生产中取走劳动、生产资料和生活资料"。① 大部分产品既可当投资品又可当消费品。产品短缺时，就需要调节投资和消费的比例。一般地说，当某种产品供不应求时，价格的上涨能降低需求，但是从企业方面反映的投资需求同居民的消费需求对价格变动的反应大不一样。家庭有硬性预算约束，企业的预算约束却是软性的。于是居民对价格的需求弹性大，企业对价格的需求弹性小，这就会出现科尔内所描述的情况："对投入品价格提高的反应不敏感的企业和非营利机构，可以不顾价格的增长，从对价格上涨很敏感的家庭虹吸走消费品、服务和可用于生产的投入品。"因此，"在需求方面，不存在这样一种自动机制，它能使得企业因为消费品价格水平提高而减少它对可用作投入品的消费品的需求"。② 这意味着，在企业预算约束为软约束时，价格的波动不足以消除短缺，恢复供求平衡。为此，国家一方面需要通过硬化企业预算约束，强化价格对需求的调节作用，另一方面要通过国民收入分配计划和相应的分配政策调节企业的需求结构，遏制企业投资需求的无限扩张，从而克服企业及其他事业单位对消费品的"虹吸"。③

其次，对居民的消费需求进行计划调节的引导。单就居民的消费需求来说，虽然居民对消费品的相对价格有灵敏的反应，但是由于其他因素的影响，居民的消费决策也会陷入盲目性，主要表现在两个方面。第一是不切实际的消费早熟。消费早熟是指消费变化过快，以至于超越了本国生产发展的程度。一般说来，早熟的消费是一种诱发性消费，它是在外界的影响下发生的，例如消费的国际示范效应。从需求结构来看的消费早熟是指消费结构的变化超越了产业结构和产品结构的变动和发展。其表现如下：在低收入水平基础上，高层次消费需求（如发展需要和享受需要）在收入中所占比重增长过快；仿效发达国家的消费方式对高档消费品提出过高的需求，等等。尽

---

① 马克思：《资本论》第 2 卷，人民出版社 1975 年版，第 350 页。
② 科尔内：《短缺经济学》下卷，经济科学出版社 1980 年版，第 197、207 页。
③ 锡克提出的用宏观收入分配计划调节需求的主张很有借鉴意义。

管早熟的消费对生产的发展，特别是对产品结构和产业结构的调整有一定的带动作用，但是生产的发展和结构的调整要受资金、技术的限制，不可能一下子跟上需求结构的"突变性"发展。于是，一方面本来可满足现有消费方式和水平的产品积压过剩，造成资源浪费，另一方面，满足新的消费方式的高档产品严重短缺。为了满足这种早熟的需求，国家不得不花外汇进口高档消费品，这就遇到外汇承受力的限制。要解决这种消费早熟，单靠价格无济于事，需要计划的引导。第二是消费需求的一哄而上。由于收入的变化，或者偶然的市场信息的引导，以及其他一些原因，消费者会在短期形成对某几种消费品的需求"洪峰"，例如我国 1984 年下半年消费基金膨胀，出现大量社会剩余购买力，于是社会消费倾向一下子集中在几种高档耐用消费品上，消费需求的一哄而上又会带动生产的一哄而上，造成市场的混乱，并且进一步加剧市场供求的矛盾。面对市场需求形成过程的这种无序性和盲目性，国家必须加强计划指导。当然，正如政府不能直接命令企业生产什么样的消费品一样，政府也不能直接规定人们如何消费。国家可以从以下几个方面引导人们消费：一是正确选择适合中国国情的消费模式，并广为宣传教育。消费模式的选择不能盲目仿效发达国家，特别要注意同我国现有的生产力发展水平及产品结构、产业结构调整的能力和过程相适应。二是向消费者提供广泛而较为准确的生产和消费的信息，沟通生产者和消费者的联系，为消费者提供较为充分的消费选择条件，克服其消费决策的盲目性。三是发展和扩大满足消费需求的部门和行业，对消费需求进行分流和疏导。

当然，调节需求只能治标，调节供给才是社会主义国家消除短缺、实现供求平衡的治本办法。国家对供给的调节包括两方面内容：一是计划指导；二是合同联系。

国家对供给的计划调节，撇开对市场信号的参数调节，单就计划本身来说，有指令性计划和指导性计划两种形式。目前我国主要根据产品对国民经济的重要性程度和稀缺性程度确定指令性计划和指导性计划的范围。有关国计民生的稀缺性产品，国家以指令性计划调节。这在模式转换时期是必不可少的。但是从计划这只代替"看不见的手"的"看得见的手"的功能来说，指令性计划和指导性计划的范围大致应这样来划分：某些产品的需求和生产能力国家能较为准确地掌握，对这些产品生产可下达指令性计划，某些产品的需求和生产能力国家能大致掌握，对这些产品的生产可下达指导性计划。

至于国家既不掌握其需求，又不了解其生产能力的产品，则可退出计划范围，完全由市场调节。根据目前计划水平，指导性计划将是国家调节供给的主体。撇开前面已讲的在指导性计划形式上体现的国家通过市场的参数调节功能，指导性计划调节实际是信息指导。为了防止因市场的短期波动而出现生产的大起大落，国家需要从三方面给企业以信息指导：一是国家从宏观角度预测生产发展方向及产供销行情，汇集各方面的经济技术信息，为企业提供信息服务，以避免企业收集信息的局限性。二是国家对国民经济计划发展的方向和目标，以指导性计划形式下达给企业，供企业决策时参考。三是国家给企业提供跨地区、跨部门的经济技术协作的信息，指导和协调企业间产供销联系，促进横向的专业化协作和经济联合。

社会化大生产中，企业之间有着紧密的产供销联系。在传统的统购包销机制失效后，需要有新的机制来协调产供销联系。经济合同制便有这种功能。市场机制的运行一旦含有广泛而发达的经济合同制，则标志着市场机制有了较高的组织程度。它能避免和克服由市场机制的短期波动导致的生产决策的盲目性和供求的大起大落，形成有序的竞争机制。发达的经济合同制，从经济活动的主体来说，有国家和企业订立的合同，有生产企业与销售企业订立的合同，有生产企业和生产企业订立的合同；就经济活动的内容来说，有供货合同、购货合同、加工合同等。经济合同可以由双方自主地签订，也可以在国家指导下签订。经济合同按商品经济的原则，平等地确定双方必须履行的义务和责任。经济合同的执行不仅有法律的监督，还有经济措施的保证，如合同内的生产，具有价格上的优惠（如保护价）、资金供应的便利（如预购定金）以及信息的指导等条件。也就是说，上述对企业的价格指导、信息指导都可以在经济合同制上得到贯彻。经济合同制建立后，各类企业间便形成了自动平衡供产销的机制，从而使市场机制有了自组功能，而且这种经济合同制还可成为国家计划供给的基础。一方面，在条件成熟后，目前有关国计民生的短缺产品的指令性计划可逐渐被国家对企业的订货合同所取代。① 其意义是借助商品关系来实现国家计划。另一方面，在经济合同制基础上建立国民经济的产品产量计划。孙冶方在世时就提出了这种设想：首

---

① 苏联经济学家阿巴尔金提出的计划体制改革设想是，国家通过订货来确定产品种类和数量，国家可以成为订货人，他认为，指令性指标不是社会主义计划工作的必要组成部分。

先由供（供给原材料）产（生产）消（消费）三方自主地签订经济合同，全国的简单再生产计划则在这种有法律保证的合同制基础上，自下而上地逐级平衡形成。这种计划过程同样可推广到扩大再生产领域。现在看来，孙冶方同志的这一设想颇有见地。这种由经济合同制保证的组织程度较高的市场机制，是国家计划平衡的基础。

## 四、市场机制运行的政策法律规范

为维护市场正常的竞争秩序，限制和防止损害社会利益的竞争，社会主义国家必须通过政策和经济法规，规范企业参加市场竞争的行为。在严格的政策和法律约束下，维持市场正常的秩序：企业有秩序地进入市场，有秩序地参加市场竞争，有秩序地退出市场。

企业进入市场包括新企业的开办和企业经营方向的改变。这一过程的政策和法律约束包括四个方面：一是通过必要的审批程序保证企业经营的社会主义方向，防止一哄而上、重复建设、重复生产。二是通过环境保护法等经济法规防止环境污染和其他公害。三是对能源消耗大、技术要求和质量要求高的产品的生产，实行生产许可证制度，防止粗制滥造、浪费资源。四是通过食品卫生法、药品法等法规，规范事关人民生命安全的产品生产，以商标法等防止假冒名优产品弄虚作假的现象。

企业进入市场后便参加市场竞争，在这一过程中，政策和法律约束有以下五个方面：一是以企业法等规范企业的权利、义务和责任，以成本法、会计法、税法等保证国家对企业的硬性预算约束。二是以经济合同法等维护企业间的正常秩序。三是以反垄断法保证市场竞争的展开。四是以必要的价格政策防止企业乱涨价或倾销商品。五是以投资政策、信贷政策等规范企业的生产决策和投资行为。

企业退出市场主要指企业破产。在这一过程中，国家必须通过破产法确定企业破产倒闭的界限，规定清偿债务的责任，确定清偿债务的方式和期限，以保证对破产企业的债务进行有条不紊、公平合理的清算。与此同时，国家需要对破产企业的职工的生活和就业做出必要的政策安排，以避免企业破产时可能出现的社会波动。

# 新经济运行机制的重塑和转换*

## ——纪念党的十一届三中全会十周年

洪银兴

社会主义经济关系的本质规定在各个社会主义国家是共同的。经济运行机制在不同的国家和同一国家的不同时期可以有不同的模式，但人们不能随心所欲地选择经济机制模式。在一定的经济条件下，经济过程的内部联系是客观的。一个国家在一定的经济时期只有一种经济机制能保证经济最佳运行。在我国，经过多年探索，人们终于找到了与有计划商品经济相适应的经济机制，这就是党的十三大概括的"国家调节市场，市场引导企业"的机制。

## 一、确认有计划商品经济，重塑经济机制

以实践标准和生产力标准重新认识社会主义的一个重要内容，是重新认识社会主义经济运行机体及相应的经济运行机制。

传统的理论把社会主义经济机体规定为非商品经济的计划经济。与此相应的经济运行机制便不需"价值"插手其间。整个社会是一座工厂。全部经济资源、社会劳动和社会产品都通过行政途径计划分配，排斥市场机制的调节作用。斯大林时期建立起的苏联经济运行机制，除了在有限的范围内（主要是流通领域）承认市场机制的调节作用外，基本上是力图实践高度集中的、整个社会像一座工厂的模式。

人们往往把中国传统的经济体制等同于苏联斯大林时期的模式，其实不完全如此。中国的商品经济本来就没有达到苏联当时的水平。新中国成立以

* 原载《学术月刊》1988 年第 12 期。

后，商品经济长期被当作万恶之源来限制，不用说在国营经济范围内不允许存在商品关系，就是国营经济以外的商品经济也几经扫荡。可见，我国传统的经济体制，就其高度集中、排斥市场调节来说，较苏联模式有过之而无不及。与此同时，中国的计划经济水平不如苏联，高度集中的计划并不那么周密，那么稳定，在实际上存在着一部分计划不到的分散的经济活动。这部分分散活动表面上受市场调节，但在原有的经济机制中价格由国家统一规定，价值规律作用不能充分展开。市场调节分散的经济活动并不体现价值规律的作用。因此，我国原有的经济机制既带有过度集中的弊病，也带有分散的弊病。在这种经济机制调节下的经济运行效率更低，浪费更大。这种经济机制的产生，既有计划经济水平不高的原因，也有商品经济不发达的原因。显然，我国经济运行机体的完善，不仅需要发展商品经济，还需要完善计划经济。

对社会主义经济运行机体的认识，也就是对计划经济和商品经济关系的认识。十年的改革可以说是靠社会主义条件下商品经济理论的发展开道的。在改革中，人们首先在理论上突破了斯大林的教条，承认社会主义条件下存在商品经济关系，肯定价值规律对生产的调节作用。这一理论发现促使经济运行中形成了"计划调节为主、市场调节为辅"的经济机制。市场调节的作用初露端倪后，人们进一步发现，经济体制改革不只是要借助市场调节将计划外的一块经济搞活，更要紧的是将作为国民经济主体的计划内的一块经济搞活。其途径便是将价值规律的调节作用导入计划内的生产和流通。这就涉及计划经济和商品经济能否内在结合的问题。经过几年的讨论，人们对社会主义经济运行机体的认识逐渐趋向统一，党的十二届三中全会通过的《中共中央关于经济体制改革的决定》确认：社会主义经济"是在公有制基础上的有计划的商品经济""实行计划经济同运用价值规律、发展商品经济，不是互相排斥的，而是统一的"。这个论断是人们重新认识社会主义的必然结果。这一发现的划时代意义在于，它一举破除了长期存在的计划经济同商品经济、计划和市场的对立论，标志着中国经济改革遇到的"坚冰"正在被打破，人们可以从有计划商品经济的规定性出发，重塑经济运行机制。

经济体制改革初期，改革的主要内容是分权，即扩大地方和企业的权力。这种分权，严格地说还只是行政上的分权。企业分散决策以后，只要其生产什么、生产多少、为谁生产等方面的决策仍然受国家行政部门的计划信号调节，不受市场机制的信号调节那么这种分权就只是行政性的，而不是经济性的。有计划商品经济运行机体对经济运行机制的要求，便是从行政性分权走向经济性分权。经济性分权包含三方面含义：（1）企业有独立的决策权；（2）企业决策由市场而不是由行政部门调节；（3）市场价格等信号在市场机制中形成，而不是由国家规定。显然，经济性分权的实质是强化经济规律（特别是价值规律）对经济活动的调节作用，弱化行政部门的行政调节作用。也就是说，在经济性分权场合，市场机制的调节作用将从计划外进入计划内。

实行经济性分权，市场机制起全面调节作用后，有计划商品经济的计划性如何体现？这是重塑经济机制的另一个重要问题。经过几年的讨论，人们找到了计划和市场内在统一和结合的形式，这就是党的十三大概括的"国家调节市场，市场引导企业"的机制。

新的经济运行机制的基本特征是，在这种机制中计划和市场的作用都是覆盖全社会的。重塑的经济运行机制如何具体体现这个特征，这是需要深入研究的问题。有人把这种覆盖作用理解为目前双轨制经济的相互渗透，即计划内经济受市场调节的影响，市场调节的一块经济受计划调节的制约。看来，这种理解没有抓住新的经济运行机制的本质。在新的经济运行机制中，计划和市场不是机械地组合，而是有机地关联。这种关联不是横向的结合，而是纵向的结合。就是说，计划机制和市场机制是纵向的主导和基础的关系。商品经济运行固有的调节机制是市场机制，企业作为商品生产者的活动直接受市场调节。显然，市场机制在整个经济运行机制系统中是基础性调节机制。计划机制不取代市场机制的这种基础作用，它与市场机制相比是高层次的调节机制，起主导作用。它以市场机制及市场调节过程为调节对象，从总体方向上制约和协调市场调节过程。其目标是给市场机制的运行输入计划因素和目标函数，使之贯彻计划意图，循着计划轨道运行。只要整个社会的经济活动都受循着计划轨道运行的市场机制的调节，计划和市场的作用便能覆盖全社会。

在按照有计划商品经济要求重塑的经济运行机制中，计划和市场是内在统一的，即两者既有互补的关系，又有替代的关系。计划调节不到的地方由市场来补充，市场调节不到的地方由计划来补充。同时，计划的优点和市场的缺陷、计划的缺陷和市场的优点之间又可相互替代。两者的互补性和替代性决定了两种调节机制均衡的可能性或内在统一性。在这种均衡点上，计划的积极功能及市场的积极功能都得到最大的发挥，市场的弊端、计划的弊端都降到最小，整个经济运行机制的效用实现了最大化。

社会经济运行可分为微观运行、产业结构和宏观总量三个层次。从总体上说计划和市场的作用都要覆盖这三个层次，各个层次运行的调节机制都要体现"国家调节市场，市场引导企业"的模式。但在各个层次上，计划和市场内在结合的均衡点不尽相同。

在微观经济层次上，对供给与需求的平衡，市场调节最为有效。因此，计划和市场结合的均衡点应偏向市场。在这一层次上计划的功能主要是维持市场机制运行的正常秩序，将市场这只"看不见的手"变为"看得见的手"，即市场机制"白箱化"。与此相应，国家统一的定价和指导性价格范围的划分，指令性计划和指导性计划范围的划分，都要依据市场这个"黑箱"的"白箱化"程度。凡是不清楚其市场供求状况的产品的生产、流通及价格都应放给市场调节。

在产业结构层次上，以二元结构为起点的产业结构高度化具有全局性和长期性。这个过程应是自觉的过程。因此，计划和市场结合的均衡点应偏向计划。在微观放开、市场机制直接调节市场供求结构的条件下，计划调节产业发展的机制是，以产业政策及相应的经济参数指导市场机制作用的方向，规范市场行为，推动市场调节下的供求结构变动进入产业结构高度化发展的轨道。

宏观经济的总量关系涉及国民经济的运行和发展是否稳定的大局。在这个层次上计划和市场结合的均衡点也应偏向计划。在企业的投资规模及消费需求规模直接受市场调节的条件下，计划调节宏观总量平衡的机制是，以财政政策、货币政策、收入政策及相应的经济参数给调节投资规模和消费规模的市场机制导向，使市场调节下形成的投资规模和消费规模符合宏观总量平衡的要求，并实现预定的最优经济增长率。

总起来说，"国家调节市场，市场引导企业"的机制按调节内容可规定为：市场机制直接调节市场供求结构，调节企业投资规模和消费需求规模；国家借助产业政策、财政政策、货币政策、收入政策及相应的经济参数分别调节上述市场调节过程，以实现产业结构的高度合理化和宏观总量平衡目标。

确定社会主义经济是有计划的商品经济，不等于说现在这种经济运行机体已经形成。就目前的情况来说，有计划商品经济尚处于形成之中。与此相应，"国家调节市场，市场引导企业"的经济运行机制也尚处于形成之中，尚未最终形成。从一定意义说，新的经济运行机制形成之日，便是当前这场经济改革完成之时。其前提条件便是真正形成有计划商品经济运行机体。

## 二、发展商品经济，扩大"市场引导企业"的范围

计划经济和商品经济的内在统一性存在于完善的计划经济和发育成熟的商品经济的结合之中。不能设想，不完善的计划经济同不成熟的商品经济会无冲突、无摩擦地结合。

计划经济之所以要同商品经济结合，就是要借助价值规律的充分作用提高计划经济的效率和灵活性。现阶段的商品经济发育不成熟，价值规律作用不充分，市场机制的作用是扭曲的。在这种情况下，不但计划难以同市场充分结合，而且扭曲的市场机制的作用还会同计划经济发生摩擦和冲突。这样一来，市场引导企业的范围和程度势必受到限制，新的经济运行机制在现阶段也难以有效运行。

从理论上讲，有计划商品经济应该高于资本主义市场经济：一方面商品经济本身的发展水平高于市场经济，另一方面商品经济的组织程度高于市场经济。问题是我国的社会主义经济是在半殖民地半封建的基础上建立的，商品经济没有达到资本主义市场经济所达到的水平。现在确定有计划的商品经济，绝不意味着要以计划来束缚和限制商品经济的发展，而是要借助计划经济的优越性来推动商品经济的充分发展，使本应在资本主义条件下得到充分发展的商品经济，在计划经济条件下得到充分发展，并在这个基础上实现计划经济和商品经济的内在统一。显然，发展商品经济可以为新的经济运行机制的形成扫清道路和创造条件。

市场引导企业的范围同商品经济的范围相联系。商品经济的范围有多大，市场引导企业的范围就有多大。要使市场的作用覆盖全社会，首先要通过发展商品经济来发展社会分工，扩大并密切地区、部门及企业之间的价值联系。

在计划经济条件下市场引导企业的范围有以下四方面的规定：一是市场体系的完善程度；二是市场信号的准确程度；三是企业对市场信号反应的灵敏程度；四是市场竞争的充分程度。这四个方面反映市场调节的效果，也是计划经济中利用市场机制调节功能的度。这四个方面越是充分，市场机制在计划经济中的调节功能和调节范围便越大。当前为了扩大市场引导企业的范围，需要在这四个方面培育市场，使之发育成熟。

培育市场首先是培育市场主体。它要求企业作为商品生产者进入市场。这是按新的经济运行机制要求重建微观基础的过程，包含了市场引导企业过程的新的经济运行机制对企业运行的两方面要求：一是企业对市场信号能做出灵敏反应。企业若对市场信号无动于衷，便谈不上市场引导。二是企业在参加市场活动时能采取符合市场规律特别是价值规律的行为。企业的市场行为若与价值规律要求相悖，市场引导企业便失去了存在的意义。

企业对市场信号反应的灵敏度取决于企业对市场信号反应的能力和动力。所有权和经营权分开，企业自主经营，可在一定程度上解决企业对市场信号反应的能力。企业利益同市场实现成果相联系便可解决企业对市场信号反应的动力。几年来，为增强企业活力，我国继利改税的改革后，又推行了旨在完善企业经营机制的承包经营责任制。这些改革在一定程度上稳定了国家与企业的分配关系，企业可以在增长利润中得到看得见的利益。但是，在承包制中保留了企业同国家争基数、吵比例的讨价还价机制。这样一来，有了自主经营权的企业不只是依赖市场，还依赖于同国家的讨价还价。这种对国家的依赖性的存在，势必弱化企业对市场信号反应的灵敏度。这说明现在的企业还只是半个市场主体，只有当企业同国家讨价还价的机制消除后，企业才会成为完全的市场主体。

企业成为市场主体还体现在企业真正按商品生产者的行为准则行事。兰格的模拟市场机制模式的主观均衡条件便是企业遵守两个原则：一是按平均成本最小的原则决定生产要素的组合；二是按边际成本等于该产品价格的原则决定产量。这两个原则也就是商品生产者谋求利润最大化的准则。在我国目前的双轨制体制中，企业的行为目标是多元的，既有商品生产者的利润最大化目标，还有传统体制下的产值最大化目标，也有软性预算约束和不充分竞争条件下的职工收入最大化目标。企业行为目标多元化，便会大大淡化企业的商品生产者行为目标，模糊其市场主体作用，由此便造成一系列扭曲的非商品生产者的行为。例如，企业留利水平的提高，不是依靠自己的市场竞争能力和劳动生产率的提高，而是依靠自己同国家的讨价还价能力和涨价行为。再如，当企业作为生产资料需求者时，对价格反应迟钝，不论投入品价格多高，都乐于更多地购买和消费；当企业作为产品的卖者时，对价格反应灵敏，热衷于扩大价高利大产品的生产。当企业作为分配主体时，力图以减少积累来增加消费；当企业作为生产主体时，又会力图以争投资、争贷款的方式扩大生产规模。所有这些不对称行为归根到底都起源于当前的双轨制体制及由此产生的企业多元目标之间的碰撞。显然，双轨制体制不结束，市场主体就难以真正形成。

企业作为市场主体还体现在企业的长期行为上。市场活动的参加者没有长期行为，也就不是真正的市场主体。现在许多企业热衷于职工收入最大化，不惜牺牲企业积累来满足职工收入最大化目标，其根子在于国有财产关系上的模糊。企业和职工不能在公有财产的增长上获得看得见的利益，因而对企业积累没有切身利益的关心。显然，培育市场主体的一个重要途径，就是理顺以产权为核心的财产关系，将国家与企业的产权关系明晰化。这种明晰化主要有两种思路。一种是所有权分割，全民所有制企业采取股份制形式：在企业占用的资产中明确国家股、集体股和个人股；另一种是在所有权和经营权分离的框架内明确资产的所有权和经营权，并在分配关系上确认企业对自己积累的资产的收益权。无论是哪种思路，在企业占用的资产中，必须将国家投资形成的资产同企业自行积累的资产分清。企业及职工必须在自己积累的资产中得到看得见的利益。任何形式的"共产"都会导致企业行为的短期化。

培育市场主体还涉及国有资产的所有者。现行的全民所有制经济的所有权实际上由国家各级行政部门代理，即通常说的地区所有制和部门所有制。其弊端是：所有权同政权合一，所有者行为同国家干预经济行为、同公共财政的行为混在一起；在现实中这三种行为目标不完全一致，各种行为交错，所有权要求和所有者行为最终会被其他方面的要求和行为所淹没。结果，所有者不关心资金价值增殖和资产增殖，投资不讲效益，不能按照资金价值增殖最大化要求选择投资对象，最佳配置资金。所有权的要求和所有者的行为严重扭曲。企业在弱化的所有权约束和软化的预算约束下，自然不会有优化的市场行为和长期行为。现在看来，要优化企业行为，首先要优化所有者行为，将所有权同政权分开，将所有者行为同国家宏观调节行为及公共财政行为分开，从而形成独立的所有者行为。按此要求，全民所有制改革的思路应是由行政机构代理所有权变为由经济组织代理所有权。这种经济组织有独立的利益和责任，承担投资风险，相互间展开竞争。各个代理国家资金所有权的经济组织都有有效的财产约束。这样一来，国有资产的所有者对经营者和投资对象会有所选择，以保证资金投向经济效益高的企业和项目；所有者会密切注视企业经营行为，视企业经营状况和发展前途及时追加和抽走资金；所有者会硬化对企业的预算约束，不代企业承担经营风险。所有者有了这样一些行为，便会迫使企业行为合理化和长期化，加快市场主体的形成过程。

发展商品经济、扩大市场引导企业范围的另一个内容是培育市场体系。它包括三方面内容：一是建立并健全完整的市场结构；二是理顺市场信号体系；三是创造充分竞争的市场环境。

完整的市场结构，既包括商品市场，也包括资金、劳动力、信息、技术等各类生产要素市场。各类市场之间有着不可分割的内在联系。如果各种市场发展不同步，或者残缺不全，便会造成市场活动的紊乱，出现各种生产要素相互间反向流动的状况，影响价值规律调节功能的发挥。例如，我国部分商品市场放开、价格放开以后，供不应求的商品价格上涨，按理说会调动资金和劳动力投入该生产部门，扩大该种商品的生产，但实际上并没有做到。其中一个重要原因是资金市场没有完全开放，资金流动迟缓，劳动力不能流动，致使某些商品供不应求的状况难以缓解，价格居高不下。改革十年来，我国各类市场逐步开放，各类市场也不同程度地得到了发育。但总的来说，迄今市场结构还不完善、不健全，特别是金融市场和劳动力市场尚未完全开放，其发育程度还很低。商品经济的发展史表明，金融市场高度发达，劳动力通过市场合理流动，是商品经济进入充分发展阶段的标志，也是市场结构发育成熟的标志。我们必须顺应商品经济的发展规律，促进而不是限制这些市场的早日形成并日臻成熟。

理顺市场信号体系的核心是理顺价格体系。由长期价格刚性造成的扭曲的价格体系，严重限制了市场机制功能的充分发挥。在计划经济中，利用市场机制的先决条件是价格体系反映价值比例。价格体系不理顺，也就谈不上经济机制的转换。改革以来我国采取放调结合的方针改革价格，将一部分计划不到的商品的价格放开，实践证明是有成效的。但是，对同一种商品实行计划价和自由价两种价格，这种双轨制并不成功，它导致了经济生活的混乱。这种价格双轨制应该尽早结束。从理论上讲，国家调价就同国家直接定价一样，都不可能建立起反映价值比例的价格体系。价格只有放给市场调节，才能趋向合理。当然，为避免或减轻改革中的风险和阵痛，价格可逐步放开；价格放开的时机要选好，尽量避开通货膨胀时期，在价格放开时，国家要采取一些补偿性措施，以增强社会公众的心理和经济承受能力。当今的商品世界已不存在完全自由波动的价格。尽管放开价格是当前价格的结构性调整非走不可的道路，但是计划经济国家在放开价格的同时，对放开的价格要加强计划指导。国家要依据价值规律作用的方向限定价格波动的弹性空间，使之成为计划指导下的浮动价格。

理顺市场信号体系，还要求理顺各类市场信号之间的关系。在发达的商品经济中，商品市场的价格、资金市场的利息率、劳动力市场的工资、外汇市场的汇率之间相互影响相互制约。任一市场信号的变动都会带来各类市场的连锁反应。这种相互联系和制约性便成为宏观经济的自动调节和平衡的机制。在现行的经济机制中，这种内在联系被人为割裂了，相互间的传导机制严重栓塞。例如价格变动时，其他市场信号没有相应的反应。这不仅会加大价格改革的混乱和困难，还会使宏观经济失去自动调节机制。

创造充分竞争的市场也是培育市场的重要内容。计划经济引入的市场机制是充分竞争的市场机制。在计划经济中，竞争的充分性有个度的规定。现在，无论是资本主义商品经济，还是社会主义商品经济，竞争的充分性都是相对的。在资本主义经济中，所谓的不完全竞争、寡头垄断下的竞争等，集中反映了垄断对竞争的限制。而在我国，自然经济的残余，地区、部门的封锁，优等自然条件的垄断，平均主义的收入分配体制等都严重妨碍竞争的充分展开。在经济机制中引入充分的竞争，就是指破除这些限制竞争的因素。当然，在计划经济条件下，充分竞争不等于自由放任。在现代商品经济中，竞争不是原子型的，也不是杂乱无章的，它有必要的规范。特别是在计划经济中，价格的波动有计划指导，企业进入市场和退出市场（破产）有一定的计划指导和法律规范，企业参与市场竞争的活动有计划指导、行政监督和法律规范，不允许企业采取那种尔虞我诈、弄虚作假的竞争手段。但是，所有这些指导和规范并不影响竞争的充分展开。这种充分度体现在三个方面：（1）允许价格波动。价格波动的幅度足以反映不同企业不同产品的竞争力差别。（2）允许买者和卖者在市场上自由选择。选择的自由度足以使企业感觉到关心市场供求变化、按社会必要劳动时间要求组织生产的严峻压力。

由上述分析可见，培育市场包括相互联系的两个途径：一是放开，二是组织。对于高度集中的经济体制来说，放开意味着企业成为独立的经营主体进入市场，意味着打破条块分割和地区封锁，建立起统一的社会主义市场，意味着改变统购包销的流通体制，取消固定价格。但是，单纯的放开，放不出现代商品经济中的市场机制，放不出成熟的有组织的市场机制。因此，在放开市场的同时必须组织市场。一是对放开市场的时机、范围和程度要进行自觉的选择，不能毕其功于一役。二是放开市场的同时，必须健全必要的保证公平竞争的市场规则、法律规范和政策规范。三是在放开市场的同时，必须健全和完善国家干预市场活动的宏观调控系统。只有这样，才能放出一个现代化的发育成熟的社会主义市场体系。

## 三、完善计划经济，提高"国家调节市场"的效能

正如计划经济不能同不成熟的商品经济结合一样，正在发育成熟的商品经济也不能同不完善的计划经济结合。原有计划经济体制的主要弊端是：高度集中，包罗万象，超越了现阶段计划经济的水平。当前完善计划经济的首要内容便是：从空想回到现实，实事求是地承认当前的计划经济尚处于初级阶段。其特征便是中央关于经济体制改革决定所指出的：国民经济计划就总体来说只能是粗线条的和有弹性的，只能是通过计划的总体平衡和经济手段的调节，做到大的方面管住管好，保证重大比例关系比较恰当，国民经济大体按比例协调发展。

几年来，我国的计划体制改革进展较快。依据初级阶段计划经济的特征，国家计划的范围有了较大的调整，国家力不可及的微观范围活动逐步退出国家计划范围，企业计划逐步同国家计划分开，国家计划将集中于力所能及的宏观范围的经济活动。国家下达给企业的指令性计划也逐步减少。截至1987年，中央直接计划的工业品只有原来的50％，中央统配物资也只有原来的10％。

微观放开以后，企业的经济活动直接受市场调节。国家对企业的计划管理也就由原先的直接控制转向间接控制。现在，我国能否较快地形成"国

家调节市场，市场引导企业"的机制，关键是看宏观间接控制机制能否早日建立和完善。

直接控制转为间接控制包含着计划调节方式的三大转变：

第一，计划调节对象的转换，即以企业为直接对象变为以市场机制为直接对象。在商品经济中，流通领域（市场）是商品生产者的总和。市场状况是企业活动的约束条件和外部环境。国家通过市场机制功能透视和组织国民经济活动。国家也可以通过对市场机制的计划调节，使在市场机制中表现的企业总体活动合乎计划目标。

第二，计划目标分解方式的转换，即计划目标由直接分解给企业变为直接分解给财政、银行等控制系统。计划调节的对象转向市场后，调节市场机制的参数分属财政和中央银行系统。为了实现宏观的计划性，宏观计划目标必须分解给财政、中央银行等宏观控制部门，形成与国民经济总计划及产业发展计划相适应的财政收支计划、货币发行计划、外汇收支计划等。各个宏观管理职能部门则依据各自的计划目标确定和贯彻财政政策、货币政策和收入分配政策，以便步调一致地对市场机制进行调节。

第三，计划调节手段的转换。这里包括两个方面的转换：一是由数量调节变为政策调节。国家不直接给企业规定具体的投入产出和数量指标，而是通过各种政策（产业政策、财政政策、收入政策、货币政策等）和法律规范企业行为，保证其活而不乱。二是由行政手段变为经济杠杆的调节，其目的是自觉依据和利用经济规律和经济机制来实现计划。

以上三个方面是向新的经济运行机制转换的主要内容。所有这些转换都要服从一个目标，即提高"国家调节市场"的效能。其效能越高，向新经济运行机制的转换便越顺利和迅速。

整个经济运行机制是一个有机的系统，"国家调节市场"在其中执行系统整体所赋予的职能。"国家调节市场"的效能主要体现在两个方面：一是这个过程不能压抑市场机制的充分作用；二是预定的宏观计划目标得到充分实现。显然，国家调节市场的机制是充分发挥作用的市场机制同计划目标的衔接。

人们一般把国家调节市场理解为国家直接规定和调整市场价格利率等信号，以为微观放开后，国家随时可根据需要，通过直接调整价格和利息率来调节企业活动，以此来实现国家计划目标。这个模式的致命弱点在于，它人为地割断市场机制的内在联系，压抑市场机制的作用。由此形成的价格变化同由市场因素决定的价格变化相比，有一个相当时期的迟延，而经济效率要求价格的变化尽可能敏捷、迅速。同时，国家规定的价格限于为各类商品制定统一的价格，商品质量及时间、地点的差别难以在价格上得到充分反映，这就大大限制了价格机制的调节功能。特别是现阶段国家事实上不可能规定准确的市场信号。如果企业活动放开后，国家仍然承担着及时调整各种商品价格的任务，那难免又要陷入繁重的日常事务，重犯官僚主义、主观意志、束缚企业手脚的错误。这样的国家调节市场的模式显然是低效能的，因而也是不可取的。

国家调节市场的另一种选择是参数调节市场的模式。其基本思路是，国家主要依靠经济参数调节市场机制。这种模式至少有以下特征：第一，市场价格利率等信号不由国家直接规定，而在市场机制中，在与供求变化的制约联系中合乎规律地形成。第二，国家调节市场的经济参数（如税收、预算分配、中央银行利率、货币发行量等）与市场机制的各种变量呈函数联系，加入市场机制的运行。这样一来，计划的参数同市场的构成要素形成了内在统一的结合。第三，国家通过各种经济参数调节市场，也就是给市场机制输入目标函数，使之按计划目标波动和运行。借助计划参数同市场变量的内在联系，计划目标可有效地实现。第四，参数调节具有双向性。计划参数同市场变量的函数联系可检验计划参数的正确程度，反过来又调节国家的计划决策，从而使计划调节系统产生自组织功能，及时纠正计划决策的盲目性和主观性。第五，各种计划调节信号是透明的。财政政策、货币政策、收入政策和产业政策及相应的各种经济参数，在正常情况下规范统一、相对稳定。这就可排除国家与企业之间的讨价还价，促使企业全面依赖市场，从而扩大市场引导企业的范围。这样一种国家调节市场模式显然是高效能的。这应该是我们设计国家调节市场机制的目标。

明确国家调节市场的职能是提高其效能的重要方面。当我们强调市场机制的积极功能及其同计划的内在统一性时，不能忽视其缺陷。市场机制运行的缺陷客观地规定了国家调节市场的职能，现在人们一般都承认国家维护和规范市场机制运行正常秩序的职能。就是说，针对企业在市场竞争中走歪门邪道、弄虚作假、以次充好、尔虞我诈、行贿、倒卖等破坏市场竞争正常秩序的行为，国家调节市场就要在健全各种政策法规的基础上，以有效的政策和法律规范企业的市场行为。现在看来单有这一点还不够。国家调节市场的根本职能是在以下两个方面执行计划经济职能：

第一，透视价值规律的作用方向，克服市场调节的短期效应。尽管市场机制是价值规律的作用形式，但两者的调节功能不完全重合。价值规律的调节即符合价值比例的价格比例的调节。现实中价格往往背离价值。价值规律的作用体现在价格围绕价值波动并趋向一致的过程。这一过程也是市场机制的现实运动。市场机制的调节功能是指价格的每一涨落都会引起生产的相应扩大或收缩，供求的每一变动都会引起价格的涨落。从长期看，市场的反复多次调节，最终会使波动的价格同价值趋向一致，同价格规律的调节功能重合。但是从短期着：波动着的每一时点上的价格同价值并不一致，企业为每一市场行情所动而调整的生产决策并不一定符合价值规律的要求。这样，国家调节市场的职能，就是要根据自觉预测的价值规律作用的方向，指导价格波动过程及市场调节过程，克服其短期效应。

第二，实现宏观的计知性。市场调节的短期效应同微观生产结构的调整是适应的。但它不适合调节关系国民经济长期发展和全局的产业结构调整和宏观的总体平衡。在微观生产结构和企业决策由市场机制直接调节的情况下，国家调节市场是要市场机制调节下的微观生产结构变动进入计划的产业结构高度合理化的轨道，使市场调节下形成的企业投资规模和消费需求规模同计划的国民经济增长率相符，实现总供给和总需求的平衡。

国家调节市场的重心是需求管理还是调节供给，这也涉及国家调节市场的效应。近年来，许多同志把新的经济运行机制中的计划管理归结为需求管理。现在看来这种观点是片面的。我们知道，西方宏观政策基本上服务于需求管理。其前提是：社会生产能力过剩、资源闲置；储蓄水平高于投资需求。因此，宏观政策只要在生产能力既定的条件下刺激需求便能均衡总供给和总需求。而在我国的社会主义初级阶段，运行的主要矛盾是短缺，储蓄能力低，现有社会生产的供给能力不能充分满足经常增长的需求。再加上需求存在着易上不易下的刚性，单靠需求管理压不下，也难以平衡总供给和总需求。这样，在我国，宏观的需求管理效应不仅是短期的，也是有限的，只能起到治标的作用。我国宏观计划管理积极的对策应是调节供给，从宏观上支持和扶持社会总供给能力的提高。这是保证国民经济稳定增长、从根本上平衡供求的治本措施。因此，国家调节市场的财政政策、货币政策、收入政策不只是调节需求，还要同产业政策相配套，调节供给。各种宏观政策的调节机制按照调节供给的要求调整。这可说是提高国家调节市场效能的重要一环。

总的来说，国家调节市场和市场引导企业是新的经济运行机制的有机组成部分。提高国家调节市场的效能和扩大市场引导企业的范围必须相互配套、同步进行。相应地，发展商品经济和完善计划经济是统一过程的两个方面。某一方面的改革超前或滞后，会导致两种后果：或者是产生计划和市场两种机制的碰撞或摩擦，或者是出现计划和市场都管不到的真空和漏洞，加大经济机制转换的困难。

# 国家调节市场的模式比较*

## 魏 杰

党的十三大报告指出，"新的经济运行机制，总体上来说应当是国家调节市场，市场引导企业'的机制。"我国经济运行机制改革的这一目标，是由社会主义商品经济运行的客观要求所决定的，是从根本上解决原有经济体制中运行机制存在的弊端的关键。这里，首要的是建立一个适当的调节模式。为此，则须揭示国家调节市场的实质。

我们认为，国家调节市场是现代商品经济的一般要求，并不是中国特有的。但是，既然国家是调节主体，那么，这种调节的性质就不可能离开国家的性质和具体的政治制度的影响。

## 一、国家调节市场的模式比较

国家应该如何调节市场？经济学界提出了许多不同的看法。其中最主要的是：（1）国家全面干预市场；（2）国家部分干预市场；（3）国家随机干预市场；（4）国家干预市场信号；（5）国家利用经济参数调节市场。国家调节市场是我们所要建立的间接宏观控制模式的基本内容，但上述这些模式中，有的实际上并都不属于间接宏观控制。由于人们已经把它们当作间接宏观控制模式提出来，因此，我们姑且也这样来加以分析。

### （一）关于国家全面干预市场

在这种模式下，企业的经营活动都和市场相联系，其产品都作为商品通

---

* 原载《社会科学辑刊》1988 年第 5 期。

过市场实现其价值；国家通过指令性计划和产品收购合同，以及在原材料来源和销售方面提供优惠条件等形式，直接地全部控制企业的市场活动，甚至还要对市场交换活动进行大包大揽。在这种调节模式下，企业虽然不像在旧的经济体制下那样完全受制于国家，但企业仍没有选择市场的权力，不仅不能根据市场需求调节生产，而且也不能自主地在市场上对生产要素进行选择。在现代商品经济条件下，这样做的结果，必然会使企业丧失其应有的地位，同时，市场也成了国家宏观控制随意变动的工具。这种随意性必然导致宏观决策的重大失误。因为，宏观决策必须以市场需求状况和对市场发展趋势的预测为依据，并且必须在市场活动之中进行检验和校正，使其科学化。在市场成为国家宏观控制的可以随意变动的工具的情况下，宏观决策的约束条件丧失了，市场的检验和校正功能也丧失了。这就很难实现宏观控制总量平衡的目的。市场虽然存在，并且也参与国家调节过程，但其导向作用却不能发挥。因此，这种模式不应成为我们的选择目标。

**（二）关于国家部分干预市场**

在这种模式下，国家完全放开一部分企业的市场活动，让它们接受市场的自动调节，而对另一部分企业的市场活动进行直接的干预。国家不再全面干预市场，对市场功能的发挥来说不能不承认是个进步。但是，在这种人为地将整体市场分成两大块的条件下，国家直接干预的那一部分企业将排斥市场调节，而难以搞活；国家不直接控制的那一部分企业又将排斥宏观调节，而产生盲目性，终至造成经济波动。特别是单纯由国家干预的那块市场同国家不干预的那块市场活动之间极易发生矛盾，从而使国民经济运行往往处于紊乱状态，从根本上讲，这种模式把国家调节与市场调节混为一谈，使本来是两个层次的东西拉平，破坏了事物的整体性，从而使整个市场运行失去了调节的核心机制和导向机制。目前我国市场上出现的混乱状态，很大程度上是由此造成的。因为，它违背了现代商品经济条件下"一个市场，一条原则"的规律。双重市场信号的形成，造成信号混乱、信号失真、导向失灵，应引起人们的高度重视。例如，在国家直接干预的那部分市场活动中，价格一般较非直接干预的那部分市场价格偏低。其结果不仅没有很好发挥价格信号的导向作用，反而为某些人利用特殊地位在两种市场之间搞转手倒卖创造了条件，使一些没有劳动凝结的非商品（如彩色电视机购买票）有了"价值"，进入流通，严重地冲击了市场。这种模式应及早摒弃。

### （三）关于国家随机干预市场

这种模式不同于上述两种模式之点在于：它不是从国家干预范围的大小上进行选择，而是从市场活动的时间序列上考虑如何干预市场。其主要特征是：市场活动，在一般情况下，全部由市场的内在机理进行自我协调；国家平时不对市场活动施加任何影响，而只有当市场的自我协调难以保证市场本身及国民经济的平衡运行时，才利用行政的权力，随机干预市场活动。目前我国政府对猪肉市场的干预基本属于这种类型。这种调节模式虽然比上述两种模式放活了市场，但却过分地强调了市场的自我协调能力，忽视了宏观控制对于保证市场正常运行所起的重要作用。

宏观控制对市场的功能在于：进行市场导向，规定市场的发展方向，克服市场因各种利益关系而产生的局限性和短期性行为，纠正运行上可能出现的偏差等。但是，在随机干预模式中，宏观控制的这些功能都不能充分发挥。第一，这种单纯的自发市场由于没有宏观机制的目标约束和渗透因而难以消除市场自身固有的盲目性，难以保证国民经济的有序发展。第二，这种待市场出现了问题才去随机进行干预的"事后聪明"，必然以极大的社会浪费为代价。第三，这种随机性干预具有临时性，极易造成人们对政策的误解和偏见，导致经济的大起大落。所以我们认为应选择更为稳妥的模式。

### （四）关于国家干预市场信号

这种模式与上述三种模式有着重大的区别，它是通过国家直接规定市场信号来调节市场的间接宏观控制模式。它已不再规定各个企业的具体市场活动，而是让企业自由地进入市场并形成市场的总体活动，然后由国家调节。市场总体活动的集中反映是市场信号，如价格、利率等。因而这种模式又具体表现为国家随时根据需要，通过直接调整价格和利率等市场信号来调节企业生产活动。很明显，这种调节模式较之上述三种模式是一个重要进步。在这种调节模式下，如果国家能够科学地直接规定市场信号，那么市场关系就不仅可以客观地衡量单个商品的社会必要劳动时间，而且还可以实现从不同部门的整体来看的第二种含义的社会必要劳动时间，使市场能够发挥社会总劳动在不同部门之间按比例分配的功能。如此分析，难怪许多经济学家极力主张，应以这种模式作为我国经济运行调节的目标模式。然而，目前我国是否具有系统地、科学地直接规定价格、利率等市场信号的条件呢？在回答这个问题之前，先看看一些不容否认的事实：我国幅员广大，交通不便，信息不灵，经济文化发展不平衡，计划管理水平不高，管理设备欠佳。在这样的条件下，让国家直接规定市场信号一则难以做到，二则又必定会使本来已经弱化了的行政对经济的直接干预，变换角度重新硬化。事实上，市场信号作为市场活动的内在机理，是无法人为地、凭主观评估去直接规定而必须形成于"市场黑箱"之中的。对于这种模式，我们不否认它规范分析上的进步性，但在不具备条件的情况下，仅搞没有实践意义的理论模式，怎能解决经济运行机制中的迫切问题呢？为此，根据间接宏观调节的要求，我们认为国家调节市场的唯一可行模式是国家利用经济参数进行调节。

## 二、国家调节市场模式的最佳选择：经济参数调节

这里所说的经济参数，即经济杠杆的数量化语言。它是指国家为了使市场输出一个预期目标值而向市场输入的可控变量。

经济参数与参数调节具有如下特征：（1）参数值由国家宏观控制系统输出，运用主体是国家。（2）参数与市场活动中的其他经济变量的市场信号之间是一种函数关系；参数值的变化会引起其他经济变量和市场信号的相应变化；参数的运用过程本身同时也受到其他经济变量和市场信号变化的影响，从而反映国家所运用的经济参数是否可行，从而为参数的校正提供信息。（3）由于市场本身受多因素的影响，经济参数是一个依据客观经济规律进行跟踪调节的随机变量。（4）参数具有系统性、层次性和整体功能性。参数系统主要包括财政性参数、金融性参数、物资性参数、资金性参数、劳务性参数等。财政性参数包括税率、税种、财政支出额度等；金融性参数包括货币发行量、再贴现率、存款准备金、利息率等；物资性参数包括国家用于应急的储备物资率、以平抑物价为目的的市场储备物资率、与货币量相关的物资可供系数等，资金性参数包括国家用于调节生产结构的直接投资资金、用于调节外汇收支的创汇补贴率、用于因物价上涨造成的必要消费补贴资金等，劳务性参数包括国家核定的社会工资控制总额和它在新增加价值中所占的比重、一定时期的最低工资标准和最高工资限额以及失业救济金额度

等。在这个参数体系中，每个参数都有其特点、功能、作用范围和方向。但是，更为重要的是各种参数间相互影响和相互制约而形成的函数关系。因此，我们在运用经济参数调节市场时，必须从整体的功能性出发，把经济系数作为一个整体去协调运用。

国家运用经济参数调节市场的可行性在于它是在国家保障市场机制独立运行的基础上，参与对市场的调节活动。这种调节，没有割断市场信号同产品、资金和劳动力供求之间的互为因果的联系，因而保证了各种市场信号的合乎规律地形成。而且，国家调节市场的参数是顺应市场规律的方向而起作用的，它作为国家的可控变量在市场内部同其他有关变量和市场信号形成函数联系。一方面，通过参数的调整调节市场的变量，使之输出合乎宏观控制目标要求的市场信号，另一方面，市场机制的运行又会检验和校正宏观控制参数，为国家修正宏观计划提供依据。因此，国家通过经济参数调节市场，即可保障企业对市场的选择权，发挥企业经营的主动性和积极性，使国民经济充满活力，保障有计划商品经济的健康发展。

然而，国家利用经济参数调节市场是需要一定条件的。首先，需要有与之相适应的微观基础。国民经济活动的总量及其变化最终取决于微观个量及其变化，因此，有无良好的微观基础是参数调节模式功能能否发挥出来的关键。其次，需要有与之相适应的市场环境，市场环境是参数控制的中介环节，它既是被调节的客体，又是企业运行的控制者，所以，有无一个良性的市场中介是参数调节模式功能能否发挥出来的决定性条件。再次，需要有与之适应的宏观控制机制，方能为可行的经济参数的形成创造必要条件。最后，要有一个会巧妙利用经济参数的宏观控制主体，就是说国家经济管理部门要学会利用经济参数调节市场。

# 宏观经济政策构成体系的系统分析*

### 魏　杰

　　宏观经济本身的复杂性及宏观经济政策目标的多元化，决定了宏观经济政策是一个包含多种宏观经济政策的有机政策体系。对于宏观经济政策应该是一个有机的政策体系，经济学界的意见是一致的，但对于应该建造什么样的宏观经济政策体系，经济学界则存在着严重的分歧。之所以产生这种分歧，主要是由于人们对宏观经济政策的分类有不同的认识。因此，宏观经济政策分类与宏观经济政策体系紧密地联系在一起，可以说是一个问题的两个方面，所以，对宏观经济政策体系的分析总是从宏观经济政策的分类开始的。

## 一、宏观经济政策的分类及其不同意见

　　宏观经济政策的分类在学术界有很大的争论，大致上有四种分类法。第一种是按照宏观经济政策的最终目标，将宏观经济政策划分为四类：实现稳定目标的增长政策，包括财政政策和货币政策等；实现增长目标的增长政策，包括劳动供给政策和资产形成政策等；实现结构协调目标的结构政策，包括产业结构政策和投资结构政策等；实现公平分配目标的分配政策，包括收入分配调节政策等。第二种是按照宏观经济政策的所属范畴，将宏观经济政策划分为两类：属于经济体制范畴的体制政策，包括竞争政策和分配政策等；属于经济运行过程范畴的过程政策，包括财政政策和货币政策等。第三种是按照宏观经济政策的作用领域，将宏观经济政策分为三类：保障经济过程稳定运行的过程政策，其中主要包括调节供求总量及结构平衡的政策；维

---

　　* 原载《江海学刊》1989 年第 6 期。

护经济秩序正常化的秩序政策，其中主要包括维护体制秩序、经济结构秩序和经济运行秩序的政策；提供和增强经济基础条件的基础政策，其中主要包括增强能源及交通运输的政策、优化环境的政策和提高科学文化水平的政策等。第四种是按照宏观经济政策的作用核心，即调节供求总量平衡及供求结构协调，将宏观经济政策划分为三类：增进总供给增加的经济增长政策，包括提高生产率的政策和促进资产形成的政策等；稳定总需求增长的稳定政策，包括财政政策和货币政策等；协调供求结构的协调政策，包括产业结构政策和投资结构政策等。

上述对宏观经济政策的不同分类，并没有重大的原则区别，仅仅是出发点和分析问题的角度不同而已。但是第四种分类要相对好一些。因为，无论是宏观经济政策目标的有效实现，还是经济秩序的正常化和经济过程的稳定，都需要有供求总量平衡和供求结构协调这个最基本的前提。也就是说，供求总量平衡和供求结构协调是制约整个国民经济发展最重要的决定条件，宏观经济政策目标、经济增长、经济过程稳定、收入分配公平化及经济秩序正常化等，都只有在供求总量平衡和供求结构协调的条件下才成为可能。因此，从供求总量平衡和供求结构协调这个宏观经济政策的作用核心来划分宏观经济政策分类，是深入到了宏观经济政策的较深处，其他方式的划分都只不过是这种方式的演变而已。

宏观经济政策的作用核心是从供给与需求两个方面调节总量及其结构，以保持供求总量的平衡及其供求结构的协调。宏观经济政策对于供求总量平衡的调节是通过增进总供给和稳定总需求而实现的，对于供求结构协调的调节是通过引导需求结构和调整供给结构而实现的，因而宏观经济政策调节供求总量及其供求结构的具体过程表现为增进总供给、稳定总需求和协调供求结构。因为其中的增进总供给集中地表现为通过激发经济动力而刺激经济增长，所以宏观经济政策的最终功能往往表现为刺激经济增长、平衡供求总量、协调供求结构。从这种意义上讲，宏观经济政策实质上就是从宏观上为经济发展寻求动力，并从宏观上保障经济稳定而协调发展的政策体系。按照宏观经济政策的具体作用过程及功能来划分，宏观经济政策的体系构成包括增进总供给的动力政策、稳定总需求增长的稳定政策、调节供求结构的协调政策。因此，我们对于宏观经济政策构成体系的分析，首先是分别分析动力政策、稳定政策及协调政策，然后在此基础上再分析它们相互配合的共同过程。

## 二、动力政策的内容及其作用

动力政策是指通过影响经济增长的三个决定因素即生产率、资产形成及劳动投入而激发经济活力,从而通过总供给增加而平衡供求总量的供给调节准则及方针。由于动力政策主要是对总供给发生作用,通过增进总供给而对供求总量平衡实施影响作用的,因而动力政策也往往被称为总供给调节政策。动力政策所直接作用的总供给是推进供求总量平衡的决定性力量,总供给增进对于平衡供求总量具有治本的主动性积极作用,因而动力政策是极其重要的宏观经济政策。一般来说,总供给增长总是劳动、资产和生产率增长的某种组合的结果,爱德华·丹尼森等增长经济学家曾用一个简单的公式归结了这三个因素对总供给增长的贡献,即总供给增长率等于生产增长率加上0.7乘以劳动投入增长率及0.3乘以资产投入增长率(0.3和0.7是根据资产和劳动在国民收入中所占的相对份额的数据推导出来的,是用资产与劳动的收入来表明它们对总供给增加的贡献状况)。因此,以增进总供给为中心的动力政策就具体表现为提高生产率的政策、刺激资产形成的政策、增加劳动供给的政策。

### (一) 提高生产率的政策

生产率是对总供给增长具有决定意义的因素。在劳动与资产的投入量不变的情况下,总供给增长就取决于生产率提高的状况。按照有的经济学家的统计,正常条件下生产率提高1%,那就意味着整个经济从同量劳动和资产中可以多生产1%的产品供给。因此,提高生产率的政策对总供给增长有着极其重要的作用。生产率的提高主要取决于利益、竞争、科技、产业组织及社会稳定等要素,因而提高生产率的政策就包括能有效促进这些要素充分作用的利益分配政策、竞争政策、科技政策、产业组织政策、社会稳定政策。

利益分配政策是为微观上的按效率分配创造良好的宏观条件及制度保障,并且从宏观上用公平原则对微观分配的结果进行有效的调节,从而形成一个效率原则与公平原则相结合的利益分配体制,从效率和公平两个方面激发经济活力,促进生产率的提高。竞争政策是为维护正常的竞争秩序和保护竞争而提供政策规定和手段,具体表现为一系列有关维护正常竞争秩序和保护竞争充分展开的措施与规则，其实质是用政策形式将排除各种不正当竞争的方法及消除限制竞争因素的途径加以强制肯定，从而使竞争充分发挥有力促进生产率提高的作用。科技政策是为科技的发展提供雄厚的经济基础和良好的研究条件，建立有利于科技人员充分发挥积极作用的科技管理体制，并且形成能使科技成果迅速转化为现实生产力的科技成果转换制度，用强制形式把有利于科技发展的科研体制、科技管理体制、科技成果转换制度等政策化，使科技促进生产率提高的作用能够顺畅地发挥。产业组织政策是为总供给增长寻求最有效的产业组织形式，并以政策形式强制使各产业的组织形式符合总供给有效增长要求的政策措施及手段，其实质是要通过产业组织形式的优化而为生产率提高提供组织保证。社会稳定政策是为生产率提高创造必需的社会稳定条件，其中包括维护正常和健康的社会秩序，遏止各种社会病态的蔓延和发展，打击各种犯罪和腐败行为等，从而使劳动及资产能够在优化的环境中增强活力和效率，保证生产率的迅速提高。

### （二）刺激资产形成的政策

资产存量的增长能够有效地加速总供给的增长，往往是资产增长率提高1个百分点，总供给增长率就提高 0.3 个百分点。因此，刺激资产形成的政策对总供给增加有着重要的促进作用。刺激资产形成的政策的主要功能，是调动国家、企业、个人的积累与投资的积极性，通过资产存量的增加而带动总供给的增长。按照刺激资产形成的政策的作用对象来看，刺激资产形成的政策包括国家资产形成政策、企业资产形成政策、个人资产形成政策。国家资产形成政策、企业资产形成政策、个人资产形成政策的共同作用，能够通过刺激资产增加而有力地促进总供给的增长。

国家资产形成政策是指国家将适当的国民收入用于积累与投资，并使用于积累与投资的国民收入能够发挥高效益作用的国家调节积累与投资活动的准则和方针，其关键是确定积累与投资在国民收入中所占的恰当比率，并且形成积累与投资高效化的政策监督体系，通过政策形式而强制地使国家对积累与投资份额的确定，以及国家资产的形成过程，都能朝着有利于促进总供给增长的方向发展。企业资产形成政策是指促使企业内部形成积极主动的资产形成机制的政策与激励规则，其主要功能是对企业自身形成的资产的使用及资产收益的分配做出明确的政策规定，使企业对自身通过积累与投资而形成的资产具有完全的使用权和较多的收益享受，从而提高企业形成资产的主动性及积极性，使企业资产形成对总供给增长发挥有效的促进作用。个人资产形成政策是指国家对个人资产形成及个人资产收益的基本政策观点和政策准则，主要是要求国家在政策上要对合理的个人资产形成给予保护，并使个人资产所有者能够通过合法的途径获得应有的资产收益，从而增强个人资产形成的活力，通过个人资产增长而带动总供给的增长。

### （三）增加劳动供给的政策

劳动供给增加对总供给增长的促进作用，要比资产增长对总供给增长的促进作用大得多。按照有的经济学家的计算，劳动供给增长率提高 1%，总供给增长率就会上升 0.7%，比资产增长对总供给增长的促进作用高 1 倍多。因此，通过劳动供给增长而带动总供给增长的增加劳动供给的政策，对于总供给增长有着极其重要的促进作用，我们必须制定有效的增加劳动供给的政策。增加劳动供给是一个质与量相统一的经济范畴，是指在增加劳动数量的同时提高劳动质量，并且内在地激发劳动的主动性和积极性，因而增加劳动供给的政策包括与劳动数量增加相关的就业政策、与劳动质量提高相关的劳动素质政策、与激发劳动的主动性和积极性相关的劳动收益政策。

就业政策是指为扩大和增加就业数量而采取的政策性刺激规则，其主要功能是从政策上寻求和肯定就业的途径及方法，通过扩大就业而增加劳动供给的数量，从而促进总供给的增长。劳动素质政策是指充分提高劳动者的技能及素质的政策规定，其中包括职业教育、在职培训和重新就职学习等劳动技能培养政策，主要是通过政策形式而强制地保障劳动供给质量的提高，全面促进总供给的增长。劳动收益政策是保障劳动的应有收益，从利益上促进劳动积极性和主动性提高的政策规定，其主要功能是增强工作能力，通过劳动的内含增加来促进总供给增长。

从上述对劳动力政策的具体形式的分析中，我们可以清楚地看出，劳动力政策主要是为生产率、资产形成和劳动投入这三个总供给增长要素的充分作用提供有效的政策保障，通过激励和促进总供给增长要素而带动总供给的增长，其作用重点完全放在由生产率、资产形成、劳动投入这三者形成的供给增进过程上。

由于劳动力政策直接涉及总供给增长的推动力量，属于总供给增长政策，而总供给增长又被看作是供求总量平衡的物质基础，所以人们更多地注意劳动力政策是有意义的。

## 三、稳定政策的内容及其作用

稳定政策是通过调节总需求的稳定增长而实现供求总量平衡的。由于稳定政策把保持供求总量平衡的作用重心放在稳定总需求的增长上，因而稳定政策往往也被称为总需求调节政策。稳定政策的直接调节对象即总需求增长，对于保持供求总量平衡具有极为重要的作用。实践表明，总需求增长的失常状态即总需求膨胀和总需求萎缩，都会对供求总量平衡带来巨大的冲击和负效应。总需求膨胀会使供求总量因需求增长过度而失去平衡，总需求萎缩会使供求总量因需求增长不足而失去平衡。因此，对于保持总需求稳定增长的重要性，自 20 世纪 30 年代以来已被大多数经济学家所充分重视。就连那些在其他问题上有很大意见分歧的经济学家，也都一致要求保持总需求的稳定增长。许多经济学家认为，二次大战后西方发达资本主义国家经济持续增长的一个重要原因，就是由于实行了保持总需求稳定增长的有效政策。我国近几年的实践也从反面证明了保持总需求稳定增长的重要性。可以说，近几年来困扰我国经济发展最主要的困难是总需求膨胀太厉害，急于求成的指导思想以及由此而来的基本建设任务安排过大和消费水平提高过快等因素，诱发并推进了总需求的盲目过猛增长，从而打破了供求总量平衡，使得与供求总量失衡相关的通货膨胀及收入分配不公等无序现象急剧发展，最终使经济发展陷入困境之中。因此，必须实行以保持总需求稳定增长为中心的稳定政策。一般来说，稳定政策主要包括国民收入分配政策、货币政策、财政政策、投资政策，消费政策、储蓄政策。

总需求是通过国民收入分配过程而形成的，其形成过程直接同货币形态的国民收入分配量及其与实物形态的国民收入量的相互关系有关。货币形态的国民收入分配量形成总需求，而实物形态的国民收入量则形成总供给，因而货币形态的国民收入分配量的确定及其与实物形态的国民收入量的相互关系，直接涉及总需求的增长状况。正因为如此，所以作为调节货币形态的国民收入分配量及与实物形态的国民收入量相关联的国民收入分配政策，对于调节总需求的稳定增长有着极为重要的作用，是稳定政策的重要组成部分。

一般来说，国民收入分配政策可以为总需求的增长幅度及变动趋势确定一个大体的框架，从总体上保证总需求的稳定增长。

总需求的担当实体是货币，因而货币供应量及其与货币需要量的关系，直接决定着总需求的增长状况及总需求同总供给的关系。一般来说，没有货币的盲目超量供应，总需求膨胀是不可能形成的；同样，没有货币供应的过度紧缩，总需求也不会极度萎缩。货币同总需求的这种内在联系，使得货币政策对保持总需求的稳定增长及供求总量的平衡具有极其重要的作用。货币政策对于货币供应量及其与货币需求量的相互关系的调整，可以直接决定总需求的状况及其变动趋势，因而货币政策是调节总需求变动的总闸门，是保证总需求稳定增长及供求总量平衡最有力的手段。

政府财政对于总需求有着非常重要的影响，是总需求变动的内在因素。政府购买、转移支付、税赋征收等财政行为的任何一个微小变化，都会对总需求状况发生影响。因此，财政政策通过对财政收入与支出量的主动调整，可以有效地保障总需求的稳定增长，实现供求总量的平衡。一般来说，在财政政策能够充分作用的条件下，财政政策对于烫平总需求的过大波动和缩短总需求波动的过长周期，有着极为强烈的作用。因此，财政政策是保持总需求的稳定增长和供求总量平衡的重要稳定政策。

消费需求是总需求最主要的构成部分，一般要占到总需求的 2/3 左右，因而总需求的稳定增长有赖于消费需求的稳定增长。消费需求与总需求的这种内在关系，使得消费政策对于保障总需求的稳定增长具有重要的意义。消费政策作为调整消费需求总量变动的行为准则，可以直接约束或扩张消费需求总量，通过消费需求而影响总需求变动，从而对总需求增长起到稳定作用，实现供求总量的平衡。因此，消费政策在调节总需求增长及平衡总量过程中是被经常使用的重要政策，并且一般都很有效。

投资需求是构成总需求的重要变量。投资需求虽然在数量上小于消费需求，但它却是总需求中最易变动并且波动很大的部分，它的波动会通过乘数过程而引起总需求乃至供求总量关系的巨大波动。因此，作为调节投资需求的投资政策，是稳定总需求增长的重要政策。投资政策通过对投资总量的约束和调整，可以有效地保持总需求的稳定增长，实现供求总量的大体平衡。一般来说，总需求的过大波动没有投资政策的作用，是很难稳定下来的。因此，投资政策也是稳定总需求增长和平衡供求总量所必需的重要政策。

国民收入在形成总需求之前要经过储蓄环节，储蓄往往会使国民收入使用量在时间上发生差异，使一部分国民收入因被推迟使用而在一段时间内不形成总需求，如通过财政贴息可以使一部分应成为总需求的国民收入在一段时间内成为潜在货币。因此，储蓄政策也是很重要的总需求稳定政策。储蓄政策通过对储蓄量的调整，可以有效地调节总需求及供求总量关系，保证总需求的稳定增长和供求总量的平衡。

上述所分析的各种稳定政策，从不同的过程以不同的方式而对总需求增长发生调节作用，共同维持总需求的稳定增长。稳定政策对于总需求增长的调节，可以较迅速地促进供求总量的平衡，因而稳定政策对于调节供求总量平衡具有重要的意义。理论界有人把稳定政策仅仅当作短期的和被动性调节政策，这是不对的。总需求增长在任何时候都会对供求总量关系发生作用，保持总需求稳定增长在任何时候都有意义，因而作为调节总需求增长的稳定政策，在调节供求总量平衡的全部过程中都会发生作用。

## 四、协调政策的内容及其作用

协调政策是国家调节供求结构的基本政策原则和政策措施的总和，其功能是保持供求结构的有序发展，实现供求结构的协调。供给结构与需求结构的矛盾是经常存在的，其原因在于随着经济发展人们的需求结构总是在发生变化，而供给结构又往往不能及时完全地适应需求结构的这种发展变化。供给结构与需求结构的矛盾在商品经济体制下通常主要是依靠市场机制的作用协调的，但市场机制并不能完全有效地调节供给结构与需求结构的矛盾，而且调节往往旷日持久，易于造成经济动荡和社会劳动浪费。因此，国家要在充分利用市场机制作用的基础上，通过协调政策而调节供给结构与需求结构的矛盾，以保持供求结构的协调。

协调政策是从两个方面对供给结构与需求结构的矛盾发生调节作用的。一是从需求方面对需求结构进行政策引导，包括从政策上鼓励和限制某些方面的需求，以使需求结构能符合当时社会生产力所能提供的供给结构。二是从供给方面调整供给结构，使供给结构能满足需求结构的要求，其主要政策原则有：对于需求收缩的部门采取有序的适应政策，即通过压缩和调整而使之现代化，以适应市场需求的要求；对于眼前需要收缩而今后还要发展的部门采取有目的的保存政策，即通过调整和整顿而把这些部门的最重要的部分实力保存下来，以备今日和将来之需；对于新兴部门采取有远见的塑形政策，即大力帮助和支持有前途的新兴工业部门，以使这些部门适应即将发展起来的需求结构的要求。协调政策对于供求结构的上述调节，无论是需求结构引导还是供给结构调整，都是很复杂的经济过程，因而协调政策是一个包括多种结构调节政策的政策体系。一般来说，协调政策主要包括需求结构引导政策、产业结构政策、投资结构政策、技术结构政策等。

需求结构引导政策是国家通过约束与鼓励的政策形式而调整需求结构的政策方针与措施，其中包括提高市场需求结构透明度及准确度的政策措施与方式，为个人消费结构导向的鼓励政策与限制措施，以及调整政府购买及支出结构的政策措施等。这些政策方针和措施可以对需求结构的变动发生导向作用，从而使需求结构能够符合供给结构的要求。需求结构引导政策对于需求结构的变动会迅速发生调节作用，使需求结构适应供给结构，促使供求结构的协调，因而需求结构引导政策是供求结构协调的重要调节政策。

需求结构引导政策虽然对于协调供求结构矛盾有很重要的作用，但是仅靠需求结构引导政策还是不够的。因为，在需求结构真正反映经济发展的实际状况的条件下，供求结构矛盾往往都是由于供给结构不适应需求结构而引起的，国家不可能通过需求结构的调整来达到供求结构协调，只能通过调节供给结构而实现供求结构协调。因此，必须在注重需求结构调节政策的同时，还要重视供给结构调节政策。一般来说，供给结构最终取决于产业结构的状况，产业结构从生产的深层制约着供给结构，因而供给结构的调整首先需要运用产业结构政策来进行。产业结构政策是国家通过调节产业结构而调节供给结构的政策措施，其核心是通过产业鼓励与产业限制政策来调节产业结构，进而通过产业结构的调整而调节供给结构。产业结构政策可以大致上为产业结构及供给结构提供一个总体发展框架，保证供求结构与需求结构的协调。

从宏观经济政策的角度来看，供给结构的调整应该通过增量结构调整与存量结构调整相结合的方式进行，而增量结构调整和存量结构调整的主要政策方式又都是投资结构政策，所以投资结构政策对于供给结构的调节就具有非常重要的作用。投资结构政策是国家调节固定资产投资在国民经济各组成部分的分配比例的基本原则和方针，其核心是通过对国家自身投资结构的调整和对企业及个人投资方向的引导，以及对存量结构的调整，使得在投资结构的带动下而形成符合需求结构要求的供给结构。

产业结构政策和投资结构政策对于供给结构的调整，需要有技术结构的配合和支持，因而技术结构政策也是重要的供给结构调节政策。一般来说，当符合供给结构调整要求的技术结构体现在产业结构政策和投资结构政策中时，产业结构政策和投资结构政策就会对供给结构的调整发生强烈的调节作用。因此，必须在供给结构调节中充分发挥技术结构政策的作用。技术结构政策是国家按照供给结构的要求选择和调节技术结构并使技术结构合理化的政策准则。技术结构政策包括完善技术结构调整机制的措施、完善技术结构同产业结构和投资结构的联系方式的措施等。技术结构政策主要是通过对产业结构和投资结构的技术构成的调节而实现对供给结构的调节的，因而它实际上就是产业结构和投资结构的技术素质政策，这就要求技术结构政策同产业结构政策和投资结构政策相结合。实际上，供给结构的调整过程，就是产业结构政策、投资结构政策和技术结构政策共同作用的过程。正是由于它们的共同作用，才使得供给结构符合于需求结构的要求，保持了供求结构的协调。

## 五、宏观经济政策构成体系内部的有效配合

以上分析的宏观经济政策构成体系中的各项宏观经济政策，在调节时差和作用过程等方面都各有自己的特点，即既有优点也有不足，因而各个宏观经济政策在实际运行中必须相互配合。特别是应该看到，由于所有的宏观经济变量都是相互作用并内在地联系在一起的，而任何一个宏观经济政策又都只具有直接调节某一类宏观经济变量的功能，所以国家不可能通过某个宏观经济政策的单独作用而实现预期调节目标。宏观经济变量之间的这种内在联系及单个宏观经济政策的作用局限性，使得各种宏观经济政策只有有机地相互配合，才能有效地实现调节目标。各种宏观经济政策相互配合的方式，主要包括下述五种。

第一，政策时差配合。所谓政策时差，就是指宏观经济政策由制定到最终对经济运行发生影响的传导时间。政策时差如果具体划分，可分为认识时差（即从经济运行出现问题到人们认为应该采取调节措施的时间）、制定时

差（即政策从制定到被正式实施的时间）、作用时差（即政策从实施到真正发生效应的时间）。各个宏观经济政策的政策时差是不同的。例如，财政政策的制定时差要比货币政策的制定时差长，因为在决定财政政策时，政府提出的有关税收变动和支出调整的财政措施，往往要经过一个较长的批准过程（在我国要经过人大常委会批准才能执行，在西方要经过国会通过才能执行），而货币政策的制定则不需要那么长的批准过程（西方国家的货币当局可以根据经济形势随时变动货币政策，我国的中央银行在请示国务院后也可以较快地变动货币政策）。当然，财政政策的作用时差要比货币政策短一些，因为货币政策无论是通过扩张货币供应量降低利率而刺激有效需求增长，还是通过紧缩货币供应量提高利率而抑制有效需求增长，都需要有一个较长的时差，但财政政策只要能使政府扩大或紧缩支出，就可以立即使总需求增长或下降。正因为各个宏观经济政策的政策时差各有长短，所以各个宏观经济政策只有相互配合，才能避免调节时滞的出现。

第二，作用效应配合。所谓作用效应的配合，就是指宏观经济政策的松紧搭配问题。宏观经济政策的松紧搭配有四种方式：一是全部都紧；二是全部都松；三是有松有紧；四是大部分紧小部分松或大部分松小部分紧。这四种搭配方式在不同的经济情况下的调节作用是不一样的，究竟采取哪种搭配方式，关键是要看实际经济运行与预期目标的偏差状况。一种来说，如果经济的实际运行背离预期目标太远，使得社会总需求过度膨胀或极度疲软时，可以采取全紧或全松的搭配方式；如果经济运行虽然同预期目标严重背离，但还没有形成社会总需求的过度膨胀或极度疲软时，应该采取大部分紧小部分松或大部分松小部分紧的搭配方式；如果经济运行与预期目标稍有偏差或刚刚开始出现偏差，社会总需求的膨胀或不足的状况还不严重时，一般以有松有紧的搭配为宜。根据不同的情况采取不同的松紧搭配方式，既可以促使调节目标快速而有效地实现，又能避免过猛的经济振荡，消除或减轻调节过程中出现的副作用。

第三，调节功能配合。所谓调节功能配合，就是指具有不同调节功能的宏观经济政策相互配合。各个宏观经济政策在实际作用过程中的功能是不相同的，有的宏观经济政策主要具有调节社会总需求的功能，着重于短期调节，有的宏观经济政策则主要具有调节社会总供给的功能，着重于长期调节，还有的宏观经济政策主要具有结构调节功能，着重于结构协调，等等。

因此，在运用宏观经济政策时，要特别注意使它们的功能相结合。例如，当社会总需求膨胀而有效供给不足时，就要既注意发挥主要具有调节社会总需求功能的货币政策和财政政策的作用，以抑制总要求膨胀，同时又要充分发挥主要具有调节社会总供给功能的竞争政策及产业组织政策的作用，以促进总供给的增加，从而使宏观经济政策从总需求和总供给两个方面来协调供求总量的平衡。这表明，围绕着调节目标而使具有不同调节功能的宏观经济政策相互配合，非常有助于调节目标的快速实现。特别是有些调节目标，如果没有不同功能的宏观经济政策的相互配合，是无法实现的。因此，各个宏观经济政策的调节功能的相互配合，对于供求总量平衡和供求结构协调是非常重要的。

第四，主次配合。所谓主次配合，就是指在一定时期内以某一宏观经济政策为主，而辅之以其他宏观经济政策，使它们能够有效地相互配合。不同的宏观经济政策在不同的经济运行状况下的调节力是有很大差异的。例如，在微观经济单位对市场机制反应灵敏、素质较好和活力较强，并且市场机制也较完善、具有较高的资源配置能力的条件下，紧的货币政策对于抑制总需求的过猛增长具有比较理想的作用；但在企业缺乏积累动力、有关影响生产力布局的重点投资无法靠企业自行解决，并且结构性有效需求不足的严重状况难以通过市场机制加以矫正的条件下，松的财政政策对于增加有效需求则具有比较强的作用效力；当供给结构失调、产业结构极度不合理时，从长期看，产业结构政策比其他宏观经济政策具有更为有效的协调结构矛盾的作用；在投资规模失控、固定资产投资增长过快，并且一时又难以从抑制预算外固定资产投资上压缩投资增长速度时，紧的财政政策通过削减预算内固定资产投资来抑制固定资产投资的过猛增长，就非常易于奏效；等等。正因为如此，所以在不同的经济状况下我们总要以某一个宏观经济政策的调节作用为主，但同时也必须要辅之以其他宏观经济政策。因为，如果只使某一个宏观经济政策独立地发挥调节作用，那么这个宏观经济政策就有可能在发挥积极调节作用的同时，带来某些不利于预期调节目标实现的副作用。例如，紧的货币政策虽然可以有效地抑制总需求膨胀，但也有可能使某些部门、地区、企业的发展受到阻碍；紧的财政政策虽然也能够有效抑制总需求膨胀，但却有可能挫伤企业和个人的生产经营积极性，影响总供给的有效增加。特别是国家在采用某一个宏观经济政策调节经济运行时，会有可能遇到意料不到的新情况，虽然国家可以及时采取相应的对策，但这并不是一种自觉性较强的办法，较好的办法是在以某一个宏观经济政策为主的同时，辅之以另外一些旨在应付意料不到的新情况的配合性宏观经济政策，使这些宏观经济政策能在调节过程中超到缓冲的作用或增大保险系数的作用。

第五，交替配合。所谓交替配合，就是指一些宏观经济政策在实施一段时间之后，应该由另外一些宏观经济政策取代，形成一种交替配合的格局。任何一种宏观经济政策的调节作用都不是万能的，其效应性是同它所适应的经济状况相联系的，因此，所有宏观经济政策都应该随着经济状况的变更而相互替代。特别是任何宏观经济政策都不能较长期地使用。较长期地使用往往会使后续反应加重，反而不利于预期调节目标的实现。例如，紧的财政政策尽管可以较快地缓和经济过热的膨胀局面，但如果实施时间稍长一些，那就会对生产经营者及劳动者个人形成较强烈的社会和心理冲击，放松他们促进经济增长的紧迫感，并且需求的急剧萎缩必然会产生降低社会总供给水平或经济衰退的效果，使国家难以通过提高效益而积极地增加总供给，最终可能导致总供给的进一步短缺和萎缩，引起国民经济增长的停滞。因此，交替配合是保证宏观经济政策有效发生作用的重要前提条件。

宏观经济政策正是通过上述五种方式的配合而形成了有机统一的政策体系，从这种意义上讲，宏观经济政策的构成体系是通过相互配合而形成的作用构成体系。因此，对于宏观经济政策构成体系的分析，应该从静态即宏观经济政策体系包括哪些宏观经济政策来说明，也应该从动态即宏观经济政策的动态配合来说明。只有这样，才能完整地把握宏观经济政策构成体系。